权威·前沿·原创

皮书系列为
"十二五""十三五"国家重点图书出版规划项目

南宁蓝皮书

BLUE BOOK OF NANNING

南宁社会发展报告
（2018）

ANNUAL REPORT ON SOCIAL DEVELOPMENT OF NANNING
(2018)

主　编／胡建华
副主编／覃洁贞　吴金艳

社会科学文献出版社
SOCIAL SCIENCES ACADEMIC PRESS (CHINA)

图书在版编目(CIP)数据

南宁社会发展报告.2018 / 胡建华主编. -- 北京：社会科学文献出版社，2018.6
（南宁蓝皮书）
ISBN 978 - 7 - 5201 - 2943 - 5

Ⅰ.①南… Ⅱ.①胡… Ⅲ.①社会发展 - 研究报告 - 南宁 - 2018 Ⅳ.①D676.71

中国版本图书馆 CIP 数据核字（2018）第 134091 号

南宁蓝皮书
南宁社会发展报告（2018）

主　　编 / 胡建华
副 主 编 / 覃洁贞　吴金艳

出 版 人 / 谢寿光
项目统筹 / 恽　薇　王玉山
责任编辑 / 王玉山

出　　版	社会科学文献出版社·经济与管理分社（010）59367226 地址：北京市北三环中路甲29号院华龙大厦　邮编：100029 网址：www.ssap.com.cn
发　　行	市场营销中心（010）59367081　59367018
印　　装	三河市龙林印务有限公司
规　　格	开本：787mm×1092mm　1/16 印张：21.25　字数：318千字
版　　次	2018年6月第1版　2018年6月第1次印刷
书　　号	ISBN 978 - 7 - 5201 - 2943 - 5
定　　价	89.00元

皮书序列号 / PSN B - 2016 - 570 - 3/3

本书如有印装质量问题，请与读者服务中心（010 - 59367028）联系

▲ 版权所有 翻印必究

南宁蓝皮书编委会

主　任　周红波

副主任　张文军　崔佐钧　陈　颖　唐　斌　刘为民
　　　　　朱会东　伍　娟

编　委　黄宗成　蔡志忠　丁　伟　边作新　黄南方
　　　　　汪东明　韦振豪　胡建华

《南宁社会发展报告（2018）》
编 辑 部

主　　编　胡建华

副 主 编　覃洁贞　吴金艳

编　　辑　龙　敏　岑家峰　苏　静　杨　彧　张　伟
　　　　　　　王许兵

主要编撰者简介

胡建华 男,汉族,籍贯河南汤阴,硕士研究生学历,南宁市社会科学院党组副书记、院长,主任记者,《创新》主编。南宁市专业技术拔尖人才。

覃洁贞 女,瑶族,籍贯广西金秀,南宁市社会科学院副院长,研究员,主要研究方向为产业经济、民族文化发展。南宁市专业技术拔尖人才,南宁市新世纪学术和技术带头人。

吴金艳 女,汉族,籍贯湖北松滋,硕士研究生学历,南宁市社会科学院东盟研究所所长,副研究员。南宁市优秀青年专业技术人才,南宁市新世纪学术和技术带头人。

摘 要

《南宁社会发展报告（2018）》（以下简称《报告》）由南宁市社会科学院和政府相关职能部门研究人员共同协作完成。《报告》旨在对南宁市2017年社会发展总体情况及各分领域的情况进行全面客观的分析和总结，同时对2018年社会发展形势进行展望，提出促进社会发展的相关思路和建议。《报告》重点关注在新时代社会主要矛盾已经转化为人民日益增长的美好生活需要和不平衡不充分的发展之间的矛盾的大背景下如何实现社会全面和高质量发展。

《报告》分为总报告、事业发展报告、共享发展报告、专题研究报告四部分。总报告是从南宁市社会发展全局出发，分析2017年社会发展总体情况及存在问题，同时提出2018年发展态势展望及发展对策。事业发展报告主要从南宁市教育、文化、科技、就业、社保、民政、扶贫、民族等社会发展领域展开论述，均提出了具有针对性的发展思路或建议。共享发展报告从"智慧南宁""平安南宁""健康南宁""美丽南宁"四大特色领域凸显了社会发展和社会治理的共建共享。专题研究报告是专家学者对南宁市社会发展相关问题的研究成果，具有较强的理论价值和决策参考价值。

关键词： 社会发展　社会治理　民生　公共服务　南宁

Abstract

The 2018 Report on Nanning Social Development (hereafter referred to as the Report) is jointly completed by researchers from Nanning Academy of Social sciences and other functional government authorities. The purpose of the Report is to objectively analyze and summarize the overall social development of Nanning in 2017 and that of in subfields. In the meantime, the Report also forecasts social development of 2018 and puts forward some suggestions on advancing social development. It focuses on how to achieve high-quality social development in all aspects under the background where the primary social contradiction for a new era has transformed between people's ever-growing demand for a better life and unbalanced and inadequate development.

The Report is divided into general report, sub-field report, shared development report and research-themed report. Beginning with the overall social development of Nanning, the general report analyzes the overarching social development in 2017, forecasts the development trend in 2018 and puts forward development countermeasures. The sub-field report expounds on social development of Nanning in the areas such as education, culture, science and technology, employment, social security, civil affairs, poverty reduction and public security, and proposes targeted measures and suggestions for development. The shared development report highlights the mutual building and sharing of social development and social governance from "Smart Nanning", "Safe Nanning", "Healthy Nanning" and "Beautiful Nanning". As the achievements of scholars and experts on related problems of Nanning social development, the research-themed report is of great theoretical value and of great value for making decisions.

Key words: Social Development; Social Governance; Living Standard; Public Service; Nanning

目 录

Ⅰ 总报告

B.1 2017~2018年南宁市社会发展形势分析及展望 …………… 001

Ⅱ 事业发展报告

B.2 2017~2018年南宁市教育发展状况分析及展望 …………… 030
B.3 2017~2018年南宁市科技发展状况分析及展望 …………… 044
B.4 2017~2018年南宁市民政事业发展状况分析及展望
　　　…………… 056
B.5 2017~2018年南宁市就业状况分析及展望
　　　…………… 069
B.6 2017~2018年南宁市社会保险事业发展状况分析及展望
　　　…………… 082
B.7 2017~2018年南宁市文化新闻出版广播影视事业发展状况分析
　　　及展望 …………… 093
B.8 2017~2018年南宁市扶贫事业发展状况分析及展望 …………… 109
B.9 2017~2018年南宁市民族事业发展状况分析及展望 …………… 127

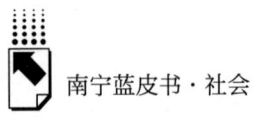

Ⅲ 共享发展报告

B.10 "智慧南宁"建设发展状况及展望 ………………………… 143
B.11 "平安南宁"建设发展状况及展望 ………………………… 157
B.12 "健康南宁"建设发展状况及展望 ………………………… 170
B.13 "美丽南宁"建设发展状况及展望 ………………………… 182

Ⅳ 专题研究报告

B.14 加强南宁市公办幼儿园建设和管理问题研究 ……………… 196
B.15 南宁市公共体育服务供给优化路径研究 …………………… 217
B.16 南宁市创建国家食品安全示范城市研究 …………………… 237
B.17 建立完善南宁市分级诊疗制度对策研究 …………………… 254
B.18 南宁市特色小镇建设发展研究 ……………………………… 264
B.19 南宁市加快推进历史文化街区保护利用对策研究 ………… 279
B.20 南宁园博园展后开发利用对策研究 ………………………… 290
B.21 南宁市农业耕地现状分析及保护对策研究 ………………… 303

皮书数据库阅读 **使用指南**

CONTENTS

I General Report

B.1 Analysis of Nanning Social Development from 2017 to 2018 and its Prospect / 001

II Sub-field Report

B.2 Analysis of Nanning Education Development from 2017 to 2018 and its Prospect / 030

B.3 Analysis of Nanning Scientific& Technological Development from 2017 to 2018 and its Prospect / 044

B.4 Analysis of Nanning Civil Affairs Development from 2017 to 2018 and its Prospect / 056

B.5 Analysis of Nanning Employment from 2017 to 2018 and its Prospect / 069

B.6 Analysis of Nanning Social Insurance Development from 2017 to 2018 and its Prospect / 082

B.7 Analysis of the Development of Nanning Culture, Press, Publication, Radio, Film and Television from 2017 to 2018 and its Prospect / 093

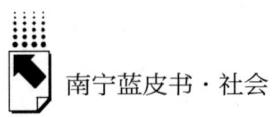
南宁蓝皮书·社会

B.8 Analysis of the Development of Nanning Poverty Reduction from 2017 to 2018 and its Prospect / 109

B.9 Analysis of the Development of Ethnic-related Work from 2017 to 2018 and its Prospect / 127

Ⅲ Shared Development Report

B.10 The Construction and Development of "Smart Nanning" and its Prospect / 143

B.11 The Construction and Development of "Safe Nanning" and its Prospect / 157

B.12 The Construction and Development of "Healthy Nanning" and its Prospect / 170

B.13 The Construction and Development of "Beautiful Nanning" and its Prospect / 182

Ⅳ Research-themed Report

B.14 Study on Improving the Building and Management of Public Kindergartens in Nanning / 196

B.15 Study on Improved Path to the Supply of Public Sports Service / 217

B.16 Study on Establishing Nanning a National Food Security Demonstration City / 237

B.17 Study on the Countermeasures of Establishing and Improving the Tiered Diagnosis and Treatment in Nanning / 254

B.18 Study on the Construction and Development of Distinctive Townships in Nanning / 264

CONTENTS

B.19 Study on Countermeasures of Promoting Faster Protection and Utilization of Historical and Cultural Streets and Areas / 279

B.20 Study on Countermeasures of exploitation and utilization of Nanning Garden Expo Park / 290

B.21 Analysis of the Current Situation of Nanning Agricultural Arable Land and Protection Countermeasures / 303

总 报 告
General Report

B.1
2017~2018年南宁市社会发展形势分析及展望

联合课题组*

摘　要： 2017年，南宁市社会发展实现新跨越，"南宁渠道"影响力持续提升，"绿城"品质魅力彰显，重点改革富有成效，法治建设迈上新台阶，民生福祉大幅提升。但随着社会主要矛盾的变化，人民美好生活需求日益广泛，在公平、正义、安全、环境等方面的要求日益提高。2018年，南宁市将在继续推动发展的基础上，着力解决好社会发展不平衡不充分的问题，大力提升发展质量和效益，更好地推动人的全面发展、社会的全面进步。

---

* 课题组组长：吴金艳，南宁市社会科学院东盟研究所所长、副研究员；岑家峰，南宁市社会科学院社会发展研究所副所长、助理研究员。课题组成员：黄旭文、苏静、王许兵、张伟、毕雯、赵良刚。

关键词： 社会发展　民生福祉　高质量发展

一　2017年南宁市社会发展总体情况

2017年，南宁市社会发展保持良好的全面健康运行态势，城乡居民收入持续稳定增长，新型城镇化建设稳步推进，城市面貌日新月异，财政支出持续向民生和社会发展方面倾斜，社会保障覆盖范围持续扩大且待遇水平稳步提高，教育、卫生等事业领域改革不断深入，基本公共服务供给数量和质量进一步提升，扶贫攻坚措施得力、成效显著。"智慧南宁""美丽南宁""平安南宁""健康南宁"等不断成为南宁市社会发展的名片，城市治理能力和治理现代化水平进一步提高。

（一）城乡居民收入持续增长

2017年南宁市城乡居民收入稳步增长，居民消费价格指数（CPI）同比上涨2.3%，住宅价格持续上涨。其中全市居民人均可支配收入24984元，同比增长9.3%，扣除价格因素，实际增长6.8%。而从全国来看，全年居民人均可支配收入25974元，比上年增长9.0%，扣除价格因素，实际增长7.3%。南宁市居民人均可支配收入低于全国平均水平990元，同比增长率高于全国平均水平0.3个百分点，实际增长率低于全国平均水平0.5个百分点。2013年以来，南宁市城乡居民收入保持了持续稳定增长（见表1）。

按常住地分，2017年南宁市城镇居民人均可支配收入33217元，同比增长8.1%，扣除价格因素，实际增长5.7%；农村居民人均可支配收入12515元，同比增长9.8%，扣除价格因素，实际增长8.6%。从全国来看，农村居民人均可支配收入13432元，比上年增长8.6%。扣除价格因素，实际增长7.3%，南宁市农村居民人均可支配收入增速高于全国平均水平。

表1 2013~2017年南宁市居民人均可支配收入及增长率

年份	常住地	居民人均可支配收入（元）	同比增长率(%)
2017	城镇	33217	8.1
	农村	12515	9.8
2016	城镇	30728	7.7
	农村	11398	9.5
2015	城镇	29106	7.5
	农村	9408	9.7
2014	城镇	27075	9.1
	农村	8576	11.6
2013	城镇	24817	10
	农村	7685	13.4

注：由于统计口径原因，部分年份增长率与实际增长率不一致，下文不再一一说明。
资料来源：南宁市人民政府网站。

（二）新型城镇化加速推进

规划管理进一步强化。全市各级土地利用的总体规划调整成果获批实施。大力实施大县城战略，加快以县城为中心的重点镇建设，横县校椅镇入选第二批全国特色小镇，六景镇全面启动第三批国家新型城镇化综合试点工作，宾阳县自治区新型城镇化示范县工程持续推进，马山县古零镇、西乡塘区金陵镇自治区百镇建设示范工程完成。

城市建设日新月异。2017年，南宁市全年新建装配式建筑面积达62万平方米，超额完成年度20万平方米的目标任务。其中，广西建工集团建筑产业现代化项目成为首批国家级装配式建筑示范产业基地。第十二届中国（南宁）国际园博会园博园项目主体工程规划设计全面收尾，28个配套项目累计完成投资25.1亿元。南宁市棚户区改造开工16560套，基本建成2924套。南棉片区、西园饭店片区等一批重点旧改项目相继启动实施。此外，南宁市19个综合管廊项目开工建设，累计建成管廊长度约32.14公里，城市功能日益完善。

南宁市轨道交通已建成1号、2号线，形成"十"字形线网骨架，规划新增机场线、武鸣线两条线路；完成玉洞大道、城西道路升级，江湾路、华安路、新平路等多条道路通车，南宁快速路东段建成通车，全长13.33公里，最高时速设置为80公里，全程只需约30分钟；青山大桥、沙井—南站立交、中华—园湖立交等城市跨江桥梁及立交建成通车，打通了城市交通网络的一批关键节点。

（三）生态环境治理形成长效机制

2017年南宁市城市水环境改善明显。通过推进邕江综合治理、海绵城市建设、内河流域治理、排水管网普查和雨污分流改造等工作，城市水环境得到了有效改善。海绵城市的3年试点建设基本完成，累计实施海绵项目203个，54.6平方公里示范区内的黑臭水体和内涝点全部消除。河长制、湖长制进入加快落实阶段，河长制信息平台不断完善。邕江两岸景观整治已基本完成61公里，民生旅游码头已完成建设，"百里秀美邕江"景观带芳容初现。

南宁市大气污染治理卓有成效，刷新"南宁蓝"纪录。2017年全年市区空气质量优良率为92.3%，其中空气质量为优191天，比2016年增加42天；PM10、PM2.5平均浓度分别为56微克/立方米和35微克/立方米，比上年分别下降9.7%和2.8%。其中，3～9月连续7个月空气质量优良率达100%。

（四）法治建设水平不断提升

2017年9月，中国政法大学法治政府研究院发布《法治政府评估报告（2017）》，该报告对全国100个主要城市进行了综合评估，南宁市评估总分列第5位、西部城市第1位，为经济社会持续快速健康发展营造了良好的法治环境。2017年南宁市扎实推进法治政府建设各项工作，在全国首创公共资产负债管理智能云平台，对政府公共资产负债的管控和监测进一步加强；市行政审批局规范运行，29个市直部门182项行政许可事项统一由市行政审批局行使，实现"一枚公章管审批"；深入推进"平安南宁·法治南宁"

建设,积极构建"七位一体"立体化社会治安防控体系,牢牢守住反恐维稳工作底线;积极推进"智慧警务",严厉打击网上虚假信息诈骗等违法犯罪行为,应急管理机制不断完善。南宁市深入开展"美丽南宁·整洁畅通有序大行动",推进"智慧交通"建设,规范网约车、电动自行车、共享单车等的管理,形成城市道路交通管理的"南宁经验",开展"文明行车·礼让斑马线"主题活动。"135审批体制改革路径"获"中国政务服务突出贡献奖",不动产登记改革举措获国土资源部批示推广。

(五)更加注重创新引领发展

2017年,南宁市通过国家创新型试点城市建设第三方专家评估验收,获批建设自治区级自主创新示范区,全市高新技术企业达到415家;自治区级以上重点实验室达到44家;自治区级以上企业工程技术中心达到101家;企业科技孵化器和众创空间34个;科技成果荣获国家科学技术进步奖二等奖1项,获2016年度广西科学技术奖38项,获得自治区科技成果登记443项;全市专利申请量16320件,每万人口发明专利拥有量8.35件;技术合同成交额达724亿元;完成重点科技成果推广项目76项;科技进步对经济增长的贡献率达到56%。

推进科技创新配套政策健全完善,出台实施了《南宁市企业专利权质押融资项目贴息和补助资金管理办法》《南宁市国际科技合作基地管理办法》等配套政策措施,研究完成了《南宁市本级财政科研经费管理办法》(讨论稿)、《南宁市专利资助奖励办法》(修订稿)等政策。深入实施创新驱动发展战略,突出科技创新对供给侧结构性改革和培育发展新动能的支撑引领作用。科技创新对经济增长贡献率达56%。

(六)教育改革创新均衡发展

2017年南宁继续深化教育综合改革,加快推进首府教育现代化建设,推动城乡义务教育一体化发展,4个县(区)通过国家义务教育均衡发展督导评估认定,基本普及高中阶段教育,接收进城务工人员随迁子女入学约

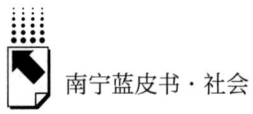

14.5万人，2017年高考成绩领跑全区。2017年教育基本建设投资计划安排项目208个，安排市级筹措资金10.45亿元，全年投资完成率达103%；市三中初中部五象校区等18所中小学校落成，新增学位约2.83万个。新增5所自治区示范幼儿园，全市自治区示范幼儿园增加到52所。推行集团化办学改革，形成"核心校+分校"的集团化办学模式，进一步增加了五象新区、凤岭片区优质教育资源供给，拉动了新区教育的高品位发展。加快发展现代职业教育，扶持引导民办教育健康发展，促进特殊教育融合发展，市卫生学校相思湖校区、阳光特殊教育学校建成。南宁教育园区累计签约入驻院校16所，其中开工建设6所、实现办学招生1所。

（七）文化惠民和文化产业共繁荣

文化惠民工程深入实施，公共文化基础设施场所免费开放项目、广播电视村村通建设项目、农家书屋项目、送戏进基层进校园项目等进展顺利。群众文化活动深入开展，先后举办了"南宁市新春广场音乐会"、"壮族三月三大型民歌专场演出"、"书香绿城·阅读圆梦"、南宁市2017年民歌湖"我的书屋·我的梦"主题活动日、"律动南宁"第十二届南宁市青春艺术大赛等70多场大型主题文化活动。邀请国内及东盟国家的演出团体来到南宁参与"周周演"活动民歌专场演出。举办了南宁市第五届新春文化庙会、2017年"文化和自然遗产日"宣传展示活动、南宁市歌王大赛暨大明山六月歌圩等。

广西文化艺术中心、南宁市图书馆新馆、南宁市群众艺术馆新馆等文化性公共场馆迎接自治区成立60周年大庆重点项目建设已基本落成。扶持华夏文博园、百益·上河城等新开工项目，吉·华尔街工谷、南宁华南城创新谷（猪八戒网广西总部园区）等新建成园区，万达茂·万达乐园、老木棉·匠园等新开业园区，跟踪服务东盟文化博览园等在建园区，逐步引导形成具有重要影响力的区域文化集聚区。

（八）"健康南宁"建设惠及全民

2017年南宁市广泛开展全民健身活动，积极推进南宁市体育运动学校项目建设。在城乡体育公共设施建设方面，中央、自治区、南宁市三级政府共投入资金859.48万元，建设体育场地设施308个，面积约10万平方米。2017年举办了中国杯国际足球锦标赛、环广西自行车世界巡回赛（南宁站）等重大赛事活动，搭建"互联网+全民健身"的平台，率先在全区推进"智慧健身"的项目建设。

城市公立医院改革顺利实施，医药卫生体制改革持续深化。2017年5月1日起，全面启动公立医院综合改革，全市辖区内32家城市公立医院全面取消药品加成（中药饮片除外），同步调整了1698项医疗服务价格，同步落实取消药品加成后的财政补贴。深入推进县乡医疗服务一体化管理。新增隆安县、宾阳县5家县级公立医院、29家乡镇卫生院参与改革。分级诊疗工作扎实推进，由市级三级医院和三级专科医院牵头，组建了6个医疗联合体，成员单位达151家，实现了医联体覆盖所有县区。实施家庭医生签约服务，截至10月31日，全市家庭医生签约率达33.70%，重点人群签约率达54.56%，贫困人口签约率达97.22%。推进医养结合工作，探索形成了机构融合型、社区嵌入型、医养产业型三大类型的七种医养结合模式。

（九）社会保障水平逐步提升

财政支出持续向民生和社会保障方面倾斜。2017年全年财政民生支出500.73亿元，增长14.97%，占一般公共预算支出的77.48%。与部分省会城市相比，南宁市民生支出在一般公共预算支出中所占的比重最高（见表2）。

表2 2017年南宁市与部分省会城市民生支出及比重

城市	民生支出（亿元）	占一般公共预算支出的比重（%）
南宁市	500.73	77.48
贵阳市	376	65
成都市	852	66.8
昆明市	583.5	75.2

资料来源：各市政府网站。

2017年，南宁市完成"社保惠民工程——城乡居民基本养老保险项目""健康惠民工程——城乡居民基本医疗项目"等工作，城乡居民基本养老保险和基本医疗保险参保率分别达95%、98.95%。企业退休人员基本养老金实现"十三连涨"。城市居民最低生活保障标准提高20%。目前，全市社区居家养老日间照料机构已达106个，城市养老服务中心21个，社区居家养老覆盖面达60.5%，新增医养结合机构12家，新、改、扩建社区日间照料中心30个。开展社会救助精准兜底保障，南宁市各城区（开发区）城市居民最低生活保障标准由每人每月500元提高到每人每月600元，各县城市居民最低生活保障标准由现行的每人每月400元提高到每人每月480元，保障标准居全区首位。

2017年，南宁市政府将"扶持创业促就业项目"列入"为民办实事工程"，全市共扶持创业19205户（家），创业担保贷款累计发放3220笔，发放金额27378.2万元，分别完成目标任务的128.03%、107.33%、109.51%，创业带动就业成效显著。

2017年，南宁市基本建成公共租赁住房2.73万套，分配入住2.39万套。老旧居住区综合整治改造任务完成100个，超额完成自治区下达的危旧房改住房改造目标任务，新开工危旧房改住房1548套，完成率为100%；基本建成890套，完成率为109%；完成投资额4.2亿元，完成率为210%。

（十）精准扶贫成效显著

年度脱贫攻坚任务顺利完成。筹集安排各级财政专项扶贫资金23.33亿元投入脱贫攻坚。培育和引导149家龙头企业、1239个农民合作社积极参与产业扶贫，带动23万多名贫困人口增收。年度易地扶贫搬迁安置点全部开工建设，累计搬迁入住18258人。317个贫困村村级集体经济收入平均达到2万元以上。集中研究破解深度贫困问题，落实61家企业结对帮扶56个深度贫困村，由华润集团对口帮扶隆安县都结乡。扎实推进茂名—南宁扶贫协作。

实施健康精准扶贫。截至2017年10月31日，全市辖区贫困人口签约率为95.89%，农村建档立卡贫困人口动态管理电子健康档案建档率为99.98%。持续开展教育扶贫工作，用好贫困村学校基础建设项目款1000万元，用于30所贫困村学校（教学点）90间教室配备"班班通"设备，为贫困村学校培训教师不少于1000人等。开展体育精准扶贫，投入资金318.48万元（含为民办实事项目），帮助全市147个贫困村完成"五个一"（一片标准篮球场、一片乒乓球场、一套健身路径器材、一支运动队、一名社会体育指导员）建设。加大科技扶贫力度，2017年共下达科技扶贫项目28项，投入财政资金664万元，受益农户数达1951户，其中贫困农户1033户。注重抓好就业扶贫的落实。2017年，全市组织贫困劳动力参加职业技能培训4945人，召开贫困劳动力专场招聘会104场，有1.22万名建档立卡贫困户成员实现转移就业。

二 2017年南宁市社会发展存在的问题

（一）城乡发展不平衡问题仍突出

近年来南宁市经济社会发展迅速，城市综合实力不断增强，但同时发展不平衡不充分的问题也日益显现，其中最大的不平衡就是城乡之间的发展不平衡。一是城乡基础设施差异大，随着新型城镇化的推进，城市基础设施建设方面固定资产保持较快增长，而很多农村地区基础设施投入主体单一、投入力度不够。二是城乡教育资源分配失衡，无论是在校园校舍、教学设施、仪器设备等硬件方面，还是在师资力量等软件方面，城市和乡村地区的差距都较为明显。与城市相比，农村地区教育经费投入不足，城乡教育资源分布差距较大。三是城乡医疗卫生资源配置不合理，卫生资源过于集中在大医院和大设备上，基层医疗硬件设施不完善，卫生技术人员医疗水平跟不上，有些地方基层卫生院、服务站营运情况堪忧。

（二）房价持续上涨导致居民生活成本加大

2017年南宁市房地产市场继续保持旺盛需求，新建商品住宅价格同比上涨11.1%，自2016年12月以来，全市新建商品住宅价格环比连续13个月上涨。南宁市2017年5月25日出台了《关于进一步加强房地产市场调控促进房地产市场平稳健康发展的通知》，打击房地产市场投机行为，抑制房地产市场过热发展，政策效应显现，下半年房价上涨的势头有所遏制，但总体上新建商品房价格呈量稳价涨态势。二手住宅价格走势与新建商品住宅基本一致，处于上涨态势。住房价格的过快上涨，不仅增加了城市居民购房的难度，而且还很大程度上提升了房屋的租金，提高了租房者租房支出占家庭消费支出的比重，制约了居民储蓄和其他消费的增长，最终导致城市生活成本上升。此外，房价上涨对于城市实体经济发展及金融风险防控等也具有不利的影响。

（三）城乡居民收入差距扩大

2017年，南宁市城乡居民收入比为2.65∶1，城乡收入差距绝对值在2016年有所减小，但到了2017年又继续拉大，2016年为19330元，2017年扩大到20702元（见图1）。

县区之间居民收入差距较大，青秀区、西乡塘区、兴宁区、江南区的居民人均可支配收入居于全市前列，分别达到39614元、29292元、32749元和28388元，而县份则相对较低，没有一个县份高于全市平均水平，其中马山县居民人均可支配收入为13966元，仅为青秀区的35.26%。收入直接影响了消费，所以各县份的消费难以实现升级。从收入来源看，城镇居民可支配收入主要包括工资性收入（56.4%）、家庭经营净收入（16.1%）、转移净收入（14.9%）和财产净收入（12.6%），城镇居民收入主要包括就业者的工资收入和家庭经营净收入，但是受经济宏观环境趋紧、市场消费意愿不足等因素影响，从事生产经营活动成本有所增加，餐饮、娱乐、住宿等服务行业有所下滑，经营利润缩小，城镇居民经营净收入增长放缓，国家统计局

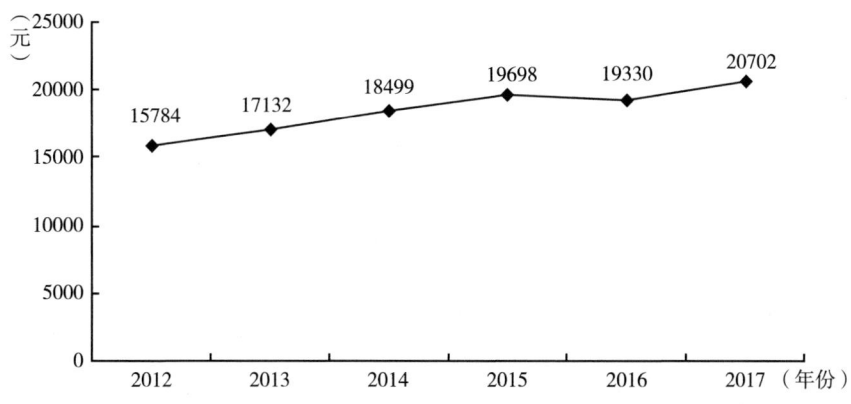

图 1　2012～2017 年南宁市城乡居民收入差距情况

注：2012～2016 年数据来源于《南宁统计年鉴》，2017 年数据来源于南宁市政府工作报告。

南宁调查队数据显示，2017 年南宁市城镇居民经营净收入增速与上年同期相比低 4.7 个百分点；农村居民可支配收入主要包括经营性收入（41.47%）、工资性收入（39.91%）、转移性收入（13.62%）和财产性净收入（5%），农民收入主要包括家庭经营性收入和就业者的工资收入，但是受近年来农业生产成本快速上升、农业发展的资源环境约束趋紧等因素影响，农产品市场价格波动较大，农民家庭经营性收入增长放缓，依靠农业持续增收的空间收窄。

（四）深度贫困地区脱贫任务艰巨

受历史、地理位置、经济、社会等因素影响，一些贫困地区面貌尚未完全改变，尤其是深度贫困地区脱贫攻坚任务繁重艰巨，脱贫攻坚工作越到后面难度越大。深度贫困地区的贫困人口大都是贫中之贫、困中之困，主要包括残疾人、孤寡老人、长期患病者等"无业可扶、无力脱贫"的贫困群众以及部分教育文化水平较低、缺乏技能的贫困群众。这些深度贫困地区贫困特征表现为自然条件恶劣，道路、水、电、通信、垃圾集中处理等基础设施滞后，教育、医疗、文化、社会保障等基本公共服务匮乏，人均可支配收入低,群众住房条件差等。经过几年的脱贫攻坚战,这些深度贫困地区群众生产生活条件有了极大改善,但村屯道路连通度不高、饮用水净化困难、上学便利性不足、生态环境脆弱、农业耕作条件差、群众内生发展能力弱等问题依然突出,部分贫困人口在外界帮扶下暂时脱离贫困状态,但日后很容易因病、因学再次返贫。

(五)基本公共服务供给相对不足

近年来,随着城市快速发展和人口迁移,南宁市基本公共服务结构性供求矛盾越发突出。根据中国社会科学院马克思主义研究院与华图政信公共管理研究院每年出版发布的调查研究成果——公共服务蓝皮书《中国城市基本公共服务力评价》,南宁市基本公共服务满意度与周边省会城市相比,2017年满意度最低,且排名与2016年相比有明显下降(见表3)。

表3 2013~2017年南宁市与周边省会城市(直辖市)基本公共服务满意度情况

城市	2017年		2016年		2015年		2014年		2013年	
	得分	排名	得分	排名	得分	排名	得分	排名	得分	排名
南宁市	60.09	7	59.69	4	57.87	4	51.35	7	55.56	6
昆明市	62.71	5	59.32	5	60.44	2	54.59	5	55.54	7
重庆市	65.08	2	62.23	3	61.80	1	59.38	2	59.11	4
成都市	63.45	4	57.82	6	57.89	3	59.46	1	59.24	3
贵阳市	61.54	6	55.98	7	57.56	6	56.98	4	59.81	2
长沙市	65.81	1	63.78	1	56.15	7	59.08	3	60.70	1
广州市	64.45	3	63.48	2	57.68	5	53.87	6	57.02	5

资料来源:钟君、刘志昌等:《中国城市基本公共服务力评价(2017)》,社会科学文献出版社,2017。

具体来看,教育方面,南宁市作为广西的首府城市,每年都吸纳大量的外来务工人口,其中很大一部分外来务工人员是连子女一同转移到城市生活的,他们有强烈的教育需求,使得南宁市在教育资源供给方面压力更大。据教育部门统计,2011~2015年,南宁市共保障59.8万名进城务工人员随迁子女接受义务教育,约占全区义务教育学校接收人数的1/3,是广西接收随迁子女入学最多的城市。随着新型城镇化建设的推进,未来将有更多外来人口进入南宁发展,城市教育资源紧张局面将会更加突出。另外,随着生活水平的提高,市民对优质教育资源需求不断上升,现有优质教育资源稀缺,优质学校空间分布不均衡,难以满足人民群众需求,群众反映强烈的"大班额"等问题没有从根本上缓解。

医疗卫生方面,与经济社会发展和人民群众日益增长的就医需求相比,目前南宁市医疗卫生资源总量相对不足,公立医疗机构所占比重过大,社会办医疗机构占比过小,专科医院发展相对较慢,儿科、精神卫生、康复、老年护理等领域明显薄弱,每千人口执业(助理)医师数、护士数、床位数相对较低,难以满足群众就医需求。养老服务方面,2016年南宁总人口751.7万,其中60岁以上人口有121.6万,占总人口的16.2%。随着南宁市人口老龄化速度加快,"老有所养"成为越来越迫切的社会问题。目前南宁市养老服务资源相对匮乏,公办养老机构数量少,床位有限,难以满足群众日益增长的养老需求,亟须进一步加大对民办养老机构发展的扶持。

此外,人民群众普遍较关心的公共文化、公共体育等领域发展仍存在短板,与公众期待还有不小距离。总体而言,造成基本公共服务供给不足的原因主要包括两大方面,一是当前经济结构深度调整,财政增收压力加大,使得民生投入保障面临巨大压力;二是与广大人民群众日益增长的美好生活需求相比,基本公共服务供给主体仍较单一,引入市场机制的步伐相对滞后。

(六)城市治理能力有待提高

近年来,南宁市城市治理能力逐步提升,城市面貌有了很大改善。但与国内一些发达城市的城市治理水平相比,南宁市城市治理的格局仍未完全形成,城市治理领域依然存在诸多问题。如城市管理规章制度有待修订细化,对城市管理涉及的范围、职责、流程、法律责任等未做出科学合理的界定。城市流动人口管理方面,城市的快速发展吸纳大量外来人口流入城市发展,给城市治理带来巨大压力,衍生出一些诸如交通拥堵、违法经营、治安隐患、出租房屋管理、电动车管理等方面的问题。停车管理方面，随着城市车辆保有量的迅猛增长，停车难成为困扰城市交通和城市日常管理的一大问题。城市共享单车管理方面，共享单车的快速发展也引发一系列问题，如车辆挤占车行道、人行道、盲道，使用者故意破坏车辆、将车辆乱停乱放等，严重影响市容市貌。

（七）社会领域民间投资活力不足

近年来南宁市政策环境不断向好，民间投资增长较快，但投资活力明显不足，主要表现在几个方面：一是民间资本渠道不畅的问题仍然较为突出，覆盖全市的基础设施领域和社会领域的民间资本投资平台不完善，民间资本难以掌握相应的投资信息，对领域方向不清晰，影响了民间资本投资效率；二是民间资本投资在投资过程中遇到阻碍不少，精简审批不彻底不配套问题仍然存在，民间资本在投资运营过程中制度性交易成本高，影响了投资者的信心；三是民间资本投资扶持政策不到位，政府出台的促进民间资本投资扶持政策落实不到位，投资环境不佳，投资空间狭窄，使得一些民间投资不愿投、不敢投，因此投资的主动性和积极性不高。

三 2018年南宁市社会发展面临的形势

（一）党的十九大精神为社会高质量发展指明了方向

党的十九大报告明确了以人民为中心的发展思想，提出了我国社会主要矛盾产生变化的历史性论断，我国社会发展进入了更高质量发展阶段，人民在学有所教、劳有所得、病有所医、老有所养、住有所居、弱有所扶等方面提出了更高的要求。党的十九大报告在教育、就业与人民收入、社会保障、脱贫攻坚、健康中国、社会治理以及国家安全等方面进行了新的部署，提出要提高保障和改善民生水平，加强和创新社会治理。深入学习贯彻十九大精神是南宁市委市政府长期且重大的一项政治任务。进入新时代，党的十九大精神为南宁高质量社会发展指明了方向，这需要紧紧扣住我国社会主要矛盾发生的历史性变化，要牢牢把握人民日益增长的美好生活需要和不平衡不充分的发展之间的矛盾，持续补齐社会发展的短板，推进南宁社会持续高质量发展。

（二）改革开放40周年助力社会领域各项改革纵深推进

2018年，是我国改革开放40周年，社会各界将予以隆重纪念，从中央到地方，将会推出更多的改革开放措施，使我国改革开放水平走向新的高度。党的十八大以来，南宁社会经济获得快速发展，这得益于改革开放，得益于市委市政府抓住了改革开放的历史性机遇。改革开放40周年将为南宁推进社会多领域改革向纵深发展提供强大政策动力与舆论氛围。教育体制改革将取得新进展，人民将会享受到更为公平、优质的教育；医疗体制改革持续向纵深推进，分级诊疗与公立医院改革取得新突破，人民将会享受到更为便捷、高效、优质的医疗服务；"大众创业、万众创新"活力将持续迸发，不断为社会发展增添新动能；社会治理改革创新将再上新台阶，智慧南宁、平安南宁等取得更大进展，人民将会拥有更加和谐、安全的社会环境等。

（三）自治区成立60周年将推动社会事业建设进入快车道

2018年是广西壮族自治区成立60周年，广西社会各界将隆重举办庆祝纪念活动。广西成立60周年意义重大，它既是对60年来广西走过不平凡历程的重要回顾与总结，也是对进入新时代以后广西未来发展的一次重要规划与展望。南宁作为广西的首府，可以说是广西发展的标识与缩影，在社会建设各领域都走在广西各城市前面。广西60周年庆给南宁社会事业发展提供了重要机遇，使一批批社会建设项目和民生服务项目走向发展的快车道，一大批60周年庆献礼项目将陆续在2018年开花结果，其中包括诸多重要的民生项目，涵盖科技、教育、卫生、公共交通基础设施、文化等领域，这为日后南宁社会事业更高质量发展打下坚实基础。

（四）"智慧南宁"建设综合提升社会治理现代化水平

未来南宁市将围绕信息惠民、便民、利民的核心理念，不断创新发展思路，打破部门行政壁垒，破除数据孤岛，整合数据信息资源，实施共建共享。智慧政务、智慧民生、智慧产业将是南宁市智慧城市建设的重点。当前智慧医疗、智慧教育、智慧交通、智慧警务等已初见成效，改变了以往一个部门一个便民 App 的局面，实现"爱南宁 App"一码通城，不断集合和整合全市的各项智慧业务，实现"让数据多跑路，让百姓少跑腿"。基础设施智能化、社会治理精细化、公共服务便利化将使南宁市智慧城市建设的成果惠及越来越多的人民群众。

（五）人民日益增长的美好生活需要亟待高质量满足

近年来，南宁市在城市基本公共服务满意度方面相对处于靠后的位置，与周边城市相比缺乏竞争力，且影响南宁市人民的获得感和幸福感。随着新的形势变化，这将给社会事业的发展带来更大的不同程度的挑战，也提出了更高的要求。社会事业建设归根到底仍然是政府对于公共产品和公共服务的投入，随着城镇化发展加速，人民对于公共产品和公共服务的需求大大增加，不仅对于量的需求增加，对于质的要求也不断提升。所以，这对南宁市在公共产品供给能力方面提出了更大挑战，未来一段时期在社会事业发展层面，南宁市必须适应新时代新的发展特点，在公共产品供给上更加注重量和质的双提升。

（六）各城市人才竞争日趋激烈

2017 年，成都、西安、武汉、长沙、重庆、天津、大连等城市掀起了新一轮人才争夺战，通过多元政策优惠组合吸引各类人才，各类媒体均给予了高度关注。主流一、二线城市间的人才争夺竞争，势必进一步加剧中西部地区欠发达城市在人才竞争中的边缘化地位，或者说较大弱化这些欠发达城市对于人才的吸引力，甚至主流一、二线城市的人才竞争会对这些欠发达城市形成虹吸效应,加快这些城市人才向主流一、二线城市转移。南宁作为西部地区和少数民族地区的主要城市,其对人才吸引力的综合优势显然无法与主流一、二线城市相比,面临的人才竞争压力越来越大,而各项社会事业的发展离不开人才支撑,因此,南宁未来的经济社会发展应更注重人才的引进、培养和使用。

(七)脱贫攻坚任务依然艰巨

2018年南宁市脱贫攻坚最大的变化就是进入深水区,到了啃"硬骨头"的艰难阶段。据自治区初步核定,南宁2017年底剩余贫困人口为218795人,剩余贫困村216个。尤其是深度贫困形势较为严峻,南宁还有1个深度贫困县、1个深度贫困乡、56个深度贫困村,深度贫困人口达29207人,占全市贫困人口的13.35%。可见,南宁要在2020年全面脱贫,每年还需要脱贫8万人左右,而且还需要确保贫困发生率维持在低点。总体来看,这些挑战主要聚焦四个方面:一是深度贫困地区脱贫是块难啃的"硬骨头",这是南宁全面脱贫能否实现的关键;二是贫困村集体经济发展面临可持续性难题,集体经济发展仍较薄弱;三是产业扶贫面临做大做强、优势不突出等难题;四是扶贫领域作风问题会对脱贫攻坚进程形成牵制。

四 推进南宁市社会持续健康发展对策建议

(一)增强城乡区域发展整体性和协调性

1. 优化城乡发展格局

一是推进旧城区的景观改造和生态修复,推动产城融合、宜居宜业的新区建设,实现新旧城区的协调发展。二是发展县域经济,依托产业园区建设,大力发展特色产业;构建各具特色、优势互补、联动发展的产业体系;加大对上林县、马山县、隆安县的政策倾斜和重点扶持。三是大力实施乡村振兴战略,推动改革兴乡,巩固完善农村基本经营制度,深化集体产权制度改革,健全农业社会化服务体系;推动产业兴乡,积极发展乡村特色产业;推动人才兴乡,倡导高素质人才返乡创业就业,培训新型职业农民和农业经营主体,培养乡村科技人才和乡土文化人才。

2. 统筹城乡公共服务和产品供给

一是推动优质公共服务资源向乡村流动,引导义务教育学校的校长和教师骨干向薄弱学校和乡村学校轮岗交流;完善城乡基本医疗服务体系,深入开展县乡医疗服务一体化改革,推动医疗资源下沉;加强与涉农高校和科研院所的对接,提高农业科技社会化服务水平。二是推进基础设施建设向乡村延伸,继续推进轨道交通、高速公路等市域交通网络的建设,增强中心城区的辐射带动作用;合理安排农村基础设施建设项目。三是推动公共财政向乡村倾斜,调整财政供给结构,加强公共财政对农业农村的支持力度。

3. 加快推进农业转移人口市民化

一是要促进农业劳动力转移就业,促进农村贫困劳动力向第二、第三产业转移就业;根据农民工代际变迁及老一代农民工返乡意愿,带动农民工返乡就业、创业与落户城镇;结合宜居乡村建设和特色小镇建设,促进农业转移人口就地就近就业。二是按照"市场引导、需培结合、分类培训"的原则,加强对农民工的就业培训。三是落实农民工市民化待遇,推动县(区)农民工就业综合服务中心建设;推动农民工安居工程实施;扶持发展面向随迁子女的民办义务教育学校和城镇普惠性幼儿园;推动农民工参加城镇职工基本养老保险和城镇职工基本医疗保险。

(二)多措并举增加居民收入

1. 扩大就业与鼓励创业并举

一是大力发展新业态、新产业,积极承接东部工业产业转移,发展新型服务业,拓展城乡商品市场,在信贷、税收优惠方面加大对小微型企业的政策扶持、开发各类公益性岗位。二是广泛开展宣传教育和技能培训。三是完善就业补贴,提升就业人才服务水平。四是鼓励居民自主创业,积极开展创业创新教育，营造"大众创业、万众创新"的良好环境和氛围，完善创新创业的税收、补贴、场地等优惠扶持政策。

2. 健全完善工资正常增长机制

一方面，要加强政府对企业薪酬管理的调控和指导，建立和完善符合南宁本地实际的企业工资调控体系，完善最低工资保障制度、工资支付监控制度和工资支付诚信制度，推行工资集体协商制度，加强政府的执法监督监察。另一方面，不断完善机关、事业单位职工工资制度，逐步提高机关工作人员津贴标准，深化事业单位绩效工资制度改革，提高事业单位职工工资水平。

3. 提升居民财产性收入水平

一是加快理财产品创新，拓宽居民投资理财渠道。二是加大政策宣传力度，激发居民的投资创业热情，增加居民科学理财知识。三是鼓励和引导居民科学合理地参与股票、基金、债券、保险、不动产投资等理财，增加居民的财产性收入。四是鼓励科技人员和专业技术人员将其资产、技术、专利和知识投入社会生产活动，并将其转变为财产性收入。五是完善法规保护体系，加强市场监管，切实保护财产投资者特别是中小投资者的合法权益。

4. 推动农村居民收入持续增长

一是加大农业基础设施和科技投入，因地制宜推广优良品种和先进农业技术。二是坚持发展以市场为导向的农业生产模式。三是发展特色农业中的优势产业，推进农村三产融合，推动农产品加工、服务业转型升级，发展休闲农业和乡村旅游。四是推进农村产权制度改革，加快土地流转服务体系建设，挖掘农村土地资源增值潜力。五是落实退耕还林补助政策和惠农补贴政策，扩大农业保险覆盖面，健全农村社会保障机制，加大精准扶贫综合投入力度。

（三）持续优化基本公共服务供给

1. 不断完善南宁市基本公共服务制度体系

首先，加强南宁市基本公共服务制度框架的建立和完善。围绕从出生到

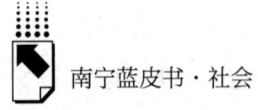

死亡各个阶段和不同领域,以涵盖教育、医疗卫生、劳动就业、社会保险、文化体育、社会服务等领域的基本公共服务清单为核心,以促进城乡、区域、人群基本公共服务均等化为主线,以统筹协调、财力保障、人才建设、多元供给、监督评估五大实施机制为支撑,构建南宁市保障全民基本生存和发展需求的基本公共服务制度框架。

其次,建立和完善南宁市基本公共服务清单。建议尽快出台《"十三五"时期南宁市基本公共服务清单》,服务清单应至少包括公共教育、劳动就业创业、社会保险、医疗卫生、社会服务、住房保障、公共文化体育、残疾人服务等八个领域。每个领域的项目均须列明服务对象、服务指导标准、支出责任、牵头负责单位等。

2. 不断优化南宁市基本公共教育供给

首先,促进义务教育的均衡发展。建立城乡统一的教育经费保障机制,加大对南宁市贫困地区教育资源的倾斜力度。统筹推进县域内城乡义务教育一体化改革发展,推进建设标准、教师编制标准、生均公用经费基准定额、基本装备配置标准统一和"两免一补"政策城乡全覆盖,基本实现县域校际资源均衡配置。

其次,加快普惠性学前教育的发展。大力发展公办幼儿园,积极扶持民办幼儿园提供普惠性服务。依据自治区要求,每县建设1~3所公办幼儿园,每乡镇政府所在地建设1所公办中心幼儿园。按照城镇服务人口1万人、农村服务人口3000~6000人设置1所幼儿园的原则,合理规划城乡公办幼儿园、多元普惠性幼儿园布局,鼓励有条件的村规划建设幼儿园。

再次,构建继续教育终身学习通道。建立个人学习账号和学分累计制度,制定各种类型继续教育学习成果互认的课程体系、标准和机制,开展继续教育学习成果认证、学分积累和转换试点工作,推进学分互换互认,逐步建立职业资格证书、职业教育学历证书与成人高校课程之间的学分转换制度。建立职前和职后教育相互融合、学历和非学历教育同步发展、宽进严出、弹性学制、灵活开放的继续教育制度。

最后,不断推进教育精准扶贫。加大南宁市教育资源向贫困地区,尤其是国家级深度贫困地区倾斜的力度,重点精准支持扶贫开发重点镇、村的学校建设,对精准扶贫贫困户子女实施精准资助,重点资助建档立卡贫困户子女上学,逐步推行对建档立卡贫困户子女实施15年免费教育,实现家庭经济困难学生资助全覆盖。

3. 优化基本医疗卫生供给

首先,加强南宁市重大疾病防治和提升基本公共卫生服务水平。继续实施国家基本公共卫生服务项目和国家重大公共卫生服务项目,逐步扩展服务内容,提高服务质量和均等化水平;开展重大疾病和突发急性传染病联防联控;完善卫生计生综合监督体系,建立食品安全风险评估、监测预警、应急处置体系和饮用水卫生监督监测体系;依托县级医院实施农村院前急救网络建设;加快推进突发公共事件卫生应急体系建设;做好心理健康服务。

其次,加强妇幼健康和计划生育服务管理。实施全面两孩政策,进一步实施母婴安全工程,改革完善计划生育服务管理,实施生育登记服务。加大出生缺陷防治力度,落实出生缺陷三级预防措施,继续推进地中海贫血防治计划、免费婚前医学检查,提供婚育综合服务,实施免费孕前优生健康检查,提高产前筛查和产前诊断服务能力,扩大新生儿疾病免费筛查覆盖范围,降低严重多发致死致残的新生儿缺陷率,促进生殖健康和妇女常见病防治,提高妇女常见病筛查率和早诊早治率,扩大农村妇女宫颈癌、乳腺癌项目检查覆盖范围。完善农村部分计划生育家庭奖励扶助制度、计划生育家庭特别扶助制度,继续实施"少生快富"工程。

最后,加强食品药品安全管理。实施南宁市食品安全战略,完善法规制度,提高安全标准,全面落实企业主体责任,提高监督检查频次,扩大抽检监测覆盖面,实行全产业链可追溯管理。完善药品集中采购办法,健全以国家基本药物制度为基础的药品供应保障机制。加强基层药品监管,完善药品抽验工作机制,对基本药物和高风险品种实施全品种覆盖抽验。全面建立基本药物和食品全产业链可追溯管理。健全药品安全应急体系,强化快速通报和快速反应机制,完善药品不良反应监测和发布制度。

4. 不断加强基本社会服务的供给

首先,优化社会救助体系。完善城乡最低生活保障制度,规范管理、分类施保,实现应保尽保。完善低保标准与物价上涨挂钩联动机制,确保南宁市农村低保标准到2020年不低于国家扶贫标准。健全低保对象认定办法,建立低保家庭贫困状况测算指标体系,完善信息核对机制。制定特困人员供养服务标准,实施特困人员供养政策。建立农村留守儿童和空巢老人关爱帮扶机制。健全重特大疾病救助和疾病应急救助制度,完善重特大疾病医疗救助异地就医管理。加强流浪乞讨人员救助管理。开展未成年人社会保护工作。全面推进精神障碍患者社区康复服务。健全社会救助经办机构,推进政府购买社会救助服务。推进社会救助网上审批进程,建立社会精准救助机制。完善灾害救助制度。

其次,完善社会养老服务体系。完善南宁市高龄津贴养老服务补贴和护理补贴制度。加大养老服务业配套政策创新力度,破解社会力量兴办养老服务"用地难、融资难、运营难、用工难"等问题。鼓励社会力量兴办养老机构,实施养老服务改革。鼓励企业和机构运用互联网、物联网等技术手段创新居家养老服务模式。

再次,健全优抚安置制度。完善南宁市相关优抚政策,建立健全南宁市优抚对象抚恤优待标准与调整机制,逐步提高抚恤优待标准。探索建立以社区为中心的基层优抚服务工作站点。完善创新退役士兵教育培训制度,实行全区城乡统一的自主就业退役士兵经济补助政策,健全完善自主就业退役士兵经济补助增长机制。

最后,加强综合防灾减灾体系建设。加强救灾物资储备体系建设,优化调整物资储备库布局。开展南宁市城乡基层社区减灾准备认证和综合减灾示范社区创建工作。拓展南宁市综合防灾减灾与风险管理信息平台功能。加强南宁市城乡应急避难场所规划和建设。开展全面、系统的南宁市城乡灾害风险隐患排查,编制社区安全隐患清单,对排查出的灾害风险隐患提出整治措施。加强各级防灾减灾宣传教育基地的规划建设。强化综合防灾减灾人才和专业队伍建设。

（四）扩大社会事业领域民间参与

1. 鼓励社会办医，推动医疗卫生服务多元化供给

一是深化医疗卫生体制改革，推深做实"放管服"改革，为社会办医创造良好的发展环境。二是制订区域卫生规划时为社会办医预留发展空间，重点发展专科医院，引导社会办医向公立医疗资源覆盖不足或力量薄弱的领域发展。三是完善配套政策体系，为民营医疗机构发展提供公平规范、高效透明的发展环境。四是引导优质人才资源向民营医疗机构流动，协助其解决人才引进和职称评定的突出问题。五是加强对民营医疗机构的监管。

2. 支持民办教育有序发展

一是依据新修订出台的《义务教育促进法》，对营利性和非营利性民办学校实行分类管理。二是扶持民办学前教育发展，在适度扩大普惠性民办幼儿园数量和规模的同时，引导其办出特色、形成品牌，着重加强民办幼儿园教师队伍建设。三是探索民办高等教育发展路径，加强南宁学院的建设，使其进一步发挥培养技术实用型人才阵地的作用。四是引导民办教育机构根据市场需求，提供多元化、多层次的教育产品和服务，提升教育培训机构品牌价值。

3. 引导社会力量参与养老服务业

一是优化养老服务市场环境，完善支持民办养老服务机构发展的税收优惠、财政资助、用地保障等相关政策；引导开展民办养老机构"星级"评比，提升知名度和美誉度。二是推动"公建民营"改革，"公建民营"的养老机构应优先保障弱势老人群体的护理服务需求。三是发展医养结合和居家养老，加大对医养人才的培养，推动资质较好的民营企业进入居家养老领域。四是发挥壮瑶医药特色优势，做大做强生物医药重点产业，发展具有地方特色的养老保健产业。

（五）完善住房价格调控长效机制

1. 确保调控政策的稳定性

要保证调控政策具有相对的稳定性和连续性，结合南宁市房地产发展的

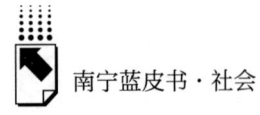

实际情况，把握房地产行业发展规律，加强对房地产长期政策的研究，从而制定出适应南宁市经济社会发展水平的市场调控长效机制，有效避免因调控政策的不断调整所引发的市场价格频繁波动。

2. 坚持住房市场化的发展方向

一是坚持住房市场化的发展方向，从长期来看，住房价格的变动应当遵循市场规律。二是逐步形成新建商品房销售、二手房买卖和房屋租赁共同发展的市场格局，多渠道扩大房地产市场供给。三是建立房地产市场调控长效机制，完善住房、土地、信贷、税收等相关政策；推动房地产业的供给侧结构性改革，促进南宁市住房建设总量合理增长，结构布局优化；实行差别化的住房税收政策和信贷政策，抑制投机投资需求增长；建立房地产市场预警系统；加大对房地产市场的整顿力度。

3. 建立完善住房供应体系

建立租购并举，以市场配置为主导、政府保障为补充的住房供应体系。加强住房保障，采取差异化、分层次的做法，对于能够承担购房支出的群体，支持其通过市场购买、换购商品住房；对于不具有购房能力或者购房意愿不强的群体，支持其通过住房租赁市场解决；对于符合条件的中低收入群体，支持其采用公共租赁住房或者领取租赁补贴的形式。此外，鼓励扶持中小套型、中低价位普通商品房的建设，有效降低居住成本。

4. 倡导树立科学理性的住房消费观念

一是加强舆论引导，为各项调控政策的实施和长效调控机制的形成奠定舆论基础。二是引导城镇居民树立科学理性的住房消费观念，推动居民住房观念从"有住房"向"有房住"转变，降低公众对住房市场价格不合理的心理预期。三是加大媒体宣传力度，促使民众树立住房价格主要由市场决定的正确认识，改变部分民众对单纯依靠政府力量解决住房问题和限制住房价格上涨的不合理诉求。

（六）多渠道增加社会领域投入

1. 完善南宁市基本公共服务财政投入保障机制

一是加大南宁市基本公共服务供给的财政投入力度。不断拓宽资金来源，增强南宁市全市各级财政特别是县级财政保障能力。稳定基本公共服务投入，细化基本公共服务清单支出责任，确保服务项目及标准落实。适度扩大南宁市基本公共服务财政支出规模。二是不断优化南宁市基本公共服务供给的财政支出结构。在明确事权与支出责任基础上，合理划分南宁市与县区之间事权与支出责任，增强宏观调节能力，重点增加对贫困地区的财力投入，提高贫困地区基本公共服务供给的财政保障能力，进一步缩小南宁市各区域间的财力差距，同时尝试建立财政转移支付同农业转移人口市民化挂钩机制。

2. 创新社会领域投入的多元化渠道

强化政府基本公共服务职责，加快社会事业改革，积极引导社会力量参与，推进政府购买服务，推广PPP模式，借助信息技术手段，扩大有效供给，形成政府主导、多方参与、竞争有序、充满活力的格局。

加强多元供给主体的培育。进一步扩大基本公共服务面向社会资本开放的领域范围，公平开放基本公共服务准入，拓宽社会力量进入渠道。研究制定分领域、分行业具体政策，引导社会力量进入。探索财政资金对非公立基本公共服务机构的扶持政策。推动基本公共服务领域民办非营利性机构享受与同行业公办机构同等待遇。大力发展社会组织。重点培育和优先发展行业协会、商会类、科技类、公益慈善类、城乡社区服务类社会组织，推进规范化和品牌化建设。深化社会组织登记制度改革，落实支持社会组织发展的税收优惠政策。加强社会组织孵化培育和人才扶持，采取人员培训、项目指导、公益创投等多种途径和方式，提升社会组织承接政府购买服务能力。

创新基本公共服务提供方式。不断深入推进政府购买公共服务。采取竞争性磋商、招投标、专家评议委托等方式，由具备相应资质、信誉良好的企业或组织提供公共服务，政府则担任制定服务标准、内容以及进行项目验收和监督管理的角色。加强政府和社会资本合作，PPP模式能提供的，广泛吸引社会资本参与。通过投资补助、基金注资、担保补贴、贷款贴息等多种方式，优先支持PPP项目。

不断提升南宁市基本公共服务供给的信息化水平。探索网络化教育新模式，对接线上线下教育资源。结合南宁市智慧城市建设和大数据，提供在线预约诊疗、诊疗报告查询、药品配送等便民服务,提高重大疾病和突发公共卫生事件防控能力。开展网上社保办理、个人社保权益查询、跨地区医保结算等互联网应用。搭建养老信息网络服务平台,鼓励应用便携式体检、紧急呼叫监控等设备。逐步构建南宁市实体政务大厅、网上办事大厅、移动客户端、自助终端等多种形式相结合、相统一的公共服务平台。推动具备条件的服务事项,实行网上受理、网上办理、网上反馈,实现办理进度和办理结果网上实时查询。暂不具备条件的事项,通过多种方式提供全程在线咨询服务。

鼓励发展志愿和慈善服务。广泛动员志愿服务组织与志愿者参与基本公共服务提供,定期发布志愿服务项目需求和岗位信息,建立健全志愿服务记录制度,完善激励保障措施。发挥慈善组织、专业社会工作服务机构在基本公共服务提供中的重要补充作用,落实慈善捐赠的相关优惠政策。

扩大开放交流合作。鼓励推进医疗、养老等基本公共服务领域有序开放,通过合资、合作等方式,支持合作办医,共建养老和残疾人托养机构。加强公共教育、公共文化体育等领域对外交流与合作。借鉴国内外发达地区的先进管理和服务经验,不断提升南宁市基本公共服务供给质量和水平。

(七)加强和创新社会治理

1. 创新社会治理组织领导体制

一是突出社会管理体制改革中"党政主导"地位,成立社会管理体制改革先行先试领导小组,指导全市管理体制改革工作,并根据形势发展和工作需要,适时创设社会治理统筹的相关部门,为加强和创新南宁市社会治理提供人力和组织保障。二是加强部门协调联动。强化各部门在社会治理创新中的职能与职责,充分发挥各部门优势,协作联动,统筹协调,形成合力。

2. 推进城乡社区自治建设

一是完善城市社区民主自治建设。依法合理界定社区居委会的职责范围,减少社区的行政事务,充分发挥居委会的自治组织功能;鼓励社区社会组织承接政府让渡出来的公共服务并成为重要公共服务提供者;打造社区公共服务平台、综治信访维稳平台、群团组织工作平台、社区社会组织服务平台、社区网络问政平台，夯实社区民主自治建设基础；建立"社区居委会—业主委员会—居民小组"社区三级网络。二是健全农村社区村民的自治制度。在南宁市各行政村建立健全村民自治的组织机构，健全村民自治制度，大力扶持农村的专业经济协会；推进农村住户联保方式。

3. 完善社会工作保障机制

一是培育壮大社会工作人才队伍。制定出台培育社工机构的政策文件，建立社会工作人才队伍培养、评价、使用和激励机制；积极发展义工队伍，逐步建立"社工引领义工、义工协助社工"的联动机制。二是培育相关社会组织。加大力度支持现有的社会组织改善条件；充分运用市有关部门建立的社会组织孵化机制，努力培育一批新的公益服务性社会组织。三是建立社会组织发展经费保障机制。积极推动向社会组织购买服务，建立考核评估制度；探索建立社会组织发展专项经费制度。

4. 持续推进城市精细化管理

一是实现南宁市城市管理的重心从地域性管理为主向流动性治理的转变，实现具有流动性的多元弹性治理方式。二是实现南宁市城市管理从制度—技术性管理向情感性治理的转变。"情感治理"的焦点在于通过对城市情感再生产过程的干预来协调城市居民之间的关系。三是积极培育南宁市城市社会的公共性，建构具有包容性的城市社会政策。大力发展中国特色社会主义文化，践行社会主义核心价值观，统合多元文化，培育南宁市张弛有度的城市公共政策，鼓励并达成"社会协同、公众参与"的多元合作结构。

5. 提升信息网络服务管理水平

一是健全网上舆论引导机制，扶持主流舆论网站建设。二是加强网络问政平台建设，畅通公众向政府建言献策、投诉咨询等民情民意表达渠道。三是把握网上、网下两个社会之间的联动关系，逐步建立网上网下综合管理体系。四是健全网络舆情常态预警机制，建立信息报送制度、技术检测与人工监管相结合的舆情信息采集制度；健全网络突发事件应急反应机制；健全舆情危机事后处理机制。五是建立网络安全评估机制。六是加强社区信息网络建设，提高社区管理的网络信息化水平。

（八）扎实推动深度贫困人口稳定脱贫

1. 加大对深度贫困地区的支持力度

加大对深度贫困地区的政策倾斜，从财政、金融、土地、产业项目、社会帮扶和干部人才等多个方面加大对深度贫困地区的支持。继续加大对深度贫困地区的财政转移支付力度，加大对易地扶贫搬迁项目的资金支持；新增脱贫攻坚资金优先用于深度贫困地区；新增金融资金和金融服务优先满足深度贫困地区发展需求；新增建设用地指标优先保障深度贫困地区发展需要；加大对深度贫困地区的干部人才投入力度，加大对深度贫困地区的社会帮扶支持力度。

2. 夯实精准帮扶，确保精准脱贫

一是要有啃"硬骨头"的决心和信心，克服干部群众在面对深度贫困问题时出现的畏难情绪。二是要夯实精准帮扶基础，精准筛查和锁定深度贫困人群、深度贫困地区和致贫原因。三是要精准帮扶、精准管理，针对不同的人群、地区和致贫原因，因地制宜、突破重点、精准治理、整村推进，做好基础扶贫、产业扶贫、电商扶贫、易地扶贫搬迁和兜底扶贫等，多元并举，最终实现深度贫困地区和深度贫困人口稳定脱贫。

3. 扶志扶智并重，激活内生活力

一是以村干部、党员、致富带头人、志愿者为核心，引导带动民众提高自我发展能力。二是加强对贫困人口的职业技能培训，强化造血功能。三是提高深度贫困地区的文化教育水平，阻断贫困的代际传递。四是推进乡风文明建设，对贫困地区存在的赌博、守旧、迷信、好吃懒做、不思进取等不良风气予以纠正。

4. 加强乡村治理，维护社会稳定

一是要提高村民自治水平，加强农村基层党组织建设，明确村民自治组织权责，培育新乡贤文化，推动多元共治的乡村治理格局形成。二是要推动乡村治理的法制化，推进平安乡村建设，完善农村治安重点区域治安防控网，加大对农村地区治安突出问题的整治力度。三是要发挥德治在乡村治理中的作用，在有条件的深度贫困地区开展道德模范、自强先锋等评选活动。

参考文献

[1] 《南宁市人民政府关于印发南宁市"十三五"新型城镇化规划（2016~2020）的通知》，2017年1月22日。

[2] 谢家瑾：《关于建立房地产市场调控长效机制的意见和建议》，《城市开发》2013年第18期。

[3] 郭利华：《赋予深度贫困人口可持续脱贫的能力》，《光明日报》2017年11月7日。

[4] 青海省人民政府办公厅：《青海省人民政府办公厅关于印发青海省"十三五"基本公共服务均等化规划的通知》，2016年7月30日。

[5] 卢婕、刘蓓、陆华、许绍才、冯其卫、苏彦：《推进广西医疗卫生基本公共服务均等化》，《广西经济》2017年第3期。

[6] 胡斌、毛艳华：《转移支付改革对基本公共服务均等化的影响》，《经济学家》2018年第3期。

[7] 陈鹏：《空间解构与重组：基于城市治理的视角》，《牡丹江师范学院学报》（哲学社会科学版）2018年第1期。

[8] 卢小君、张新宇：《中小城市基本公共服务水平区域均等化的动态分析》，《地域研究与开发》2017年第4期。

[9] 马慧强、王清：《中国地级以上城市经济发展与基本公共服务协调性空间格局》，《干旱区资源与环境》2016年第9期。

[10] 苏明：《中国城乡基本公共服务均等化研究》，《当代农村财经》2016年第1期。

[11] 任远：《城市病和高密度城市的精细化管理》，《社会科学》2018年第5期。

[12] 秦德君：《中国城市迈向精细化管理时代》，《领导科学》2018年第10期。

[13] 张扬：《城市交通精细化管理：绣花精神与绣花功夫》，《交通与运输》2018年第2期。

[14] 王立：《构建法治、共治、信息化的城市精细化管理》，《城市管理与科技》2017年第6期。

[15] 郭万超、李昱瑛：《以城市精细化管理助力美好生活创造》，《城市管理与科技》2017年第6期。

事业发展报告
Sub-field Report

B.2
2017~2018年南宁市教育发展状况分析及展望

叶 康*

摘　要： 2017年，南宁市教育事业通过瞄准学有优教，努力扩大教育资源供给；推进改革创新，激发教育发展活力；坚持精准发力，着力提升基础教育能力；聚集多方资源，积极构建多元开放的教育格局；聚集创新人才培养，全面提高教育教学质量；突出惠民共享，不断提升为民服务水平等举措实现了全面发展，本报告在总结经验、分析存在的问题及原因的基础上，对2018年南宁市教育发展进行了展望。

关键词： 教育资源　优质教育　改革创新

---

* 叶康，南宁市教育局政策法规科科长。

2017年,南宁市教育系统积极顺应人民群众接受优质教育、公平教育的热切期盼,认真贯彻落实中央关于教育优先发展的战略部署,始终把教育工作摆在突出位置,推动南宁市教育事业在爬坡过坎中实现了全面发展,取得了显著成就。2017年,南宁市学前三年毛入学率为95.78%,九年义务教育巩固率为96.5%,高中阶段教育毛入学率为95.56%。

一 2017年南宁市教育发展情况

(一)瞄准学有优教,努力扩大教育资源供给

根据城镇化进程不断加快和"全面二孩"政策实施后学龄人口大幅度增长的情况,南宁市开展了《南宁市城市幼儿园中小学校布局调整规划与实施方案(2016~2030)》修编工作,科学合理布局学校。印发《南宁市第三期学前教育行动计划(2017~2020年)》,大力推进公办园和民办普惠性幼儿园建设。启动《南宁市中小学幼儿园用地保护条例》修订工作,提高生均用地指标,规范新建住宅小区配套教育设施的规划、立项、建设工作。开展南宁市房地产开发项目配套教育设施专项整治活动,不断提高普惠性幼儿园覆盖率。积极推进教育惠民基建为民办实事项目建设,2017年各级各类教育基建单体项目2064个,已开工2055个,开工率99.6%,竣工项目1918个,竣工率92.9%。2017年,南宁市第三中学初中部五象校区、广西南宁阳光特殊教育学校等18所公办中小学校建成并投入使用,新增学位约2.83万个,新建成幼儿园18所,新增学位6950个,极大满足了适龄儿童少年"上好学"的新需求。

(二)推进改革创新,激发教育发展活力

坚持管办评分离原则,深入推进教育领域综合改革,制定出台了《南宁市教育综合改革方案》《南宁市教育管办评分离改革工作实施方案》《南宁市高中阶段教育普及实施攻坚计划实施方案(2017~2020年)》等政策文

件，进一步描绘首府教育改革发展新蓝图。在学前教育领域，实施多元普惠办园机制改革。在义务教育领域，实施学区制管理改革和县域内城乡一体化改革。在普通高中教育领域，实施普通高中课程改革。在职业教育领域，实施县级中专综合改革，开展中职学校布局调整和专业结构优化。在考试招生领域，牵头推进北部湾经济区四市（南宁、钦州、北海、防城港）同城教育合作和交流改革，实现四市在考试命题、考试科目、考试形式、考试时间、考试内容、评卷方式、成绩呈现等方面"七统一"。创新推进教育精准扶贫机制，对建档立卡贫困家庭子女实施15年免费教育，实现家庭经济困难学生资助全程覆盖。全面推动"互联网＋教育"融合创新，投入156万元资金启动教育系统专网建设，建设60条百兆点对点专线电路，投入600万元经费继续为直属学校升级改造校园网，以信息化手段促进公平、提高质量。

（三）坚持精准发力，着力提升基础教育能力

1. 扎实推进学前教育普惠发展

组织开展以"游戏——点亮快乐童年"为主题的学前教育宣传月活动。持续创建自治区示范幼儿园，2017年南宁市新增5所自治区示范幼儿园，全市自治区示范幼儿园达到52所。开展全市无证幼儿园清理整顿工作，进一步规范民办幼儿园办学行为。重新认定多元普惠幼儿园134所，下达市本级多元普惠幼儿园生均补助经费9959万元，惠及557所幼儿园，12.8万名幼儿，普惠性学前教育资源已占到学前教育资源总量的63%，有效缓解了"入园贵"的问题。支持学前教育集团化办园试点工作，为29个龙头园拨付工作补助经费145万元。加大幼儿教师培训力度，投入60万元对300名学前教育管理干部、幼儿园园长进行市级培训。

2. 义教均衡发展取得新突破

推行集团化办学改革，形成"核心校＋分校"的集团化办学模式，进一步增加了五象新区、凤岭片区优质教育资源供给，拉动了新区教育的高品位发展。全面推进义务教育均衡发展，2017年，西乡塘区、武鸣区和马山县高标准通过国家评估，被认定为国家义务教育发展基本均衡县（区），成

为南宁市第二批通过国家认定的县（区），其中，马山县比自治区规划时间提前了4年。江南区、良庆区、邕宁区、上林县、横县5个县区顺利通过自治区级义务教育均衡发展督导评估。江南区顺利完成国家义务教育质量监测，推动城乡义务教育一体化发展。扎实开展初中视导活动，以"常规视导、骨干示范、专家引领、共同推进"为目标，约6000人次参加视导活动，增进初中学校之间的校际交流与合作，全面提高初中学校教育质量。抓好控辍保学工作，加大学生劝返工作力度，义务教育普及水平进一步巩固提高，2017年义务教育巩固率达到96.5%。着力解决中小学校大班额、大通铺问题，印发《南宁市消除义务教育学校大班额、大通铺专项规划》，有序扩大城镇学位供给，推进实施消除大班额计划。

3. 普通高中办学规模不断扩大

开展南宁市普通高中课程改革总结研讨系列活动，总结展示5年来南宁市推进普通高中课程改革成功经验。围绕"提升质量"的主线，创新采取分类视导、团队指导、专题引领相结合的方式开展高中毕业班视导活动。2017年高考取得丰硕成果，尖子生人数居全区首位，囊括文、理科卷面分、总分四项状元。高分层考生领跑广西，51名南宁学子被清华大学、北京大学录取。本科一本上线人数接近7000人。2017年南宁市普通高中实际招生48280人，超额完成高中招生任务。继续扩大优质普通高中教育资源，宾阳县开智中学顺利通过自治区示范性普通高中立项建设学校的验收评估，宾阳县宾阳高中和隆安县隆安中学顺利通过自治区示范性普通高中的复查评估。全市现有自治区示范性普通高中25所，数量保持全区第一。

4. 全面构建现代职业教育体系

开展职业教育活动周、活动月活动，不断提升职业学校的形象和社会影响力。2017年，全市中职全日制招生23812人，完成任务数的108%；非全日制招生10303人，完成任务数的115%；中职全日制全口径招生31873人，完成任务数的106%。强化师生专业技能培养，组织学生参加2017年广西职业院校技能大赛和第十三届全区中等职业学校"文明风采"竞赛活动，两项比赛连续7年居全区首位。南宁市选手入选广西代表队参加2017年全国职业院校技能大赛,获得二等奖6项、三等奖8项。不断提升中职学校学生实习管理水平,顺利通过教育部等五部门联合开展的职业学校学生实习管理工作检查。率全区之先打造南宁市中等职业学校学生实习信息化管理平台,提升中职学生实习过程的信息化管理水平。扎实推进县级中专综合改革,横县职教中心获综合改革优秀奖,武鸣区、宾阳县职校获综合改革进步奖。在全区职业教育教学成果评选中取得历史性突破,共有21个项目获奖,获奖数量居全区之首。搭建中职与应用本科人才贯通培养"立交桥",2017年,全市5044名中职毕业生升入高职、本科院校就读,比2016年多1062人,中职学生接受高等教育的机会增多。全市中职毕业生就业率为96%,本地就业率为75%,为富士康输送学生4690人,助推地方经济社会发展。

5.积极促进特殊教育融合发展

制订出台南宁市第二期特殊教育行动计划,进一步提升全市特殊教育质量和整体办学水平。持续规范特殊教育管理工作,对普通学校开设特教班情况和特殊学校、特教班招生计划情况进行全面调查。特殊教育改革的"南宁经验"在全区特殊教育"医教结合"改革工作研讨会上得到推广。做好中央和自治区特殊教育补助经费建设特殊教育"随班就读"示范点工作,民族大道东段小学、人民路东段小学、衡阳路小学、福建路小学4所学校为南宁市首批"随班就读"示范点。加强特殊教育教师队伍建设,投入46万多元对130多名特殊教育管理干部和骨干教师进行特殊教育师资培训。

(四)聚集多方资源,积极构建多元开放的教育格局

1.积极鼓励社会力量提供多样化、高水平教育服务

以学习贯彻新修订的《民办教育促进法》为契机,进一步落实支持民间资本进入教育领域的措施,规范民办教育发展专项资金管理,安排设备购置经费832万元,教师培训经费42万元,保障民办学校设施配置购置经费和教师培训,惠及民办幼儿园、中小学和中职学校44所,培训民办学校法

人、校长、中层管理干部和骨干教师133人次。开展民办学校、教育培训机构年度检查工作，重点检查民办学校办学行为、教育管理和教学质量，进一步规范民办学校办学行为。联合市公安局、市工商局对全市文化教育培训机构发展情况进行专题调研和整治，切实维护教育者合法权益，促进教育培训市场健康发展。2017年全市教育培训机构有252家，各类教育培训机构开展文化教育培训达14.10万人次。

2.积极推动终身教育发展

积极打造学习型城市，成功举办2017年南宁市全民终身学习活动周，活动期间培训近6万人次。逐步开放社区教育学校教育教学资源，吸引社区居民积极参与社区教育活动。建设南宁终身学习公共服务平台，通过平台"市民大讲堂"和"在线课堂"专栏，及时发布社区教育培训活动信息和电子课程资源，供社区居民免费学习。推动社区教育品牌化建设，打造出西乡塘区秀湖社区"乐茵足球"青少年培训班、兴宁区燕子岭社区"红领巾加油站"、青秀区凤岭北社区"七彩假日"、良庆区银海社区青少年篮球培训、市一职校"广西美食讲堂"等社区教育特色品牌。

3.积极推进教育国际交流合作

2017年，南宁市先后接待了马来西亚驻南宁总领事、英国驻广州总领事、马来西亚大学境外办公室（中国）主任、英国爱丁堡普雷斯顿·洛奇高中风笛艺术代表团、意大利克雷马市政府代表团、我国台北教育团和香港"同根同心"学生交流团等国家和地区的官员、教育同行、学生约500人到南宁市各中小学校实地参访和交流。目前南宁市有30多对中外友好学校，逐步形成了多层次、宽领域的教育对外开放格局。组织人员赴澳大利亚昆士兰参加首届国际教育与培训峰会，考察昆士兰州教育产业的最新状况，商洽合作事项；组织人员赴新西兰学习新西兰基础教育先进经验，派员到英国35天学习英国现代学徒制物流管理模式，提升南宁市职业院校物流专业教师教学水平、强化物流专业人才构成体系。积极推进南宁国际学校的建设，在全区对外交流大会上作为基础教育唯一代表做经验介绍。

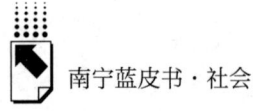

（五）聚集创新人才培养，全面提高教育教学质量

1. 全面加强教育系统党的建设

始终把加强党的领导作为根本保证，坚持社会主义办学方向，扎根邕城大地办教育。全面加强教育系统党建工作，推进公办、民办中小学校党组织建设全覆盖。继续推行党建目标管理责任制，把"两学一做"融入师德师风和学校文化建设，实现党建"一校一品牌"。将党的十九大精神与中小学常规德育工作相结合，创新德育授课方式，扎实推动党的十九大精神进校园、进课堂、进教材、进师生头脑。印发南宁市教育局党组"三重一大"事项决策实施办法，进一步规范全市教育系统重大决策行为，确保决策程序规范、民主、科学。深入开展廉政教育宣传，树立邕宁高中粟志红为全市六名"勤廉榜样"之一，营造廉荣贪耻的良好氛围。加强干部队伍建设。深入推进中小学校长三年培训工程，组织开展学校文化建设专家进校指导。实施"扬帆计划"培养工程，创新开展师徒结对传帮带活动，年内组织培养对象赴区外培训班2批次，受训干部260人次。进一步规范干部选拔任用机制，共提拔科级（校级）干部9名，交流23名，培养后备干部220多名。

2. 深入推进中小学德育工作，培育社会主义核心价值观

开展第一届自治区和南宁市"文明校园"评比推荐工作，全市共有2所学校获评全国文明校园，5所学校获评自治区文明校园，198所学校获评南宁市文明校园。开展以"文明校园 共同践行"为创作主题，面向全市大中小学生的微视频、微电影征集活动。持续推进课程育德工作，开展课程育德教学案例、科研论文的征集评选活动，共有4个德育工作案例获评全国中小学德育教育工作优秀案例，有效提升育德工作的针对性和实效性。

3. 加强学校体育、卫生工作和美育工作，全面推进素质教育

加强学校体育工作，推动学校体育特色发展，有16所学校入选全国青少年校园"足球特色学校"，促进学生健康成长。组织南宁市15所小学、3所中学共26个代表队参加2016～2017年全国啦啦操联赛总决赛暨中国啦啦操之星争霸赛总决赛，夺得24项冠军、4项亚军、5项季军、3项第四名和

1项第五名，创造了历史最佳成绩。坚持开展南宁市音乐教师"五项技能"基本功比赛，促进提高音乐教师教学技能。积极开展各类艺术活动和专项美育活动，举办南宁市第十九届中小学艺术节、"畅想青春"音乐会等活动。为庆祝党的十九大胜利召开，深化社会主义核心价值观建设，与中华文化促进会等部门联合开展中华经典美韵邕城——南宁市中小学"庆祝十九大·共筑中国梦"主题系列活动，引导师生"诵读经典、书画经典、讲解经典、演绎经典"，有效提高南宁市师生艺术素质。深入推进学校卫生工作，开展创建自治区级"食品安全示范学校食堂"活动，共有24所学校通过自治区验收，获得2017年自治区"餐饮服务食品安全示范单位"称号。开展南宁市"健康学校""流动人口健康促进学校"创建工作，共有10所学校获评2017年南宁市"健康学校"，2所学校为"流动人口健康促进学校"。

4. 深入实施中小学生校外教育活动工程

创新校外教育育人新模式，面向全市中小学生举办艺术、语言、趣味英语等公益培训班50多期200多学时，参训学生2000多人次，设立学校公益培训点20个，惠及学生8000多名。开展全国青少年"百年追梦·全面小康"爱国主义读书教育活动，提升青少年学生的人文素养。机器人科技实践活动、航空航天模型、车辆模型、科技实践活动和科普教育活动广泛开展，校外科技教育成绩显著，参加"世界机器人大会——RoboCom国际公开赛"，获得小学组vexiq项目环环相扣比赛总亚军。参加全国青少年航空航天模型大赛和车辆模型竞赛获一等奖26个、二等奖46个。参加全国青少年科技小发明、小创造评比活动和动漫动画、电脑绘画、微电影创作、校园影视作品、摄影作品大赛获奖成绩名列全区第一，在全国位居前列。南宁市获得了广西青少年科技创新大赛基层赛事优秀组织单位等表彰奖励。

5. 深入推进教师专业发展

全面实施教师队伍树德强技专业发展工程，加强师德教育，创新培训培养方式，培育名师队伍，提高教师专业素养。以"不忘初心，廉洁从教；弘德树人，立教圆梦"为主题，开展2017年南宁市教育系统师德教育活动，强化"三进三访"专题活动,加强师德师风建设。组织全市中小学教师招聘考试,招聘中小学教师3463人。南宁市横县教育局《五步式"送教下乡",助推校本研训一体化》获评教育部"国培计划"优秀工作案例。全面实施中小学教师信息技术应用能力提升项目,10600名学员参加培训,积极推进网络研修社区建设,不断完善教师培训体系。加大名师培养力度,7名教师被评为广西八桂教育家摇篮工程培养对象,5名教师被评为南宁市第二批首席技师,评选出教坛明星11名、学科带头人298名、教学骨干1303名,推动了首府城乡教师专业发展,培养了高素质教师队伍。

(六)突出惠民共享,不断提升为民服务水平

1. 特殊群体就学得到更好保障

积极解决进城务工人员随迁子女就读义务教育学校问题。降低就读门槛简化入学手续,随迁子女入学所需材料从"六证"减少为"四证",搭建"一站式"就学报名平台,形成便民、快捷的报名新机制,得到了学生家长及社会的肯定与欢迎。2017年,南宁市义务教育阶段学校共接收进城务工人员随迁子女14.6万人,约占全区接收总人数的1/3,接收数量全区第一。加快推进城乡义务教育一体化改革发展,从2017年春季学期开始,南宁市全面实行统一城乡义务教育的"两免一补"政策,新增对城市义务教育阶段家庭经济困难寄宿生给予生活费补助,新增受益学生约3000人,同时推行了科学、音乐、美术等科目教科书循环使用制度。拨付2017年城乡义务教育经费保障机制资金8亿元,其中城乡义务教育学校公用经费预算6.71亿元,义务教育家庭经济困难寄宿生生活费补助1.22亿元,进一步扩大了教育公平受益面。

2. 学生成长环境进一步改善

创新和丰富青少年普法宣传的形式与内容,选拔优秀选手参加第二届全国学生"学宪法讲宪法"演讲比赛,南宁二中初中部李明威同学获全国初中组冠军和全区初中组一等奖,并在全国人大加强宪法教育普及宪法知识弘扬宪法精神座谈会上发言。组织全市35万名中小学生参加全国第二届青少

年学生法治知识网络大赛，市教育局荣获全国优秀组织奖。举办南宁市中小学"预防校园欺凌"法律知识竞赛，法制宣传进校园取得明显成效。坚持安全第一原则，组织中小学幼儿园"护校安园"行动和"平安校园基层行"活动，加强校园安全管理。针对社会午托机构监管缺位以及学生溺水、校车安全、校园欺凌等事故的预防等，进一步出台政策、完善网格化监管体系。强化教育演练，组织各中小学校集中开展应急疏散演练和校园反恐防暴、消防应急疏散演练，提高师生安全意识和技能。

3. 为民服务体系不断健全

以放管服改革为抓手，进一步简政放权、改进监管、优化服务。全面梳理和规范行政审批事项等权力事项和公共服务事项，编制"市县乡三级行政权力运行流程"，实现行政权力"同一事项、同一标准、同一编码、上下对应、有效衔接"。改进监管，以规范针对学校的项目评审、教育评估、人才评价和检查事项（简称"三评一查"）为突破口，推动教育行政部门职责瘦身。梳理出"三评一查"项目42项，取消3项，保留39项，并建立年初计划、公示制度，没有列入"三评一查"项目的检查评估事项原则上不允许进校开展活动，真正减少对学校的干扰。围绕优化服务，全面加强机关工作人员能力和作风建设，组织依法行政能力专题培训，扎实推进"两学一做"学习教育常态化制度化；同时，提升工作效能，积极推行教师资格认定"互联网+"审批，并对申报数量比较大的驻邕高校开辟绿色通道，开展提前集中申报服务。创新推出由学校集体到住房管理部门统一查询无房信息的举措，减少家长在行政机关之间来回"跑腿"，进一步减轻群众负担，提高行政效能。

4. 教育精准扶贫见新成效

加强对困难群体困难地区的精准帮扶，加快推进贫困村教育基础设施建设，继续安排专项资金1000万元，用于30个贫困村学校基建项目。依托"全面改薄"项目加快贫困地区中小学校信息化基础设施建设，2017年为30所贫困村学校（教学点）90间教室配备"班班通"设备。建立教育结对帮扶机制，促进贫困教育均衡发展。将"国培计划""区培计划"培训指标向贫困地区倾斜，2017年为贫困地区学校培训教师超过1000人次。落实学生资助政策，对建档立卡贫困户子女实现资助全覆盖，2017年全市共投入助学（含奖、贷）资金7.18亿元，受惠学生64.97万人次，其中资助建档立卡贫困户学生20.55万人次，发放和拨付建档立卡贫困户学生免、助、奖学金1.72亿元。以人为本，创新生源地助学贷款服务方式。横县试点设立助学贷款代办点、邕宁区试点采用电子合同，马山县将人文关怀和诚信教育融入贷款办理过程，得到群众高度称赞；武鸣区为困难大学新生和家长开辟绿色通道的人性化工作模式，获得教育部全国学生资助管理中心领导的高度肯定。

二 存在问题及原因分析

百年大计，教育为本。党的十九大报告将教育作为民生之首，强调指出，建设教育强国是中华民族伟大复兴的基础工程，必须把教育事业放在优先位置，深化教育改革，加快教育现代化，办好人民满意的教育。党中央对教育工作的新部署、新要求，充分表明了党中央一以贯之坚持教育优先发展的坚定决心，向全党全社会释放了明确强烈的信号。对于教育系统而言，这是最大的动力、最大的机遇。但我们也必须清醒地看到，随着南宁市城镇化、工业化、信息化加快发展，随着国家人口政策的调整变化，随着脱贫攻坚战的深入推进，随着社会公平正义的不断提升，随着人民多样化需求的日益增长，解决教育发展不平衡不充分的问题将是我们长期要面对的工作主题。

要清醒地看到，南宁市教育事业虽然整体大踏步前进，但发展水平与东部中部等地区的发达城市相比，差距依然较大，区域、城乡、校际差距也不容忽视。公办学前教育资源仍然紧缺，"入园难、入园贵"的问题有待进一步解决。教师队伍结构性矛盾依然突出，教师队伍城乡结构不合理，特别是乡村教师职业吸引力不强，存在下不去、留不住、教不好的问题。教师队伍专业结构不合理，农村学校音乐、体育、美术、信息技术等学科专业教师数量不足。义务教育均衡发展督导评估任务问题仍然突出。"十三五"规划要求 2019 年年底前，南宁市要在全区率先全部通过义务教育均衡发展国家督导验收。目前南宁市所辖的五县七区中，已有六个县（区）通过全国、自治区义务教育发展基本均衡县（区）认定，五个县（区）通过义务教育均衡发展自治区督导评估。2018 年，江南区、邕宁区、良庆区、横县、上林县五个县（区）要接受国家评估认定。但宾阳县尚未通过各级督导评估。宾阳县义务教育学校面广点多，基础设施条件较差，资金缺口较大，迎检时间紧、任务重。

这些困难和问题的存在，有经济社会发展的客观基础，有城镇化进程加快的时代条件，有人口结构变化的社会背景，也有主观因素。但不管什么原因，无论什么困难，都需要去面对、去解决。要坚持问题导向，这些不平衡不充分的问题就是最现实的导向，就是工作的着力点和主攻方向。必须拿出直面问题的勇气，拿出实招硬招啃下这些"硬骨头"，以解决问题的实际成效，彰显教育系统的新作为。

三　2018年南宁市教育发展展望

2018 年是全面贯彻落实党的十九大精神的开局之年，是改革开放 40 周年、自治区成立 60 周年，是决胜全面建成小康社会、实施"十三五"规划承上启下的关键之年。2018 年全市教育工作的总体思路是：全面贯彻党的十九大精神，以习近平新时代中国特色社会主义思想为指导，坚持稳中求进总基调，按照高质量发展根本要求，贯彻党的教育方针，以实施"奋进之笔"为总抓手，坚持教育优先发展，落实立德树人根本任务，深化教育改革，推进教育公平，发展素质教育，加快教育现代化，努力培养德智体美全面发展的社会主义建设者和接班人，为南宁市加快建设"四个城市"，勇当广西营造"三大生态"、实现"两个建成"排头兵提供人才支撑和智力支持。

（一）打好教育扶贫攻坚战，推动城乡义务教育一体化发展

深入推进教育领域综合改革，积极推进教育财政资金统筹使用，优先支

持教育发展的重大项目,优先扶持贫困地区、薄弱地区发展教育。积极推进县区义务教育阶段教师管理改革试点工作,逐步建立教职工编制县区"总量控制、动态管理"机制,统筹解决核定编制不足以满足教育教学需求的问题。

(二)推动共享发展,大力促进教育公平

坚持"两为主"原则,积极、稳妥地安排随迁子女在南宁市平等接受义务教育,加强农村留守儿童关爱教育,实施第二期南宁市特殊教育提升计划,继续改善特殊教育办学条件,精准实施教育帮扶计划,继续对建档立卡贫困户子女就学实施15年免费教育,运用信息技术加强学生资助工作精准管理,着力提升资助对象精准识别能力。按照教育精准帮扶的要求,扎实做好优质普通高中与薄弱普通高中对口帮扶工作。深入学习贯彻《中共中央国务院关于全面深化新时代教师队伍建设改革的意见》,在加强教师队伍建设方面要有新作为,为加快首府教育现代化进程提供人才支撑。实施教师队伍树德强技专业发展工程,实施卓越人才培养计划、"666"人才培养计划,大力推进教师培训"互联网+"行动,创新教师培养培训机制,加快名师队伍、"双师型"教师队伍建设,积极推动城乡教师均衡发展,实施教育基础设施提升工程,加快实施"全面改薄"工程,加快城乡义务教育学校标准化建设。实施教育信息化提速推动工程,助推教育现代化建设。

(三)深化教育体制机制改革,不断优化教育结构

深化招生和考试评价制度改革,高中全面取消招收择校生,示范性高中指令性定向招生名额比例提高到50%,积极稳妥地开展中小学招生工作。围绕"扩资源、调结构、建机制、提质量"的工作要求,加快实施学前教育基本覆盖工程。深入实施义务教育均衡提质工程,合理配置办学资源,加强义务教育学校标准化建设,加快推进全市义务教育均衡发展。深入实施普通高中优质发展工程,加快推进普通高中突破发展工程,积极创建现代化示范高中、示范性普通高中、特色普通高中,推动全市普通高中多样性、特色

化发展。加快首府特色的现代职业教育体系建设，完善职业教育和培训体系，深化产教融合、校企合作，全面推进县级中专综合改革。办好继续教育，广泛开展全民终身学习教育，深入推进社区教育发展。

（四）扩大合作开放，形成良好教育生态

主动融入"一带一路"建设，实施扩大教育国际交流合作建设工程，推进"留学绿城"计划。引导和支持民办教育合作发展，发挥民办教育发展专项资金的杠杆作用，激励民办教育规范健康发展。加快推进依法治教，出台校内课后服务实施意见和校外托管机构管理办法，以良法保发展、促善治。加快推进学校章程和法律顾问制度建设，全面开展依法治校示范校创建活动，使依法治教落地落实。建设平安和谐校园。落实"一岗双责"，强化安全宣传教育，深化平安校园建设，开展"护校安园"行动，加强校园安全管理。

（五）注重绿色发展，提升立德树人质量

持续、深入开展培育和践行社会主义核心价值观教育，开展"文明校园"创建工作，强化劳动教育和家庭教育，鼓励学校开展德育特色的创建工作，形成德育品牌。强化学生道德实践，鼓励学生持续开展社区志愿服务。开展未成年人思想道德建设测评工作，组织全市中小学读书活动现场会。深入推进普通高中课程改革，全面加强体育卫生、心理健康、艺术审美教育，深入实施中小学生校外教育活动工程，深入开展语言文字工作。

B.3
2017～2018年南宁市科技发展状况分析及展望

陈 成*

摘　要： 科技的发展能够给人类生产和生活方式带来深刻的变革，经济建设必须依靠科学技术。习近平总书记提出要加大科技惠及民生力度，推动科技创新同民生紧密结合。创新是引领发展的第一动力，2017年南宁市聚焦创新，引领产业转型升级，深化科技体制机制改革，加快推动科技与产业、平台、金融、人才和开放合作相结合，实施科技惠民富民工程，加强民生领域科技创新，提升了城市的核心竞争力。

关键词： 科技创新　科技改革　科技扶贫

2017年，南宁市贯彻落实党的十九大、全国科技"三会"和自治区创新驱动发展大会精神，紧紧围绕全市经济社会发展的大局，加强科技谋划部署，狠抓创新工作落实，科技工作取得了明显成效。南宁市通过国家创新型试点城市建设第三方专家评估验收，获批建设自治区级自主创新示范区，全市高新技术企业达到415家；自治区级以上重点实验室达到44家；自治区级以上企业工程技术中心达到101家；企业科技孵化器和众创空间34个；科技成果荣获国家科学技术进步奖二等奖1项，获2016年度广西科学技术

---

* 陈成，南宁市科学技术局发展计划与基础研究科科长。

奖38项，获得自治区科技成果登记443项；全市专利申请量16320件，每万人口发明专利拥有量8.35件；技术合同成交额达724亿元；完成重点科技成果推广项目76项；科技进步对经济增长的贡献率达到56%。

一 2017年全市科技发展情况

（一）着力深化科技体制改革，破解体制机制障碍

推进科技创新配套政策健全完善。在市委全面深化改革领导小组的统一安排部署下，突出重点、狠抓落实，扎实推进科技体制改革，出台实施了《南宁市企业专利权质押融资项目贴息和补助资金管理办法》《南宁市国际科技合作基地管理办法》《南宁市科技计划项目结题管理办法》《南宁市技术先进型服务企业认定管理办法》《南宁市众创空间备案认定管理办法》《南宁市扶持科技企业孵化平台建设实施细则》等配套政策措施，研究完成了《南宁市本级财政科研经费管理办法》（讨论稿）、《南宁市专利资助奖励办法》（修订稿）等政策，大力破解制约科技创新的突出问题，完善建设企业成为技术创新主体的政策环境，强化科技对经济社会发展的支撑引领作用。

推进事业单位科技成果使用处置和收益管理改革。选择南宁市勘察测绘地理信息院、南宁市蔬菜研究所、南宁学院、南宁职业技术学院、南宁市国土测绘地理信息中心等单位作为事业单位科技成果使用处置和收益管理试点改革单位，研究出台事业单位科技成果使用权、处置权和收益分配权改革的具体方案。南宁市勘察测绘地理信息院等单位已出台改革实施方案（试行）。

推进科技计划项目管理改革。出台了《深化南宁市本级财政科技计划和科技项目管理改革的实施方案》，制定了《南宁市财政科技计划管理联席会议制度》，发布了《2018~2020年度南宁市科技计划项目申报指南》，科技计划项目管理改革实现了"三大突破"：南宁市科技项目申报系统常年开放接受项目申报，项目申报实现了常态制申报；驻邕大专院校、科研院所与

南宁市企业开展的产学研项目且实施地点在南宁市的，可以作为第一申报单位；降低申报门槛，鼓励创新创业，取消了项目申报负责人年龄限制和职称限制，放宽申报限项。

（二）强化创新主体培育，提升产业发展水平

组织科技计划项目下达和实施。2017年共组织下达三个批次的科技项目，其中，本级重大科技专项13项，总投资10046万元，科技财政拨款860万元；本级科学研究与技术开发计划项目119项，总投资44405万元，科技拨款7288万元；本级科技项目经费后补助24项，总投资38820万元，科技拨款880万元；南宁市科技型中小企业技术创新资金项目94项，总投资19889万元，科技拨款1395万元。通过科技计划项目的实施，为高新技术产业发展注入了强大的活力，一批企业不断壮大，发展迅猛。南南铝业股份有限公司承担完成的重大科技项目"新型铝镁合金及相关产品的研发"，解决了5005系列铝镁合金的熔炼铸造、烧损控制、挤压成型等生产技术，成功开发了美国双反倾销法案规定以外的高技术新产品，有效提升了南宁市出口产品的技术含量和产品附加值，项目申请发明专利5件，销售收入1.71亿元，利税1917万元。

着力培育发展高新技术产业。大力实施高新技术企业倍增计划，加大对高新技术企业、创新型试点企业、科技型中小企业的培育、认定工作力度，推行"培育一批、辅导一批、申报一批"的工作机制，鼓励具备研发实力的企业申报高新技术企业，全年共组织230家企业申报高新技术企业，全市有效高新技术企业保有量同比增长超20%，数量415家；引导和鼓励企业加大研发投入，在2018~2020年度市本级科技计划项目中设立高新技术企业认定后补助专项，对获得高新技术企业认定的企业一次性给予资助金额5万元，鼓励企业提升自主创新能力；继续推进科技保险试点工作，2017年共受理8家高新技术企业科技保险保费补贴申请，投保额61.69亿元，保费185.05万元，财政补贴预算金额62.7万元，比2016年增长保费补贴53.19万元。

聚焦重点产业组织科技攻关。围绕电子信息、先进装备制造、生物医药三大重点产业及其他战略性新兴产业，实施重大科技专项13项，开展石墨烯增效锂离子电池技术及产业化示范等重大共性关键技术攻关；引进申龙汽车投资30亿元，建设新能源客车和物流车项目；上海明匠智能系统公司与南南铝合作，建成厢车柔性智能焊装线及设备群等多条智能生产线。传统优势特色产业实现二次创业，实施以蔗糖为原料提炼异麦芽酮糖等项目，推进糖业产业链向深加工和循环经济方向延伸。推进源正全铝车身新能源汽车、海洋工程用高性能耐蚀铝合金材料关键共性技术研究及产业化等项目，打造高端铝合金智能制造产业链。2017年以来，共组织实施工业科技创新项目91项，其中实施工业重大关键共性技术攻关及产业化项目5项，围绕三大重点产业、战略性新兴产业、高新技术企业培育、科技创新平台建设等实施普通科技项目和后补助类项目86项，科技财政经费投入3030万元，带动全社会投入科研经费6.18亿元。

（三）推进科技创新平台和载体建设，增强区域创新能力

整合科技资源，重点支持南宁·中关村创新示范基地建设。持续加大对南宁·中关村创新示范基地建设的科技服务，设立南宁·中关村创新示范基地创新能力提升专项，在基地能力提升、信息技术、智能机器人等方面组织下达科技经费225万元，项目总投资1372万元，集聚人才、技术、资本等创新创业资源要素，建设战略性新兴产业集聚发展的科技中心、示范中心和服务中心；通过科技项目扶持引导，南宁·中关村创新示范基地成效凸显，入驻行业重点企业达33家、入孵企业37家，实现产值2.35亿元，初步形成智能制造、信息技术产业等4个产业微集群，成为区域协同创新发展的集聚区和展示窗口，以南宁·中关村为核心的南宁高新区"双创"示范基地获批为国家级"双创"示范基地，成为广西首个国家级"双创"示范基地。

持续精准发力，推动企业创新平台建设上台阶。以创建国家级自主创新示范区为总抓手，进一步加大科技创新平台培育力度，通过科技项目立项支持的形式，引导有条件的企业和研究院所建立企业工程技术研究中心、企业

技术中心、企业研究中心等企业创新平台，重点扶持一批创新能力好的市级研发中心开展升级建设，力争获得自治区级或国家级研发中心认定。2017年南宁市新增自治区重点实验室4家，其中2家重点实验室依托南南铝加工、田园生化等企业建设运行，实现了南宁市企业自治区级重点实验室建设零的突破。此外，南宁市本年新增组建13家自治区级工程技术研究中心，其中包括华蓝设计集团等7家企业工程技术研究中心，新建6家市级工程技术研究中心，有效提升了南宁市企业的科技创新能力。

营造良好环境，推动"大众创业、万众创新"。出台优惠鼓励政策措施，加快建设一批能力突出、服务设施完备的科技企业孵化器、众创空间，对获得国家级、自治区级和市级认定的科技企业孵化器，一次性分别给予500万元、200万元、100万元的补助资金，对通过各级备案的众创空间一次性分别给予30万元、20万元、15万元的补助资金，鼓励各类创新创业平台提升孵化服务能力，推动"双创"工作开展。2017年新建科技企业孵化器1家、新增自治区级科技企业孵化器1家，新增中关村信息谷雨林空间等自治区级众创空间3个，全市新增入孵企业89家，创业团队31个，创业人数478人。支持广西联讯U谷、梦工谷2家科技企业孵化器申报国家级科技企业孵化器，推荐南宁创客城等3个众创空间申报国家级备案。成功举办第二届南宁市创新创业大赛，共有249家企业报名参赛，报名数量同比增长超70%，59家企业晋级广西区复赛，5家初创组企业和4家成长组企业分别进入了广西区前十强，19家优秀企业成功晋级全国行业赛，进一步激发了全民创新创业的热情，引导社会各界力量支持创新创业。

创建自主创新示范区，引导创新资源集聚。2017年4月南宁自治区级自主创新示范区获批建设，南宁市将以南宁高新区为依托，发挥南宁作为国家级加工贸易梯度转移重点承接地的优势，把南宁建设成为中国与东盟开展创新合作及提升区域影响力的自主创新示范区，并积极配合自治区政府创建南柳桂北国家自主创新示范区。着力推进南宁高新科技创新园等一批科技服务业特色聚集区的建设，促进科技服务和创新资源区域聚集。中国—东盟技术转移中心一期工程已建设完成，南宁研祥智谷一期项目全部竣工并交付使用,引入建设猪八戒网广西总部孵化器,一期项目落地运营。加快富士康东盟硅谷科技园建设,并已建成三创加速中心和富士康南宁研发检测认证中心,初步实现富士康产品由"广西制造"向"广西创造"转变。引入清华启迪集团落户中国—东盟信息港产业园集聚区,建设南宁启迪东盟科技城,项目总投资约44.29亿元。

(四)拓展科技合作交流,推动科技成果转化

推进高层次产学研合作。促成南宁企业和单位与清华大学、华中科技大学、厦门大学、北京交通大学、北京林业大学、泰国孔敬大学、中国科学院宁波材料研究所等10余家重点高校和国家科研院所签订科技合作协议,重点围绕碳酸钙产品开发、木材深加工与检测、海绵城市建设等领域,共建院士专家工作站、联合实验室等高层次研发创新平台5家;引进华中科技大学在南宁设立国家大学科技园南宁基地,定位打造国家级科技企业孵化器和创客空间。深化与驻邕区属单位科技合作,首次允许驻邕高校、科研机构以第一承担单位申请市级科技项目,与南宁职业技术学院签订了市校科技合作协议,引进全球语音人工智能领军企业——科大讯飞公司与南宁学院开展战略合作。

组织科技资源主动融入"一带一路"。充分发挥南宁·中关村创新示范基地作为国家"一带一路"有机衔接重要门户和创新枢纽作用,引导基地入驻企业"走出去",主动融入国家"一带一路"建设加快发展。如,广西明匠获东盟亿元订单,特飞动力产品已出口泰国等10多个国家,哈工大机器人与美国NCPS公司签订无人机技术合作协议等,南宁市面向东盟以及"一带一路"沿线国家的市场进一步扩大。同时,积极推进"一带一路"国际科技合作,2017年以来,共举办或组织参与科技合作对接活动14场,签约项目137项,金额2.3亿元人民币,成功引进建设中国—以色列科技成果(南宁)交流转化中心;目前,全市共有国际科技合作基地27家(其中,国家级10家、自治区级8家、市级9家)。区域科技合作日益密切,利用深圳高交会、北京科博会、桂陕生物技术对接会、广西创新驱动发展成就展等展览展会平台，与南昌、长沙、新乡、东莞等地科技部门建立合作关系。

促进科技成果转化应用。通过优化政策环境、搭建成果转化交易平台、以科技重大专项拉动科技成果转化等举措，促进成果快速转化，重大科技创新成果不断涌现。南宁市共有38项科技成果荣获2016年度广西科学技术奖，同比增长25%，其中一等奖1项；57项科技成果被授予2016年度南宁市科学技术奖，其中博世科公司"轻工过程高浓度有机废水处理关键设备及工程化技术集成创新"项目荣获科学技术重大贡献奖，打破了国际垄断；南南铝公司"高强高韧耐蚀航空铝合金大规格中厚板制备技术"荣获科学技术进步奖一等奖，相关产品列入国防战略需要。成功举办广西区域科技创新与科技成果转化座谈会，就共建联盟达成共识。南宁市拥有自治区级以上技术转移示范机构35家（其中国家级5家），获自治区科技成果登记465项，实施"广西科技成果转化大行动"60项。

（五）实施科技惠民富民工程，促进民生科技发展

聚焦脱贫攻坚，持续加大科技扶贫工作力度。紧紧围绕全市扶贫产业规划，将超过50%的农业科技经费投入到贫困县区、贫困村、贫困户的产业发展中，形成了以科技特派员创新创业专项和贫困地区农业产业转型增效关键技术研究与应用示范专项为抓手，以科技扶贫示范基地建设为引领，以扶贫产业科技研发推广为重点，推动扶贫产业科学可持续发展。建设了上林县生态循环肉牛产业化基地、隆安砂仁低产改造技术研究示范基地、马山乔利果蔬扶贫产业开发基地、邕宁红星村柑橘产业基地等8个科技扶贫示范基地。同时，继续加大贫困村科技特派员选派力度，共选派296名贫困村科技特派员到全市421个贫困村服务，按照"产业组团、县区组队、定点到村、统筹调度"的方式组建了水稻、牛羊等21个产业科技服务团。2017年共下达科技扶贫项目28项，投入财政资金664万元，项目支持18个农民专业合作社；通过科技扶贫项目培训农民170场次、1.39万人次，受益农户数达1951户，其中贫困农户1033户。

聚焦现代农业发展热点难点问题，组织开展科技攻关。充分利用和发挥

南宁市农业科技资源及人才优势，组织开展影响南宁市农业产业发展技术瓶颈科技攻关，在抗（耐）香蕉枯萎病新品种选育及枯萎病综合防控、春橙新品种的选育、果蔬复配保鲜剂的研发等技术研究已经取得阶段性技术突破。针对南宁市香蕉枯萎病多发并大面积传染的严峻趋势，近五年来加大对抗（耐）香蕉枯萎病品种选育和枯萎病综合防控技术的科研攻关力度，投入专项科技财政经费215万元，引导支持科研院所和企业开展课题研究，2017年9月已成功选育出了广西区首个抗（耐）枯萎病香蕉新品种"桂蕉9号"，经多地四年中试种植监测，"桂蕉9号"发病率由5.01%降至0.23%，而常规品种"桂蕉6号"发病率在30%，实现了南宁市在抗（耐）香蕉枯萎病新品种选育及枯萎病综合防控研究方面取得阶段性技术突破。

积极创建自治区级农业科技园区，提升农业科技创新平台能力和水平。继续积极推进西乡塘区"美丽南方"农业科技园区和隆安香蕉农业科技园区两个自治区级农业科技园区的建设，2017年，西乡塘区农业科技园区基本完成建设，隆安农业科技园区已完成建设目标任务的93.0%。大力组织引导东盟经开区、青秀区、江南区、武鸣区申报自治区级农业科技园区创建工作，已顺利接受自治区的评审认定。积极推进"星创天地"创建，在全市范围内广泛筛选孵化功能明显、带动性强的现代农业创新创业平台，将其打造为"星创天地"，鼓励科技特派员、大学生、返乡农民工、职业农民等深入农村"大众创业、万众创新"。全市共有8家自治区级"星创天地"获批建设，上林县山水牛畜牧业有限公司的山水牛养殖星创天地和广西金诚双丰农牧科技有限公司的特种养殖星创天地获国家科技部备案。

以人为本，加强民生领域科技创新。围绕人民群众关注的热点、难点和社会问题，组织实施涉及医疗卫生、防灾减灾、艾滋病防治等各领域民生项目。2017年社会民生科技项目共立项77项，科技经费1263万元，总投资13000万元，年增产值19900万元，年增利税3897万元，其中立项支持医疗卫生技术创新研究38项，科技经费368万元，重点支持医学重点学科和特色专科创新团队培育建设，市属各级医疗机构开展常见病多发病防治关键技术及诊疗规范研究与应用示范等；立项支持社会民生科技44项，科技经费940万元，其中重大科技专项3项，科技经费160万元，重点研发项目41项，科技经费780万元。

（六）落实知识产权战略，提升城市核心竞争力

加大知识产权投入力度。对专利资助奖励政策进行了修订完善，增加对规模以上工业企业、贯标企业的资助奖励力度，中国专利奖获奖的奖励金额分别由10万元、5万元提高到50万元和10万元；出台《南宁市企业专利权质押融资项目贴息和补助资金管理办法》，全市专利申请资助奖励5252件，投入经费达319.26万元；专利质押融资贴息科技项目8项，总贷款12025万元，专利质押3240万元，财政科技拨款贴息195.79万元，有效解决了部分企业贷款难、贷款贵的难题。

提升发明专利数量质量。继续围绕创建国家知识产权示范城市的工作重点，以发明专利双倍增为主要抓手，努力推进全市知识产权工作的有效落实，各类专利数量质量提升速度加快。2017年，全市专利申请量16320件，其中发明专利8209件，每万人口发明专利拥有量达8.35件，全市发明专利各项指标继续保持全区前列，南宁市被评为国家知识产权试点示范城市工作先进集体。

加强知识产权运用保护。积极推进知识产权优势企业培育，新增国家知识产权优势企业5家，自治区知识产权优势企业培育单位5家，全市已通过《企业知识产权管理规范》企业14家，通过国家或自治区备案的专利代理机构达31家。开展知识产权执法维权"护航"专项行动8次，检查商品3000多件，共立案涉嫌假冒专利47件，处理专利侵权案件6件，增强了社会公众尊重知识产权、抵制侵权假冒行为的意识。南宁市两家企业获得第十九届中国专利奖。

（七）加大科技政策宣传和普及力度，营造创新良好氛围

以全国科技活动周、"十月科技大行动"及"科技服务春耕生产活动"等全市性的大型活动为契机，以南宁市科普联席会议、南宁科技网、南宁科

技官方微信为平台，联合高等院校、青少年科技教育基地、科研机构及部分科技型企业等，大力开展科技政策、"宜居乡村"科普宣传、产业富民技术培训和惠民科普系列服务，提高企业对科技创新政策的知晓率以及民众科技创新意识，确保科技改革政策落到实处。据统计，2017年全国科技活动周期间全市累计开展科普活动105场次，展出科普展板650多块，发放农业实用栽培技术书籍2200册、科普宣传小册子1.2万册、宣传单2万份，直接受益群众达16万多人次。

二 2018年科技发展工作展望

2018年是贯彻党的十九大精神的开局之年，也是推进落实"十三五"规划目标任务承上启下的重要一年，南宁市科技工作的总体思路是：以党的十九大精神为指导，围绕市委十二届四次全会提出的部署和要求，大力实施创新驱动发展战略，以提高科技创新能力为核心，以深化体制机制改革为动力，深入实施"科技创新八大重点任务"，统筹推进工业、农业、民生等领域科技创新，为加快建设"四个城市"、勇当广西营造"三大生态"、实现"两个建成"排头兵提供强有力的科技支撑。

主要目标：力争2018年全市高新技术企业数量新增70家以上；提升企业工程技术研究中心创新能力20家；新建科技企业孵化器1家、创客空间3个、新增入孵企业和团队50个；建设和提升8个农业科技扶贫示范基地；组织实施10项重大科技计划项目，200项南宁科学研究与技术开发计划项目，80项科技型中小企业技术创新项目；每万人口发明专利拥有量达9件。

（1）在深化科技体制改革方面。切实抓好中央、自治区、南宁市出台的各类深化科技体制改革政策落地，推进科技成果转化、专利权质押融资等有关政策的实施；继续制定出台促进产业优化升级、高新技术企业发展和创新券补助科技创新服务购买政策，推进南宁市科技计划项目管理深化改革，完善科技项目管理系统、科技计划项目库和评审管理制度，探索开展第三方专业机构管理科技项目试点。

（2）在强化企业创新主体方面。以宣传和落实国家、自治区对高新技术企业与创新型企业政策为主线，通过税收优惠等扶持政策，加快培育高新技术企业、创新型企业、科技型中小企业，积极组织企业开展申报高新技术企业及创新型企业工作，力争2018年全市高新技术企业数量增长20%以上。

（3）在健全科技创新体系方面。着力发展企业研发机构，引导有条件的企业建设企业工程技术研究中心等研发机构，支持建成的研发机构能力提升建设，培育其升级为国家级、自治区级研发机构，全年提升企业工程技术研究中心创新能力20家。

（4）在推进创新平台建设方面。加快推进南宁自主创新示范区和南宁·中关村创新示范基地等区域协同创新合作基地建设，提升南宁市科技创新创业能力；加快建设一批能力突出、服务设施完备的科技企业孵化器、创客空间，努力在全市营造良好的创新创业生态环境，激发大众创新创业活力。2018年全市新建科技企业孵化器1家，创客空间3个，新增入孵企业和团队50个，举办了第三届南宁市创新创业大赛。

（5）在深化科技合作交流方面。保持科技合作和科技招商的强劲势头，抓好与北京交通大学、华中科技大学等高校意向合作内容的落实、落地；服务好南宁企业和单位与重点高校和国家科研院所共建平台；积极推进"一带一路"国际科技合作，引导科技企业"走出去"，科技资源主动融入国家"一带一路"建设加快发展。

（6）在推动科技成果转化方面。积极实施南宁市科技成果转化大行动，加大"一带一路"重大科技成果转化、科技成果转化示范基地建设、技术转移中介机构建设、技术市场培育等方面的支持力度，继续推进事业单位科技成果使用处置与收益管理改革。

（7）在推动国家知识产权示范城市建设方面。积极申报国家知识产权示范城市，争取获批成为国家知识产权示范城市；继续选择培育一到两个县（区）开展知识产权强县（区）试点示范建设；推进知识产权优势企业培育和贯标工作，通过修订专利申请资助奖励办法、加大资助奖励力度、签订服务协议、奖惩并举等多种形式继续抓好全市发明专利双倍增工作。

（8）在科技服务民生领域方面。围绕以 56 个深度贫困村为重点的农业产业脱贫攻坚，开展农业产业技术创新、科技扶贫服务平台建设和农业成果转化推广，重点建设 2~3 个科技扶贫示范基地；继续强化发挥全市 296 名贫困村科技特派员在脱贫攻坚工作中的科技引领作用。组织实施生态环境治理、医学重点学科培育建设、中药民族药创新技术平台建设等一批重点领域社会发展科技项目，推动科技惠及民生福祉升级。

B.4 2017~2018年南宁市民政事业发展状况分析及展望

南宁市民政局课题组*

摘　要： 2017年，南宁市民政事业深化改革，加强法治建设，牢固树立"民政为民、民政爱民"的工作理念，创新工作方式方法，深化民政"三项改革"，扎实开展"四个年"活动，着力保障和改善民生，加快推进民生福祉升级，不断提高民众获得感，促进民政事业健康、快速发展。养老服务业综合改革、政府购买服务等多项工作经验得到民政部、自治区民政厅推广。

关键词： 民政事业　民生福祉　获得感

一　2017年发展状况分析

（一）"三项改革"深入推进，创新发展取得新突破

1. 深化养老服务业供给侧改革，养老幸福产业加快发展

一是全面放开养老服务市场。积极引导社会资本进入养老服务业，落实

---

* 课题组组长黄菊如，南宁市民政局局长、党组书记；欧邦庆，南宁市民政局副局长、党组成员；李春明，南宁市民政局办公室（政策法规科）主任；黄玲，南宁市民政局办公室（政策法规科）副主任；梁怡林，南宁市民政局办公室（政策法规科）科员。

广西太和自在城、合众优年社区第二期项目；积极落实两块吸引民间资本投资建设用地；各县（区）、开发区积极推进300~500张床位公办示范性养老机构建设，目前已完成1个，开工3个。二是推进养老机构公建民营。召开第四次南宁市养老机构公建民营推介会，将32个项目面向社会进行推介，吸引中民投、普天集团、三胞集团、索库集团、泰和集团等大型企业以及一批养老机构、企业、社会组织负责人前来参会商洽。5个县级社会福利机构、7个乡镇敬老院、50个社区日间照料中心实行公建民营。三是落实产业扶持政策。加大资金投入力度，落实自治区和市本级民办养老机构建设、床位补贴、运营补贴资金1619万元。四是加快推进社区居家养老服务。下达30个社区日间照料中心建设补助资金900万元以及6个城市养老服务中心项目资金1800万元，全市社区居家养老日间照料机构已达103个，城市养老服务中心21个，社区居家养老覆盖面达60.5%。五是积极开展养老机构消防安全提升行动。下达消防安全标准化建设试点和提升改造资金800万元，开展10个养老机构消防安全达标试点；给予64个养老机构补助资金，安装烟感、简易喷淋、配置微型消防站等消防设施设备。六是全面提升养老机构服务质量。开展养老机构星级评定，评出二星级以上养老机构20家，并启动开展第二批星级评定工作；开展养老机构考核评估暨以奖代补工作，下拨奖励资金250万元。七是推进医疗卫生与养老服务结合。积极配合市卫计委制定下发《南宁市推进医疗卫生与养老服务相结合工作实施方案》，推进医养结合试点工作，积极推进乡镇敬老院和乡镇卫生院"两院合一"试点。

2. 深化民政服务社会化改革，服务保障质量不断提升

提升积极向政府主导、社会承办、市场运作转变，鼓励引导社会资本进入民政公共服务领域，运用社会力量提高民政工作的整体效能。有效整合自治区和市本级福利彩票公益金、财政资金约626万元，通过政府购买、委托服务等多种方式，大力推进社会工作服务于社会福利、社会事务、社会救助和社区治理等领域。市、县（区）两级委托第三方机构对8359户城乡低保家庭进行入户核查。召开乡镇敬老院、社区日间照料中心和城市养老服务中心社会化运营项目推进会。积极培育和发展社会工作服务机构，全年共登记

成立6家社会工作服务组织。

3. 推进防灾减灾体制机制改革，综合防范能力全面提升

对2014年的《南宁市自然灾害救助应急预案》进行修订并由市政府印发实施，充实调整减灾委成员，健全防灾减灾救灾工作机制。以2017年第九个"全国防灾减灾日"为契机组织开展形式多样的防灾减灾宣传和演练活动，共开展广场、社区防灾减灾科普宣传活动100多场，发放资料50多万份，悬挂横幅4000多条，张贴科普挂图共10000余张，展出板报1000余板，组织开展各类应急演练400多场次，宣传覆盖面大幅度提升。开展社区减灾准备认证和综合减灾示范社区创建活动，全市有19个社区参加申报综合减灾示范社区创建活动，其中11个社区获评广西综合减灾示范社区，6个社区获评全国综合减灾示范社区。按时足额筹措、支付2017年农村住房政策性保险项目保费共333.72万元，全市共619户农户获得理赔款425.37万元。按时完成了2016～2017年度冬春灾民生活救助工作，发放补助资金1058.32万元、救助77654人；完成全市38户2016年因灾倒损房农户需恢复重建工作，发放重建补助资金82.4万元；做好突发性自然灾害应急救助工作。

（二）"四个年"活动扎实开展，基层治理再上新台阶

1. 开展社会救助精准兜底保障年活动，基本民生保障更加有力

助力脱贫攻坚战，已纳入农村低保范围的建档立卡贫困人口9.09万，农村低保对象与贫困人口重合率达68%。一是提高城市居民最低生活保障标准。从2017年10月1日起，南宁市各城区（开发区）城市居民最低生活保障标准由每人每月500元提高到每人每月600元，各县城市居民最低生活保障标准由现行的每人每月400元提高到每人每月480元，保障标准居全区首位。二是提高城乡低保补助水平。从2017年1月1日起，各级财政对城区（开发区）城市低保资金补助标准提高到平均340元/（人·月），对农村低保资金补助标准提高到平均180元/（人·月）。全年发放城乡低保涉及73.04万户次，182.8万人次，共3.47亿元。三是推进特困人员救助供养制度改革。出台《南宁市特困人员救助供养办法》，建立特困人员救助供

养制度。各县（区）、开发区按标准落实特困人员供养待遇，全年共发放特困人员救助供养23.19万户次，24万人次，共11922.94万元。四是完善重特大疾病医疗救助制度。在原有的医疗救助系统内增设重特大疾病审批管理及孤儿医疗救助模块，实现医疗救助及重特大疾病医疗救助在定点医院即时结算。全年发放医疗救助21.52万人次，支出7102.59万元。

2. 开展社会组织管理规范年活动，社会组织健康有序发展

进一步落实四类社会组织直接登记和"三证合一"登记制度改革，加强培育扶持。全年全市新登记成立社会组织342家，其中县区272家，市本级70家（其中直接登记16家）。全市登记的社会组织总数达4348家，市本级达977家，换发"三证合一"证书2306份。实施登记管理机关组织会计师事务所对社会组织法定代表人变更和注销登记进行财务审计改革，切实加强社会组织财务资产监管。严抓社会组织执法监察，实施网上年检，对62家社会组织给予行政处罚。继续推进第二批全市行业协会商会与行政单位脱钩试点工作，其中市本级行业协会商会参与脱钩共49家，各县区行业协会商会参与脱钩共26家。加强社会组织培育指导，成立南宁市社会组织孵化基地，为初创期的公益性社会组织提供完善的硬件设施和个性化的指导服务。基地同一时期内最大孵化规模为壳内孵化10家，壳外孵化6家，目前首批8家机构已经入驻（壳内孵化6家，壳外孵化2家），这些组织将在一年的孵化期内得到能力建设、人才培养、政策与法律咨询、项目策划与督导、资源链接、公益创投等方面的全面培育。

3. 开展社区治理创新深化年活动，基层社会治理探索不断深入

一是圆满完成全市村（社区）"两委"换届选举。根据市委、市政府统一部署要求，在全市村（社区）党组织、第八届村民委员会和第六届居民委员会换届选举工作中，各级民政部门认真履行村（社区）"两委"换届选举工作指导和督察职责，全市1769个村（社区）"两委"圆满完成换届选举工作。共有7.98万名党员参与选举投票，参选率平均达94.18%，共有455.05万名选民参加投票，参选率平均达92.64%。在选优配强村（社区）"两委"班子的同时，有效推进了基层民主政治建设的发展。二是深入开展

城乡社区治理改革创新工作。市委办公厅、市政府办公厅印发了《南宁市深入推进农村社区建设试点工作的实施意见》和《关于加强城乡社区协商的实施方案》，为进一步完善城乡社区治理体系、深化基层协商民主建设加强了顶层设计。投入资金300万元开展政府购买社区事务、志愿服务、网格服务类社会工作项目24个，共16家社会组织进驻23个社区提供社会工作专业服务。有序引导社会组织参与社区治理，推进社区服务社会化、专业化发展。积极开展农村社区建设试点工作，市本级安排资金300万元支持自治区和市本级试点建设。三是落实各项建设补助资金。市财政分别下达3780万元、832万元补助资金用于实施社区惠民资金项目、57个村委会服务用房建设项目。提高了村（社区）干部待遇及村级组织办公经费，全市村干部每月基本报酬、全市社区专职工作人员每月基本岗位补贴每人增资300元；离任村干部养老补贴标准由当前的任期满一年每月给予15元提高至30元（村定员半额补贴干部的养老补贴减半）；给予全市村（居）务监督委员会成员每人每月工作补贴150元；给予全市屯级小组长（队长）、屯级党支部书记每人每月工作补贴50元；村级组织办公经费标准由每年每村2万元提高到3万元。

4. 开展民政标准化建设提升年活动，服务管理效能稳步提升

成功承接社区服务用房建设标准化试点、福利院孤残儿童抚育标准化试点和社会工作（家庭寄养）标准化试点三项自治区级标准化试点，并增加了社会团体规范建设标准化试点、农村特困人员供养服务机构公建民营标准化试点、地名命名规范试点三个市级试点项目，在全区率先开展社会组织等级评定和养老机构星级评定工作，树立了行业建设发展的标杆。坚持"试点先行，先试点后铺开"的原则，投入资金250万元，推进10家社会福利机构开展消防安全管理标准化建设试点。在总结试点经验的基础上，投入600余万元资金，面向全市社会福利机构和部分示范性乡镇敬老院开展消防安全管理提升工作。

（三）民政事业统筹推进，综合服务能力得到新提升

1. 加快发展社会福利慈善事业，慈善观念日益深入人心

落实困难残疾人生活补贴和重度残疾人护理补贴制度，各县区、开发区

出台残疾人两项补贴定期复核方案并开展定期复核工作，全年发放补贴82.88万人次，资金4144.22万元。实施"海王集团慈善援助项目"，对"因病致贫、因病返贫"的134名患者给予药品捐赠。2017年南宁市慈善总会接收捐赠款物共500.57万元，其中资金448.53万元（含中华慈善日活动捐款55.37万元），物资价值52.04万元。2017年南宁市即开型彩票刮刮乐销量1.09亿元，同比增长3.54%；视频彩票中福在线销量2.62亿元，同比增长19.44%；合计3.71亿元，同比增长14.27%。

2. 全面落实双拥优抚安置政策，军民深度融合日益加强

召开南宁市党政军迎春座谈会及茶话会；举办2017年军民迎新春文艺晚会；"八一"建军节市委、市政府主要领导慰问驻邕基层部队；完成迎接自治区双拥模范城中期考评。全市走访慰问各类对象共6.16万人次，发放慰问金（品）1365.23万元；全年帮扶困难优抚对象4715人次，开支救助金额361.99万元；做好清明节烈士祭扫、"烈士公祭日"和优抚对象"大走访、送温暖"等活动。全市符合政府安排工作退役士兵安置率达100%；完成年度自主就业退役士兵、复员干部、伤病残军人接收工作，发放自主就业一次性经济补助金；组织自主就业退役士兵参加免费教育培训，有意向参训的退役士兵参训率达100%；圆满完成年度军供保障任务。落实好军队离退休干部"两个待遇"，推进军休文化建设。

3. 强化民政专项社会事务管理，公共服务提质增效显著

制定出台《南宁市加强农村留守儿童关爱保护工作实施方案》及《南宁市加强困境儿童保障工作实施方案》，开展"合力监护、相伴成长"关爱保护专项行动，村级儿童福利督导员配备率达100%。成功举办2017年公益花坛葬安葬仪式，全力推进马岭公益性公墓建设。通过政府购买方式开展婚姻家庭辅导服务，委托第三方开展收养家庭评估。为滞留的344名流浪乞讨人员办理户口登记。积极推进撤县设市工作，指导有关县区开展县改市的前期工作和乡级区划调整。全年完成197条道路、5座桥梁和5个轨道交通2号延长线车站的命名。全市地名普查成果数据已报国务院普查办验收。地名普查成果转化有序开展，新版《南宁市政区图》《南宁市城区地名录》

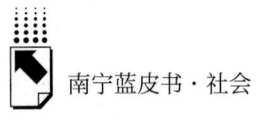

《南宁市地名图集》正在编辑出版,"全国地名地址库建设示范城市"稳步推进。

4. 推进民政重点项目建设,民生保障基础进一步夯实

大力推进南宁市第二社会福利院等重点项目建设,有序推进承担的自治区、南宁市4项为民办实事项目,进一步筑牢民生保障基础。

5. 加强法治政府建设,提高依法行政能力

主要负责人认真履行法治政府建设第一责任人职责,召开会议听取法治政府建设工作情况汇报。落实年度学法任务,强化法治宣传教育。完善本部门重大行政决策事项范围,健全重大行政决策机制。制定《南宁市民政局规范性文件"三统一"制度》,出台规范性文件4件,均严格按照程序完成制定发布。出台《民政行政处罚裁量基准制度》,开展行政执法案卷评查活动,严格规范行政执法行为。继续实施法律顾问制度,法律顾问为全局重大行政决策事项、规范性文件、合同等50余件出具合法性审查意见,有效防范决策风险。积极推进法治政府建设信息公开。年内完成网上业务咨询信访答复300件,承办行政复议5件,信访180余件,100%依法在规定时限内办结。

6. 党建、党风廉政及反腐败工作持续加强

认真学习宣传贯彻党的十九大精神,迅速掀起学习贯彻党的十九大精神新高潮。推进"两学一做"学习教育常态化制度化,两个直属单位党支部"两学一做"学习教育受到市直机关工委通报表扬。严格落实党组织生活制度,深入推进学习型服务型党组织建设取得明显成效。巩固"自治区文明单位"创建成果,推动文明创建工作不断上水平、上台阶。全力以赴实施精准扶贫,局系统9个定点帮扶贫困村脱贫攻坚取得新成就,其中横县新福镇潘村顺利完成脱贫摘帽任务。落实党风廉政及反腐败工作,狠抓落实主体责任和监督责任,认真履行"一岗双责",深入开展党风廉政建设和反腐败宣传教育工作,加强扶贫领域监督执纪问责系统排查治理工作,认真落实中央八项规定精神"回头看"工作。积极协调配合做好市委巡察工作,坚持标本兼治,抓好建章立制,确保巡察工作实效。推进百日攻坚,加大力度推进社

会组织党建全覆盖,加强教育管理和制度建设,8个具备基本条件的社会组织正在筹建党组织,党建活动日益活跃,社会组织党建工作得到有效加强。

二 存在问题和困难

在肯定成绩的同时,我们也清醒地认识到当前南宁市民政工作仍存在不少的困难和问题,一是基层民政力量亟待加强。民政工作任务日益繁重,要求越来越高,基层民政工作人员紧缺,流动性大,人少事多的矛盾依然十分突出。据统计,南宁市各县区(不含开发区)有乡镇(街道)111个,配备工作人员总数为419人(其中专职231人,兼职151人,公务员编232人,事业编37人,其他为聘用或购买服务人员)。其中3万人口以下的乡镇(街道)有15个,配够3名工作人员的只有5个;3万~5万人口的乡镇(街道)有47个,配齐4名工作人员的只有4个;5万人口以上的有49个,配齐5名工作人员的只有16个。对照区厅的要求,87.5%乡镇(街道)都没有配够工作人员。从机构数质量来看,全市仅有6个乡镇(街道)设置独立的民政机构,其余均为合署办公,都没有进行事业单位法人登记。二是民政公共服务设施不足,与服务对象的巨大需求存在较大差距。例如,养老床位不足的问题。2017年底,各类养老机构874家,南宁市共有养老床位24608张,各类养老机构床位与全市老年人口之比约为20∶1000,与民政部到2020年达到35∶1000的要求相比还有很大的差距。三是民政资金缺口较大。主要是医疗救助、救灾工作、农村社区试点建设等资金配套不足。

三 2018年工作展望

(一)健全完善社会救助体系

提高农村低保保障标准和城乡低保补助水平,启动南宁市城乡居民最低生活保障办法、临时救助办法的修订、起草工作。探索低保制度城乡统筹,逐步将家庭负担较重且无法单独立户的成年无业重度残疾人纳入低保范围，开展低保审批权下放乡镇改革试点。深入推进农村低保制度与脱贫攻坚有效衔接，有序推进低保对象与扶贫对象双向衔接，确保所有县区农村低保标准全部超过国家扶贫标准。推进特困人员救助供养机构规范化建设，加强特困人员救助供养管理，逐步提高生活不能自理特困人员集中供养率。进一步完善医疗救助制度，加强医疗救助与大病保险的有效衔接，全面资助特困人员、孤儿、低保对象参加基本医疗保险。简化临时救助申请审批程序，逐步推进临时救助由生活救助型向综合救助型转变。

（二）加强防灾减灾救灾体系建设

进一步强化应急值守，完善灾情核查和评估机制，妥善做好受灾群众应急救助。严格自然灾害救助资金管理使用，进一步加强对冬春救助的组织领导和冬春救助资金的规范化、精细化管理，全面实行救助现金社会化发放。继续做好全市农村住房政策性保险工作和因灾倒房恢复重建工作。加大推进社区减灾准备认证工作，2018年通过认证的社区不低于全市城乡社区总数的15%。继续开展自治区、全国综合减灾示范社区创建活动。加大防灾减灾宣传教育力度，在"5·12"防灾减灾日宣传周期间开展形式多样的宣传及演练活动。推动防灾减灾救灾体制机制改革。动员和鼓励社会力量参与防灾减灾救灾服务，探索建立多方参与的社会化防灾减灾救灾格局。

（三）加快推进养老服务、社会福利和慈善事业发展

全面放开养老服务市场，加快推进养老服务业放管服改革，深入推进养老服务业综合改革和"核心区"建设。加强养老服务基础设施建设，继续实施"1521养老服务示范园区建设工程"（300~500张床位公办福利养老示范机构）和城市养老服务中心、社区居家养老日间照料中心项目建设。大力发展社区居家养老服务，培育社区居家养老服务品牌。推动养老服务综合信息平台建设，继续实施养老机构考核评估暨以奖代补工作。开展养老机构星级评定、养老机构入住老年人能力评估工作，落实民办养老机构

补贴。发展以"医养结合"为重点的多业态健康养老模式，打造南宁养老特色品牌。抓好残疾人两项补贴制度的落实，实现使用残疾人两项补贴系统开展工作。贯彻落实《慈善法》，继续开展"慈善日"活动，推进慈善事业发展。

（四）加强基层政权和社区建设

贯彻落实中央和自治区关于加强和完善城乡社区治理、加强乡镇政府服务能力建设、城乡社区服务体系建设规划等政策文件，建立健全村（居）务公开民主管理制度，积极推进社区公共服务综合信息平台试点建设。积极推进区、市试点申报、创建、评估工作，促进农村社区试点建设内涵提升，力争到2018年5县全部申报市本级农村社区建设试点县，农村社区建设试点覆盖全市10%以上的建制村。完成基层群众性自治组织特别法人统一社会信用代码赋码工作。继续开展以村民小组或自然村为基本单元的村民自治试点，充分发挥村规民约作用，全面提升村民自治水平。

（五）推进社会组织、社会工作和志愿服务健康发展

推动出台《中共南宁市委办公厅南宁市人民政府办公厅关于改革社会组织管理制度促进社会组织健康有序发展的实施意见》，建立社会组织联合监管机制。加强对社会组织的事中事后监管。创新社会组织年检工作，实施网上年检及现场年检。加强执法力量，规范执法程序，严查违规行为，持续清理名存实亡社会组织。推进社会组织孵化基地建设，加强社会组织负责人、社会工作人才培训。推进社会组织评估工作和社会组织党建工作。建立完善南宁市社会组织信息网站和社会组织电子信息档案库。出台支持和发展社会工作志愿服务的意见。

（六）大力支持深化国防和军队改革

做好迎接新一轮全国和自治区双拥模范城的考评工作。及时足额发放各类抚恤补助金，全力做好清明期间烈士祭扫服务保障和公祭烈士活动，继续

做好优抚对象信息入户核查工作。发挥退役士兵安置工作领导小组的职能作用，做好年度退役士兵安置工作；推进军休文化建设精细化、军休服务管理社会化模式的探索工作，进一步提高军休服务管理工作水平；加强军供站现代化建设，提升军供保障服务水平。

（七）稳妥推进区划地名管理工作

积极推进撤县设立县级市，稳妥开展撤乡设镇、撤镇改设街道的申报工作。全面完成第二次全国地名普查任务，启动地名普查档案归档工作，推进地名普查成果转化。落实《民政部关于加强地名标志设置和管理的指导意见》（民发〔2017〕192号），规范地名标志的设置。完成全国地名地址库示范城市建设项目，建立地名地址云平台管理系统，实现"互联网+地名"，优化地名公共服务。

（八）强化专项社会事务管理工作

完善儿童福利体系建设，进一步推进农村留守儿童关爱保护和困境儿童保障工作及儿童福利机构和未成年人保护中心建设。加强婚姻登记规范化建设，继续推进全市婚姻历史数据补录。继续推进收养能力评估政府购买服务。进一步规范救助服务，强化寻亲服务、源头治理。继续推行节地生态安葬和惠民殡葬政策。强化清明节祭扫服务保障，大力倡导绿色低碳祭扫。

（九）加强基层民政工作能力建设

加强乡镇政府服务能力建设，加强和完善城乡社区治理，推行政府购买服务加强基层社会救助经办服务能力，大力提升乡镇民政服务能力和基层社会救助经办服务能力。进一步推动自治区加强基层民政工作"3+1"政策文件的落实，制定出台加强基层民政工作的政策文件，推动乡镇一级建立由乡镇党委书记或乡镇长牵头，分管民政工作的领导及相关部门负责人参与的体制机制，村一级建立由村党组织书记牵头、村"两委"有关成员参与的工作机制。积极探索加强基层民政工作模式和方式，解决基层民政工作机构、人员、经费、服务平台等问题，积极推动中央和自治区关于民政工作的重大决策部署在基层"最后一公里"得到有效落实。

（十）深化民政法治建设

推进重点民政工作领域的政策创制，使政策法规始终适应民政事业改革发展的要求。加强对重大行政决策、规范性文件制定、重大行政执法等的合法性审查，健全完善法律顾问制度，防范决策风险。加大行政执法力度，完善执法程序，落实执法责任。推进政务公开。推进信用体系建设。要全面梳理民政执法方面存在的突出问题，加强民政执法队伍和能力建设，提升执法规范化水平，不断增强民政工作的法治保障。

（十一）进一步提升民政综合能力

推进"互联网+民政服务"改革，加强全市民政系统网络基础设施建设，着力构建"互联网+民政服务"平台和网络。加大推进民政标准化工作力度。统筹推进民政系统人才、社会工作人才、防灾减灾人才和志愿者队伍建设。持续加强民政公共服务设施建设，提升公共服务设施建设与管理服务水平。做好民政统计、财务、资产管理，完成民政事业发展"十三五"规划中期评估。加大民政新闻发布工作力度，及时应对社会舆情。加强调查研究，提升民政政策理论研究服务决策水平。依法做好群众来信来访工作。

（十二）全面加强党的建设

以党的十九大精神为统领，进一步系统学习宣传贯彻党的十九大精神，运用学习十九大精神的成果，指导推动民政工作。推进全面从严治党向基层延伸，加强基层党组织建设，严格政治纪律和政治规矩。把党的政治建设放在首位，推进"两学一做"学习教育常态化制度化，扎实开展"不忘初心、牢记使命"主题教育，牢固树立"四个意识"，坚定"四个自信"，坚决维护核心、服从核心、爱戴核心、捍卫核心，在政治立场、政治方向、政治原则、政治道路上同以习近平同志为核心的党中央保持高度一致。认真落实党风廉政建设责任制，完善惩治和预防体系建设，强化"两个责任"和"一岗双责"制度的落实。继续抓好落实中央八项规定精神"回头看"工作，加强扶贫领域监督执纪问责系统排查治理工作。巩固廉政风险防控管理成果，强化廉政风险防控措施。加大反腐倡廉宣传和警示教育，加强对政治纪律和重大决策部署执行情况的监督检查，加大监督力度。对为民办实事项目立项监察，与业务同步检查。严格执行中央八项规定，加强和改进党员干部作风建设，打造忠诚干净担当的民政干部队伍，构建风清气正的民政政治生态。

B.5 2017~2018年南宁市就业状况分析及展望

刘小平 林炜 文江英 黄春红*

摘　要： 就业是最大的民生，本报告通过对2017年南宁市就业情况及就业特点的梳理和分析，提出了当前就业存在的问题和困难，包括就业结构性矛盾依然存在，二元制影响，劳动密集型企业用工难问题等，在此基础上对2018年就业形势进行分析和展望，最后提出切实抓好就业政策落实、抓好重点群体充分就业、抓好创新创业带动就业、强化就业创业服务、强化就业形势监测保障企业用工等促进就业的系列对策和建议。

关键词： 失业　就业　创业

就业是最大的民生。党的十九大报告提出，提高就业质量和人民收入水平，这一重要论述体现了以人民为中心的发展思想，为就业工作指明了方向、提出了新的更高要求。2017年，南宁市积极贯彻落实国家、自治区就业创业政策，大力推动"大众创业、万众创新"，以创业带动就业，以创新驱动发展，多措并举着力解决结构性就业矛盾，努力实现更高质量和更充分就业。

---

* 刘小平，南宁市人力资源和社会保障局副局长；林炜，南宁市人力资源和社会保障局就业促进科科长；文江英，南宁市人力资源和社会保障局就业促进科科长；黄春红，南宁市人力资源和社会保障局就业促进科副科长（挂职）。

一 2017年主要就业情况

（一）就业创业状况

2017年，南宁市以党的十八大、十九大精神为指导，开拓创新，积极作为，圆满地完成了各项就业创业工作。全年全市城镇新增就业7.73万人，城镇失业人员再就业1.93万人，就业困难人员就业0.56万人，农村劳动力转移8.11万人，城镇登记失业率控制在2.63%，比控制数4%低1.37个百分点，均超额完成年度目标任务。

（二）人才市场供求状况

2017年，通过南宁人才市场招聘的用人单位人才需求数为156796人，比上年度增加32909个，增幅26.56%。求职人才数为126162人，比上年度增加25674个，增幅25.55%。年度人才供求比为0.8（即岗位人才需求数量为1时，求职人才数为0.8），与上年同期基本一致，下降0.01。各类职位供需分布差异较明显。在27类职位类别中，供求比大于1的职位有15类，供求比不足1的有12类，超过半数的职位人才需求不足，求职竞争及人才不足现象普遍存在。财务/审计/税务类、编辑/发行/印刷类、交通运输服务类、人力资源/行政类人才供求比较高，平均每个岗位有5个人竞争。保安/家政类供求比最低为0.10，平均1人有10个岗位可供选择。

（三）人力市场供求状况

2017年，进入人力资源市场办理招聘登记的单位有5992家次，登记需求人数为167153人次。进场求职人数为99509人次，其中本市求职人员为39804人次，外埠求职人员（市本级以外）为59705人次（其中：市外区内人员为53796人次，区外人员5909人次）。与上年同期相比，市场用人需求微增，求职总体人数降幅明显，求人倍率为1.68，比上年上升了0.89个百分点，整体呈现供不应求。

（四）高校毕业生就业良好

2015~2017年，南宁市生源毕业生人数分别为31706人、31478人、35390人，毕业生就业率分别为95.59%、96.57%和98.36%，毕业生总数总体平稳，就业率逐年略有提高，毕业生就业形势总体良好。

二 2017年就业特点分析

（一）就业局势总体稳定，城镇新增就业稳中有降

受人口红利影响，2017年初至报告期末新增城镇就业人数7.73万人，比上年同期的7.81万人减少1%（见表1）；年初至报告期末失业人员实现再就业1.93万人，比上年同期的1.64万人增长17.7%；年初至报告期末就业困难人员实现就业0.55万人，比上年同期的0.41万人增长34.1%；城镇登记失业率2.63%，比上年同期的2.62%增长0.01个百分点，就业局势总体稳定。

表1 2016年、2017年南宁市就业情况对比

单位：万人，%

类别	2017年	2016年	同比增长
城镇新增就业人数（万）	7.73	7.81	-1.0
失业人员再就业（万）	1.93	1.64	17.7
就业困难人员就业（万）	0.55	0.41	34.1
城镇登记失业率（%）	2.63	2.62	

资料来源：南宁市就业和再就业工作主要指标任务月报表。

（二）区外转移就业主要集中在珠三角，就近就地就业成为农村劳动力转移就业新选择

根据2017年统计年鉴数据，南宁市户籍人口751万人，劳动年龄段内人口532万人，其中城镇劳动年龄段内人口299万人，农村劳动年龄段内人口233万人。目前，南宁市外出务工人员总体保持稳定，返乡创业就业人数

呈逐年增长态势。2017年，南宁市五县七城区农村劳动力转移就业人数为81069人，其中在自治区内转移就业45385人、向区外转移就业35684人（见图1），其中在广东就业29870人、在福建就业934人、在浙江就业722人、在江苏就业655人、在其他地区就业3503人（见图2），转移主要集中在广州、深圳、珠海、东莞和佛山市等地，占区外转移35684人的83.71%。

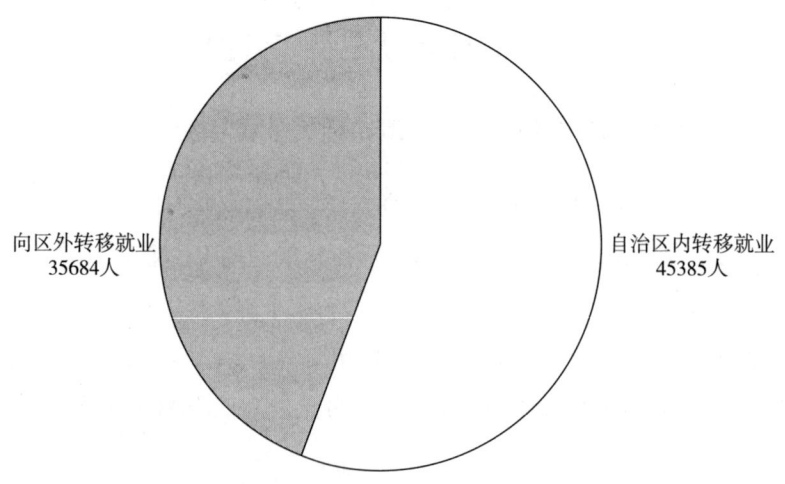

图1 外出务工人员就业分布

资料来源：南宁市就业和再就业工作主要指标任务月报表。

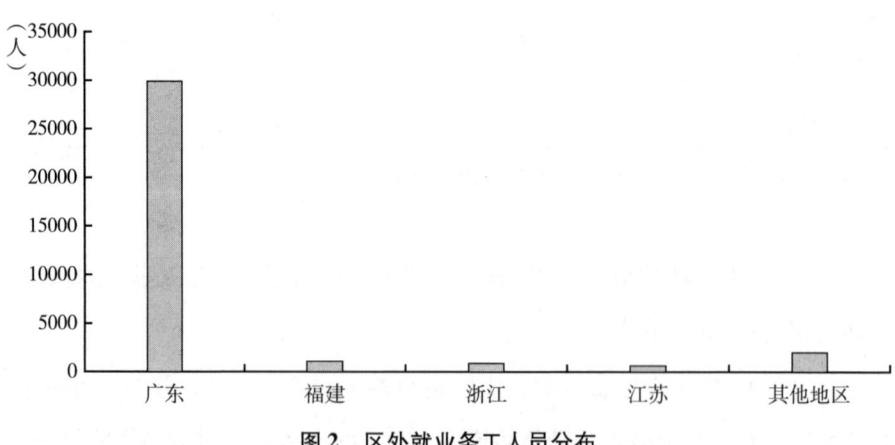

图2 区外就业务工人员分布

资料来源：《广西社会劳动力在广东各地务工人员分布情况统计表（桂人社统就5号文件）

外出务工人员主要从事电子加工、机械制造业，批发零售贸易业、餐饮业，建筑业，交通运输、邮电通信及仓储业，农村种植养殖牧渔业等行业（见图4）。在区外就业薪酬待遇约3100元/月，在市内就业薪酬待遇约2100元/月，在市外区内就业薪酬待遇约1900元/月（见图3）。

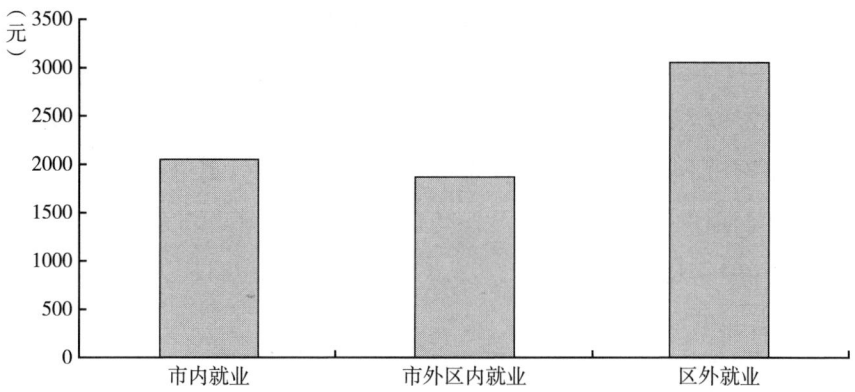

图3　外出务工人员薪酬待遇

资料来源：南宁市劳动就业服务管理中心。

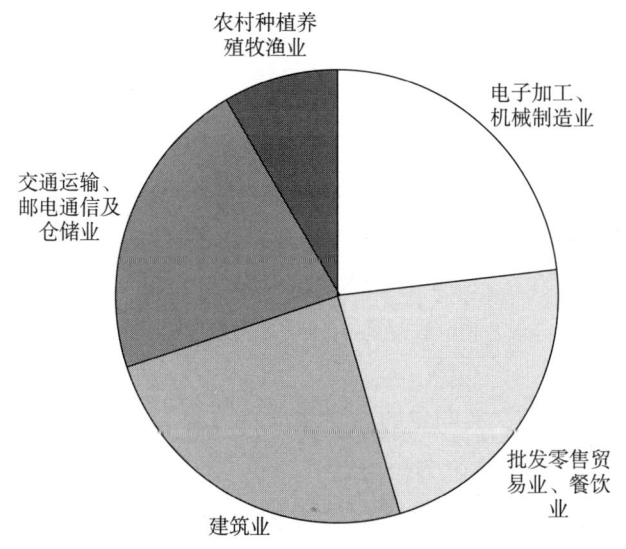

图4　外出务工主要从事行业分布情况

资料来源：南宁市劳动就业服务管理中心。

（三）人才需求总量有所增加，市场营销/公关/销售类职位人才需求居首位

2017年南宁人才市场总体供需不平衡，结构性矛盾明显，各类职位竞争程度差异较大。人才需求总量增加，人才需求职位增幅比例大于减幅。

2017年，招聘单位人才需求总数156796人，同比增加32909人，增幅26.56%。27类职位中，呈增长幅度的职位有15类。其中，增幅较大的人才需求职位类别为技工类、证券/银行/保险类、市场营销/公关/销售类、医疗/卫生/美容/保健类、房地产开发/物业管理类、计算机/互联网/电子商务类，同比增幅均超过百分之百。这六类职位同比增加78571人，是全年人才需求总增加量的2.38倍。

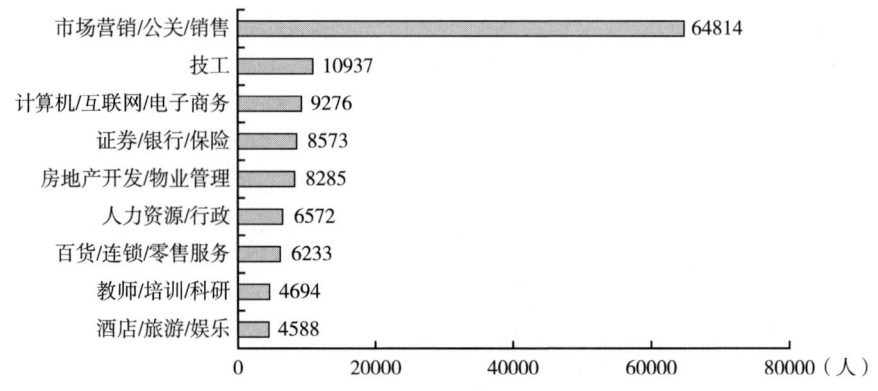

图5 人才需求前9位职位类别

资料来源：南宁市人才市场登记招聘企业用工需求统计。

如图5所示，前9类职位的人才需求总数为123972人，占人才需求总量的79.07%，人才需求类型较为集中。

从职业需求情况看，市场营销/公关/销售类职位人才需求总量最高，技工类人才需求增幅最大；百货/连锁/零售服务类人才需求量大幅减少，建筑/机械类、人力资源/行政类人才需求量减量明显。

2017年，市场营销/公关/销售类职位人才需求居首位，需求人才数为64814人，占人才需求比的41.34%，与上年同期相比增加48980人，增幅达309.33%，显示2017年市场营销类人才职位需求进一步加大。同时，2017年加大了对劳动密集型企业的服务力度，技工类岗位人才需求增幅最高，同比增加了10006人，增长达到10倍。

2017年，百货/连锁/零售服务类人才需求量减少了41194人，减幅比例为86.86%，减量最大。建筑/机械类、人力资源/行政类、高级管理类人才需求同比分别减少了4703人、3088人和2529人，同比减幅分别为63.86%、31.97%和58.54%，减量较明显。

（四）第三产业仍为拉动就业的主力军，第二产业需求增长明显

近年来，南宁市积极实施"工业强市、产业旺市"战略，主动适应经济新常态，推进产业结构优化升级，重点发展电子信息、先进装备制造、生物医药等主导产业，相关产业用工需求量相对增加。第三产业需求118139人次，所占比重为70.68%，同比减少11887人次，下降9.14%。从数据分析来看，虽然受经济下行影响，第三产业用工需求下降，但所占比重仍然远超第一、第二产业，提供了大量就业岗位，仍为拉动经济发展和就业的主力军。从产业人力需求情况看，第一产业需求1767人次，所占比重为1.05%，同比增加474人次，上升了36.66%；第二产业需求47247人次，所占比重28.27%，同比增加20277人次，上升了75.18%，需求增长明显。

（五）就业途径多元化，中青年人员成为市场求职大军

2017年度，进入人力资源市场求职的人数有99509人次。在所有求职人员中，新成长失业青年、就业转失业人员、其他失业人员、本市农村人员是南宁市求职队伍的主体，占77.70%，分别有11983人次，25737人次、28260人次和11344人次，求职比重分别为12.04%、25.86%、28.40%和11.40%。

2017年,进入市场找工作的新成长失业青年中的应届高校毕业生求职人数2618人次,同比减少了3225人次,下降了55.19%。一是反映出部分应届高校毕业生已经找到工作,实现初次就业;二是各种招聘途径增多,部分求职者通过网络应聘工作,减少了到人力资源市场现场求职的次数;三是在创业利好政策的激励下,很多毕业生选择自主创业,通过微商、代购等途径实现初次创业,缓解了毕业生就业问题。

从求职人员年龄段来看,25~44岁求职人员成为市场求职大军,所占比重为74.29%,这类求职人群中大多数都是中青年,有工作经验并处于上升期,因此求职意愿较高。18岁以上及无年龄要求的岗位需求占到73.31%,企业放宽年龄限制吸纳人才。

从求职人员地域分类来看,本市求职人员为39804人次,外埠求职人员(市本级以外)为59705人次,外埠求职人员占60%,其中市外区内人员同比减少61049人次,区外人员减少6823人次,折射出随着南宁交通网络的完善,本市及外埠求职人员的流动日趋频繁。

三 就业存在的问题及困难

(一)就业结构性矛盾依然存在

随着南宁市产业结构转型升级,企业对具备一定技术的人员整体需求增加,素质要求提高。当下,新生代农民工逐渐成为劳动力市场的主体,新生代农民工基本素质、择业观念、生活态度较老一辈农民工有所转变,他们在择业时,工作环境、薪酬待遇、劳动强度要求提高,因此,在择业时对薪酬待遇、工作环境、企业文化等方面提出更高的要求。此外,据统计,2017年,南宁市生源毕业生35390人,再加上市外生源到南宁市就业约7000多人,合计约4.2万人,由于各行业发展差异,单位薪酬待遇和产业需求与高校毕业生的就业期望存在偏差,导致就业市场的供求结构失衡,就业结构性矛盾依然存在。

（二）二元制影响依然存在

近年随着城镇户籍管理制度的改革，农业户口二元户籍制的取消以及城市用工制度的松动，农村大量劳动力进入城市打工，但农村劳动力没有完全被纳入城市的管理，在户籍、医疗、公共就业服务、住房、子女上学以及养老等方面农民工无法得到与城镇居民平等的权利和待遇。过快上涨的房价及城镇生活成本的增加使得农村劳动力的务工收入在扣除住房、子女教育、生活消费等方面支出后所剩不多，影响了农民工在城镇长期就业的积极性。大多农村劳动力只是"候鸟式"的迁移。

（三）劳动密集型企业用工难问题依然存在

南宁市劳动密集型企业用工需求量大，与周边经济发达地区相比，薪酬相对偏低，劳动强度大，导致人员流动性高，企业在以市场为主导的人力资源配置中缺乏吸引力和竞争性，企业用工长期处于不饱和状态，企业招工难、用工荒问题依然存在。

四 2018年就业形势分析及展望

（一）就业形势分析

2018年，南宁市就业形势总体保持稳定，就业形势向好发展。但同时，在全球、全国经济下行，发达国家新型经济体的外贸需求疲弱等因素综合影响下，南宁市经济下行压力依旧较大，经济结构的深入调整可能引发的结构性失业问题、经济转型升级期的人才结构性矛盾问题等将继续影响就业形势，可能诱发新的就业问题，就业形势的不稳定因素仍然存在。但同时，国家、自治区、南宁市对创业创新工作的支持力度不断加大，各项促进就业政策的逐步落实都将对就业产生积极影响。

1. 经济增长预期较高,将拉动总体就业形势不断向好

根据2018年政府工作报告,南宁市经济社会发展主要预期目标是:地区生产总值增长7.5%,财政收入增长7%,固定资产投资增长10.5%,社会消费品零售总额增长10%,规模以上工业增加值增长8.5%,外贸进出口总值增长10%,全市居民人均可支配收入增长9%,居民消费价格指数上涨幅度控制在3.5以内,城镇登记失业率控制在4%以内,城镇新增就业6.5万人,总体来看,各项经济社会发展预期目标较好,将带动就业形势向好。

2. 劳动年龄人口减少,将对南宁市经济产生一定影响

近年来,我国经济发展依赖于人口红利的释放。但根据最新人口预测,未来我国人口增长模式将呈现倒金字塔状,劳动年龄人口数量将呈现下降趋势。在此背景下,南宁市城镇新增就业人数呈总体下降趋势。2015~2017年,南宁市城镇新增就业人数分别为8.14万人、7.82万人、7.73万人,劳动年龄人口的减少、就业需求量的增加,导致少部分企业特别是劳动密集型重点企业用工难,对南宁市经济造成一定程度的影响,预计2018年仍将延续这一趋势。

3. 宏观调控力度加大,将推动就业形势保持稳定态势

2015年以来,国家、自治区出台了一系列扩大就业、稳定就业的政策,并大力推动"大众创业、万众创新"重大决策部署,积极推动新形势下就业工作,全方位、多手段解决就业问题。南宁市积极贯彻落实《国务院关于做好当前和今后一段时期就业创业工作的意见》《广西壮族自治区人民政府关于做好当前和今后一段时期就业创业工作的通知》《关于支持农民工等人员返乡创业的意见》《关于大力推进大众创业万众创新若干政策措施的意见》《关于加快构建大众创业万众创新支撑平台的指导意见》《广西壮族自治区人民政府关于进一步做好新形势下就业创业工作的通知》等一系列就业创业政策,推动政策落地,促进就业稳定。同时,还积极采取降低社保缴费费率、创新创业担保贷款政策等一系列措施,减轻群众创业负担。一系列政策的实施,有力地激发了劳动者就业创业热情,促进就业形势回暖明显。

（二）就业趋势展望

1. 城镇新增就业人数有所减少

受人口红利影响，南宁市适龄劳动人口减少，南宁市城镇新增就业人数在近年来出现了逐年减少的特点，但从近年来数据看，减幅在下降，预计2018年城镇新增就业人数将比2017年略有减少。

2. 劳动者就业质量进一步提高

近年来，南宁市通过开展"就业援助月""春风行动""民营企业招聘周""邕城创业行"等就业专项活动，大力推进"岗位拓展计划""创业引领计划""就业服务与援助计划"，积极为高校毕业生、广大农民工、就业困难人员等重点群体，开展职业技能培训、农民工综合培训计划等，南宁市劳动力整体素质和受教育水平不断提高，劳动力逐步由低教育水平向高教育水平过渡和更替，带动了劳动力整体质量的提高，更好地适应了经济结构调整对人才的需要，劳动者就业质量将进一步提高。

3. 就业困难群体再就业进一步提高

根据全区公共就业服务形势统计分析，2月份以来，全区失业人员实现再就业和就业困难人员实现就业同比均呈增长态势。2018年1~2月份，全市各公共就业服务机构大力开展"就业援助月""春风行动"等专项活动，各地依托粤桂劳务协作机制，在就业创业政策宣传引导、开展多形式招聘活动、引导农民工返乡创业、开展技能培训、聚焦就业扶贫和加强权益维护等方面主动开展公共就业服务工作，有效促进了失业人员和就业困难人员实现就业。

五 2018年促进就业的对策及建议

（一）切实抓好就业政策落实

主动应对新形势下就业压力，深入推动《国务院关于做好当前和今后一段时期就业创业工作的意见》《广西壮族自治区人民政府关于做好当前和今后一段时期就业创业工作的通知》《广西壮族自治区人力资源和社会保障厅　广西壮族自治区财政厅　广西壮族自治区扶贫开发办公室关于做好就业扶贫车间建设吸纳贫困劳动力就业的通知》等一系列政策的落实，强化就业兜底政策，增添就业动力，推进就业脱贫攻坚，更好地促进各类群体就业。

（二）抓好重点群体充分就业

开展"充分就业城市"创建工作，统筹推进各类群体的充分就业。坚持把高校毕业生就业放在工作的首位，深入实施高校毕业生就业促进计划，通过全面落实"岗位拓展计划"、"创业引领计划"和"就业服务与援助计划"，实施高校毕业生就业稳中有升。完善离校未就业高校毕业生实名信息数据库和健全衔接共享机制，促进高校毕业生等青年群体就业。落实做好"三支一扶"计划，引导和鼓励高校毕业生到基层工作，多渠道促进高校毕业生就业创业。坚持城乡统筹，扎实推进农村富余劳动力转移就业，支持和鼓励农民工多渠道就业创业。提供全方位的公共就业服务，全面开展城镇劳动力资源调查，精准掌握全市城镇劳动力资源情况。继续加大对就业困难人员帮扶力度，确保零就业家庭动态清零。建立健全城乡一体化的就业失业登记、统计制度。建立法定劳动年龄内，有就业能力和就业愿望的城乡劳动者均可到所在地公共就业服务机构免费进行就业失业登记，享受各项就业扶持政策登记制度。

（三）抓好创新创业带动就业

深入实施"大众创业、万众创新"，开展"全民创业城市"创建活动，加大创业带动就业工作力度，继续推进创业孵化示范基地建设、创业担保贷款、第三届创业大赛、邕城创业行活动，营造创新创业的良好氛围。建设1500个以上具备网络、共享会议室等配套办公条件的创业工位，打造低成本、便利化、全要素"创客生态圈"。开展大学生创业体验行动计划，通过现场的创业政策咨询、创业项目路演、与成功大学生创业团队座谈交流等，为大学生整个创业过程搭建交流平台。

（四）强化就业创业服务

健全覆盖城乡的公共就业创业服务体系，积极培育和发展各类人力资源服务企业，做好民办职业介绍机构管理工作，完善市、县人才市场和人力资源市场信息网络的互联互通，进一步拓展公共就业和人才服务的服务功能。扶持发展创业孵化基地和众创空间建设，以南宁·中关村创新中心、"南宁创客城"等项目为抓手，引领建设更多灵活多样的新型创业孵化平台，为创业者提供低成本、便利化、全要素、开放式的孵化平台和发展空间。营造宽松便捷的准入环境，降低创业创新门槛。培育创业创新公共平台，建立面向人人的创业服务平台。大力推进创业担保贷款、商业贷款、投融资基金等融资服务，拓宽创业资金支持渠道。加大创业培训和创业项目推介，鼓励高校毕业生、返乡农民工、复员退役军人等群体创业。

（五）强化就业形势监测，保障企业用工

继续开展好失业动态监测，并及时对南宁市人力资源市场、人才市场用工情况、农民工返乡情况、高校毕业生就业情况等信息进行研判分析，根据实际情况，及时采取有效措施，促进和稳定就业局势。同时，通过下乡进村开展招工宣传、组织招聘会，前往市外招募、落实校企合作协议、发动民营中介机构配合等系列措施，确保企业用工的总体满足，促进全市经济社会发展。

B.6
2017~2018年南宁市社会保险事业发展状况分析及展望

黄云渲*

摘　要： 本报告介绍了目前南宁市社会保险的总体现状，梳理了2017年南宁市社会保险领域的突出亮点，包括在全区率先建成并进一步完善的"智慧医保"管控平台、创新推出职工医保个人账户家庭互济共享新政打造"共享医保"、在全国率先运用"人脸识别"实现城乡居民医保实时结算等，并分析了当前社会保险事业发展中存在的不平衡不充分问题。最后对南宁市社会保险的未来发展进行展望，从管好基金、提升服务、推进改革、落实政策、打造亮点等角度提出发展思路及对策。

关键词： 社会保险　全民参保　改善民生

2017年，是党的十九大胜利召开之年。南宁市社会保险事业紧密围绕全市改革发展大局，以"保障和改善民生"为工作目标，将改革创新作为根本动力，凝心聚力、攻坚克难，扎实推进扩面征缴、待遇落实、经办创新等各项工作，全面完成了各项目标任务，社会保险事业取得了明显成效。

---

* 黄云渲，南宁市社会保险事业局办公室科员。

一 2017年社会保险事业发展状况

（一）2017年南宁市社会保险基本情况

社会保险包括基本养老保险、基本医疗保险、工伤保险、失业保险和生育保险。

——全面超额完成社会保险参保征缴工作目标任务。截至2017年底，南宁市社会保险参保总人次1218.93万人，完成各项社会保险费征缴136.36亿元。基本养老保险、基本医疗保险、失业保险、工伤保险、生育保险参保人数分别达349.11万人（其中城镇职工基本养老保险参保133.30万人，城乡居民基本养老保险参保215.81万人）、694.58万人（其中城镇职工基本医疗保险98.99万人，城乡居民基本医疗保险595.59万人）、54.70万人、61.78万人、58.76万人，分别完成自治区下达目标任务的103.59%、101.40%、100.55%、103.31%、104.93%。城镇职工基本养老保险、城镇职工基本医疗保险、失业保险、工伤保险、生育保险征缴收入分别达84.81亿元、34.97亿元、3.03亿元、2.45亿元、2.33亿元，分别完成自治区下达目标任务的112.69%、112.44%、112.39%、245.36%、125.72%。

南宁市基本养老保险覆盖率达到94.27%以上、基本医疗保险覆盖率达到98.61%以上，基本实现基本养老保险和基本医疗保险"制度全覆盖"及"人员全覆盖"。

——积极落实自治区及南宁市为民办实事项目。一是承办自治区为民办实事项目——城乡居民基本养老项目。各级财政实际到位专项补助资金85824.50万元，到位率为100%。为66.02万名符合条件的60周岁以上老年人按时足额发放养老金，发放率为100%。二是承办自治区为民办实事项目——城乡居民基本医疗保险项目。2017年城乡居民基本医疗保险个人筹资标准提高到150元，各级财政补助标准相应提高30元。各级财政实际到位专项补助资金261058.37万元,到位率为100%。三是承办南宁市为民办实事项目——就业社保便民服务项目。南宁市积极推进2017年为民办实事项目——就业社保便民服务项目,专项投入财政资金885万元,按照就业社保便民服务小型终端机"入乡进村"的部署,于12月15日全面完成项目建设,正式启用设置在南宁市各个行政村的1383台就业社保便民服务小型终端机,群众在家门口即可享受便捷的就业社保自助服务,使人社服务真正延伸至村,在全区率先实现"人社服务全覆盖,群众办事不出村"的目标。

(二)创新服务手段,全力打造"社保亮点"

——"智慧医保"平台形成"南宁经验",陈武主席高度评价并要求向全区推广运用。在全区率先建成并进一步完善依托"大数据"分析、"全流程"管控、"多维度"评价的"智慧医保"平台,实现对每一笔医疗费用审核分析、对每一次医疗行为实时监控、对每一个定点医疗机构综合评价。平台运行一年多来,已审核全市211家定点医疗机构医疗费用37.4亿元,辅助减少医保基金不合理支出2100多万元,助推全市住院统筹基金支付增长率由13%下降到10%。自治区主席陈武专门率队考察调研,并对平台防范医保基金"跑冒滴漏"工作成效予以高度评价,要求向全区逐步推广应用。

——创新推出职工医保个人账户家庭互济共享新政,引起全国各地高度关注。打造"共享医保",创新出台《关于南宁市扩大职工基本医疗保险个人账户使用范围有关问题的通知》,自10月1日起允许参保职工医保个人账户资金授权配偶、子女、父母及配偶父母使用,真正实现家庭成员互济共享。自2017年10月1日启动实施至2017年12月底,全市已有11396名参保职工授权绑定16326名授权使用人,通过"共享"代支结算医疗费用7824笔,合计减少参保职工现金支出负担311.78万元。预计该政策实施将惠及300多万名社会群众。该项改革创新做法得到广大群众热烈欢迎,中央、自治区等各主流媒体纷纷关注,自治区人社厅专门印发通知要求各地市学习借鉴"南宁经验"。

——在全国率先运用"人脸识别"实时结算,历史性解决农村居民长期以来在城市就医的"跑腿""垫费"难题。顺利完成城镇居民基本医疗保险和新型农村合作医疗制度整合工作,2017年5月8日在全区率先启动实施统一的城乡居民基本医疗保险制度。针对整合之初农村居民普遍未办社保卡所面临的实时结算难题,在全国率先探索通过"人脸识别"进行实时结算,历史性解决了农村居民长期以来在城市就医的"跑腿""垫费"难题。截至2017年12月底,南宁市所辖县区城乡居民基本医疗保险参保人员已有94538人次在县(区)外就医、城乡居民医保统筹基金支付35683.06万元,次均解决垫付3774.46元。大大减轻了农村居民特别是贫困人员的看病就医负担。

(三)狠抓扩面征缴,进一步构筑"全民社保"

2017年以来,南宁市全面推进实施全民参保计划,不断加大社会保险政策宣传力度,重点推进非公有制经济组织从业人员、农民工、大中小学生、城镇个体工商户、灵活就业人员以及城乡非就业居民等各类群体参加基本医疗保险,努力推进应保尽保。

——全力实施"全民参保计划",按照"一户不少、一人不落、一项不差"的要求,集中力量对全市63.74万名信息缺失或未参保人员进行100%的入户登记调查,为下一步精准动员、动态管理奠定扎实基础。南宁市被推选为全区全民参保登记成果应用和转化试点单位。

——积极推动城镇居民基本医疗保险和新型农村合作医疗制度整合,2017年5月8日在全区率先启动实施统一的城乡居民基本医疗保险制度,全市15个县区(开发区)在8月底全部上线运行全市统一的信息系统。截至12月底,全市城乡居民基本医疗保险参保缴费人数为584.65万人,参保率达98.95%,超额完成自治区下达的参保率95%的指标任务,全市近600万名城乡居民实现了"同城同服务、同城同待遇"。

——继续做好建筑业按项目参加工伤保险工作。截至2017年12月,南宁市在建项目313个,参保在建项目313个,在建项目参保率为100%,

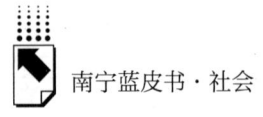

新开工项目数1068个,参保新开工项目数1066个,新开工项目参保率为99.82%。

——认真做好社会保险关系转移接续工作。2017年1月至12月,南宁市共为25095人办理基本养老保险关系转移接续手续,共涉及资金23898.06万元(其中转入14885人次,涉及资金20898.67万元;转出10210人次,涉及资金2999.39万元);为23079人办理了基本医疗保险关系转移手续,共涉及资金3871.33万元(其中转入12104人次,涉及资金2120.07万元;转出10975人次,涉及资金1751.26万元)。为14947人办理了失业保险关系转移手续(其中转入2615人次,转出12332人次)。

(四)落实待遇发放,进一步提升"幸福社保"

——社会保险各项待遇按时足额发放。截至2017年12月,累计为38.97万名离退休人员支付基本养老金109.054亿元;为因病就诊或住院的参保人员支付医疗保险待遇27.22亿元;核付工伤待遇1554人,核付工伤保险待遇金额0.71亿元;核付生育保险待遇39621人,核付生育保险待遇金额2.60亿元;在领失业保险待遇人数19035人,核付失业保险金1.12亿元。

——企业退休人员基本养老金实现"十三连涨"。为全市36.97万名退休人员(企业职工退休人员31.13万人,机关事业单位退休人员5.84万人)调整基本养老金,其中:企业退休人员基本养老金实现"十三连涨",人均达2183.6元/月;机关事业单位退休人员基本养老金第二次调整,人均达4705.1元/月。

——不断提高医疗保障水平,2017年职工基本医保最高支付限额提高至32.99万元,职工大额医疗费用统筹年度最高支付限额达50万元;城乡居民基本医保2017年统筹基金最高支付限额达15.85万元,城乡居民大病保险最高支付限额达50万元。城乡居民医保5种门诊特殊慢性病的统筹基金支付比例提高10%~15%,其中肾透析病种年度统筹基金最高支付限额由30000元/(人·年)提高至60000元/(人·年)。配合实施城市公立医院改革，取消药品加成，减轻参保人员药品费用负担。

——继续贯彻落实"降本减负"政策，2017年南宁市继续落实"降本减负"政策，2017年全年累计为企业减负约7.3亿元。2017年共签订缓缴社会保险费协议书29份，共涉及在职参保人员1127人，每月缓缴社保费约112万元。截至12月底，南宁市已审核2284家企业的稳定就业岗位补贴申请，涉及职工23.47万人，补贴金额5752.80万元。

——启动失业保险支持参保职工提升职业技能补贴工作，推动国家、自治区的失业保险支持参保职工提升职业技能补贴新政在南宁市落地，11月完成业务信息模块开发并正式启动技能提升补贴申领工作，截至12月底申领人数达283人，共发放补贴44.75万元。

（五）推进服务便民，进一步拓展"便捷社保"

——梳理简化经办服务事项流程，通过对25项业务进行简化申报材料、实行签名确认制、实现一体机自助办理等措施，进一步提高工作效率、方便办事群众。

——探索使用"互联网+"业务经办模式，启用"人脸识别"系统进行工伤待遇定期申领、失业人员认证签到及培训管理等，全面铺开社会保险业务网上申报，拓展灵活就业人员工行网银网上缴费途径，实现"群众少跑腿，数据多跑路"。截至2017年12月底，南宁市网上申报单位共计20382家，经办业务数共计4044983件。积极拓展网上缴费途径。进一步拓展智慧社保诊疗"一卡通"项目，目前可通过手机App及南宁市11家三级、2家二级定点医院的自助服务一体机实现预约挂号、医保结算等20多项就医自助服务。

——推进异地就医直接结算，落实国家有关部署，全市60家医院及时接入全国异地就医直接结算平台，实现跨省异地直接结算，有效覆盖市区三级、二级医院和县级人民医院、中医院和妇幼保健院等。

——全力推进社会保障"一卡通"工作，已发社保卡166万张；扩充线上、线下社保卡发卡网点，并开通社保卡邮寄服务，提供更为高效便捷的领卡服务。积极推广社保卡金融功能应用，铺开通过社保卡发放社保待遇工作，2017年底前完成金保系统改造，全面实现社保卡103项应用功能。

（六）强化稽核监控，进一步巩固"安全社保"

——强化日常稽核检查，截至2017年12月底，实地稽核了951家用人单位，共稽核人数79655人，查出违规用人单位645家，违规人数8727人，其中少申报参保人数1179人，少申报月缴费基数7548人，共少申报缴费基数约4392.2万元，追回欠缴的社会保险费约3338.1万元。同时，开展社会保险内部控制专项检查4次，回复各单位协查用人单位社会保险情况的函1433份，开具各项特殊社会保险证明1503份。

——加强对定点医药机构监管，累计现场考核评估申请协议管理的医疗机构41家、零售药店335家；累计现场稽查定点医疗机构135家次、定点零售药店289家次，停止了2家定点医疗机构、16家定点零售药店的服务协议，共拒付70家定点医疗机构违规费用402.26万元；同时，通过"智慧医保"监控平台对定点医疗机构服务行为实行"事前、事中、事后"全流程监管，年内审查了829.8万人次37.4亿元医疗费用，进行违规提醒1640条。

——加快医保支付方式改革，初步建立了以总额控制为主，以按项目、病种、人头、床日付费为辅的复合式医保支付方式，针对精神病专科、老年病专科等病种实行总额控制下的按床日付费，由此构建多形式的付费体系，以促进医疗服务、医疗费用往合理化方向回归，配合卫计部门严控医疗费用的不合理增长。

（七）助力脱贫攻坚，进一步推进"社保扶贫"

——积极组织贫困人员参加城乡居民基本医疗保险。2017年全市建档立卡贫困人口为41.48万人，应参保建档立卡贫困人口为40.92万人（已剔除参军、去外地就读、死亡、服刑等因素）。截至12月底，参加南宁市城乡居民基本医疗保险的40.89万人，建档立卡贫困人口参保率为99.98%，达到自治区要求的建档立卡贫困人口参保率98%的目标任务。

——落实对贫困人员参加城乡居民基本医疗保险个人缴费进行补助。对未享受财政参保个人缴费补助政策的建档立卡贫困人员,政府按照个人缴费标准的60%给予补助,其中,自治区财政补助80%,市、县(区、市)财政补助20%。

——认真落实对建档立卡贫困人员医疗保险待遇倾斜政策。严格按照自治区人社厅 财政厅 卫计委 深改办《关于进一步做好城乡居民基本医疗保险扶贫工作的通知》(桂人社发〔2017〕64号)要求,取消参加城乡居民基本医疗保险的建档立卡贫困人口因病在统筹地区内基层定点医疗机构住院治疗的住院医疗费用医保统筹基金起付标准并提高住院报销比例。药品支付待遇就高不就低,实现建档立卡人员在统筹区内定点医疗机构就医使用国家基本药物的,按照医保甲类药品报销比例支付,落实大病保险向贫困人员倾斜政策,对建档立卡贫困人员大病保险起付线降低50%,报销比例提高10个百分点。

二 南宁市社会保险事业发展中存在不平衡不充分问题

党的十九大一个重大的历史贡献,就是将习近平新时代中国特色社会主义思想确立为党的指导思想并载入党章。以人民为中心的发展思想是习近平新时代中国特色社会主义思想的重要内容,也是做好新时代社保工作的根本遵循。落实十九大的要求,关键是要深刻领会以人民为中心的发展思想,分析新时代人民日益增长的美好生活需要和不平衡不充分的发展之间的矛盾在社保领域的具体表现,并解决这些矛盾。

当前,南宁市社保领域中还存在许多发展不平衡、不充分的问题。

——社保体系建设中存在不平衡不充分问题。不平衡表现在:(1)不同群体之间的社会保障制度、政策不统一,碎片化严重(如基本养老保险制度还处于地区分割的状态,基本医疗保险制度还处于群体分割的状态,工伤保险、失业保险等预防功能仍然缺失等)。(2)城乡之间、群体之间的待遇水平相差较大，产生严重不平衡。（3）全市社会保险征缴扩面空间缩小，随着人口老龄化加剧和社保待遇水平稳步提高，基金平衡压力将日益突出。主要表现在：第一，覆盖范围不充分。第二，政策滞后，一些灵活就业者、低收入者、新业态从业者等群体，出现社会保险"交不起""交不了""不愿交"等问题。第三，保障制度不够完善，如城乡居民养老保险待遇正常调整机制尚未建立，保障水平较低；城乡居民医保制度整合后，政策、机制、系统有待进一步整合优化。第四，创新意识滞后，面对社保工作的新情况、新问题，目前在经办方式方法和措施上创新不够，不能满足人民群众的新期待、新需求。

——社保公共服务存在不平衡不充分问题，主要表现在以下两个方面：（1）信息化建设滞后。面对数以万计的管理对象、论百亿元计的基金规模、各式各样的服务事项，以及多样化的服务需求，还没有一套行之有效的解决方案，距离"让数据多跑路，群众少跑腿"的目标还有较大差距；向信息化要潜力要质量要效率的改革之路，还任重道远。（2）经办模式和服务能力滞后。办事流程和经办人员能力还有许多不适应新时代新发展的需要，主动服务意识不强。

三 2018年南宁市社会保险事业发展的思路与对策

保障和改善民生没有终点，只有连续不断的新起点。党的十九大报告在"兜底线、织密网、建机制"的总方针和"全面建成覆盖全民、城乡统筹、权责清晰、保障适度、可持续多层次社会保障体系"的总目标下，部署了加强社会保障体系建设的十大任务。在提高保障和改善民生水平方面，明确提出了"实现养老保险全国统筹，全面实施全民参保计划，建立全国统一的社会保险公共服务平台"三项任务，为社会保险事业赋予了新时代新目标新征程。新时代要有新气象，新思想引领新征程，新任务需有新作为。南宁市社保事业要以习近平新时代中国特色社会主义思想为指导，在市委、市政府的坚强领导下，不忘初心，牢记使命，开拓创新，锐意进取，用好基金，拓展服务，推进改革，落实政策，打造亮点，为迎接自治区成立60周年，为首府南宁加快建设"四个城市"，勇当广西持续营造"三大生态"、加快实现"两个建成"的排头兵做出新的更大贡献！

根据南宁市社会保险发展状况和年参保增长率预算，2018年南宁市社会保险事业的主要预期目标是：基本养老保险参保340万人；基本医疗保险参保690万人；失业保险参保56万人；工伤保险参保62万人；生育保险参保58.50万人。为实现上述工作目标，要以提升社保经办服务为重点，在织密扎牢社会保障网上有新作为，要以钉钉子精神突出抓好以下工作。

（一）守好用好"一大基金"，增强社保安全感

加强社会保险基金监督，加大基金安全的监督巡查和医保监控力度，重点做好企业职工基本养老金风险防控工作。出台《南宁市社会保险基金监督委员会章程》，探索建立社会保险举报投诉奖励机制和快速处置机制。加强医保监控工作，推进"智慧医保"平台建设。

（二）深化拓展"二项服务"，提升社保便捷度

一是深化"互联网+"社保服务；二是拓展"人脸识别"服务。以智慧经办、智慧服务、智慧监管、智慧决策为核心，着力打造线上线下融合服务平台，实现群众办事"最好不见面""最多跑一次"。

（三）深入推进"三大改革"，升级社保幸福感

一是探索"一门式"经办服务改革，进一步优化社保经办服务流程；二是深化医保支付方式改革，在总额控制基础上推行按病种付费为主的多元复合式医保支付方式；三是继续推进机关事业单位养老保险制度改革。

（四）全面落实"四项政策"，增进社保获得感

一是落实各险种待遇调整政策；二是继续实施社保降费率政策；三是认真实施失业保险援企稳岗补贴政策，服务好企业降低人工成本；四是落实好公务员和参公人员参加工伤保险政策。

（五）全力打造"五大亮点"，提高社保满意度

一是探索利用职工医保个人账户余额为本人和家庭成员购买商业健康保险及缴纳医保费，为参保职工及家庭健康幸福创新构筑"立体医保"保障。

二是探索扩大职工大额医疗费用统筹保障范围，在不增加职工缴费负担的基础上对职工自负费用给予补充报销，创新建立"双补偿""双保险"的医疗保障机制。

三是探索将日间手术纳入按病种付费范围，建立鼓励医患合力节约资源、减轻负担的看病就医良好机制。

四是探索推进门诊特殊慢性病网上评审，推动门诊大病保障资格认定服务提速和监管升级。

五是在全区率先制定出台《社会保险举报奖励办法》，构筑举报投诉高效处置机制，鼓励引导新闻媒体及社会力量共同加强社会保险基金监管。

此外，将继续推进扩面征缴、保障待遇发放；巩固"智慧医保""共享医保"等改革成果；深入实施全民参保计划，推进全民参保登记成果应用和转化；完善城乡居民医疗保险政策，落实好失业保险促技能提升等惠民政策；进一步推进异地就医结算平台建设，增加异地就医备案渠道；实施工伤保险和基本医疗保险基金先行支付工作；扎实推进社保扶贫工作，落实社保精准扶贫政策。

B.7 2017~2018年南宁市文化新闻出版广播影视事业发展状况分析及展望

刘锦刚 彭昀*

摘 要： 2017年，南宁市大力发展文化事业和文化产业，着力引导全市文化新闻出版广播影视事业繁荣有序发展，但仍存在公共文化服务有效供给不足、文化产业发展面临短板、文物安全还存在薄弱环节等问题。2018年，南宁市文化新闻出版广播影视事业以体制改革、文化创新为动力，以事业发展、产业优化为重点，以强化管理、提升素质为保障，全力推动首府文化新闻出版广播影视发展繁荣兴盛，以优异成绩迎接改革开放40周年和自治区成立60周年。

关键词： 公共文化服务体系 新闻媒体传播 文化产业发展 文化市场监管

一 2017年南宁市文化新闻出版广播电视事业发展现状

2017年，南宁市文化新闻出版广电局深入学习贯彻习近平新时代中国特色社会主义思想和党的十九大精神，按照市委十二届五次全会的决策部署，大力发展文化事业和文化产业，打造多样化公共文化服务品牌，认真抓

---

* 刘锦刚，南宁市文化新闻出版广电局综合科副科长；彭昀，南宁市文化新闻出版广电局综合科科员。

好文化艺术精品建设和公共文化服务基础设施建设，着力引导文化市场繁荣有序发展，切实保障人民群众基本文化权益，为全市经济社会跨越发展提供了良好的舆论氛围和坚强的文化支撑。

（一）公共文化服务体系日益健全

1.文化惠民工程深入实施

2017年完成自治区、南宁市为民办实事项目共7项。其中自治区为民办实事项目4项，村级公共服务中心开工建设116个（包含贫困村47个）。2017年自治区级资金到位数2900万元，地方配套实际到位数1261万元，其他来源资金到位数310万元，累计完成投资额1969万元。公共文化基础设施场所免费开放项目，自治区财政下达南宁市2017年免费开放经费731.8万元，经费全部按时下拨到位，按要求开展各项免费开放活动。广播电视村村通工程项目，圆满完成5个乡镇广播电视发射台站建设任务，通过无线覆盖进一步减少广播电视盲区，为乡镇人民群众提供优质播出。农家书屋项目，按期对390个农家书屋出版物进行更新。南宁市为民办实事项目3项，其中，送戏进基层、进校园项目组织专业艺术院团深入各县区乡镇、社区、企业等开展惠民文艺演出共300场；组织专业艺术院团到10所高校演出传统戏曲、精品剧目共20场，到校园演出儿童剧、卡通剧、地方戏曲共129场。各项目标均圆满完成。扶持乡村社区业余文艺队项目，扶持200支乡村社区业余文艺队，全年共演出6140场，完成年度任务的109%，观众人数达560万人次。社区电影公益放映项目，全年面向全市210个城市街道社区、167个乡镇社区放映电影共4607场（含重点建设项目工地农民工专场100场），完成年度任务的101%。农村放映16979场，完成年度任务的101%。

2.群众文化活动深入开展

一是主题活动精彩纷呈。先后举办了"南宁市新春广场音乐会""壮族三月三大型民歌专场演出""律动南宁"第十二届南宁市青春艺术大赛等60多项大型主题文化活动。开展"与明星同唱"南宁民歌湖百姓歌圩18场，培训群众3.6万余人次,形成民歌湖畔一周一次赶歌圩的盛大景象。邀请国内及东盟国家的演出团体来到南宁参与"周周演"活动民歌专场演出,全年完成云南专场、广西专场、民谣专场、十九大专场等10场,参演演员近800人,参与观众逾3.2万人次,成功打造"天下民歌眷恋的地方"靓丽名片。全年民歌湖周周演活动累计完成演出140场次,惠及观众30万余人次。通过不断提升品牌质量,南宁民歌湖大舞台已经成为国内外优秀文艺节目交流和展示的大平台,充分彰显"一带一路"背景下南宁文化对外交流的地域优势。二是服务品牌强化凸显。继续开展"绿城讲坛""绿城展廊""绿城舞台""绿城蒲公英讲坛""绿城蒲公英舞台"等阅读品牌活动,共举办各类读者活动810场次,参与人数近16万人次,为推广全民阅读,营造绿城文化氛围起到了积极作用。积极升级改造电子图书馆系统,实现与北海市图书馆、北海市少年儿童图书馆、合浦县图书馆通借通还,联合检索。深入推进公共服务体系"一网四级"建设,实现南宁市图书馆与区域内13个公共图书馆和12个村级公共服务中心图书室的业务集群管理、一卡通用和文献通借通还,并在此基础上探索实现市、县、乡、村四级图书馆网络资源共享、服务共享、文献信息服务全覆盖、无死角。

3. 基层文化扶持深入推进

一是组织开展南宁市"文化志愿春风行"培训服务活动。以各县区推荐的19个具有一定文化底蕴、富有浓郁民族特色且群众参与性高的行政村屯作为培训服务点,着力为基层群众提供舞蹈、声乐、器乐、戏曲和曲艺五大艺术门类辅导。年内共举办各类艺术培训班60期,受惠群众1.5万多人次。二是不断加强艺术培训示范基地建设。在全市10个艺术培训和辅导基地,有计划、有重点地定期派出业务人员开展舞蹈、声乐、电子琴、二胡、美术和书法等艺术门类培训服务,受惠群众3万多人次。

(二)新闻媒体传播亮点纷呈

1. 强化策划意识,主题宣传浓墨重彩

南宁电台、电视台深入实施新闻"头条工程",积极开展贯彻落实党的

十九大精神、习近平总书记视察广西重要讲话精神以及"一带一路"建设、"两会"及民歌节、环广西公路自行车世界巡回赛（南宁站）等重大主题宣传，唱响主旋律，形成强劲舆论声势。精心策划推出《砥砺奋进的五年》《认真学习贯彻总书记视察广西重要讲话精神　以优异成绩迎接党的十九大胜利召开》《加快建设四个城市　勇当广西营造三大生态　实现两个建成的排头兵》《扶贫故事》《环广西自行车世界巡回赛》等80多个专栏，讲好南宁故事，亮点纷呈。2017年，南宁电台共采集播发与十九大相关的系列报道582篇，现场连线报道320余条次，图片及视频报道230余条次。南宁电视台共播发与十九大相关的新闻稿件486条，策划制作相关网络热点专题40个，形成了立体聚焦、热烈喜庆的浓厚舆论氛围。

2. 强化责任意识，舆论监督延伸触角

南宁电视台《电视问政》节目全年共播出10期，内容涉及城市管理、食品安全、行政效能等方面，上线接受问政的单位"一把手"36人次，节目反映的54个问题全部得到有效整改。南宁电台《政风行风热线》节目共播出187期，共有67个单位，365名正、副科长上线，接听群众电话1093个，其中投诉类290个，投诉回复率为100%。《大嘴说交通》等曝光噪声扰民、车辆乱停乱放、交通违法等，形成了强大的舆论场。

3. 强化即时意识，新闻直播如火如荼

南宁电视台、南宁电台两台总计开展包括首届"中国杯"国际足球锦标赛在内的大型直播活动200多场，社会反响热烈。策划开展的"壮族三月三·八桂嘉年华"活动融媒体直播，网络点击量突破60万次，观众覆盖全球11个国家和地区，极大提升了南宁广播电视媒体的影响力和美誉度。

4. 强化创新意识，节目改版扩容提质

南宁电台成立全媒体新闻中心，开启了重构采编发网络、再造采编发流程的系统工程，推动新闻生产模式转型升级。南宁电视台对新闻综合频道、都市生活频道节目进行全新改版，新开办了自办节目《新闻社区》《我的心灵花园》，《帮得行动》改版为《金牌帮女郎》，《新闻多看点》改版为《新闻晚点评》,全新打造的短视频节目《这里是南宁》,通过精美的画面,独特的视角,受到广大受众的热烈好评。

5.强化科技意识,媒体融合深入推进

南宁电视台"南宁头条"客户端成为市委宣传部唯一指定微直播的新媒体平台;与广州台进行网络视频合作,利用彩云直播系统联合200多个城市电视台新媒体客户端,其中在南宁实现了《春运爱·回家系列》全国联动直播、中国·东盟龙舟邀请赛直播等近10场直播,累计观看人次达到70万,观众涵盖国内100多个地市和美国、泰国等国家,开启了网络直播新时代。南宁电视台官微继续扩大影响力,官方微博"粉丝"超过150万人,微信集群的订阅量近20万人次。南宁电台重点打造新闻客户端"南宁手机台",定位"新闻+政务+服务",目前重点打造四大核心产品,包括《邕有头条》《瞄直播》《南宁之家》《朗读者》,全年总点击量超过700万次,最高日活用户15.6万人次。2017年下半年启用的老友云平台,实现了从信息采集、编辑、播出、分发,到信息汇聚、调度、指挥、监测、展示,集多功能于一体,有力提升了南宁文化传媒的集聚力、传播力、影响力。

6.强化载体意识,公益宣传集束频密

认真贯彻中央有关文件精神,密集制作播出喜迎十九大、"中国梦"、社会主义核心价值观、反腐倡廉、公民道德教育等公益广告。南宁电台播出公益广告23600次条,12700分钟;南宁电视台播出公益广告17500次,13000多分钟。两台播发次数均大大超过国家文明委规定的要求,为"文明南宁"建设营造了良好的舆论氛围。

7.强化渠道意识,对外宣传持续升温

积极向上级媒体选送优质稿件,有力地传播了南宁形象,扩大了城市影响。南宁电台有14条新闻稿件被中央人民广播电台采用,其中2条在《央广新闻》播出。南宁电视台有101条新闻稿件被中央电视台采用,其中22条在《新闻联播》栏目播出,新闻上稿数量保持全区各市媒体第一方阵。

（三）文艺精品创作硕果累累

1. 扎实筹办南宁国际民歌艺术节系列文化活动

精心组织2017年南宁国际民歌艺术节"绿城歌台"系列大型群众文化活动、2017年中国—东盟（南宁）戏剧周、首届中国—东盟电影周（印度尼西亚电影展）等，进一步提升民歌节的文化包容度和群众参与度。其中"绿城歌台"共设1个主歌台和12个分歌台，汇集国内特色节目、异国风情表演，吸引10多万名观众热情参与。

2. 扎实组织创作排演南宁市大型文艺活动

策划举办2017南宁市新春音乐会、2017年全市春节团拜会文艺演出等，以精心编排的文艺节目，与南宁市干部群众代表及社会各界代表共贺新春；重点创作排演南宁市庆祝中国人民解放军建军90周年晚会"军旗飞扬"，讴歌首府南宁作为全国双拥模范城市的新风采。

3. 扎实统筹南宁市献礼自治区成立60周年大庆文化文艺精品项目

全年抓好大型舞剧《刘三姐》、大型邕剧《顶狮山传奇》、大型话剧《金银花开》生产创作工作。其中大型话剧《金银花开》剧本入选文化部2017年度剧本扶持工程"征集新创剧目"戏剧类项目，填补了南宁市获此类扶持项目的空白，实现了广西剧本创作领域的新突破。

4. 扎实巩固"美丽南宁大舞台"艺术精品惠民演出品牌

全年组织举办中国歌剧舞剧院大型舞剧《昭君》《赵氏孤儿》，美国纽约男子芭蕾舞团芭蕾舞剧《男子芭蕾也疯狂》，俄罗斯芭蕾舞剧《天鹅湖》，南宁市原创精品剧目《妈勒访天边》等8场艺术精品惠民演出，丰富了首府文艺演出市场。

5. 扎实提升文化艺术精品社会影响力

组织创作、联合出品的大型方言话剧《水街》、电视剧《兵变1929》、动画电影《勇闯天空岛》3部作品成功入选广西第十四届精神文明建设"五个一工程"，其中《水街》《勇闯天空岛》同时荣获第八届广西文艺创作铜鼓奖。组织市属文艺院团、公司、县区文艺团体创作打磨艺术作品，参加第五届全区基层群众文艺会演,共有22个作品获奖,荣获全区奖牌总数第一;参加第九届广西音乐舞蹈比赛,获得舞蹈类创作一等奖第一名以及其他9个奖项的好成绩,有力彰显了首府文艺精品的过硬实力。

6. 扎实推进邕州剧场地方戏曲月月演活动

全年在邕州剧场演出南派粤剧《目连救母》、红色经典粤剧《江姐》等12部剧目,有效推动了南宁戏曲演出市场的繁荣。深入开展地方戏曲剧种普查工作,按时、按质完成地方戏曲剧种普查第二阶段工作。

7. 扎实开展国家艺术基金资助项目全国巡演

组织国家艺术基金资助项目——大型邕剧《玄奘西行》赴山东、四川、云南等地开展全国巡演28场,让各地观众充分领略到了邕剧的独特魅力,彰显了南宁文化开放融合、传承创新的生动面貌。

8. 扎实做好2017年度国家艺术基金申报工作

选送的《舞蹈编导人才培养》获2017年国家艺术基金艺术人才培养资助项目,舞蹈《骆越先歌》、歌曲《小世界》获2017年国家艺术基金小型舞台剧(节)目和作品创作资助项目。

(四)文化产业发展态势良好

1. 积极推进重点文化建设项目

大力推进广西文化艺术中心、南宁市图书馆新馆、南宁市群众艺术馆新馆等迎接自治区成立60周年大庆重点项目建设。广西文化艺术中心于2017年12月18日通过竣工验收,累计完成投资约26.8469亿元。南宁市图书馆新馆主体结构2017年8月8日已封顶,比计划提前近两个月时间,目前已进入装饰、安装工程阶段。南宁市群众艺术馆新馆综合楼于2017年10月27日投入使用,剧场建设12月底全部完工并进行整体验收。

2. 积极培育壮大本地文化企业

精心做好各类产业扶持政策推荐申报工作。推荐4个项目获得350万元的中央文化产业发展专项资金扶持;6个项目获得360万元的自治区文化产业发展专项资金扶持；推荐1家企业入选"2017~2018年度国家文化出口重点企业和重点项目"及"2017年度文化服务出口奖励资金企业"，2个项目入选"2017~2018年度国家文化出口重点项目"等。

3.积极挖掘文化产业聚集区域

挖掘出基本达到或易于达到标准的园区15个。其中，已建成的准文化创意集聚区包括南宁软件园、南宁·中关村创新示范基地、老木棉·匠园等5个，重点扶持建设的中国—东盟绿色创意印刷产业园南宁园区入驻企业达32家，逐步引导形成具有重要影响力的区域文化集聚区。

4.积极支持引导重点文化产业

指导协调影院加强经营管理，2017年，全市46家数字影院电影票房收入4.24亿元，占全区同期票房收入10.33亿元的41.05%，票房收入再创历史新高。影视动画生产继续强化"南宁制造"印记，动画片《大海宝贝》登陆广西电视台公共频道播出。大力加强与阿里巴巴跨境B2B平台等互联网平台合作，扩大宾阳造型藤编等文化产品的海外输出；民族织锦、民族刺绣产品成功出口东南亚及欧洲；通过技术输出与柬埔寨内政部成功共建了柬埔寨首个卫星电视频道NICE TV。南宁电台、南宁电视台大力拓展活动营销，全力提升创收能力和水平。2017年，南宁电视台策划开展110多场晚会、活动，实现经营收入11241万元（含技术中心），同比上升3.96%。南宁电台举办活动260多场次，实现经营创收2471.66万元，同比增加11.6%。

5.积极提升其他营利性服务业

为了进一步推动产业优化发展出实效，深入各县（区、开发区）企业，广泛开展政策宣讲和服务企业工作，成功发动南宁万达茂文化产业有限公司等7家文化企业新增入统，超额完成市政府下达的新增4家任务。充分发挥"南宁文化产业信息网"的平台优势，率先研发"文化企业服务数据库"，通过对数据库内容的不断充实，在未来将更有针对性地指导和服务其他营利性服务业企业。

（五）对外文化交流扩大影响

1. 深入强化对外文化展示

积极扩展对外文化交流的渠道，组织艺术院团积极开展对外文化交流演出。2017年共组织3次大型赴外文化交流活动，一是6月7~12日，赴国际友好城市菲律宾达沃市参加达沃市"丰收节"庆祝活动，受到当地观众热烈欢迎。二是6月26日~7月14日，组建"中国广西南宁民族艺术团"，赴以色列、土耳其开展"丝绸之路文化之旅"品牌活动，参加了第32届以色列国际民间舞蹈节和土耳其第31届布尔萨国际民间舞蹈比赛。三是10月28日~11月4日，组织开展"文化走亲东盟行"活动，赴越南河内、泰国曼谷开展文艺演出及文化交流活动，在8天内共举办了3场非物质文化遗产展览、5场戏剧专场演出、4场艺术研讨，真正达到以"走"促"亲"，以"亲"走"心"目的，展现了"南宁渠道"在中国—东盟文化交流中先行先试的典范作用。

2. 深入巩固对外文化品牌

一是南宁电视台联合携手马来西亚嘉丽台、菲律宾菲中电视台等14家境内外媒体重磅推出《春天的旋律·2017》跨国春节晚会，晚会播出信号辐射亚洲、欧洲、大洋洲、北美洲，覆盖观众超过1.5亿，进一步提升了南宁城市文化形象、扩大了对外影响。二是联合央视国际频道、中新社共同推出2017"南宁渠道 丝路交响"媒体走东盟跨国采访行动，深入马来西亚、柬埔寨等6个东盟国家开展采访，完成制作20集大型系列报道和1部5集纪录片，并借助中新社的海外合作平台，在迪拜中华网、东盟卫视、加拿大多伦多电视台落地播出，生动讲述了广西人、南宁人如何通过"南宁渠道"在东盟打拼、筑梦的故事，进一步向海外传播了南宁声音。

3. 深入拓展对外文化渠道

精心筹办的2017年中国—东盟（南宁）戏剧周，汇集中国和10个东盟国家的24个优秀院团、40多家艺术机构推出42场剧目展演，通过不同剧种跨越时空的对话，厚植艺术积淀，呈现文化精彩，受到自治区党委常委、宣传部部长范晓莉的充分肯定。活动周还首次举办中国—东盟艺术院（团）长高峰论坛，发起建立中国—东盟（南宁）戏剧合作交流机制，共促成39家中国、东盟文化机构签署《中国—东盟戏剧合作交流机制谅解备忘录》，努力推动实现渠道互惠、资源互享、文化互融。

（六）传统文化传承再上台阶

1. 文物保护管理提升水平

2017年编制出台了"三街两巷"核心区一期项目文化挖掘及维修整体风貌控制策划工作方案、城隍庙恢复重建策划方案等，积极推进城隍庙建设和街区内文物古迹的修缮，做好城隍庙陈列、南宁建制馆和邓颖超纪念馆重新布展的前期工作。积极做好顶蛳山考古遗址公园建设工作，顶蛳山遗址公园一期设计方案通过了自治区文化厅的评审。大力推进邕江两岸文物保护工程项目，组织对相关文物保护单位进行实地勘察。完成了全市文物保护单位的修缮规划编制。论证整理40处文物点报市政府核定为市文物保护单位。

2. "非遗"保护传承提升力度

圆满完成南宁市第七批市级非物质文化遗产代表性项目名录、第六批市级非物质文化遗产项目代表性传承人申报认定工作。成功推荐16人入选第五批自治区级非物质文化遗产项目代表性传承人。组织《邕剧》等国家级非物质文化遗产代表性项目成功申报国家级非物质文化遗产代表性项目扶持资金120万元。组织开展了壮族歌圩传承基地、惠民性生产性保护基地示范点调研工作。建成一批"非遗"保护工作平台。扎实推进《壮族歌圩文化（南宁）生态保护区总体规划》编制工作的前期工作。利用文化和自然遗产日开展壮族歌圩进校园成果展。

3. 传统文化推介提升品质

先后成功举办了南宁市第五届新春文化庙会、2017年"文化和自然遗产日"宣传展示活动、南宁市歌王大赛暨大明山六月歌圩、"2017中国—东盟（南宁）孔子文化周"系列活动等。特别是组织开展的"壮族三月三·八桂嘉年华"2017南宁市"民歌湖畔三月三"文化活动，用精彩的民族特色文艺演出、高水准全景式直播呈现了"三月三"民族文化情韵，受到观众的一致好评，极大地提升了"壮族三月三"的美誉度和影响力。

（七）文化市场监管有力

1. 依法行政水平有效提升

编制完成局"十三五"发展规划编制并正式印发，编制印发《文化新闻出版广播影视法律法规文件汇编》以及《文化体制改革政策文件汇编》，完成权力清单、责任清单"两单融合"梳理和行政权力运行流程图编制工作。认真配合全市推行相对集中行政许可改革工作。加强文化市场信用建设，做好文化市场信用信息双公示以及涉企信息的录入和推送工作。建立健全《规范性文件"三统一"制度》《行政处罚自由裁量权制度》《文化市场"红黑名单"管理制度》等，进一步规范局系统依法行政工作。

2. 文化市场整体生态有序

一是切实加强文化市场管理。深入开展"扫黄打非"、净化社会文化环境集中整治、网络文化市场营业性演出市场专项整治等，始终保持对文化市场整治的高压态势，全力维护文化市场平稳有序。2017年，全市各级有关部门出动执法人员36225人次，检查经营单位14097家次，责令改正83家次，警告经营单位200家次，取缔23家，立案调查280件，共办结案件284件。二是切实加强新闻出版管理。深入开展印刷复制发行专项行动和出版物发行市场专项检查行动，检查出版物经营单位2536家次、印刷企业1118家次，共查办非法印刷案件11起、非法发行案件37起。依法依规开展印刷企业和出版物发行单位年度核验，全市新闻出版行政部门累计抽查印刷企业和出版物发行单位175家次，对违法违规经营的3家印刷企业和7家出版物发行单位依法进行了查处。三是切实加强播出秩序监管。严格落实有关播前"五审"以及重播重审等宣传管理法规及管理制度，积极开展文化新闻出版广电系统广播电视监听监看工作。扎实推进农村"小片网"治理，组织县区相关部门对全市小片进行全面摸底排查。深入开展非法卫星接收设施整治，拆除违法安装使用卫星接收设施1200多套，打掉非法电台41个，较好

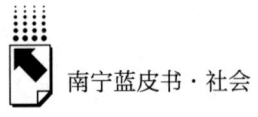

地维护了广播电视节目传播和无线电通信秩序。

3.文娱经营场所有力发展

以"改变上网服务场所环境"和"鼓励多元化经营"为出发点，多措并举，全面推动上网服务行业转型升级，激发市场内生动力，扩大和促进文化消费。全年指导19家上网服务营业场所和6家文化娱乐行业场所完成转型升级，进一步促进文化市场健康繁荣。

2017年，全市文化新闻出版广播影视工作取得了一定成绩，但还存在不少发展问题，如文化阵地作用发挥不够，公共文化服务有效供给不足；文化高层次人才缺乏，艺术创作有数量缺质量、有高原缺高峰的问题尚未彻底改观；文物安全还存在薄弱环节；文化产业质量效益有待提高；等等。

二 2018年南宁市文化新闻出版广播影视事业展望

2018年是贯彻党的十九大精神的开局之年，是改革开放40周年，是决胜全面建成小康社会、实施"十三五"规划承上启下的关键一年，是自治区成立60周年。南宁市文化新闻出版广播影视工作总的思路是：坚持以习近平新时代中国特色社会主义思想为指导，全面贯彻党的十九大精神，牢固树立"四个意识"，切实增强"四个自信"，不折不扣落实中央、自治区和市委的决策部署，以体制改革、文化创新为动力，以事业发展、产业优化为重点，以强化管理、提升素质为保障，为全力推动首府文化新闻出版广播影视发展繁荣兴盛，创建国家历史文化名城，加快建设"四个城市"，勇当广西持续营造"三大生态"、加快实现"两个建成"排头兵提供更加坚强的思想保证、精神动力、舆论支持和文化条件，以优异成绩迎接改革开放40周年和自治区成立60周年。

（一）扩大覆盖，着力在推进首府文化供给传承开发上有新作为

1.以满足市民多元文化需求为重心，进一步提升群众文化供给服务水平

一是精心推进文化惠民工程。着眼加快建设现代化公共文化服务体系，

持续开展自治区、南宁市为民办实事项目,推动更广大人群共享文化成果。

二是精心组织群众文化活动。巩固提升民歌湖周周演群众文化活动示范品牌,策划开展庆祝广西壮族自治区成立60周年系列群众文化活动,维护创新传统群众文化品牌赛事活动,持续推进全民阅读推广活动,策划推出系列群众文化艺术交流活动。

三是精心培育基层文化队伍。创新推动"文化志愿春风行"品牌提升,继续打造"百姓歌圩"千人培训活动,精心举办全市基层骨干艺术培训班,不断深化"互联网+"背景下图书馆服务新发展模式,同时进一步加强农家书屋建设管理。

2. 以创建国家历史文化名城为契机,进一步提升传统文化传承开发水平

一是切实加强文物保护管理。积极推进三街两巷改造一期工程,大力推进顶蛳山遗址保护工程,组织推进邕江两岸文物保护工程,扎实推进文物抢险性维修工程。统筹推进县级博物馆建设,同时全力推进文物安全措施贯彻落实。

二是切实加强"非遗"传承开发。大力抓好"非遗"代表性项目申报。着力抓好"非遗"保护平台建设。重点推进壮族歌圩文化(南宁)生态保护区建设、南宁市非物质文化遗产(粤剧、邕剧)传承保护基地建设、南宁市非物质文化遗产展示中心建设。

三是切实加强传统文化推介。组织开展2018年"壮族三月三"活动、2018中国—东盟(南宁)孔子文化周等民俗系列主题活动,传承城市文化记忆。利用历史文化遗产等资源,创新筹办文化艺术主题展览。继续做好"邕州神韵"地方戏曲周周演、邕州剧场地方戏曲月月演等常态驻场演出工作。组织开展戏曲表演艺术、民族文化研究、"非遗"传承等方面人才的培养工作,提高队伍专业素质修养。

(二)推陈出新,着力在推进首府文化传媒融合发展上有新作为

1. 进一步提升广播电视媒体传播水平

一是深入推进贯彻落实党的十九大精神舆论宣传。大力营造学习宣传贯

彻党的十九大精神的浓厚氛围，积极整合资源，精心组织、精细策划、精准实施，突出重点、打造亮点，努力推出更有深度更有分量更有价值的权威报道和解读，努力推出更多融入体现十九大精神、深受群众喜爱的文艺影视作品。

二是深入推进区市中心工作重大主题宣传。重点围绕区市重大主题宣传，聚焦报道好改革开放40周年、自治区成立60周年、"南宁渠道"建设等重大新闻事件，唱响主旋律，提振精气神，凝聚正能量，积极营造良好的社会氛围。

三是深入推进新闻媒体舆论监督。继续办好《向人民承诺——电视问政》《政风行风热线》等节目，最大限度地提升舆论监督类新闻节目的服务功能，促进政府与群众的直接沟通，促进问题的解决，真正将广播电视问政节目打造成为一个转变作风、推进工作的平台。

四是深入推进自办节目改版升级。积极推进资源重组、握紧拳头、稳固老品牌、升级新品牌、撤并效益不佳的节目，争取形成聚焦效应。通过对现有节目的重新排列组合和对定位的优化，争取做到新闻和受众零距离、服务和受众零距离。

五是深入推进广播电视技术改造。加快建设高清化、IP化制播系统，全面提升电视播出质量。进一步完善"老友云"功能，打造涵盖南宁文化宣传方方面面的"一网一端"。

2. 进一步提升精品文化创作生产水平

一是全力完成迎大庆文艺精品创编"十个一"工程。深入实施大型舞剧《刘三姐》、大型邕剧《顶蛳山传奇》等文化影视精品"十个一"工程，确保如期完成十大项目，献礼自治区成立60周年。同时，精心组织开展改革开放40周年、中国—东盟博览会举办15周年等重大主题艺术创作，营造浓厚文化氛围。

二是全力以赴推动精品艺术品牌提档升级。继续办好"美丽南宁大舞台"艺术精品惠民演出活动，力争场场亮点。精心筹办第20届南宁国际民歌艺术节系列文化活动，全面提升民歌节的文化包容度和群众参与度。筹备打造大型剧目《罗摩衍那》。修改提高大型邕剧《玄奘西行》。积极开展大型歌舞秀《风情东南亚》推广巡演活动。积极组织首府文艺团体参加2018年度各项艺术赛事,力争在全国、全区赛事上创造佳绩。认真抓好2017年度国家艺术基金项目管理以及2019年度国家艺术基金申报工作。

3.进一步提升对外文化交流合作水平

一是面向东盟,加紧建设中国—东盟文化交流协作机制平台,加深与东盟的文化交流,以戏载道、同台献艺,大众参与、文化共融,媒体聚焦、催生"热岛"。

二是面向全国,推动本地精品市场化运营,抓好大型舞剧《妈勒访天边》《百鸟衣》,大型歌舞秀《风情东南亚》面向全国的市场化演出。

三是面向粤港澳,推进"粤港澳桂文化大平台"发展建设,加强南宁市与经济带沿线城市的文化交流合作。

四是面向北部湾,加强南北钦防玉崇六市的文化交流合作,实现优秀剧(节)目区域交流。

(三)优化结构,着力在推进首府文化市场竞争实力上有新作为

一是切实抓好宏观指导,加紧建设文化人才新高地。切实加大对文化企业人才战略建设的引导和指导力度。鼓励文化企业与院校开展合作,积极培育文创行业的人才小高地。

二是切实抓好调研服务,加紧对接文化企业新需求。深入先进地区以及各县区开展广泛调研,及时掌握市场对于文化产业的新需求,探索落实文化产业发展规划的新举措。主动为符合条件的园区创建集聚区提供服务。跟踪落实重点文化产业企业情况,继续对市本级文化产业示范基地开展动态考核,并做好项目扶持资金申报指导和监督管理工作,助推更多文化产业项目或产品"走出去"。

三是切实抓好平台运维,加紧培育文化产业新业态。运行和维护好现有的南宁文化产业信息网等平台,借助阿里巴巴、猪八戒网等大品牌企业的优势力量,充分利用"互联网+",吸引、挖掘更多"文化+"项目以及"线上+线下"的"大双创"企业。大力推动演艺娱乐、动漫游戏、工艺美术、

出版印刷业等发展壮大。

四是切实抓好项目跟踪，加紧拓展文化创意新市场。考核广西文化艺术中心营运情况。确保南宁市图书馆新馆项目工程如期完工。跟踪东盟文化博览园、318历史文化街区等项目的开园倒计时等工作。着力推进南宁·中关村创新示范基地，南宁创客城、中国—东盟绿色创意印刷产业园等园区建设。继续向市里争取支持组织开办"南宁市首届文化产业博览会"。积极培育艺术品金融市场，打造"南宁创造品牌"。

B.8
2017~2018年南宁市扶贫事业发展状况分析及展望

谭春兰*

摘　要： 南宁市脱贫攻坚坚持"六个精准"，用足绣花功夫，做好基础工作，加大政策倾斜，向深度贫困聚焦发力，持续实施"七大工程"，推进"七个一批"。本报告分析了南宁市脱贫攻坚的亮点，指出党旗引领脱贫攻坚、高位协调破解难题、聚力攻坚深度贫困、信息手段助力脱贫是取得脱贫显著成效的突出经验。提出2018年要着力提高脱贫质量，聚焦深贫地区，以开展扶贫领域作风专项治理为抓手，统筹推进脱贫攻坚各项工作。

关键词： 投资　脱贫攻坚　精准脱贫

2017年，南宁市深入贯彻落实党的十八大、十九大精神和中央、自治区脱贫攻坚重大决策部署，把脱贫攻坚作为最大的政治责任、最大的民生工程、最大的发展机遇，加大工作力度，强化责任担当，顺利完成年度脱贫攻坚工作任务，取得较好成效。

一　2017年南宁市扶贫事业发展状况分析

（一）脱贫攻坚任务完成情况

2017年，自治区下达南宁市的脱贫摘帽任务是完成86个贫困村摘帽，

---

* 谭春兰，南宁市扶贫开发办公室综合科，副主任科员。

6.34万名贫困人口脱贫（奋斗目标是101个贫困村摘帽，8.49万名贫困人口脱贫）。一年来，南宁市紧盯年度减贫脱贫目标任务，坚持"六个精准"①，用足绣花功夫，做好基础工作，加大政策倾斜，向深度贫困聚焦发力，持续实施"七大工程"②，推进"七个一批"③。经自治区扶贫开发领导小组审核同意，南宁市2017年脱贫83662人、摘帽101个贫困村，圆满完成年度脱贫目标任务。到2017年底，南宁市贫困村从"十三五"初自治区确定的421个，减少为216个；建档立卡贫困人口从2015年底的406466人减少到218795人；贫困发生率从2016年底的6.64%下降到5.02%。

（二）脱贫攻坚工作亮点

——工作成果全国展示。2017年在党的十九大胜利召开之际，在中宣部等四部委联合主办的"砥砺奋进的五年"大型成就展中，南宁市委、市政府与邕宁区、隆安县等贫困县区为层层落实责任而签订的《脱贫摘帽承诺书》和《脱贫攻坚责任状》，作为扶贫工作亮点进京向全国人民展示。

——深度贫困村帮扶率先发力。根据自治区关于深度贫困村"两高两缺两差两低四重"④的共同特征，南宁市于2017年7月在全区率先排查出深度贫困村56个、深度贫困乡镇1个，并结合实际率先启动帮扶工作。

——信息化管理手段率先采用。"南宁市脱贫攻坚大数据管理系统"在全区率先启用，通过手机App可实时查看工作动态。在全国首创公共资产

---

① "六个精准"是指扶贫对象精准、措施到户精准、项目安排精准、资金使用精准、因村派人精准、脱贫成效精准。
② 基础设施建设"七大工程"是指实施脱贫攻坚道路硬化、安全用水、安全用电、危房改造、"互联网+"扶贫、村庄环境建设、文化设施建设。
③ "七个一批"是指大力培育扶贫产业，发展生产脱贫一批；健全公共就业服务体系，转移就业脱贫一批；有序推进扶贫移民，易地搬迁脱贫一批；加大贫困地区生态保护，生态补偿脱贫一批；深入实施教育精准扶贫，发展教育脱贫一批；完善医疗卫生服务，医疗救助脱贫一批；落实最低生活保障制度，社会保障兜底脱贫一批。
④ "两高两缺两差两低四重"即贫困人口占比高、贫困发生率高、耕地缺、饮用水缺、居住环境差、道路交通差、农业效益低、贫困人口收入低、低保兜底任务重、易地扶贫搬迁任务重、因病致贫返贫人口脱贫任务重、发展村级集体经济任务重。

负债管理智能云平台,在摸清政府公共资产"家底"、加强地方财政预警、加强国有资产监管的同时,将扶贫资金管理模块列入重要内容,初步实现扶贫资金"摸得清、来去明、管得住、利用好"。

——推出持续增收新举措。引进全国知名企业中信国安公司与南宁市贫困村对接,近百种南宁农产品在国安社区线上App和100多家社区门店上架销售。推进"旅游+产业"扶贫,马山县入选全国休闲农业和乡村旅游示范县。采取"公司+合作社+农户"的模式,引导和扶持农民广泛参与发展林下种植和林下养殖产业。

——第三方评估率先开展。2017年9月,南宁市在全区率先采取政府购买服务方式,委托第三方机构对脱贫攻坚主要指标进行抽样评估,列出问题清单,落实整改责任,确保全年脱贫目标任务完成。

——贫困村集体经济发展取得新进展。2017年,发展村集体经济财政补助资金增至每个贫困村50万元,每个贫困村基本确定了"3+1"个特色产业,2017年脱贫摘帽贫困村特色产业覆盖率达到60%以上。338个贫困村有集体经济收入,占全市贫困村总数的80.29%。

——企业帮扶取得新突破。深圳海王药业在南宁市实施健康扶贫项目,一批因病致贫患者获得企业捐赠。华润集团7个业态(华润置地、华润万家、华润五丰、华润燃气、华润电力、华润医药、华润新能源)对深度贫困乡帮扶全覆盖,企业帮扶模式得到创新。

(三)脱贫攻坚工作措施

1. 强化组织领导,坚持高位协调推进

南宁市始终把脱贫攻坚放在工作大局中通盘谋划,作为全市中心要务、重中之重,科学组织安排,高位谋划推进,确保中央和自治区党委决策部署真正得到贯彻落实。

(1)坚持高位推动

2017年春节后上班的第一个星期,自治区党委常委、市委书记王小东率5位市委常委和副市长到县区及乡镇、村屯一线调研走访,了解村情民意、研究帮扶对策,层层传导压力、压实各级各部门脱贫攻坚责任。5月5日,全市召开2017年脱贫攻坚推进大会,王小东在会上对全年脱贫攻坚工作进行全面部署,明确年度目标任务,各县区切实履行"县为主体、市抓协调、乡村抓落实"的工作机制,递交了《脱贫摘帽承诺书》,党政"一把手"亲自抓,确保任务到村、责任到人。10月17日,市长周红波主持召开全市脱贫攻坚推进大会,部署推进年度脱贫攻坚各项工作。

(2)完善协调机制

南宁市四家班子领导多次深入马山、隆安、上林等贫困县区检查指导脱贫攻坚工作,现场协调解决各类难题。市委、市政府多次召开市委常委会、市政府常务会,研究部署脱贫攻坚重点工作和专项工作。市委、市政府分管领导不定期召开市扶贫开发领导小组联席会议,集中研究解决脱贫攻坚重点难点问题。市扶贫开发领导小组各专责小组定期召开会议,每周三汇总各县区提出的困难和问题,及时研究解决各类问题300多项。

(3)健全政策体系

2017年以来,市扶贫开发领导小组健全政策文件体系,对南宁市脱贫攻坚相关政策文件进行了清单化管理,适时开展评估,结合实际调整完善了《南宁市发展生产支持精准脱贫实施方案》《南宁市推进企业帮扶支持精准脱贫实施方案》《南宁市开展基础设施建设支持精准脱贫实施方案》《南宁市开展农村危房改造工程支持精准脱贫实施方案》《南宁市发展教育支持精准脱贫实施方案》《南宁市社会保障支持精准脱贫实施方案》《南宁市发展卫生计生支持精准脱贫实施方案》《南宁市开展职业培训和就业创业支持精准脱贫实施方案》等8个脱贫攻坚实施方案,制定完善了《南宁市财政专项扶贫资金管理办法》《南宁市加大财政投入支持精准脱贫实施办法》《南宁市人民政府办公厅关于印发南宁市支持贫困县开展统筹整合使用财政涉农资金试点实施方案的通知》等政策文件。2017年,南宁市制订出台了脱贫攻坚"十三五"规划及特色产业扶贫规划等3个子规划。

2. 强化工作实效,确保脱贫成果惠及贫困群众

坚持成果导向,以工作的实际成效来检验脱贫攻坚的真实成绩,确保脱

贫攻坚的成果惠及更多贫困群众。

(1) 大力推进"七个一批",分类实施精准扶贫

发展生产脱贫方面:全年投入产业扶贫资金约10.83亿元,用于发展种植业、养殖业、林业、乡村旅游业和村集体经济。脱贫摘帽村特色产业覆盖率达到60%以上。培育和引导1239个农民合作社、149个龙头企业参与了产业扶贫工作,317个贫困村集体经济收入达2万元以上,占全市贫困村总数的75.3%。组织61家企业结对帮扶56个深度贫困村,市财政每村补助100万~150万元,用于发展产业。实施科技扶贫68项,投入经费1879万元,直接带动贫困户3510户,每户增收200~10000元。产业扶贫工作带动约25.03万名贫困人口发展产业增加家庭收入。

转移就业脱贫方面:完善职业培训补贴政策,加大对建档立卡贫困劳动力培训扶持力度;因需施教,根据建档立卡贫困劳动力的就业创业意愿,组织动员技工院校等优质培训机构,通过送培入乡或送员进校的方式,大力开展职业培训;组织实施技工院校结对帮扶贫困家庭"两后生"①职业培训计划,2017年共组织1324名"两后生"到驻邕技工院校参加培训;组织131场专场招聘会,为9.89万人提供了就业创业服务,其中建档立卡贫困人员1.35万人;开发水库巡防员、山林巡防员、社会治安巡逻员、交通安全协管员、公路养护巡查员等乡村公益性岗位1029个,帮助贫困劳动力就近上岗就业。

易地扶贫搬迁方面:2016年度计划建设的10个安置点已全部开工建设,完成投资13.95亿元,已搬迁入住9617人。2017年度计划建设的16个安置点已全部开工建设,完成投资10.17亿元,已搬迁入住4739人。

生态补偿脱贫方面:全市通过选聘建档立卡生态护林员工作,帮助1641个建档立卡贫困人口转移就业,实现当年人均增收1436.36元。

发展教育脱贫方面,一是进一步改善贫困地区办学条件。2017年,市级财政安排专项资金1000万元,用于改善贫困地区薄弱学校基本办学条件。

---

① "两后生"指初、高中毕业未能继续升学的贫困家庭中的富余劳动力。

为30所贫困村学校（教学点）90间教室配备"班班通"设备。二是开展多种形式的结对帮扶活动，不断提升结对双方学校的管理和教育教学质量水平，参与活动教师人数20900多人，援助物资、资金总计434000多元。三是加大贫困地区教师培训力度，2017年为贫困地区学校培训教师1000人次以上。四是精心组织开展雨露计划扶贫培训政策宣传活动，实现建档立卡学生接受教育"应补尽补"。2017年共完成普通高校本科学历教育补助学生1741人，发放补助款870.5万元；完成中职学历教育资助学生1936人，发放补助款290.4万元；完成高职学历教育资助学生1869人，发放补助款280.35万元；完成中、高职续培生春季资助学生5619人，发放补助款824.85万元；完成中、高职续培生秋季资助学生6393人，发放补助款958.95万元；粤桂两省（区）贫困村致富带头人培训班培训上林县396名致富带头人；投入培训经费14.2万元，开展贫困村农民实用技术培训2833人；完成短期技能培训177人，发放补助款43.98万元；审核通过以奖代补1711人，发放补助款136.7万元。完成"两广"对口帮扶职业教育协作试点报名学生136名，比自治区下达的任务95名超额41名。

医疗救助脱贫方面：一是推行先诊疗后付费惠民政策，建档立卡贫困户以及非建档立卡农村低保对象、孤儿、特困人员因病在县域内的城乡居民基本医疗保险定点医疗机构住院，都可以先诊疗后付费；二是实施大病专项救治，年内对核实核准的患有儿童急性淋巴细胞白血病、儿童急性早幼粒细胞白血病、儿童先天性心脏房间隔缺损、儿童先天性心脏室间隔缺损、食管癌、胃癌、结肠癌、直肠癌、终末期肾病等国家规定的9种大病贫困人口开展集中救治，全年共集中救治577名患者；三是实施爱心企业扶持健康扶贫项目。由海王集团为罹患胃癌、直肠癌等十种癌症的贫困患者捐赠化疗药品，全年有122名患者接受药品捐赠；四是建立了全市妇幼健康扶贫动态管理机制，实现因病致贫因病返贫妇幼人员信息、救治补助信息、健康档案信息等动态更新；五是给予贫困人员参加城乡居民基本医疗保险个人缴费补助，上线启动全市统一的城乡居民基本医疗保险信息系统，有效解决了建档立卡贫困人员在县（区）外看病就医的"垫付"难题，全年建档立卡贫困人口结算住院费用 32001 人次、结算门诊慢性病费用 13104 人次，共支付 10953.9 万元统筹基金。

社会保障兜底脱贫方面：提高城乡低保补助水平，自 2017 年 1 月 1 日起，农村低保三个档次补助标准相应调整为：一档特别困难家庭每人每月 250 元，二档比较困难家庭每人每月 160 元，三档一般困难家庭每人每月 125 元。持续委托第三方机构对低保家庭开展入户核查，对农村低保家庭经济状况和农村低保申请、审批程序进行核查，将扶贫低保户纳入核查范围，对符合低保条件的继续纳入最低生活保障；对脱贫不再符合低保条件的，做好政策解释工作后退出最低生活保障。对符合医疗救助和临时救助条件的建档立卡贫困户，按规定给予相应的医疗救助和临时救助。

（2）重点实施"七大工程"，改善贫困地区生产生活条件

"道路硬化工程"完成通屯硬化道路建设 904 个项目，建设里程 1092.9 公里；"安全用水工程"建设贫困村农村饮水安全项目 281 处，巩固提升农村饮水安全受益人口 23.70 万人；"安全用电工程"建设农村电网改造升级项目 631 个，受益人口 45250 户；"危房改造工程"完成 7157 户危房改造；"互联网+扶贫工程"建设 6 个县级电商服务中心，7 个农村电商产业园，完成村级服务点（体验店）约 1700 个，全市农村电商覆盖率达 62% 以上，上林县继横县、宾阳县后成为南宁市第三个获批的全国电子商务进农村综合示范县；"文化设施建设工程"建成贫困村有线电视村村通工程 116 个，解决 3565 户农户"无电视看"问题；建成贫困村的村级公共服务中心建设项目 146 个。（"乡村坏境建设工程"2017 年无建设项目。）

3. 强化措施保障，确保脱真贫、真脱贫

（1）加强对扶贫资金的投入、管理、使用

2017 年南宁市共筹措各级财政专项扶贫资金 23.3255 亿元（其中中央资金 6.5034 亿元、自治区资金 3.0216 亿元、南宁市本级资金 5.6435 亿元、县区资金 3.3635 亿元、债券资金 1.9062 亿元、其他资金 2.8873 亿元），实际支出 22.9600 亿元，支出进度为 98.43%。

2017 年纳入统筹整合试点范围的四个贫困县区共实际统筹整合各级财

政涉农资金17.6004亿元，实际支出16.5395亿元，支出进度93.97%。建设南宁市公共资产负债管理智能云平台，并重点开发扶贫资金管理模块。集中开展了3次扶贫项目资金管理专项督查，坚决从严查处虚报冒领、截留私分、贪污挪用、挥霍浪费等违规违法行为。

（2）加强对扶贫项目报备指导及核查验收

按照"四到县"工作要求，南宁市加强对县区项目计划编报工作的指导和检查，重点检查项目区域资金投向是否符合扶贫政策要求。发现不符合要求的，及时对县区提出督促整改意见。2017年9月底，市扶贫办牵头组成验收组对2016年13个精准扶贫示范点项目进行市级验收，对不合格的3个示范点，要求相关县区尽快整改。为确保项目精准，通过购买第三方服务的方式对12个县区2014~2016年财政专项扶贫资金基础设施和产业开发项目开展为期三个月的市级核验，进一步强化对扶贫项目、资金的监管和核查。

（3）加强对贫困人口的财产检索与动态调整

南宁市利用大数据系统，抓好贫困人口相关数据的实时更新、每月固定时间更新，实现建档立卡贫困户信息动态管理。同时，扎实开展贫困人口动态调整工作，定期清理更新国扶办系统中南宁市的相关数据，会同公安、国土、工商、住房等有关部门对建档立卡贫困户进行财产检索，为实现精准脱贫提供有力依据。2017年，全市贫困人口动态调整"应纳尽纳"贫困户4250户14941人，整屯搬迁"应纳尽纳"121户403人，认定返贫退出户1304户5314人，剔除错评贫困户1752户6706人。

（4）加强对脱贫攻坚的督促检查

南宁市压实各级各部门工作责任，灵活运用多种方式开展督促检查，确保工作责任不留死角，层层得到贯彻落实。领导随机暗访：市委、市政府主要领导和分管领导采取不打招呼、随机抽访的形式，多次对12个县区实行暗访，深挖工作中存在的突出问题，亲自部署整改落实。创新督导方式：党的十九大召开前后，南宁市成立了保稳定促发展督导组，分别由市四家班子中的12名厅级领导带队，分驻12个县区，对脱贫攻坚等重点工作开展为期

1个月的专项督导，确保年度脱贫攻坚目标任务不折不扣地完成。强化重点督查：2017年，市扶贫开发领导小组各专责小组及市扶贫办牵头组织各项督查检查共计20余次，对2016年脱贫攻坚"回头看"、扶贫项目资金使用情况、贫困人口动态调整工作、产业扶贫、移民搬迁等工作开展重点督导，对2017年"双认定"工作进展以及国家、自治区各项督查发现问题的整改落实情况进行全面掌握，并以简报的形式将督查结果向全市通报，其中红榜3期，黑榜2期。

（5）积极主动推进粤桂扶贫协作

上林、马山、隆安三个县与茂名市的三个帮扶市（区）协商签订了扶贫协作规划和协作框架协议。茂名市选派7名干部组成粤桂扶贫协作工作小组，深入南宁市三个贫困县开展帮扶工作。南宁市任命茂名的3名处级干部分别挂任上林、马山、隆安县委常委、副县长。茂名市2016年、2017年共投入南宁市的6420万元对口扶贫协作资金也迅速落实到了三个贫困县。

（四）主要经验做法

2017年，南宁市各级各部门聚焦脱贫攻坚重点领域和关键环节，加大资金投入，因人因地施策、因贫困原因施策、因贫困类型施策，解决了工作中遇到的一些突出难题，探索出了若干行之有效的做法，取得了宝贵的经验。

1. 党旗引领脱贫攻坚

强化顶层设计，研究出台"先锋引领·脱贫攻坚"大行动的决定和2017年行动计划，以队伍建设、基础保障、组织覆盖、提档升级"四大行动"为抓手，每年一个主题，规划了未来四年的具体工作，为打赢脱贫攻坚战提供坚强组织保障。文件出台后，立即组织召开全市"先锋引领·脱贫攻坚"大行动启动仪式暨产业扶贫专题培训会。各县（区）高度重视，迅速行动，采取会议传达、专项培训等有效方式，及时将市委有关文件精神传达至各基层党组织和广大党员群众，并认真结合本地实际，研究制订本级"先锋引领·脱贫攻坚"的具体实施方案和行动计划，推动市委决策部署的落实。2017年,全市厅级以上领导干部到12个县(区)、100个重点乡(镇)包抓扶贫工作,全市421个贫困村第一书记全部由市级以上选派,县(区)、乡(镇)派出扶贫队员911人,落实45593名干部结对帮扶贫困户。全力抓好深度贫困地区抓党建促脱贫攻坚工作,开展选派优秀干部到深度贫困地区一线历练,切实增强人才支撑,助推深度贫困地区脱贫攻坚工作。

2.高位协调破解难题

市委、市政府主要领导亲自抓协调,大力解决扶贫工作中的难题。针对易地扶贫搬迁难题,自治区党委常委、市委书记王小东多次深入基层调研,先后5次做出重要批示、亲自督办过问。2017年9月28日,王小东深入上林县镇圩乡贫困户蓝保、罗春秀家中访贫问苦,询问易地扶贫搬迁意愿,要求县有关部门要抓好工作落实,确保搬迁户搬得出、稳得住、能致富。同时,还要求市督导组协调解决马山县易地扶贫搬迁户补偿资金筹措、影响搬迁点建设的高压线迁移等重大问题。8月1日,市长周红波在隆安县召开全市易地扶贫搬迁工作推进会,统筹协调推进全市易地扶贫搬迁工作,并多次深入易地扶贫搬迁项目点督查指导工作。针对贫困地区农产品"难卖"问题,引进全国知名企业中信国安公司,2017年初在北京召开"绿城锦绣美南宁,生态特色好产品——广西南宁扶贫农产品(北京)推介会",全市近70家农业龙头企业带着200多类特色产品现场推介,在国安社区线上App和100多家社区门店上架销售,打响了"邕货"品牌,为贫困地区农产品拓宽了销售渠道。针对贫困地区教师短缺难题,联系"美丽中国"公益教育项目选派了54名青年优秀教师到上林、马山、隆安3县开展支教活动,充实提升了当地师资力量。针对贫困户因病致贫的困境,协调联系深圳海王集团在南宁市实施了健康扶贫项目,对肝癌、肺癌、乳腺癌、胃癌、结直肠癌等10种疾病因病致贫的患者捐赠了价值2900万元的化疗药品,目前共有122人受助。减免各项药品费用300多万元,减轻了贫困户负担,防止因病致贫、返贫。

3.聚力攻坚深度贫困

一是率先排查深度贫困现状。2017年,习近平总书记在山西太原主持召开的深度贫困地区座谈会和自治区在都安召开的全区深度贫困地区座谈会结束后,根据自治区关于深度贫困村"两高两缺两差两低四重"的共同特征,南宁市迅速召开市委常委会部署落实,于2017年7月在全区率先排查出深度贫困村56个、深度贫困乡镇1个。二是迅速聚拢社会帮扶力量。市委、市政府派出工作组分别到56个贫困村实地调研,结合调研结果研究出台了《南宁市组织动员企业与深度贫困村开展结对帮扶工作实施方案》,落实房地产、建筑、金融、加工工业、电商、农业等六大行业61家企业与56个深度贫困村结对帮扶,社会力量帮扶深度贫困地区成效凸显。三是选配精兵强将开展帮扶。从市直机关单位选派了4名年轻优秀的处级干部,分别挂任马山县、隆安县、上林县县委常委或副县长,负责抓好深度贫困地区脱贫攻坚工作。按照"因村选人、人村匹配"的原则,从市直机关事业单位和国有企业选派有基层工作经验、年轻优秀的正科级干部到56个深度贫困村挂任党组织第一书记,从市委组织部选派3名"80后"优秀年轻科级干部,分别挂任3个贫困县的县委组织部副部长,主抓深度贫困地区党建促脱贫攻坚工作。四是从资金支持上聚焦发力。安排市财政补助资金6300万元用于56个深度贫困村的产业扶贫项目,每个村补助100万~150万元,补齐深度贫困村增收短板。进一步加大市本级财政和县区配套资金对深度贫困村的倾斜,将涉农项目资金安排一定比例用于深度贫困村的基础设施项目建设。鼓励支持各金融机构精准对接深度贫困村脱贫攻坚多元化融资需求,确保深度贫困村脱贫摘帽不掉队。五是带动致富典型激发内生动力。南宁市利用粤桂扶贫协作的有利契机,借鉴广东省"先行先试、产业完善"的成功经验,在上林县试点实施"两培两带两促"(即培育创业致富带头人,培育扶贫产业;带动贫困户脱贫,带动贫困村致富;促进本土人才回引创业,促进农村基层党建)六大提升行动,构建"1+N"(即1个服务中心、N个创业孵化实训基地)创业致富带头人培育体系,发展"5+X"(即高值渔、山水牛、生态鸡、旅游、光伏及其他产业)扶贫主导产业体系。通过发挥创业致富带头人创业扶持、贫困户产业脱贫的引领和激励作用,充分激发贫困群众脱贫致富的内生动力。

4. 信息手段助力脱贫

2017年以来，市委、市政府加大对信息数据系统的建设投入，利用大数据系统实现从宏观的决策指导到微观的数据分析，实现脱贫攻坚难点的精准定位，为进一步强化脱贫攻坚战的作战基础提供了有力依据。

一是建立完善南宁市脱贫攻坚大数据管理系统。南宁市前后共召开大数据系统调研会22次，组织培训15次，目前大数据系统已全面上线使用，集成了数据采集、智能评判、申诉审核、分析排名、督查考评等功能。大数据系统能直接提取"八有一超"①、"十一有一低于"② 等相关数据并判断各项指标是否达标，实现了分析预警功能；能直观反映各县区督查检查中的各项指标排名、扣分事由等关键信息；各相关单位能通过系统准确掌握考评情况；帮扶干部可通过手机App管理、上传帮扶信息以及贫困户每月收支情况；管理人员可通过手机App查看帮扶情况和脱贫摘帽指标完成情况。

二是建设南宁市公共资产负债管理智能云平台，精准监管扶贫资金。为加强对扶贫资金的监督管理，从源头上确保扶贫资金的安全、精准使用，积极推进南宁市公共资产负债管理智能云平台扶贫资金管理模块建设开发工作，实现对财政专项扶贫资金从资金来源到资金流向的全周期掌控。通过平台，各级财政部门能够准确把握财政扶贫专项资金的投入来源，监管扶贫资金支出流向，从总体上进行资金管理；各级扶贫主管部门能够对扶贫项目实施精细化管理，根据财政部门提供的资金来源及支出流向，精准匹配扶贫项目，实现扶贫项目的全流程管控。通过项目进度预警、资金支付进度预警、发票验证等扶贫项目、资金相关的预警功能，使监管部门能够及时对相关异常信息实施监管，确保扶贫资金落到实处，打造"来去明、管得住"的财政扶贫资金管理系统。

---

① "八有一超"指有稳固住房、有饮用水、有电用、有路通自然村、有义务教育保障、有医疗保障、有电视看、有收入来源或最低生活保障，家庭年人均纯收入超过国家扶贫标准。
② "十一有一低于"指有硬化路、有水喝、有稳固住房、有电用、有服务设施、有电视看、有网络宽带、有医疗保险、有集体经济收入、有特色产业、有好班子，贫困发生率低于3%。

（五）存在的主要问题

虽然南宁市当前的脱贫攻坚工作取得了一定成绩，但仍存在一些比较突出的、亟待解决的问题。其中，易地扶贫搬迁工作推进难是一块突出"短板"。2017年，全市易地扶贫搬迁工作处在全广西靠后位置，除了搬迁任务相对较重、安置点建设周期相对较长外，主要原因还是在2017年上半年问题整改和政策调整期间，部分县区的主体责任认识不到位，决策魄力不足，解决问题能力较弱，等、靠、要思想较普遍等，导致各安置点建设进度不平衡，工程推进缓慢。此外，有的县对完成搬迁人员精准核实任务的信心不足，办法不多，没有充分发挥主观能动性，均影响了全市工作进度。

二 2018年南宁市脱贫攻坚工作展望

2018年是全面贯彻落实党的十九大精神的开局之年，是南宁市打赢脱贫攻坚战的关键一年。围绕自治区下达的年度减贫摘帽目标任务，南宁市将从以下几方面统筹推进脱贫攻坚工作。

（一）深入学习贯彻落实党的十九大精神

1. 学习贯彻习近平新时代中国特色社会主义思想

切实把党的十九大精神和习近平扶贫开发战略思想学透弄通做实，掌握精准扶贫的方法论，培养研究攻坚问题、解决攻坚难题的能力。

2. 落实精准脱贫攻坚三年行动

聚焦深度贫困地区和特殊困难贫困人口，围绕提高参与度增强获得感，进一步深化政策举措。围绕提高精准识别率、退出精准率和群众满意度，精准施策、查缺补漏，全面提高脱贫质量。

3. 做好乡村振兴战略与脱贫攻坚的有机衔接

通过实施乡村振兴战略，统筹推进农村经济建设、政治建设、文化建设、社会建设、生态文明建设，逐步转变深度贫困地区安于现状的观念、解决陈规陋习等长期性问题。

4. 层层传导压力，落实责任

严格落实"一把手"负总责的脱贫攻坚责任制，层层签订年度《脱贫摘帽承诺书》，逐级分解脱贫摘帽目标任务，落实行业部门责任。县级领导干部包抓乡镇，并担任包抓乡镇的第一书记，督促、指导包抓乡镇的脱贫攻坚工作。每个乡镇分管领导、包村干部、村"两委"干部、第一书记组成"五人工作小组"，研究解决脱贫攻坚工作中遇到的各类"疑难杂症"，切实把问题解决在基层一线。

（二）重点开展脱贫攻坚作风建设年活动

1. 开展作风问题专项治理

将2018年作为脱贫攻坚作风建设年，开展扶贫领域作风问题专项治理。坚持问题导向，排查、梳理和整治"四个意识"不强、责任落实不到位、工作措施不精准、资金管理使用不规范、工作作风不扎实、考核监督从严要求不够等作风问题。

2. 坚决反对形式主义、官僚主义

集中解决基层反映强烈的填表报数过多、考核检查过于频繁、材料出政绩等突出问题。除根据统一部署每年填报一次建档立卡信息数据外，任何单位任何部门不得以任何理由要求村级填报扶贫数据。

3. 改进调查研究

大兴调查研究之风，推动崇尚实干、力戒空谈、精准发力。围绕脱贫攻坚战略性、全局性、苗头性和前瞻性问题，深入开展调查研究。

（三）加大特殊群体帮扶力度

1. 瞄准特定贫困人群攻坚

将因病因残因老等导致部分或完全丧失劳动能力、生活自理能力以及弱劳动能力的建档立卡贫困人口作为攻坚重点，更多注重通过保障性扶贫，解决学有所教、病有所医、住有所居等最低底线需求。

2. 抓好低保兜底工作

做到应保尽保、应纳尽纳。深化两项制度有效衔接，进一步提高农村低保标准，实现当年脱贫摘帽的贫困县农村低保标准超过国家扶贫标准。

（四）着力提升"三保障"工作水平

1. 提升义务教育保障水平

落实学生资助政策，确保贫困家庭学生不因经济困难而失学。加大投入力度，帮助贫困地区学校持续改善办学条件，实施教师队伍帮扶计划。

2. 提升基本医疗保障水平

通过基本医保、大病保险、商业保险、医疗救助、商业健康保险或政府兜底等多重保障，使贫困人口诊疗费用自付比例达到国家标准要求。加强基层医疗卫生基础设施建设，加强基层医疗卫生人才队伍建设。对因病致贫的贫困人口实施大病集中专项救治。

3. 提升住房安全保障水平

完成2016年、2017年共6.01万名建档立卡贫困人口的易地扶贫搬迁计划，2018年计划完成贫困户危房改造3011户。实行差异化的危房改造补助。鼓励通过修缮加固现有闲置公房、置换或长期租赁村内闲置农房等方式，兜底解决极贫贫困户住房安全问题。

（五）全力打好"五场硬仗"

1. 打好易地扶贫搬迁硬仗

确保2016年、2017年易地扶贫搬迁入住率达到100%，2018年易地扶贫搬迁入住率达60%以上。

2. 打好深度贫困地区脱贫攻坚硬仗

一是深化企业帮扶，启动特色产业示范园项目，将企业的独特优势和贫困村集体经济、扶贫产业精准对接，带动深度贫困地区增加集体收入、建档立卡贫困户脱贫致富。二是加大政策资金支持力度，新增脱贫攻坚资金、项目、举措主要集中于深度贫困地区。三是加大对深度贫困地区的指导。对深度贫困乡镇、贫困村开展"解剖麻雀"的工作，逐一分析研究，找准贫困症结，明确主攻方向，加大工作指导，督促工作进度。四是实施贫困村提升工程。着力解决深度贫困村基础设施建设、特色产业发展、集体经济培育、基层组织建设等难题。

3. 打好产业扶贫硬仗

2018年预脱贫村和56个深度贫困村当年建成至少一个特色产业扶贫示范园。通过合作经营、自主经营、委托经营等模式形成利益共同体，推动村民合作社、贫困户与企业建立密切的利益联结机制。大力发展产地加工，延伸农业产业链，增加农业产品附加值。进一步加大对贫困劳动力的产业技术技能培训力度，确保每个有劳动能力的贫困户中至少有1名劳动力能接受专门培训，掌握1门以上实用技术。

4. 打好村集体经济发展硬仗

出台措施规范贫困村集体经济管理，建立健全村级集体经济发展规划体系，抓好贫困村村级集体经济项目数据库编制工作，加强村级集体经济项目管理。到2018年底，全市已经脱贫摘帽和计划脱贫摘帽的贫困村村级集体经济年收入达到3万元以上。

5. 打好粤桂扶贫协作硬仗

完善粤桂扶贫协作对接机制，抓好携手奔小康活动，拓展帮扶协作内容，提高帮扶面及精准度。

（六）深入开展"十二个专项行动"

1. 开展问题整改专项行动

针对自治区2017年脱贫成效考核"四合一"[①] 督查、国家省际交叉考

[①] 广西2017年脱贫成效考核"四合一"指：2017年设区市党委和政府扶贫开发工作成效考核、贫困县党委和政府扶贫开发工作成效考核、非贫困县扶贫开发工作成效考核、扶贫对象脱贫摘帽实地核查，合并为统一的实地核查、核验，简称2017年市县扶贫成效考核"四合一"实地核查。

核检查、国家第三方评估和自治区党委第五巡视组对南宁市扶贫领域机动式巡视中发现的问题开展专项整改，夯实责任，补齐短板，举一反三，避免类似问题重复出现。

2. 开展项目建设专项行动

通过购买第三方服务对财政专项扶贫资金实施的基础设施和产业项目进行检查、核验。对2018年财政专项扶贫资金实施的基础设施和产业项目开展检查，项目检查率要达到50%；对2017年财政专项扶贫资金实施的基础设施和产业项目开展市级核验。

3. 开展资金管理专项行动

加大财政投入力度，进一步加强涉农资金整合，推进扶贫资金阳光管理。

4. 开展基础设施建设专项行动

加大贫困地区基础设施建设投入，进一步改善贫困地区群众生产生活条件。

5. 开展扶贫数据动态管理专项行动

继续完善南宁市脱贫攻坚大数据管理系统功能，认真做好贫困人口有进有出的动态管理工作。

6. 开展精准帮扶网格化管理试点专项行动

以建档立卡贫困户联系人为主要对象，以村屯为基本网格，建立自媒体互动平台，实时交流互动，动态跟踪服务，强化乡镇到户到人精准帮扶主体责任。在乡镇、村（社区）、屯帮扶网格内实现帮扶信息网格管理、帮扶项目网格管理、帮扶责任网格管理、帮扶成效网格管理、帮扶督查网格管理。

7. 开展贫困村创业致富带头人培育工作专项行动

推广上林县"两培两带两促"和"一所两自"（新时代农民讲习所、自立互助社、自立账户）的工作经验，在全市每个贫困村培训培育3名创业带头人，每名带动3户以上贫困户，全市421个贫困村培育约1200名创业致富带头人，带动约4000户贫困户，实现约12000名贫困人口增收脱贫，确保完成贫困村创业致富带头人培育计划（2016～2018年）。

8. 开展非贫困村精准帮扶专项行动

始终聚焦"两不愁、三保障"① 目标，准确把握非贫困村与贫困村贫困人口的共同点和差异性，围绕行路难、饮水难、用电难、产业发展难、住房安全保障难等突出问题，加大资金、人才、资源等投入力度，统筹推进贫困村和非贫困村贫困人口脱贫攻坚工作，确保非贫困村贫困人口与全市、全国同步实现小康。

9. 开展就业扶贫专项行动

加强劳务输出精准对接，支持各县区建立就业扶贫车间，推进农民工创业园建设。继续深化技工院校结对帮扶贫困家庭"两后生"职业培训专项计划。

10. 开展电商扶贫专项行动

力争2018年底实现全市农村电子商务覆盖率达70%，其中80%以上贫困村实现电商扶贫全覆盖。力争在60%以上贫困村建设电商扶贫站点，20%以上的贫困村建设电商扶贫示范网店，农村电子商务交易额年增长20%，贫困县农村电商年销售额比2016年翻一番以上。

11. 开展扶贫培训专项行动

一是加强对扶贫系统干部职工、扶贫专干、乡镇干部、村"两委"干部的培训。二是加强对第一书记、驻村工作队员、帮扶干部的培训。三是加强对扶贫信息员队伍培训。四是创新开展"新时代农民讲习所"系列培训活动和创业致富带头人培育工作，把扶贫和扶志、扶智相结合，促进形成自强自立、争先脱贫的精神风貌。

12. 开展督查问责专项行动

优化督查检查方式方法，适时开展专题督查暗访工作。充分发挥"红黑榜"的作用，运用好考评结果。除市扶贫开发领导小组统一组织的考核外，各部门不得开展扶贫专项考核，确需开展的需报批。

---

① 2020年我国扶贫开发的总体目标是：稳定实现扶贫对象不愁吃、不愁穿，保障其义务教育、基本医疗和住房，简称"两不愁、三保障"。

B.9
2017~2018年南宁市民族事业发展状况分析及展望

刘建安*

摘　要： 民族事业是建设中国特色社会主义事业的重要内容，发展民族事业对于实现全面建成小康社会具有重要意义。文章分析了南宁市民族事业发展现状，指出当前南宁市民族事业发展过程中存在的突出问题，如民族地区脱贫攻坚压力依然突出、民族文化产业开发有待加强、城市民族工作的管理服务难度加大、民族语言文字管理服务尚不能很好满足壮族群众需求等，最后提出应当从实施乡村振兴战略，聚焦民族地区脱贫攻坚；创新民族文化传承保护开发工作思路；增强城市民族工作管理服务能力；积极稳妥开展民族语言文字工作等方面入手，扎实做好民族工作，促进民族事业健康发展。

关键词： 民族事业　民族事务　发展

2017年，南宁市民宗委认真贯彻落实党的十八届四中、五中、六中全会和党的十九大精神，牢牢把握"各民族共同团结奋斗、共同繁荣发展"的民族工作主题，紧紧围绕和提升创建全国民族团结进步示范市工作目标，抓好各项民族宗教工作，巩固和发展平等、团结、互助、和谐的社会主义民

---

* 刘建安，南宁市民族宗教事务委员会社会发展科主任科员。

族关系，首府民族团结进步事业实现重大突破，呈现全市民族团结进步、宗教和谐稳定、经济稳步发展的大好局面。

一 2017年南宁市民族事业发展现状分析

（一）资金投入加大，少数民族聚居区经济快步发展

2017年南宁市注重用好国家各项优惠政策，整合各部门力量，加大对少数民族聚集地区投入力度，扶持少数民族群众大力发展优势农产品，开展特色农产品精深加工，提升少数民族地区自我发展水平。全年投入少数民族聚居区产业开发项目70个，总投资12176.43万元，其中蔬菜基地建设投资项目13个，总投资3540万元；农产品标准化及特色经济作物产业提升示范项目16个，总投资3010万元；畜禽标准化生态养殖基地项目17个，总投资2368.50万元；渔业标准化生态养殖基地项目13个，总投资1771.93万元；稻（藕）田养殖项目11个，总投资1216万元。

2017年国家对民贸民品企业规范化管理提出新要求，对贴息资金的安排由以往通过专项资金安排改为通过均衡性转移支付进行安排。为此，南宁市民宗委对接人民银行南宁中心支行、市财政局落实上年度贷款贴息7448万元，涉及贷款25.86亿元，贴息资金于5月下达给企业；完成民品生产流动资金贷款审核53笔，涉及资金11.96亿元；落实市本级民族特需商品生产发展专项扶持资金295万元，共计13家民品生产企业的13个项目获得补助；组织上林县、隆安县4家企业申报增补为"十三五"时期全区民贸企业。

（二）夯实"五个一"活动，民族团结进步创建再获丰收

南宁市通过开展丰富多彩、形式多样、通俗易懂的"五个一"活动，着力培育民族团结进步示范单位和示范基地，充分利用传统媒体和新兴媒体，开展民族团结宣传教育工作，提高社会关注度，扩大群众参与度，夯实民族团结进步创建的思想根基，积极申报全国民族团结进步示范单位，发挥

典型的示范引领作用，营造浓厚的民族团结氛围，引导少数民族流动人口树立"三个离不开"思想观念，形成平等团结互助和谐的城市民族关系。坚持每年开展为期一个月的民族团结宣传月活动。以"壮族三月三"节庆活动为契机，通过开展唱山歌、歌舞表演、民族体育竞赛、民族团结知识竞赛等一系列生动活泼的主题活动，利用微信等新媒体平台，让民族团结宣传教育深入人心、家喻户晓，每年受教育面达到百万人次以上。组织一支民族团结宣传教育小分队。小分队由院校教授、理论工作者、机关工作人员和社区（村）少数民族代表组成，深入工厂、学校、街道、社区、村开展民族团结宣传教育活动，每年受教育的少数民族群众超过10万人次。树立一批民族团结先进典型。通过开展民族团结进步创建"五比五争"活动，树立了一批民族团结模范典型。截至2017年末全市共评选出"五比五争"模范集体3150个、模范个人3670名、模范家庭2830个，通过典型引导，形成人人争当先进的氛围，营造城市和谐民族关系。举办一次民族大家庭联谊活动。充分利用南宁少数民族联谊会作用，开展"心连心"主题联谊活动，把壮族三月三、达努节、古尔邦节等少数民族传统节日融入联谊活动中，通过谈心交流、走访慰问、文艺演出、文化交流、百家宴等寓教于乐的形式，促进各民族之间的相互联系和感情沟通。打造一批民族团结进步示范单位。通过创新形式，扎实推进示范创建进机关、进乡镇、进学校、进企业、进社区、进宗教场所、进家庭、进商业街区等"八进"活动，共打造了136个各具特色的示范点。截至2017年末，全市共有全国民族团结进步创建活动示范单位（教育基地）7个，全区民族团结进步创建活动示范单位（教育基地）10个，数量位居全区第一；南宁市民族团结进步创建活动示范单位94个。

（三）加大资金帮扶，少数民族聚居区群众生产生活条件持续改善

2017年，南宁市落实少数民族发展资金数量大幅度增加，资金主要用于各县（区）精准扶贫工作。全市年内落实国家、自治区、市本级三级少数民族发展资金共4264万元，较2016年增加1790万元，用于改善少数民族群众急需的村屯道路、人畜饮水、农田水利条件，促进少数民族聚集地区

经济社会发展。其中，落实国家级少数民族发展资金3651万元，较2016年增加1347万元，共实施项目157个。落实自治区级少数民族发展资金243万元，较2016年增加127万元，实施项目16个。落实市本级少数民族发展资金370万元，较2016年增加10万元，共实施项目42个，有效改善了当地群众出行条件。

注重推动少数民族聚居区的基础设施建设，加大投资建设，统筹安排建设资金，及时下达投资计划，解决少数民族群众民生问题，带动民族地区经济发展。2017年投入少数民族聚居区道路建设项目913个，1295.24公里，总投资49466.69万元，其中贫困村通屯道路项目577个，807.27公里，总投资28306.17万元；投入人饮工程项目135个，总投资6928.54万元；投入农田水利工程项目51个，总投资5072.09万元。

（四）加强统筹协调，民族教育、民族文化、民族医药卫生事业持续发展

2017年，南宁市以巩固和提升全国民族团结进步示范市为抓手，加强统筹协调，整合各部门力量，加大投入和帮扶力度，有效推进了民族地区社会事业的快速发展。

加快发展民族教育事业。南宁市坚持贯彻落实《学校民族团结教育指导纲要（试用）》和《南宁市民族教育条例》，充分发挥课堂教学的主阵地和主渠道作用，注重将民族团结教育内容融入教育的全过程，探索民族团结教育的新途径和新方式，通过德育阵地、家长学校、家长会等方式向学生、家长宣传民族政策法规，宣传党的富民政策等，使学生时时处处都能感受到民族文化的魅力；举办特色"节庆"活动，引导学生充分了解本地区少数民族传统习俗，让学生在学习体验和互动参与中感受民族文化，增进和谐互助情感；开展民族团结进社区、民族风情体验等主题实践活动，组织学生走出校园、走进社区，走进少数民族居住地，走近少数民族同胞，了解少数民族的风土人情、生活习俗、民族特色，让学生在真正的实践中体验民族风情、感受少数民族特色及文化魅力，接受更为直观的民族团结教育；目前在

武鸣区、上林县、横县、宾阳县、马山县、隆安县、青秀区、兴宁区、良庆区、邕宁区等地 85 所小学、8 所民族中学开展壮汉双语实验教学工作,小学和初中均使用广西教育厅统一编制的教材进行教学,效果良好,达到了"以壮为主,壮汉结合,以壮促汉,壮汉兼通"的预期目的,对民族文化的传承发展起到了很好的保障和促进作用;大力开展少数民族地区"农村骨干教师、校长培训工程"等活动,提高民族教育师资队伍水平,全年组织开展市级以上各类培训一百多期,累计培训教师 6800 多人次,为少数民族地区开展民族教育提供了有力的师资保障;认真落实市委、市政府为民办实事项目,贯彻实施资助政策,探索构建南宁市中职国家助学金集中发放模式,被教育部、财政部称为"南宁模式"在全国推广,成为全区 14 个地级市中第一个设立市本级少数民族教育专项补助资金的城市。将自治区举办的义务教育阶段民族班学生和寄宿制民族高中班学生全部纳入寄宿生生活补助和普通高中国家助学金政策覆盖范围,在南宁五县全面铺开学生营养午餐计划,受益学生达 40 万人,极大促进了少数民族聚居地区青少年学生健康成长,有力地巩固了五县义务教育发展。县区职校根据本地区民族特色,增设壮族服饰设计与制作、传统工艺美术(炮龙工艺制作)培训班等课程,既满足了少数民族地区贫困家庭子女的升学愿望,又激发了他们的民族情怀,实现了民族文化的传承,推进了民族文化产业发展。截至 2017 年末全市中小学生有 140 多万名,其中少数民族学生有 61.47 万人。

少数民族文化事业繁荣发展。一是骆越文化研究成果丰硕。近年来,以南宁少数民族联谊会副会长、广西骆越文化研究会会长谢寿球为代表的专家研究认为,在大明山和骆越水流域发现的新旧石器时代中华玉制品的古老器型和最古老的加工场所,以及红山文化和良渚文化所有玉器的原型都源于这一地区;论证了骆越医药是中华民族医药的重要源头,解析了广西成为全国百岁老人密度最大省区的长寿密码;发现了古骆越文字,改写了中华文字的历史和广西壮族文字的历史;破解中华民族重要节庆的文化密码,三月三祭祖民俗源于古之大明山地区,端午习俗也起源于古骆越人夏至祭祀活动,七月鬼节则源于骆越祖母王的建国登基大典;挖掘和抢救了一批濒临灭绝的骆越文化重要遗产,使骆越文化遗产成为广西重要的民族文化品牌;提出建设骆越文化产业高地的文化建设战略,先后完成了骆越古都文化旅游景区概念性规划、隆安"那"文化之都文化旅游品牌策划、大明山养生旅游策划、定乐江骆越世外桃源旅游策划等重点建设项目开发的前期工作,使骆越文化旅游的开发成为自治区重点文化旅游建设项目。二是抓好南宁国际民歌艺术节和"与明星同唱"民歌湖百姓歌圩等活动,以接地气、惠民生的方式,通过主台带动、县区联动、场下互动,为大众免费提供高品质的文化盛宴,吸引了10多万名观众的热情参与;"与明星同唱"南宁民歌湖百姓歌圩完成三月三专场、广西专场、民谣专场等民歌专场10场,全年累计完成演出100场次,惠及观众22万余人次,成功打造民歌湖周周演"天下民歌眷恋的地方"靓丽名片。三是先后成功举办了"壮族三月三·八桂嘉年华"2017年南宁市"民歌湖畔三月三"文化活动、南宁市第五届新春文化庙会、2017年"文化和自然遗产日"宣传展示活动、南宁市歌王大赛暨大明山六月歌圩等传统节目活动,民俗文化焕发新生机,突出民族与时尚、传统与现代、本土与国际相融合的艺术特色,极大地提升了"壮族三月三"的美誉度和影响力。

中医药民族医药卫生事业亮点频现。积极贯彻落实国家和自治区《中医药健康服务发展规划(2015~2020年)》《中医药壮瑶医药健康服务发展规划(2016~2020年)》《基层中医药服务能力提升工程"十三五"行动计划实施方案》等重要中医药政策措施,编制并印发了《南宁市中医药壮瑶医药发展规划(2016~2020年)》,为南宁市中医药民族医药事业发展奠定了坚实的基础,2017年9月,南宁市成功入围国家旅游局和国家中医药管理局联合认定的国家中医药健康旅游示范区创建单位,成为广西唯一入选的全国首批15个创建单位之一;完成25个基层医疗卫生机构中医诊疗区(中医馆)项目建设,按要求完成中医诊室、治疗室、中药房、煎药室相对集中设置,诊疗区突出中医文化氛围,有效改善诊疗环境和提升服务水平;组织专家人员到58个社区卫生服务中心及乡镇卫生院开展卫生技术人员"中医药民族医药适宜技术大讲堂"活动64场,示范带教及义诊12场次,派出针推科、内科、妇科、治未病科、儿科、骨伤科等中医药专家56人次,累计培训人数约1682人；进一步发挥了乡镇卫生院、社区卫生服务中心中医药适宜技术在基层防治常见病多发病中的优势和作用，保障了人民群众身体健康；同时有效缓解了贫困地区人民群众"看病难、看病贵，因病致贫，因病返贫"的问题，更好地满足了城乡居民中医药民族医药服务需求，提升了基层中医药民族医药服务能力。发挥南宁市中医医院中医药业务龙头优势，对受援县级中医医院开展中医医疗对口支援工作，全年共派出11名医师到受援单位开展对口帮扶工作；分别在隆安县、上林县、马山县、邕宁区的乡镇卫生院（社区卫生服务中心）中，遴选出具有执业（助理）中医师（含中西医结合、民族医）资格的人员共4人，与市中医医院带教老师签订协议，按计划跟师学习；完成了全国中药特色技术传承人才培训1人，遴选广西贫困地区中医民族医师承人员培养4人，全国中医护理骨干3人；开展南宁市名中医和基层名中医的评选工作，首届7名南宁市名中医、8名基层名中医获人社部门联合认定；结合"壮族三月三"组织全市中医医疗机构，开展以普及中医药壮瑶医药知识为主题的科普宣传活动，累计派出专家102人次，举办科普讲座10场，义诊15场次，科普讲座和义诊接待人数累计4500人次，制作宣传展板20幅，制作中医药壮医药宣传片1集，发放宣传资料6650份，活动深受广大群众欢迎。全面完成国家、自治区下达的中医药工作指标任务。全市能提供中医药服务的社区卫生服务中心、乡镇卫生院、卫生服务站和行政村卫生室（所）分别为98%、98%、100%和84%。25个基层医疗卫生机构中医综合诊疗区（中医馆）建设项目全部完成，完成率100%；基本公共卫生中医药健康管理服务项目：老年人中医药健康管理率48.37%，0~36个月儿童中医药健康管理服务率55.25%，均达到国家、自治区指标要求。

（五）实施"三心"工程，保障流动少数民族人口合法权益

南宁市作为中国与东盟开放合作的前沿城市，经济社会迅速发展的同时也带来人口的大规模流动，其中少数民族流动人口也呈上升趋势。南宁市民宗委通过实施"三心"工程，帮助少数民族流动人口解决实际困难和具体问题，维护法律尊严和少数民族群众的合法权益，妥善处置各种矛盾纠纷，让他们切实感受到在邕如家的真情，促进城市和谐民族关系的不断发展。一是实施"暖人心"工程，切实帮助少数民族流动人口解决实际困难。通过真诚服务，解决他们入学、就业、清真食品供应等燃眉之急，使他们感受到党和国家民族政策的温暖。如，针对少数民族流动人口务工经商中存在的困难和问题，市政府还专门划出九条创业街，开设10个"跳蚤市场"，支持少数民族经商就业。中华中路社区办起了汉语培训班，为社区里的少数民族同胞教授汉语。良庆区大沙田街道银海社区通过成立少数民族群众就业培训室和就业帮帮团，每年推荐少数民族群众就业100余人次。二是实施"心连心"工程，密切与少数民族流动人口的相互联系与感情。目前在邕少数民族成分共有51个，各民族风俗习惯和传统节日不同，风俗各异。尊重少数民族风俗习惯，鼓励支持各族群众开展传统节庆和联谊活动是实施心连心工程的一项重要举措。通过安排专项资金，支持和引导壮、瑶、侗、回等人口较多的少数民族开展丰富多彩的民族传统节庆活动，如壮族"三月三"，瑶族达努节，侗族"冬节"，回族"开斋节"、"古尔邦节"等；在市民宗委建立少数民族联谊会，城区民宗局建立分站；建立20多个社区"民族之家"及"少数民族流动人口服务站"示范点，以点带面；通过登门拜访、电话联系、节假日联欢等形式，与少数民族流动人口交朋友、解难题、叙友情，密切相互联系。三是实施"稳民心"工程，提升少数民族群众尊严感。采取多种措施，切实保障少数民族群众的合法权益，提升他们的自身尊严；完善城市少数民族群众服务管理的长效机制，把城市民族工作列入市委、市政府议事日程，城市民族工作经费列入部门预算，着力消除户籍制度带来的权益壁垒。到2017年末，全市累计发放居住证75.9万张，涉及少数民族流动人口近30万人。全年覆盖全市的少数民族流动人口服务网络体系累计为少数民族流动人口提供就业创业服务1100人次，解决住（租）房问题105人次，技能培训2000人次，提供法律咨询320人次，解决子女入学50人次。推动民族政策法律法规的普及和依法维权意识的提升，在全市广泛开展普法教育和司法服务志愿活动，同时在流动人口集中区域设立少数民族流动人口法律援助站，建立了由130名民族工作信息员、75名民族关系协调员、20名民族工作专家顾问组成的南宁市民族工作"三支队伍"，协调处置涉及民族因素的矛盾纠纷事件。建立和完善少数民族流动人口流出地与流入地政府的联动机制。

（六）积极稳步推行使用壮语言文字

2017年，南宁市围绕纪念国务院颁布《壮文方案》60周年开展一系列工作，实现了少数民族语言文字工作新突破。一是利用各级政务网站、报纸、刊物等宣传平台，通过"壮族三月三·八桂嘉年华"活动、民族团结宣传月等活动载体，大力宣传《国家民委"十三五"少数民族语言文字工作规划》等政策法规和南宁民族语文工作。二是组织12个县区民语局对110多家机关单位、12个县区、200多个乡镇、村（社区）贯彻落实民族语文政策情况进行了认真检查，全市贯彻落实党和国家民族语文政策情况总体良好，相关场合、设施按照要求规范使用壮汉两种文字。三是南宁市人民政府联合自治区教育厅、自治区民语委在广西图书馆举办了为期两周的"纪念国务院颁布《壮文方案》60周年暨壮文推行工作成就展"，通过图片、实物、音视频资料等多种展示手段，从多个视角集中展现60年来壮语言文字发展取得的成就，展示广西及首府南宁壮语言文字工作的亮点，观展人数6.5万人。四是南宁市民宗委、市直机关工委、市教育局、市旅发委等单位联合举办纪念国务院颁布《壮文方案》60周年暨南宁市民族文化"三进"活动成果展示专场晚会，观众达2000多人，晚会采用壮汉双语主持，节目丰富多彩，通过山歌、壮剧、舞蹈、诗朗诵等节目形式，生动展示了南宁壮语言文字工作和民族文化"三进"活动取得的阶段性成果。五是南宁市民宗委和市委宣传部、市委统战部组织开展南宁市2017年民族团结主题系列征集活动，包括"壮族三月三"暨民族团结主题山歌征集活动（壮汉两种文字）、"民族团结·中国梦·壮乡情"作文征文比赛（壮汉两种文字）、民族团结微电影微视频大赛（民汉双语）、民族团结摄影比赛，多种形式推广使用壮语言文字。六是南宁市民宗委、大明山管委会举办学习贯彻党的十九大精神暨纪念国务院颁布《壮文方案》60周年——2017南宁壮歌会·大明山十二月歌圩活动，以同唱社会主义核心价值观、共筑民族团结中国梦为主题，采用壮汉双语主持，南宁歌王大赛新晋歌王、特邀省级歌王及本市五县七区、都安、大化等地近50名山歌手代表同台竞技、切磋交流。七是召开纪念国务院颁布《壮文方案》60周年座谈会，传达自治区纪念表彰大会和座谈会精神，通报当前南宁市民族语文工作情况，听取了有关专家学者、各县区民语工作部门的工作情况汇报、意见建议，共同探讨当前和今后一个时期的壮语文工作。八是壮语言文字社会应用取得新进展。新投入使用的南宁市民中心户外标识牌及轨道交通2号线的四处导向标识牌体现了壮文；青秀区率先在城区"两会"会标同时使用壮汉两种文字；宾阳、兴宁、武鸣、青秀、邕宁等县区行政区划村级新制标牌增用壮文；南宁市第十一届少数民族传统体育运动会首次在开闭幕式采用壮汉双语主持，南宁壮歌会等一些市、县区大型会议活动也积极采用双语主持；首家广西肯德基民族文化主题餐厅作为广西非物质文化遗产传承与发展的公益项目，在项目启动仪式的活动背景板、嘉宾台卡、创意明信片上均使用了壮文，引发极大关注。

二 民族事业发展中面临的突出问题

（一）民族经济发展相对滞后，扶贫攻坚压力依然突出

民族经济是一个宽泛的概念，是指在一定的历史条件下包括工业、农业、交通、畜牧、电力等在内的某一民族社会经济的总称。民族经济具有民族性、地域性、相对落后性、复杂性等特点。民族聚居区由于人们思想观念和自然条件的客观原因，加上农业经济占比较大，结构较为单一，商品经济基础薄弱，现代市场经济对民族地区的影响没有达到预期效果，经济发展相对滞后。经自治区验收核定，2017年南宁市脱贫人口为83662人，脱贫村101个，全市2017年底剩余贫困人口为218795人，剩余贫困村216个，按照新的计算方法，南宁市贫困发生率由2016年底的6.64%下降为2017年底

的5.02%。目前剩余的贫困村、贫困人口大都集中在马山、隆安、上林这三个县,2017年底其贫困发生率分别为11.56%、11.88%、12.21%。这些深度贫困地区人多地少,土壤贫瘠,生活环境恶劣,自然资源匮乏,耕作条件不便,贫困人口中因病、因灾返贫问题突出,农民增收难度大,扶贫攻坚任务艰巨。

(二)民族文化产业开发工作有待加强

民族文化是否具有创新创造的活力在一定程度上取决于民族文化传承教育的大众化和普及程度的高低。在全球经济一体化潮流的冲击下,如何对少数民族传统文化进行保护,开发创新民族文化产业,使之产生极大的社会效益和经济效益,为加强民族团结和社会进步提供精神动力成为民族工作当务之急。近年来,南宁市已打造出武鸣骆越文化、龙母文化、隆安"那"文化、邕宁顶蛳山文化等著名民族文化品牌,民族非物质文化遗产壮族三月三、壮族歌圩、壮族三声部民歌、壮族民间故事百鸟衣等也进入了国家非物质文化遗产名录,但是这些珍贵的民族文化遗产却因为缺乏有创意的策划,项目前期工作不到位等原因没有列入建设规划,难以转化成民族文化产业,民族文化产业开发工作有待加强。

(三)城市民族工作管理服务难度加大

改革开放以来,我国进入了各民族跨区域大流动的活跃期,做好城市民族工作越来越重要。截至2017年末,全市常住人口759.45万人,其中少数民族常住人口440.91万人,占总人口的58.06%。全市登记在册外来少数民族流动人口约31.7万人,占93万流入人口的34.2%。全市现有社区377个,其中城市社区210个,农村社区167个。随着城市化快速推进,城市少数民族流动人口逐年快速增加,城市民族工作面临的困难和问题也越来越多,主要有:一是少数民族流动人口流动性强,存在登记不全面问题,给日常管理带来不便;二是城市少数民族流动人员因为生活环境、语言、风俗习惯、宗教信仰等生活方式的不同,引发的误会进而造成的矛盾和冲突时有发生；三是城市民族工作机制不畅，部门之间配合不够紧密，管理人员综合素质能力参差不齐等，也很容易导致伤害民族感情的事件发生。

（四）民族语言文字管理服务尚不能很好满足壮族群众的需求

从当前情况来看，市、县区少数民族语言文字工作机构设置不一、性质也不一，基层民族语文工作机构职责不清、任务不明、行政执法力量薄弱问题普遍存在，具体表现如下：一是新一轮机构改革后县区民族局增加了宗教事务管理职能，且县区少数民族语言文字工作机构均与民族宗教局合署办公，却大都没有增加人员编制，人员混岗、一人多岗、执法人员少的困境始终没有改变。同时，全市民委系统行政执法力量薄弱、执法难及执法环境不良等问题客观存在，全系统持有行政执法资格证书人员仅有13人，其中通晓壮语言文字专业知识的执法人员仅2人，均为委托执法人员。二是壮文翻译专业技术人员匮乏，大部分县区少数民族语言文字工作机构由于没有专业技术人员，翻译工作多依赖市民语委，工作存在一定的滞后性。且多数县区少数民族语言文字工作机构人员对壮文的读、写、翻译、使用等知识比较生疏，对壮文门牌翻译审定、对壮文教学点的检查指导等工作开展产生一定影响。现有翻译人员也普遍存在老化、断层问题及专业技术能力和素质难以完全适应新形势下民族语文工作需求。三是县区少数民族语言文字工作机构普遍缺乏壮语言文字工作专项经费，部门预算没有保障。此外，新媒体的蓬勃发展和越来越多的企业关注并积极投身地方文化公益事业，打造特色公益项目，助力地方民族文化传承发展，这既为民族语文工作提供了新平台新抓手，也给管理服务工作带来新课题、新挑战。

三 促进民族事业发展的对策建议

（一）实施乡村振兴战略，聚焦民族地区脱贫攻坚

党的十九大报告首次提出乡村振兴战略，为解决"三农"问题做出了总体布局。如何全面贯彻落实党的十九大精神，紧密围绕"十三五"规划，进一步完善工作思路和举措，实施精准扶贫、脱贫战略，解决民族聚居区贫困问题，提升少数民族群众生活水平是当前乃至今后一段时期南宁市民族经济工作的重中之重。一是树立大农业观念，大力发展高效农业，通过加大资金投入，加强农业基础设施建设，扶持发展特色种植业和养殖业，增加少数民族群众经济收入。二是依据当地资源优势开展农副产品加工业，把过去靠主要出卖原材料和半成品，改为深加工和精加工，实现价值增值和经济效益翻番。三是大力培养实用性人才，增强经济发展后劲。必须通过多种途径加强人才培养，打造新型职业农民队伍，为促进民族地区经济持续发展奠定基础。

（二）创新骆越文化传承保护开发，弘扬优秀民族文化

民族文化作为一种民族的精神力量，对社会的和谐稳定、经济健康发展、国家的繁荣昌盛有着重要的促进和推动作用。以大明山为中心的骆越故地是百越文化的重要源头之一，而百越文化中的良渚文化又深刻地影响了中原的华夏文明。一是以武鸣"壮族三月三"暨骆越文化旅游节为载体，打造出武鸣骆越文化旅游节的文化品牌和骆越祭祖大典的文化品牌，使武鸣成为骆越后裔民族寻根之地。二是以隆安稻神祭（芒那节）"那"文化旅游节为载体，打造出隆安壮族"那"文化之都的文化品牌，使隆安成为名副其实的世界重要的稻作文化起源地。三是建议规划建设骆越文化生态圈，打造武鸣、上林的龙母文化区，马山、上林骆越养生文化区，尽快启动已完成前期策划的骆越古都文化旅游景区概念性规划、大明山养生旅游策划、定乐江骆越世外桃源旅游策划等重点建设项目开发工作，使骆越文化旅游开发成为自治区重点文化旅游建设项目。

（三）创新方式载体，增强城市民族工作管理服务能力

习近平总书记指出："城市民族工作要把着力点放在社区，推动建立相互嵌入式的社会结构和社区环境。"因此，必须以人为本，分析城市民族工作所面临和存在的问题，做好城市民族工作，增强城市民族工作的管理能

力。一是完善社区少数民族群众服务管理工作的长效机制，形成齐抓共管格局，保障少数民族群众合法权益，推动民族政策法律法规的普及和依法维权意识提升，提升他们的尊严感。二是加强对少数民族流动人口帮扶，帮助他们解决实际困难和具体问题，通过社区党员一帮一的方式，精心打造出服务少数民族流动人口的"服务型社区、就业型社区、关爱型社区"等特色品牌，使社区民族团结进步创建活动内容在服务少数民族群众需求的基础上更具科学性、针对性和实效性。三是以"民族之家"及"少数民族流动人员服务站"为平台，利用回族古尔邦节、壮族三月三、瑶族盘王节等民族传统节日，组织开展谈心交流、走访慰问、文艺演出、百家宴等活动，促进少数民族群众与本地居民之间的相互联系和感情沟通，营造民族团结、和谐、平等的浓厚氛围。四是进一步完善民族关系状况监测和评价信息网络，优化53个民族关系监测点工作，对全市民族关系状况进行测评，并形成评价报告为市委、市政府决策提供依据。进一步加强"三支队伍"建设，动态更新200余名的民族工作信息员、民族关系协调员、民族工作专家顾问队伍。加强部门协调，及时处置和协调民族关系。五是要充分发挥首府南宁"13456"民族事务服务体系的作用，创新方式载体，强化社区建设，重点抓好"三支队伍"的建设工作。六是开展各族群众交流交往活动，引导他们发挥在联系群众、维护团结稳定等方面的积极作用。同时要依法处置涉及民族宗教因素的矛盾纠纷，加强城市公共安全防范等工作，广泛动员全社会力量共同参与，努力开创首府南宁民族工作新局面。

（四）坚持服务大局，积极稳妥开展民族语言文字工作

壮语言文字是壮族文化的重要载体，党和国家历来高度重视。2018年是自治区成立60周年，要以习近平新时代中国特色社会主义思想为指导，紧紧围绕协调推进"四个全面"战略布局和牢牢把握"两个共同"民族工作主题，认真贯彻执行党和国家的民族语文政策法规，深入持续贯彻落实《国家民委"十三五"少数民族语言文字工作规划》，推进干部"双语"学习，举办"跟我学壮文"培训班，加强民族法规和民族政策执行情况监督

检查，推进《南宁市壮文社会使用管理办法》工程落实，争取《南宁市壮文社会使用管理条例》列入南宁市未来五年地方立法规划，依法实施壮文社会使用管理，积极稳妥开展壮语言文字工作，为深化民族团结进步创建活动、持续推进民族团结进步模范区建设做出新的贡献。一是坚持以习近平新时代中国特色社会主义思想为指引，积极稳妥开展壮语言文字工作。按照党的十九大精神去谋划、深化、落实各项工作，牢牢把握"两个共同"民族工作主题，按照中央、自治区党委对做好少数民族语言文字管理工作的总体要求，进一步理顺思路、找准位置、发挥作用，使各项工作更加紧贴党委政府的工作要求，更加符合人民群众的需要，不断推动壮语言文字工作在新的历史时期展现新作为、做出新贡献。二是坚定不移推行壮语言文字，保护与传承弘扬壮族文化。近年来，国家相继出台了《关于加强和改进新形势下民族工作的意见》《关于做好民族语言文字管理工作的意见》等重要文件，对做好民族语言文字工作提出了新的要求。教育、民语委等部门要主动对接这些新部署新要求，做好规划、指导、协调、推动工作，不断促进各项工作的高效落实。要继续加强《壮文方案》的宣传贯彻，认真执行即将出台的《广西壮族自治区少数民族语言文字工作条例》，加强对壮语言文字推行情况的监督检查，通过对民族语文立法及执法监督等综合措施，有序稳妥推进壮语言文字工作法治化进程。三是拓展壮语言文字推行使用新渠道，推动壮族文化繁荣发展。加强民族语文社会应用调查研究，启动壮语方言音频资料采集项目，收集少数民族语言文字基础数据，科学保护少数民族语言文字；加强少数民族语言文字公共服务，做好少数民族语言文字翻译出版广播影视等工作，满足群众日益增长的精神文化需求；继续抓好壮语言文字进校园、壮汉双语教育、壮语言文字培训班、壮语文科技电影下乡活动等工作，使壮语言文字更好地为壮族社会的全面发展进步服务。四是加强领导凝聚合力，为民族语文事业持续健康发展提供有力保障。要高度重视民族语文工作，理顺基层民族语文工作机构、编制、人员的关系，进一步加强少数民族语文人才队伍建设，着力解决机构不健全、工作力量不足等问题；民族语言文字工作机构要履行好管理职责，把壮文规范化、标准化及其健康发展作为工作的重要内容，不断提高社会知晓度和应用水平；民语、教育、民宗等部门要形成合力，不断巩固提升壮汉双语教育水平，培养更多熟练掌握国家通用语言文字和少数民族语言文字的双语人才；新闻出版广电等部门要做好少数民族语言文字新闻出版和广播影视工作，加强少数民族语言广播影视节目的制作、译制和播出能力；发改、工信、教育、文化、民宗等部门要各司其职，努力为做好少数民族语言文字工作提供保障，切实保障少数民族语言文字工作的顺利开展和少数民族语言文字事业的持续发展。

共享发展报告

Shared Development Report

B.10 "智慧南宁"建设发展状况及展望

贺大州 黄筱茜*

摘 要: 智慧城市建设是工业化、信息化和城镇化深度融合发展的必然趋势,南宁市从2016年开始新型智慧城市建设以来,在推进城市信息化建设,提升城市治理能力,提高公共服务水平,促进经济、社会和环境协调发展,满足市民日益增长的美好生活需要等方面取得了很大进展。本文介绍了"智慧南宁"建设的发展现状和实践经验,深入分析了当前"智慧南宁"建设存在的主要问题,在此基础上,提出了推进南宁市智慧城市建设的对策建议。

关键词: 智慧城市 城市信息化 公共服务

---

* 贺大州,南宁市发展改革委副主任,高级经济师;黄筱茜,南宁市发展改革委数字化发展科,科员。

近年来，南宁市持续开展智慧城市建设工作。2016年，根据国家的部署要求，南宁市开始新型智慧城市建设的探索，明确要把"智慧南宁"融入中国—东盟信息港建设，力争把首府南宁建设成为中国新型智慧城市的标杆和面向东盟国家的智慧城市样板。2017年初，南宁市委市政府印发《2017年推进新型智慧城市建设实施方案》，提出了搭建"一朵云、五平台、多维应用"技术架构，围绕信息惠民、便民、利民的核心理念，大力推进南宁市新型智慧城市建设。2017年，南宁市专注解决市民生活、城市管理、政务服务存在的问题，继续推进信息基础设施建设，完善公共服务平台，启动信息资源整合共享工作，重点推进包括"爱南宁App"、网上审批大厅、一站式社会服务管理平台等惠民项目建设，努力实现公共服务更加便捷、城市管理更加精细、生活环境更加宜居、基础设施更加智能、产业体系更加优化、信息网络更加安全的目标，较好地完成了全年智慧城市建设各项工作任务，实现了"智慧南宁"建设新模式、新突破。

一 2017年"智慧南宁"建设发展现状

（一）信息基础设施稳步推进，网络支撑能力显著增强

2017年，南宁市加快推进信息基础设施建设，全面推进"三网融合"，切实落实国务院关于"提速降费"各项要求，全年电信业务总量完成135.46亿元，同比增长43%。截至2017年12月，南宁市互联网出口总带宽5520G，同比增长94.37%；50M以上家庭宽带接入用户数占比提高到32.2%；移动互联网接入流量1.14亿G，户均流量13.21G，同比增长107%；IPTV用户数54.7万户，广电宽带用户数38.68万户，同比增长117.8%。

1. 固定宽带建设

城区实现了光网全覆盖，农村地区行政村光纤接入通达率为98%，互联网宽带接入通达率为99.99%。宽带接入端口568.44万个，其中FTTH/O端口数286.15万个，同比增长169.8%。宽带接入用户273.43万户，其中XDSL用

户3.2万户，同比减少41.76%，FTTH/O用户159.03万户，同比增长44.68%；接入速率8M以下用户7.2万户，同比减少80.29%，接入速率50M以上用户77.6万户，同比增长452.91%；城市宽带接入用户229.83万户，农村宽带接入用户43.6万户；家庭宽带接入用户213.25万户，家庭宽带普及率为94.8%。

2. 移动宽带建设

南宁市已建设开通的移动基站3.46万个，其中4G基站数量1.76万个，同比增长34.39%。移动4G高速宽带网络基本实现城乡全覆盖，行政村覆盖率为97.8%。全市仅兴宁区昆仑镇群星村、横县石塘镇五福村未通移动宽带网络，8个县区的31个行政村未通4G网络。移动互联网用户862.73万户，其中4G用户586.77万户，渗透率为68.01%，同比增长31.86%，移动高速宽带人口覆盖率为78.06%。

（二）公共服务平台基本建成，基础设施集约化效应开始显现

1. 建成上联自治区、下联市属县区及开发区的横向覆盖市本级200多个市直机关和重点企事业单位的全市统一电子政务网络平台

目前，电子政务网络平台承载了南宁市政务信息网、南宁市一站式社会管理平台、南宁市网上审批大厅系统、南宁市机构编制实名制综合业务平台等130余个应用系统。

2. 建成全市一体化的政务云平台，为各部门应用系统建设提供统一的计算、存储、网络、安全、运维管理等基础支撑

各部门新建信息化项目原则上一律"上云"，不再单独建设数据机房、专用网络和采购硬件设备，由云平台集中提供基础设施保障，原有的信息系统也逐步向云上迁移。截至2017年底，电子政务云平台（一期）共迁移和部署了南宁市信用信息系统、一站式社会服务管理平台等60余个应用系统，硬件设备的利用率从原来的30%提高到80%以上。

3. 建成南宁市人民政府视频会议系统，为各级各部门召开网络视频会议提供统一支撑

该系统覆盖12个县区及66个市直部门和市属企业，已开通78个视频

终端。2017年全年，利用视频会议系统召开政府常务会、市长例会等各类会议280余次，减少了各部门特别是各县区政府参加市政府会议的交通、食宿等费用和时间成本，大大节约了会务开支，降低了行政成本。

（三）政务数据中心建设加速推进，政务信息资源整合初见成效

1. 完成南宁市政务数据中心项目前期工作

该项目建立了全市统一的政务数据交换共享系统，推动各部门间、部门与县（区）之间电子证照的互认共享、政务数据资源的共享交换和业务协同。

2. 全面梳理政务数据资源

2017年，对全市84个（含二层部门）政府部门开展深入摸底调查，确定开放属性，编制资源目录，共梳理政务数据信息项达1645项。经初步分类，人口、法人、地理空间、宏观经济四大基础数据库数据集分别为260项、505项、5项、36项，主题数据集为828项，初步建立起南宁市政务数据资源目录体系。

3. 南宁市信用信息系统（二期）升级改造完成并正式上线运行，信用信息归集工作全面开展

截至2017年底，初步建立了全市40万户企业、753万名自然人的信用档案，归集公共信用信息约2702万条。下一步，将探索依托信用分数，开展在交通、医疗等领域的乘车先乘后付、医疗先治后付、信用租房、零首付信用购车等信用便捷应用。

（四）"互联网+各领域"不断深化，智慧城市建设应用成果丰硕

1. "智慧政府"建设持续推进，公共服务能力显著增强

（1）建成全市统一的集信息公开、便民服务、网上办公、效能监察于一体的网上审批大厅平台。该平台自上线运行以来，至2017年底，已实现市地震局、市教育局、市商务局、市发展改革委等19个市级部门的444个事项网上申办服务。

(2) 建成南宁市一站式社会服务管理平台（一期）并投入使用，公共服务末端向基层延伸。该平台以青秀区凤岭北社区、经开区金阳社区、凤江社区为试点，全面梳理市民"由生到逝"各阶段的社会服务需求，整合为民办事事项并下沉到社区服务中心统一受理，依托网络让"数据流动代替人的跑动"。目前，平台汇集了市卫计委、民政局、司法局等5个部门累计44项数据类别、700多万条数据量的信息数据资源，整合了市民政局、住房局等8个部门的56个办事项以及34个证明项在试点社区"一号"申请、"一窗"受理、"一网"通办。

(3) 政府门户网站发挥了日益重要的"政务公开、政民互动"重要窗口作用。南宁市级网站平台整合迁移了88个部门和县级网站，2017年南宁政务网站公开信息量达21497条，网站访问量300万人次；网站收到各类问题（包括单位信箱、在线咨询、效能投诉、依申请公开）6062个；开展了8期《向人民承诺——电视问政节目》和31次新闻发布会网络文字直播工作；制作了中国共产党第十九次全国代表大会、南宁市权责清单等6个专题栏目。获得了第十六届（2017年度）中国政府门户网站绩效评比省会城市排名第8名的优异成绩。

2. "智慧民生"建设发展迅速，惠民便民应用亮点纷呈

(1) 信息惠民服务向集约化便捷化发展。南宁市公共服务信息平台——"爱南宁App"正式上线，该App打造统一的便民服务入口，整合分散在各部门的信息惠民服务，开发一批便民应用，将行政审批、卫生、教育、交通、社保、民政、公用事业等面向市民的事项汇聚在手机App上，为市民提供随时随地高效便捷的信息服务。市民可通过苹果App Store、百度助手、360手机助手等主流应用商店，搜索关键字"爱南宁"即可下载"爱南宁App"使用。目前，"爱南宁App"已上线的应用包括交通出行、智慧健康、城市生活、政务服务等四大板块30余项功能应用。

(2) 社保便民服务水平显著提升。有序推进智慧社保"诊疗一卡通"升级项目，该项目将社会保障卡、就诊卡、金融卡功能"三卡合一"，通过手机、一体机等自助终端，实现面向群众提供门诊预约挂号、候诊查询、医

保结算、自助缴费等20多项就医自助服务，为参保群众提供社会保障便捷服务，缓解了群众挂号、缴费、结算等排队难题。为了进一步扩大智慧社保"诊疗一卡通"的覆盖范围，在已完成三甲医院接入的基础上，实施南宁市医保定点二级医院接入，实现市民在二级医院预约挂号、候诊查询、医保结算、自助缴费、处方和检验报告查询等多方面的自助服务，破解城市就医"三长一短"（挂号、候诊、收费队伍长，看病时间短）难题。

（3）医疗服务信息化工作取得突破。推动南宁市智慧健康信息工程（一期）项目建设，该项目作为"智慧健康医疗"工程首期启动的基础性项目，主要依托互联网、大数据等信息化技术，分年度、分阶段推进健康医疗资源的整合共享和信息平台的互联互通，转变以往的就医方式、服务方式和管理方式，着力解决居民反映强烈的突出问题，为居民提供信息查询、就诊预约、医保结算、移动支付以及健康咨询、自助健康管理等一体化服务，打造"智慧健康医疗"工程区域性标杆，建成后，将有效消除医疗信息资源孤岛问题，优化就诊就医流程，减少群众医疗负担，有望缓解"看病难、看病贵"的问题。

（4）交通出行智能化应用遍地开花。一是建设南宁市便民出行管理系统（二期）项目，该项目创新为民服务形式、拓宽为民服务渠道，可实现市民在家中就能够通过手机办理查询车辆车票信息、预约车辆等事项，同时完善并接入公用自行车出行、轨道交通出行、火车出行及飞机出行等服务功能。二是推进南宁市网络预约出租汽车监管平台项目，该项目实现与社会网约车平台信息共享，建立行业安全服务质量体系，提高政府对网络预约出租汽车的行业监管力度，增强乘客出行的安全系数。三是完成智能公交电子站牌（二期）建设，首次采用柔性太阳能电池循环充电技术，在全市累计建设了150个智能公交电子站牌，为市民选乘公交路线提供方便。四是开展"绿波带"信号控制工作，陆续完成了佛子岭路、仙葫大道、民族大道等道路的绿波带信号控制工作，路段车辆通行时间比以往节约了15%~20%。五是市民卡应用得到进一步拓展。全市开通593个市民卡服务网点，累计发卡约231万张，在交通领域实现全市所有公交车、地铁、公共自行车租赁、

2060辆试点出租车的一卡通行和优惠服务,实现高校校车刷卡应用。开通了水费、燃气费刷卡缴费以及3个社区医院、南宁市红十字会医院、老百姓大药房、广谱医药连锁药店、2个加油站、2个停车场、1个影城、1个公园等消费试点应用。

(5)文体教育智慧化服务向普惠化发展。一是大力实施南宁市教育资源公共服务平台和教育管理公共服务平台建设,教育信息化提速工程有序推进,通过教育资源公共服务平台、教育管理公共服务平台、知识点微课库等建设,整合教育行业关键数据、融合信息技术与教育教学,推进教师利用信息技术改进教学方法、创新教学模式,推进信息化课堂教学的全面普及,提高教学点和薄弱学校的教学质量。二是推进"互联网+全民健身"项目建设,通过整合政府和社会信息化资源搭建南宁"互联网+全民健身"服务平台,为南宁市居民提供本地化的全民健身信息资源服务,满足7个城区、5个县域体育管理部门对体育设施情况的监管。建成投入后可健全完善南宁市全民健身公共服务体系,公众能够便捷地获取体育场地等信息,切切实实地感受"互联网+体育"带来的便捷与体验。

(6)警务服务应用向智慧、便捷发展。一是建成南宁市公安局警务网上服务平台及手机端"南宁微警务"平台,通过信息化手段将公安服务管理延伸,让市民在网上及手机终端即可实现包括治安、交警、出入境、人口、消防、禁毒、网安等警种在内的98项业务查询和办理。平台已累计服务群众764万人次。二是在全国率先推出"网上返赃平台",失主只需"信息浏览、车辆匹配、认领预约、现场认领"四步操作,就可以轻松找回公安机关破案后追缴回的财物,实现"群众自助认领"和"公安机关规范返还"。三是在南宁交警微信公众号上新增了用户实名、道路交通违法有奖举报、交通违法罚款缴纳、一键移车、违停车辆拖车查询等功能,提升警务效能。

3. "智慧治理"水平不断提高,政府治理智慧化应用创新成果显著

(1)智慧城管日趋精细化。一是推进城建计划精细化管理系统完善工作,该项目进一步深入开展"大数据+城建管理"实践探索,完善城建项

目系统管理精细化,将各部门的各维度数据接入城建项目系统,从政策导向、民生导向、规划导向、可实施性等方面进一步增加城建项目评估的广度和深度,完善项目跟踪标准化,根据重点城建项目倒排时间计划,进一步修改项目跟踪重点指标和内容,加大现场核验力度,探索出一套项目跟踪工作规程。二是建设南宁市城市管理综合行政执法数字化系统,实现城市管理综合行政执法的智能化、人本化、精细化服务转型,提高城市管理综合行政执法效率,提升执法质量,降低执法成本,形成"互联网+城管执法"的面向知识社会创新的城市管理综合行政执法新模式。

(2)公共安全管控智能化水平稳步提升。一是完成公共交通安全防范视频监控网项目建设,在全市范围内重点线路、重要路段的共500个公交站点新装604高清视频监控摄像头,为拓展侦查方向及打击公交车犯罪提供了更多视频支持。二是推进轨道交通警用通信及轨道交通安防中心建设,完成2号线警用通信系统的建设工作,2号线18个车站站内视频监控全部完成接入,相关视频信号已传输到地铁分局,服务分局治安管理。三是优化南宁市公安局人员身份核查系统,为环邕18个检查站、三大活动场馆80个安检口配备移动警务云终端、"人证合一"智能匝机、专用笔记本电脑等一批信息化设备,实现对车辆、人员信息的快速采集、人像比对和身份核查。四是在火车站、华南城、琅东客运站等人口密集地点新增41套"动态人像系统",实时采集经过该系统前端的人脸图像并入库比对处理,及时发现"问题"人员。

(3)"智慧停车"试点建设启动。加快推进南宁市智慧停车系统(试点)项目建设,该项目将整合现有公共停车泊位、停车场资源,依托"爱南宁App",实现用户在App上实时查询、预定周边的车位,引导用户找到最合适的停车位,并与个人诚信分值挂钩,以市发展改革委大院为试点,允许社会车辆在晚上19:00至次日早上7:30的时间段内,在大院里实行错峰停车,缓解周边居民的停车难问题。试点经验成熟后,后期将选择周边车位需求比较大的市属机关和大型商场继续推广。

(4)环境整治信息化工作取得一定成效。一是建设南宁市扬尘治理视频综合管理系统(二期)项目,该项目对一期项目进行升级完善,建设建筑工地及消纳场出入口智能监管系统、邕江流域水上综合视频监控系统，升级针对工程运输车辆车体图像识别比对平台、建筑垃圾运输车辆卫星定位监管数据综合处理系统，构建与交警、数字城管等综合数据安全与执法案件处理交互平台。二是建设工地远程视频监控系统，实现全市在建工地现场视频监管系统建设与集成、工地现场扬尘监测与管理系统建设与集成、项目报建与备案系统建设、数据整合，可提高南宁市建设工程施工现场监管水平和监管效能。

（五）网络安全体系建设进一步完善，网络与信息安全保障能力得到加强

1. 推进大数据关键信息基础设施安全保障体系研究

梳理全市126个关键信息基础设施，厘清南宁市关键信息基础设施存在的主要问题与风险，比对国家网络安全法及相关法规标准的差距，借鉴北京、上海、杭州等城市网络安全管理的先进经验及做法，为下一步夯实全市关键信息基础设施基础环境、出台对应保障措施、强化关键信息基础设施的网络安全防护能力提出相关建议，进一步保障南宁市新型智慧城市建设的网络安全。

2. 完成南宁市政务信息安全管理平台建设

该平台实现了对南宁市重要信息系统安全管理，加强对重要政府网站的监测与预警，强化了对全市电子政务网络平台及相关信息系统的漏洞检测等手段。至2017年底，该平台使用单位达73家，录入业务类数据有1000多条，预警数据已达83000多条，其中，及时处理高危漏洞威胁近700条，网站风险事件300多条，有效提升了全市网络安全综合监管能力。

3. 完成电子政务领域网络安全检查工作

一是完成全市2017年电子政务领域网络安全检查工作。对电子政务领域122家单位的自查进行汇总分析，组织了83人次网络安全专项培训，完成了对宾阳县、邕宁区等10家单位的现场抽查、组织整改及复查工作。二

是完成全市电子政务网络平台的安全执法检查工作。对平台所属45个重要信息系统进行了网络安全情况自查整改,对18个信息系统进行备案变更,对9个信息系统因客观环境进行暂停使用处理。

4. 积极开展病毒防范工作,加强应急处置,积极防范wannacry病毒

一是组织成立应急处置小组,投入多名工程师,为南宁市电子政务网络平台相关单位提供技术支撑。二是积极采取病毒防护措施,封堵电子政务网络平台相关端口,阻止病毒跨域传播,保障市级重要网络平台的安全。三是组织各单位开展应急处置工作。组织刻录发放杀毒光盘136张,通过多种方式,发送短信2295条,组织189个单位,对104个应用系统、500多台终端进行了妥善的应急处理,保障了全市电子政务网络平台及相关信息系统免受wannacry病毒的侵害和损失。

二 "智慧南宁"建设存在的主要问题

(一)跨部门信息资源整合和共享难度大

一是以前信息化建设存在"各自为政""纵强横弱""分散建设"现象,使得跨部门的数据共享和系统互联互通的难度非常大。尤其是部分数据资源的共享开放权限在国家部委、自治区厅局,跨层级数据共享不到位。二是信息资源整合共享机制及配套制度尚未完善,缺少相应的信息资源共享问责、督查考核机制,单位和部门担心承担责任和风险,导致部分信息无法整合共享。三是部分部门对信息资源共享开放的认识不到位,尚未破除"不共享是常态,共享是找麻烦"的旧思维,将业务数据"深藏闺中",不同意共享开放,跨部门协作不顺畅。

(二)信息惠民普及广度和程度较低

近年来,南宁市在智慧城市建设中,信息惠民建设取得了一定进展,但距离信息惠民公平化、普惠化、便捷化的目标还有较大差距,一是多年来电

子政务建设的成果和政务信息资源的应用尚未在各民生领域铺开，还没有形成系统的体系，尤其是在医疗、教育、社区、养老等领域，与南宁市经济社会发展首位度的目标存在较大的差距。二是近年来涌现出的一批"互联网+政务服务"创新典型，有效整合孤立、分散的政务服务资源，推动了跨部门证件、证照、证明的互认共享，简化了群众办事环节，提升了群众办事效率，但尚未达到"使广大居民能够足不出户、随时随地地享受优质服务和生活便利"的目标。

（三）网络安全保障能力仍有待进一步加强

一是在大数据、移动互联网等相关技术飞速发展的同时，网络和信息安全形势更加严峻，对智慧城市建设和信息安全保障提出了更高的要求。二是一些业务部门重建设轻安全，没有建立信息网络安全的相关规章制度，信息网络安全保障的技术手段落后，缺乏信息网络安全管理和技术人才，尤其是一些业务部门管理的事业单位、国有企业对信息安全的重要性认识不足，安全意识淡薄，信息网络安全问题不容忽视。

（四）配套措施有待进一步完善

一是智慧城市建设相关标准规范和制度建设相对滞后，难以适应当前信息技术迅速发展和应用创新的需求，针对局部问题的"补丁式"规范性文件难以统筹全局。二是部分部门的认识跟不上形势的发展，仍有很多领导干部缺乏信息化、智慧化意识和互联网思维，对大数据、"互联网+"等新变化准备不足，应对不力，甚至产生抵触情绪。三是全市人才队伍亟待加强，特别是信息化领域领军人才、创新人才不足，高端人才流失严重，激励机制不畅，亟须形成开放包容、有序流动、人尽其才的发展环境。

三 2018年"智慧南宁"建设发展展望

2018年是贯彻落实党的十九大精神开局之年，也是实施"智慧南宁"建设至关重要的一年。南宁市将深入贯彻落实十九大精神，坚持以人民为中心的思想，持续发力推动智慧城市建设，在共建共享中增进民生福祉，依托信息技术提升市民生活的便利性，增强城市生活的幸福感和满意度。

（一）坚持开放共享的原则，继续做好南宁市信息资源统筹管理工作

一是牵头制定市本级政务信息资源相关规章制度、工作方案和标准规范，做好政务信息资源目录二期编制工作，开展政务数据资产化研究，制定资产化管理制度和标准。二是统筹全市政务数据整合、共享、开放工作，充分发挥全市促进政务数据统筹管理联席会议在政务数据管理方面的统筹协调作用，做好联席会议相关工作，组建南宁市政务数据统筹管理专家咨询委员会并有效开展工作。三是开展全市政务信息系统评估工作，推进全市政务信息系统清理、迁移、整合和业务协同。四是大力推进南宁市政务数据中心、南宁市一站式社会服务管理平台（二期）等项目的建设工作。

（二）坚持以人民为中心的原则，统筹谋划一批突出惠民应用的智慧城市建设项目

一是做好新型智慧城市南宁模式建设规划课题研究。深入贯彻落实党的十九大精神，按照人民对美好生活的向往作为奋斗目标，进一步满足人民群众在享受政府公共服务方面日益增长的便捷、快速的需求，做好"智慧南宁"项目建设谋划。深入部门、企业、社区开展调研，梳理南宁市在公共服务、行政审批、市民生活等方面存在的痛点问题，进一步了解人民群众在就业、教育、医疗、居住、养老等方面面临的难题，明确"智慧南宁"建设需求。二是按照统筹规划、分步实施、循序渐进的原则，合理编制年度智慧城市建设项目投资计划，谋划一批包括智慧图书馆、三医联动信息平台、智慧停车等在内的涉及民生的重点项目，依托互联网、大数据、移动通信等先进技术，探索解决经济社会发展中人民群众多元化的需求，真正提升老百姓幸福感和获得感。三是以"爱南宁App"为抓手，持续发力推动一码通城、智慧交通、信用停车、产业地图、智慧健康、智慧文化、智慧教育等智慧城市重点项目建设，以迭代开发方式不断整合市直各部门的惠民服务，汇集教育、就业、社保、交通等领域的大数据，深度开发各类便民应用，提高公共服务的广度和深度。

（三）突出网络安全的战略地位，多管齐下构筑南宁市网络安全防护体系

一是依托关键信息基础设施研究成果，落实相关成果应用，健全网络安全组织机构，梳理制定相关政策措施，整合构建网络安全应急预警平台，进一步完善南宁市网络安全防护体系。二是落实安全职责，开展2018年电子政务领域的网络安全检查工作，掌握网络安全现状。结合国家对网络安全等级保护新的要求，开展政府门户网站等三级信息系统的等级保护测评工作，协调指导全市信息系统开展定级备案，并督促落实整改工作，确保南宁市电子政务网络安全稳定运行。三是依托南宁市政务信息安全管理平台，推进政务关键信息基础设施安全防护平台建设，实现对关键信息基础设施的全方面态势感知、安全监测和WEB集群防护，强化通报预警能力。四是建立"智慧南宁"电子政务网络安全专家顾问团队，主要提供规范网络安全建设管理、重要活动期间网络安全保障等相关咨询和指导工作，建立常态化网络安全科普机制，形成具有南宁特色的网络安全模式。

（四）发挥政策法规的引领撬动作用，打造"智慧南宁"优质发展软环境

智慧城市建设是一项复杂、系统的工程，建设上涉及多部门，应用上涉及多领域，用户上涉及多元化。为推进智慧城市建设健康、协调、持续发展，加快完善智慧城市软环境势在必行。一是出台市本级财政性资金投

资信息化项目管理办法,规范全市信息化项目的管理。二是做好南宁市政府投资信息化项目标准化管理研究,开展信息化项目软硬件费用标准化研究,使信息化项目的软件和硬件投资取费更具科学性、合理性,同时引入第三方专业机构对建成信息化系统跟踪管理和专业评价管理,提高应用于信息化项目财政资金的使用效率。三是积极开展"智慧南宁"健康发展促进条例前期筹备工作,规范南宁市智慧城市建设管理,推进信息资源交换共享,带动智慧产业发展,营造规范化、制度化、法治化的发展环境,把南宁打造成为管理高效、服务便捷、产业智能、民主和谐的智慧宜居城市。

B.11
"平安南宁"建设发展状况及展望

胡飞飞*

摘 要: 社会治安事关人民群众的安居乐业,事关经济社会稳定发展。本文分析了 2017 年"平安南宁"建设状况及成效,指出了"平安南宁"建设存在的问题,如社会稳定风险不断聚集,社会治理难度不断加大,矛盾纠纷问题层出不穷,公共安全风险比较突出,网络安全风险变数增大等。最后提出从坚持综合治理,努力提升群众安全感和满意度;坚持法治思维,着力加强矛盾纠纷预防化解;坚持改革创新,全力推进网格化服务管理;坚持统筹推进,全面深化平安创建主题活动;坚持问题导向,完善社会治安防控体系;坚持固本强基,不断夯实平安建设基层基础等方面入手推进"平安南宁"建设,为首府南宁营造良好的社会环境。

关键词: 社会治安 平安南宁 治理

2017 年,南宁市各级政法部门全面贯彻落实党的十九大、十九届二中全会和中央、自治区、市委政法工作会议精神,以平安建设为中心,以强基层、打基础、抓源头、化矛盾为重点,全面推进法治建设,规范综治维稳工作机制,推动社会治理创新向纵深发展,为经济社会发展创造了安全和谐稳定的社会环境。

---

* 胡飞飞,南宁市社会治安综合治理委员会办公室综治三科副科长。

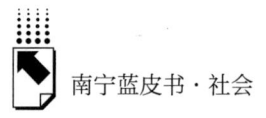

一 2017年"平安南宁"建设情况及成效

（一）完善综治维稳责任机制制度，打造平安建设工作新格局

平安创建格局进一步巩固。根据中央、自治区有关文件精神，市委、市政府将南宁市社会管理综合治理委员会更名为南宁市社会治安综合治理委员会，重新调整了市综治委领导及其成员，进一步优化、充实市综治委成员单位，党委总揽、政府负责、部门配合、群众参与的平安创建格局进一步得到巩固。

完善责任查究机制。2017年3月，市委、市政府出台了《南宁市综治维稳责任查究办法》，将综治维稳工作成效纳入责任查究体系，建立和完善社会治安综合治理及维护社会稳定实绩档案，将各级党政领导抓维护稳定、抓综治工作的实绩作为干部考核评价和选拔任用的一项重要内容。2017年，市综治委对综治工作落实不力、执行不严、造成严重影响的两个乡镇和一个街道实行综治一票否决，对群众安全感低、社会治安状况较差、排名在全区靠后的良庆区、武鸣区、横县给予约谈。

完善重大活动安保责任机制。全国"两会"等重要敏感时期，南宁市围绕"五个确保不发生"（确保不发生重大政治影响事件、不发生暴力恐怖事件、不发生重大刑事案件、不发生重大群体性事件、不发生公共安全事件）的工作目标，全面落实重点矛盾纠纷领导包案化解稳控责任，逐一落实责任单位、责任领导、责任人，细化并认真执行重点稳控措施，确保了重要敏感时期维稳安保工作万无一失，实现了"大事不出、中事不出、小事小出"的目标。

（二）创新完善社会治安打防体系，人民群众安全感有了新提升

扎实推进"雪亮工程"建设及为民办实事惠民工程项目。以中央综治办重点推进的"雪亮工程"建设为契机，结合南宁市配套的基层安防为民

办实事惠民工程项目,大力开展社会治安防控体系建设,新增摄像探头28220个,融入社会探头15000多个,市级联网共享平台汇聚探头达60000多个,完成6个县区、11个市直部门、65个乡镇(街道)联网共享平台建设,全市公共安全视频联网共享应用的体系与机制初步形成,逐步实现全市城乡公共视频监控一体化。在此基础上,由市综治办牵头,将"雪亮工程"与综治中心规范化建设深度融合,将综治信息处理系统、综治视联网系统、公共安全视频监控系统三大工作平台整合,全市各级综治办和流动人口办(网格中心)的工作人员全部进驻综治中心,全市所有15个县区(开发区)、128个乡镇(街道)以及1792个村(社区)通过综治中心与各部门之间信息共享、问题共治,实现了综治信息数据互联互通、资源整合共享共用、服务管理纵横贯通。

构建完善"七位一体"立体化社会治安防控体系。公安机关将指挥调度、情报研判、视频监控、网络巡查、卡口检查、巡逻防控、反恐处突一体化,将情报与指挥、交警与巡警勤务协作、公安与武警联勤、流动巡防与定点示警、视频监控与街面巡逻、武装巡逻与群防群治相结合,进一步优化指挥调度和警情研判机制,推进分局指挥中心实体化和派出所勤务指挥室建设;进一步完善警用地理信息系统,做到"一张图"点对点指挥和动态备勤,变被动勤务为主动勤务;依托信息化程度极高的新型武装巡逻冲锋车,严格落实"1分钟"、"3分钟"和"10分钟"快速反应机制,加强重点部位及党政机关、银行、医院、学校、幼儿园等要害单位的安全防范工作,提升街面巡防力量的响应速度,做到最大限度屯警街面,提高见警率、管事率,有效压缩各类案件的发生。

强化社会治安打击整治力度。市综治委坚持每月组织开展一次社会治安综合整治,挂牌督办群众反映强烈的治安混乱地区22个,最大限度压缩违法犯罪活动空间。公安机关围绕突出犯罪,以打黑除恶为龙头,以命案、"黄赌毒"、盗抢骗等违法犯罪为重点,强化开展神剑系列专项行动,取得了显著成效。全年共立刑事案件67022起,同比下降9.53%,破案件数17549起,同比上升28.11%,逮捕数同比上升11.07%,刑事拘留人数同比上升8.68%，抓获网上逃犯数上升51.98%，打掉涉黑涉恶犯罪团伙数量上升6.8%，反赃案件数下降24.97%。其中，全年共立命案现案64起，破案64起，破案率为100%；共立治安案件73733起，同比上升10.68%，查处治安案件数量70945起，同比上升10.80%，查处人数23988人，同比上升0.14%。特别是强化人员缉捕等多种措施，继续巩固宾阳县电信网络诈骗重点地区的整治成效。全年共抓获宾阳籍各类网络犯罪嫌疑人868名，破案1580起，公安部督捕的374名网逃人员目前抓获323人，抓捕率达86%；9名宾阳籍公安部A级通缉在逃犯罪嫌疑人中已有8名相继落网，发案数、涉案金额、诈骗短信同比均大幅下降。通过深化打击整治，群众安全感持续上升，2017年南宁市群众安全感同比提升3.03个百分点，达到了历史新高92.61%，群众对政法队伍满意度为95.33%，同样为历史新高。

（三）深化社会治理机制创新，网格化服务管理迈上新台阶

健全网格化管理体制机制。市综治委先后下发《关于进一步完善县（区）、开发区社区网格化管理工作机构的指导意见》《南宁市推动基层综治（网格管理）中心建设的实施意见》等，明确了县（区）、乡镇（街道）、村（社区）三级网格管理机构、工作职责、人员安排，建立健全了与网格化管理相关的机制，确保机构健全、人员到位、制度完善。

示范带动网格化管理向纵深发展。各级各部门以网格化管理为依托，坚持把工作的着力点放在为群众办实事、解难事、处理矛盾纠纷上，先后完成那桐镇、朝阳街道、福建园街道、仙葫开发区、北湖街道网格化服务管理示范点建设，把基层各类财政聘用人员整合为网格员，建立集综合执法、矛盾纠纷调处、民生服务等功能于一身的网格化组团式服务管理队伍，一大批事关群众切身利益、群众反映强烈的社会治理问题得到更快、更有效的解决。全市共划分网格7047个，网格员近7000人，依托综治信息系统录入实有人口数据达730多万人，特殊人群1.6万人、重点场所10005个、大中小学3792所，网格员通过网格手机上传各类信息130多万条，解决129万余条，办结率98%以上，有效地把各类矛盾问题化解在基层。

推动社会治理向"网格化+"创新。进一步完善和拓展了"网格化+"功能,不断健全网格管理体系、提升网格管理能力、提高网格服务效益,重点推进了"网格化+消防管理""网格化+打击传销""网格化+特殊人群服务管理""网格化+重点关注人员服务管理""网格化+铁路护路",实现了精细化管理、精准化服务。全市网格员通过网格对消防重点场所实行全方位监测,确保高层建筑、地下空间、"三合一"场所、群租房等火灾高发场所不失控漏管;对重点群体实行每日巡查,全时监控,确保不脱管、不出事;对流动人口及出租屋实行定期和不定期清查整治,确保消除治安死角和治安盲区;对重点传销区域和住宅小区实行全时监管、信息互通,确保涉传人员在全市任何出租屋落脚时,能够及时发现、精准打击。

(四)健全完善矛盾纠纷多元化解制度,矛盾纠纷源头化解工作取得新成效

矛盾纠纷多元化解制度进一步健全完善。市综治委先后下发了《南宁市完善矛盾纠纷多元化解机制开展创新基层矛盾纠纷精准排查精细化解示范点工作的指导意见》《南宁市完善人民调解、行政调解、司法调解三调联动工作体系的意见》《南宁市关于持续开展矛盾纠纷精准排查和精细化解常态化工作的制度》《南宁市加强人民调解协议司法确认工作的意见》等一系列工作制度,多元化解机制进一步健全完善。

源头防范和化解矛盾取得新突破。各级各部门按照"准、细、严、实"要求,集中开展重大不稳定问题排查化解工作,全面清理历年积案和新发生的涉稳案件,制定领导包案化解方案,落实化解责任,逐人逐事开展调处攻坚,真正把问题解决在基层、把矛盾化解在当地、把隐患消除在萌芽状态,确保问题不上交、不爆发、不相互交织。全年共调解各类矛盾纠纷26243件,调解成功率为98%,调解疑难复杂案件302起,成功化解重大矛盾纠纷5件,涉及协议金额5637.75万元,防止民间纠纷转化为刑事案件143件1731人,防止群体性上访225件8396人,防止群体性械斗84件8640人。

信访突出问题和信访积案化解工作成效突出。深入开展领导干部接访

下访，进一步畅通信访渠道，解决了一批群众反映强烈的突出问题。按照"三到位一处理"的要求，办结中央交办的信访事项585件，化解自治区交办的信访积案20件，使用284万多元信访救助金解决特殊疑难信访个案34件。

（五）深入开展系列基层平安创建工作，人人参与平安建设的氛围进一步浓厚

按照"谁主管、谁负责"和"条块结合、以块为主"的原则，市综治委牵头组织开展了"平安校园""平安医院""平安铁路""平安交通""平安景区"等系列创建活动，提高各级各部门参与平安建设的责任意识，激发广大干部职工和人民群众参与平安建设的积极性，系列平安创建覆盖率达90%以上。

在"平安医院"创建方面，持续加大投入，各医疗机构全部对单位内部的重点部门、重点部位安装视频监控，部分医院机构已安装一键式报警系统；继续强化以人民调解为主体，院内调解、人民调解、司法调解、医疗风险分担机制有机结合的"三调解一保险"制度体系建设，全市二级以上医疗机构均建立警务室、医患纠纷调解室，配备专职工作人员，调处各类医患纠纷142起。

在"平安铁路"创建方面，全面落实铁路护路联防工作的各项措施，扎实抓好重要敏感时期的铁路护路工作，深入开展爱路护路宣传，重点抓好"三防"专项活动，突出整治铁路沿线治安问题，全年无拦车断道影响铁路运输事件、无群体性重大涉路上访事件、无重大破网上道案（事）件、无重大破坏铁路设施案件、无重特大涉路刑事治安案件，路伤案件比稳步下降，确保了辖区铁路运输的安全畅通。

在"平安校园"创建方面，扎实开展综治宣传教育，落实安全教育进课堂，积极开展校园及周边综合治理，定期和不定期开展校园周边环境专项整治行动，清理了学校周边200米以内的网吧、游戏厅、歌舞厅、台球室及学校门前的小食杂摊点，每季度对青少年违法犯罪和预防工作的趋势做出预警报告，有针对性地提出控制预防对策，提高了"平安校园"工作的科学性和前瞻性，全市各大中院校及中、小学和幼儿园以及周边未发生重大治安案件和治安突出问题。

在"平安交通"创建方面，精心打造交通事故行政调处室，由市综治委牵头，协调交警大队、人民法院民事庭、县司法局公证处参与，在市辖七城区、五县交警大队分别设立道路交通事故行政调解室，负责开展道路交通事故损害赔偿行政调解工作，各交警大队还设置了人民调解室，部分有条件的大队还设置了交通巡回法庭，从而加强了行政调解。

在"平安景区"创建方面，按照"谁主管谁负责"和"谁经营谁负责"的原则，全面落实综合治理、预防为主的工作方针，深入扎实地做好治安安全、生产安全和防火安全工作，进一步提升旅游服务质量，减少旅游投诉纠纷，提升游客满意度，保护旅游经营单位、旅游从业人员、游客的合法权益，全面打造和谐的旅游关系，全市旅游环境平安稳定。

二 存在的主要问题

（一）社会稳定风险不断聚集

当前，经济社会领域各类风险聚集，股市、汇市、债市、楼市各类风险隐患较多，网络借贷集资诈骗、非法吸收公众存款等问题高发，清理"两违"、企业改制、生活待遇等各种社会问题凸显，并有叠加的趋势，应对不当就可能转化为政治风险。特定利益群体集体上访常态化、组织化、规模化倾向明显，各类风险关联性、穿透性增强，给我们做好新时代平安建设工作带来新挑战、新问题。

（二）社会治理难度不断加大

我国社会主要矛盾转化为人民日益增长的美好生活需要和不平衡不充分的发展之间的矛盾。人民群众不仅希望吃饱、穿暖、住好，而且期待食品更安全、生态更美好、服务更均等、社会更和谐，期待个人尊严、情感得到更多尊重，隐私、名誉、荣誉等人格权得到有效保护，期待权利有保障、权力受制约、公正可预期的良法善治。在新形势下，人民群众对社会治理的要求更高、期待更大，社会治理的难度日益增大。

（三）矛盾纠纷问题层出不穷

近年来，全市排查梳理出的矛盾纠纷一直在高位运行，社会治理各领域涌现出的新问题、新矛盾层出不穷。另外，各类重大的矛盾纠纷积案情况复杂，农村"三大纠纷"、涉众矛盾纠纷化解难度大，极易激化矛盾诱发恶性（案）事件。

（四）公共安全风险比较突出

刑事犯罪高发的基本态势没有变，涉及领域更广，动态化、团伙化、专业化、智能化特点明显。民航、高铁、地铁、公交等公共交通工具安全风险高，寄递物流等新兴渠道容易被不法分子利用进行违法犯罪活动，石油、化工等领域起火、爆炸事故隐患增多，高层建筑、"三合一"场所、群租房等火灾隐患多。公共安全老问题没有完全解决，新问题又不断滋生，发生风险概率大。

（五）网络安全风险变数增大

现在，网络犯罪已成为第一大犯罪类型；未来，绝大多数犯罪都可能借助网络实施。网络犯罪隐蔽性、智能化特点明显，防范打击难度大，"网上串联、网上聚合"风险加大。近年来，电信网络诈骗、网络传销已成为社会公害，给人民群众财产造成重大损失，严重影响社会安定。宾阳县是全国电信网络诈骗的重点整治地区，这几年南宁市举全市之力、全县之力，打了一场全民之战，猖獗势头虽然被打下去了，但一定范围内仍然案发不断，尤其是外流人员还在实施规模化的犯罪，电信网络诈骗打击整治任重道远。

三 2018年"平安南宁"建设工作思路

2018年,南宁市各级政法部门将以党的十九大和十九届二中、三中全会精神为指导,全面贯彻落实中央、自治区和市委政法工作会议精神,坚持党对政法工作的绝对领导,坚持以人民为中心的发展思想,坚持稳中求进工作总基调,紧紧围绕为改革开放40周年和自治区成立60周年营造安全和谐稳定的社会环境这个工作目标,持续深入以抓源头、化矛盾和强基层、打基础为主线,全力打造共建共治共享社会治理格局,大力提升综治智能化水平,努力建设更高水平的平安南宁,让人民群众有更多的获得感、幸福感和安全感。

(一)坚持综合治理,努力提升群众安全感和满意度

一是加大社会治安分析研判力度,每季度召开一次群众安全感专题分析会,准确评估治安形势、规律和特点,有针对性地指导全市开展打击整治工作。二是加大督查问责工作力度,对每季度群众安全感得分排在全区80名以后的县(区)、开发区在全市范围内通报批评,实行市综治委领导挂点联系指导制度;对年度排名全区100名以后的县(区)、开发区,由市综治委实行约谈,切实改变落后面貌。2018年群众安全感全年提升幅度不低于自治区平均水平,整体成绩进入全区中上水平,县区单项安全感指标全部达到90%。三是加大治安重点地区整治力度。全力打响扫黑除恶专项斗争,发挥政治优势,形成各负其责、齐抓共管的强大合力。坚持打早打小,依法严惩人民群众最痛恨的黑恶势力,严防其坐大成势,并以扫黑除恶专项斗争为牵引,着力解决淫秽、赌博、吸毒、传销、拐卖等违法犯罪问题。坚持综合治理,加强对黑恶势力易发多发地带排查整治,完善重点人群动态管控机制,推动落实重点行业、领域监管责任,最大限度缩小涉黑涉恶犯罪组织滋生空间。坚持标本兼治,建立健全扫黑除恶的长效机制,坚决铲除黑恶势力滋生土壤;加大治安重点地区打击整治,严厉打击多发性侵财类犯罪,加强治安

重点地区排查整治，限期整改群众反映强烈的治安突出问题；以加强城中村规范化管理、市管五大场所的巡防联动，打造中山路、农院路、富兴路三大夜市的综治治理示范点，结合基层平安创建活动制定相关的奖惩措施，打造和表彰一批综合型平安小区。四是加大治安重点问题的防范、打击力度。坚持问题导向，紧紧抓住群众反映强烈的"两抢一盗"、传销、电信网络诈骗等违法犯罪行为，深化打击整治行动，做到多方施策、系统治理，坚决遏制高发频发势头。持续开展社会治安重点区域整治行动和治安问题专项打击整治活动，从根本上扭转治安形势。

（二）坚持法治思维，着力加强矛盾纠纷预防化解

一是强化矛盾纠纷精准排查。继续完善矛盾纠纷信息报告制度，坚持每周一上报、每月一汇总、重要信息随时汇报，确保不出现漏报、迟报、瞒报现象。二是全力开展矛盾调处攻坚。善于学习借鉴"枫桥经验"，践行党的群众路线，就地化解矛盾纠纷问题。加大领导干部公开接访和下访走访力度，做好市、县（区）两级重点信访案件的接访工作，全面开展信访案件排查工作，扎实做好加强源头稳控和信访情报信息、分类化解工作，加大对房产物业、征地拆迁、劳资纠纷、"三大纠纷"以及涉法涉诉问题等市级重点矛盾纠纷调处攻坚力度，年内力争完成20个200人以上的重大矛盾纠纷化解工作。多措并举做好"重点第三人员"、重点敏感群体的教育、疏导、化解和稳控工作，建立健全动态管理制度，市级重点矛盾纠纷要逐一落实责任单位和责任人，采取有效措施加以化解稳控。三是完善矛盾纠纷调解机制。健全完善多元化矛盾纠纷化解机制，全面贯彻落实《南宁市完善矛盾纠纷多元化解机制开展创新基层矛盾纠纷精准排查精细化解示范点工作的指导意见》《南宁市完善人民调解、行政调解、司法调解三调联动工作体系的意见》《南宁市关于持续开展矛盾纠纷精准排查和精细化解常态化工作的制度》等一系列工作制度，全力推动律师和第三方参与矛盾纠纷化解，提高化解矛盾纠纷效果。

(三) 坚持改革创新，全力推进网格化服务管理

一是坚持问题和需求导向，以网格化为组织形式，以善治为核心内容，通过法治、德治、自治、共治"四治一体"促成善治，形成纵向连接市、县（区）、乡镇（街道）、村（社区），横向贯通各有关部门的"命运共同体"；全面推动综治中心与网格化融合发展，完善各项工作制度、工作流程、工作职责，实现各级网格管理中心协调联动、高效运转。二是加快推进基层开展网格化管理。着力推进乡镇级网格中心的软硬件建设，加快网格化信息平台建设，推动综治成员单位融入综治信息平台，实现部门之间的信息共享。按照费随事转原则，规范网格准入事项，逐步实现社会治安事项全面纳入网格化管理。三是将各类特殊人员全面纳入网格化管理，完善对各类重点人群网格化服务管理运行机制，推动各部门落实社会保障措施，探索构建社区戒毒、社区康复、社区关爱相结合的帮扶工作模式，推动社区矫正人员加入志愿者服务队伍，参加公益服务，提升教育矫治效果。健全政府、社会、家庭三位一体的关怀帮扶体系，依法落实对刑满释放人员、社区服刑人员、不良行为青少年、吸毒人员、艾滋病人、严重精神病障碍患者等教育、矫正、监督管理措施，帮助解决就医、就学、就业等实际困难，最大限度化消极因素为积极因素。加强社会公众专业岗位开发与人才保障，鼓励、支持和引导社会组织参与心理疏导、帮教衔接等工作。依法做好严重精神病障碍患者强制医疗工作，进一步落实救治救助和"以奖代补"政策，推行监护人责任险政策，有效预防肇事肇祸事件发生。

(四) 坚持统筹推进，全面深化平安创建主题活动

一是继续深化各类平安创建活动。总结和推广"平安校园""平安医院"创建工作经验做法，着力推进"平安企业""平安公交""平安商场"等系列创建活动。二是建立完善平安创建工作考评体系。制定下发南宁市平安创建工作考评办法，推动平安创建考评向市直各部门延伸，着力提高部门参与协调、推动平安创建工作的积极性和主动性。

（五）坚持问题导向，完善社会治安防控体系

一是加快推进"雪亮工程"二期项目建设，把大数据与维稳信息指挥系统、公安指挥平台、城市管理、禁毒工作、消防安全、民生事务等信息系统融合起来，努力构建物理分散、逻辑统一、管控可信、标准一致的科技信息化资源体系，使首府综治智能化应用始终保持在全国领先地位，不断扩大南宁综治品牌化效应。在与11个市直部门公共安全视频联网共享应用的基础上，全面推动更多社会治理成员单位的数据整合共享，促进技术整合、业务整合、数据整合，力争2018年底前实现政法部门设施联通、网络畅通、平台互通、数据融通。二是着力推进公共安全领域防范。加大重点部位、重点行业的防控力度，全面抓好学校、医院、商场、影院及大型公共建筑综合体等公用设施的安全防护，防止发生重大公共安全事故。加强危险化学品、交通运输、消防安全、寄递物流、危爆物品等领域的安全监管，运用物联网、大数据等现代信息技术，实现对各类风险自动识别预警，预防和减少安全事故。深入开展消防隐患排查整治，严防高层建筑、地下空间、"三合一"场所、群租房、电动自行车等火灾高发场所失控漏管。对公交、地铁等公共交通工具，在紧紧依靠群众、加强人防工作基础上，善于运用最新科技手段破解安全防范难题。进一步加强市民群众对公共安全风险识别和应急处置的宣传教育，增强全社会安全防范意识，进一步完善应急疏散、处置预案，确保一旦发生重大公共安全事件能及时疏散、及时处置，防止发生群死群伤事故。三是全面完善实名制联网门禁报警系统建设。推动家庭智能安防系统与社区服务系统、综治信息平台、报警平台互联互通，实现报警、求助自动化，实现自然灾害、突发事件等预警信息精准推送，更好守护人民群众生命财产安全。在居民住宅小区大力推行智能门禁系统和智慧云眼系统，采取政府补贴、物业出资、群众分担的方式加大推进力度，构建与公安、流动人口管理等部门运行联动机制，探索破解流动人口、出租屋信息采集难问题。

（六）坚持固本强基，不断夯实平安建设基层基础

一是加大基层综治队伍培训力度。年内组织各级综治办主任培训不少于4次，进一步提升基层综治干部业务能力和水平。采取请进来、走出去、以老带新、岗位锻炼等多种形式，不断提升综治干部履职尽责能力。二是严格落实综治（维稳）领导责任制。严格执行《南宁市领导干部综治维稳工作责任追究办法（试行）》，完善领导干部履行综治（平安建设）绩效档案、考核评价制度。对发生重特大案件，或出现突出问题、经反复整治仍得不到解决的地区，严格按照规定分别实行诫勉谈话、限期整改、黄牌警告、一票否决等，着力推动综治工作的履行和落实。三是加大综治和平安建设宣传力度。加强综治和平安建设宣传主阵地建设，借助网络新兴媒体，通过微信、微博等新媒介，广泛宣传综治和平安建设的成效，营造"平安建设人人参与，平安成果人人共享"的良好氛围。

B.12
"健康南宁"建设发展状况及展望

龚可奉*

摘　要： 南宁市落实新时代卫生与健康工作方针，强化促改革、聚重点、补短板、强弱项、抓落实，全面推进健康南宁建设，全力推进卫生计生事业全面发展，全方位全周期保障人民健康，让全市人民有更多健康获得感。本报告梳理了"健康南宁"建设发展的现状及成效，分析了存在的问题，提出了推进健康南宁建设的对策建议。

关键词： 深化医改　健康南宁　卫生计生

一　"健康南宁"建设发展现状及成效

近年来，南宁市持续深化医药卫生体制改革，大力推进健康南宁建设，连续多年全面完成各项工作目标任务，多项工作得到了国家和自治区的肯定。2015年以来，先后荣获全国无偿献血先进城市、全国基层中医工作先进单位等称号；顺利通过"国家卫生城"复评，医疗服务县乡一体化管理改革经验在全国、全区获得推广；2017年南宁市医养结合工作经验在中央深改领导小组信息专报刊登；国家卫计委主任李斌对南宁市深化医改、推进城乡一体化管理等工作给予肯定；南宁市基层防艾体系建设和"一站式"服务得到自治区推广；荣获"创建全国幸福家庭活动示范市"称号；南宁

---

* 龚可奉，南宁市卫生和计划生育委员会办公室副主任。

市连续13年荣获广西人口计生工作先进单位；连续两年获得市绩效考评一等奖。南宁市二医院荣获全国文明单位，南宁第四人民医院护士杜丽群荣获国际医学护理界"南丁格尔奖"和"白求恩奖章"，并当选为十九大党代表，受到了党和国家主要领导人接见。南宁市二医院钟日胜医生被评为"全国援外医疗工作先进个人"。南宁市卫生计生委机关被评为自治区级文明单位等。

（一）全面落实全国全区卫生与健康大会精神，健康南宁建设加快推进

南宁市坚持把健康发展政策、健康城市建设内容纳入城市建设、社会保障等各项公共政策及相关政策文件和规划中，强化顶层设计。在全市卫生与健康大会上，在全面落实自治区文件精神基础上，结合实际，增加了《南宁市医疗卫生机构设置规划（2016~2020）》《关于完善南宁市卫生计生事业财政投入保障机制的实施意见》《南宁市推进医养结合实施方案》3个文件，为组织实施医疗卫生机构能力建设、医疗机构设置规划、健康产业发展、卫生人才队伍建设、完善财政投入等，明确各项具体目标任务和措施。同时，南宁市还结合全国健康城市试点工作，出台了《关于建设健康城市的决定》《南宁市建设健康城市五年行动计划》《南宁市爱国卫生条例》《南宁市城乡容貌和环境卫生管理条例》《南宁市控制吸烟规定》《南宁市健康城市和健康村镇建设实施方案》等地方规范性文件，为卫生健康事业可持续发展提供了政策保障。另外，市委市政府把卫生计生工作作为重要的民生工作来抓，将医改、防艾、卫生计生等目标任务纳入对部门、县区的绩效考核内容，考核督查实施"三整合三统一"（即整合考核指标内容、整合考核专家队伍、整合考核信息平台，统一监督指导、统一绩效考核、统一奖励惩处），有力推动了医改及卫生计生各项任务的完成。

（二）城市公立医院改革顺利实施，医药卫生体制改革持续深化

在落实政府办医方面，市委、市政府出台了《关于成立南宁市公立医

院管理委员会的通知》等系列政策文件,其中医管委主任由市长担任,下设市医管办,医管办设在市卫生计生委,内设综合发展科和监督管理科科室。市医管办将在2018年上半年正式履行职责。城市公立医院改革方面,2017年5月1日起全面启动,全市辖区32家城市公立医院全面取消药品加成,同步调整1698项医疗服务价格。改革半年多来,减轻群众看病药费3亿多元;调整医疗服务价格整体补偿达到85%以上,市级公立医院药占比从33.3%降到29.2%。继续巩固提升基层卫生机构和县级公立医院综合改革成果。分级诊疗工作扎实推进,以市级三级医院和三级专科医院为牵头,全市组建了6个医疗联合体。全市21家县级医院与94家乡镇卫生院建立"一体化"管理模式,家庭医生签约服务扎实开展,重点人群签约率为63.43%。医养结合工作成效明显,全市医养结合机构总数达34家,14个医养结合项目纳入自治区重大项目库,南宁市医养结合工作在全区卫生与健康大会上做经验发言。

(三)认真落实计划生育政策,服务管理改革进一步完善

认真落实全面两孩政策,切实优化生育服务证办理,全市办理生育登记74012份,再生育审批发证1209本。认真落实计生奖励扶助政策,为符合国家、自治区和南宁市农村计生家庭奖励扶助和特别扶助对象17254人落实奖励扶助政策,政策落实率100%,为57113户农村计生家庭0~18周岁的独生子女家庭和双女户购买爱心保险。开展"生育关怀行动",为245对患者实施援助治疗。加强出生人口性别比综合治理,全年共查处"两非"案件32件。全面推进流动人口基本公共卫生计生服务均等化,全市流动人口免费技术服务覆盖率为98.54%。积极开展全国创建幸福家庭活动试点城市工作,荣获"全国创建幸福家庭活动示范市"称号。

(四)突出抓好疾病预防控制工作,公共卫生服务工作不断加强

认真落实预防接种数字化门诊建设,全市有7个县区共建成12家数字化预防接种门诊。加强突发急性传染病防控工作,全年处置学生集体

性腹泻、水痘局部暴发疫情等各类突发公共卫生事件24起，有效处置H7N9流感疫情和做好手足口病疫情防控。加强严重精神障碍患者排查和管理工作，全市精神障碍患者在册数、检出率、管理率、服药率、病情稳定率等信息报送工作水平国内领先。扎实推进全市防艾攻坚工程，各项指标完成情况良好。加强公共卫生监督检查，全市共监督检查13521户次，市本级食源性疾病监测率达100%。扎实开展爱国卫生运动，认真实施健康"细胞"工程，目前已创建17个健康社区示范单位、13所健康促进学校，创建自治区卫生镇65个，卫生村1088个，卫生先进单位606个。

（五）全面实施改善医疗服务行动计划，医疗服务质量水平进一步提升

积极推进预约诊疗服务，三级医院预约诊疗率基本能达到50%，全市36家二级以上公立医疗机构全部开展临床路径管理。重视行风管理，进一步完善医德医风制度，通过开展第三方满意度调查，促进医疗机构满意度的提升。加强无偿献血及临床输血管理工作，2017年3月起在全市范围内暂停开展互助献血工作，南宁市血液保障工作经验在全国会议上做经验介绍。大力发展中医药及社会办医，朱琏针灸学术国际研究基地列入中医药国际合作项目，全年共审批设置二级以上医疗卫生服务机构13家。扎实推进平安医院建设，全市二级以上医疗机构"三防"建设达标率超过90%，市级36家二级以上医疗机构已全部参加医疗责任保险。

（六）突出抓好能力建设，医疗卫生机构服务能力水平不断提升

加强基层公共卫生机构能力建设，出台《南宁市医疗卫生机构能力建设行动计划（2016~2020年）》，确定到2020年全市能力建设行动计划实施项目420个，计划投入资金56.297亿元。将基层急救医疗示范点和"智慧健康"工程纳入市政府为民办实事项目，截至2017年底，已建

成投入启用基层急救医疗示范点29个，基层抢救监护型急救车达40辆。扎实推进卫生计生重大项目建设，全年实施卫生机构能力建设项目137个，完成固定资产投资32.11亿元。实施"智慧健康"惠民工程，完成市级13家医疗机构与县区的互联互通和资源共享。加强科研人才工作，年内荣获国家自然科学基金立项2项；广西自然科学基金拟立项9项；自治区卫计委自筹科研课题立项80项；市级科研项目立项34项。获2017年国家级继续医学教育项目13个；自治区级继续医学教育项目102个。2017年实施项目137个，市儿童医院、基层急救医疗体系、智慧健康等一批卫生计生重大项目扎实推进。科研和人才队伍建设进一步加强，市级卫生系统有152项科研项目获得立项。中医药及社会办医加快发展，多元化健康产业初步形成。

（七）积极实施健康精准扶贫，医疗救助"托底"能力进一步提高

建立督查和通报制度，出台《南宁健康扶贫攻坚实施方案（2017~2020年）》，实施健康扶贫"三个一批"行动计划，集中救治九种大病患者577名；完成白内障贫困患者手术305人（例）；深入开展爱心企业扶持健康扶贫项目，为122名癌症患者捐赠药品；深入开展家庭医生签约服务，全市辖区贫困人口签约率为95.89%，农村建档立卡贫困人口动态管理电子健康档案建档率为99.98%。全市贫困人口签约率为95.65%；县域定点医疗机构"先诊疗、后付费"服务模式全面铺开。

（八）大力发展中医药及社会办医，多元化健康产业初步形成

积极学习宣传贯彻《中医药法》，积极推进中医药参与"一带一路"建设，朱琏针灸学术国际研究基地项目经自治区推荐为国家中医药管理局中医药国际合作项目。重视中医人才队伍建设，完成第一届南宁市名中医及基层名中医评选。支持社会资本办医疗机构，先后有民安医院、前海人寿医疗等3家民营三级医疗机构开工建设，全年共审批设置二级以上医疗卫生服务机构 13 家，计划设置床位数达 2600 多张。引进太和自在城健康养老等产业项目，为全区医养结合树立了典范。

（九）落实从严治党要求，党建和党风廉政建设成效明显

持续推进"两学一做"学习教育活动，用好"周四课堂""道德讲堂"等平台，强化思想武装，全年共组织党的十九大精神等理论学习和宣讲 16 次。实施"支部建设升级"行动，组织 184 名党务工作者进行脱产学习，促进党建工作规范化。深入开展中央八项规定精神"回头看"，建立健全长效监督管理机制，出台《建立常态巡查专项抽查节日督查制度进一步加强党风廉政建设实施办法（试行）》等制度，坚持在扎紧制度的笼子上取得实效。

二 "健康南宁"建设存在的主要问题

（一）深化医改面临的体制机制障碍和困难多

公立医院改革需要协调自治区、南宁市相关部门共同推进，需要协调落实编制、人社、价格、医保等配套改革，形成"医疗、医保、医药"三医联动机制，协调难度大。

（二）基层医疗卫生事业底子比较薄弱

基层卫生机构基础设施比较落后、能力弱，社区卫生服务中心布局不合理。基层卫生计生人才比较紧缺，尤其是儿科、产科、精神卫生、康复、老年护理等领域人才紧缺。重大传染病流行面临新形势，出生人口性别比偏高问题依然严峻。

（三）南宁市卫生与健康工作整体水平依然薄弱

与其他省会城市特别是发达城市相比，与人民群众日益增长的健康需求

相比，还存在较大差距。一是部分主要健康指标较低。在主要健康指标方面，2016年南宁市每千常住人口执业（助理）医师数、城乡居民达到《国民体质测定标准》合格以上的人数比例两项指标均低于全国水平。二是资源分布不均衡。卫生与健康服务资源分布不合理，多数城区没有本级医院，社区卫生服务机构建设未能随着全市行政区划调整和城市化进程同步推进。基层服务能力较弱，乡镇卫生院基础设施建设达标率仅80%左右，乡镇卫生院全科医生配备不足，高层次人才总量和比例均偏低。三是影响健康的因素复杂。随着工业化、城镇化、人口老龄化及疾病谱、生态环境、生活方式等方面的不断变化，南宁市面临多重疾病威胁并存、多重健康影响因素交织的复杂局面，传统卫生健康问题长期存在，新时期健康问题日益凸显（比如肥胖、肠道癌、高血脂、动脉粥样硬化、冠心病、糖尿病、脑中风等"富贵病"日益高发）。此外，群众健康知识知晓率偏低，吸烟、酗酒、缺乏锻炼、不合理膳食等不健康生活方式比较普遍，不良生活方式引起的疾病日益突出。

三 "健康南宁"建设发展展望

根据国家和自治区卫生计生工作会议部署，结合市委、市政府中心工作，2018年全市医改及卫生计生工作重点任务主要包括以下几方面工作。

（一）坚持服务大健康，扎实推进健康南宁建设

重点是抓好卫生与健康大会精神系列规划和配套政策的落实。根据自治区"1+10"和南宁市"1+13"系列配套政策文件，加强县区、部门协调和工作推进机制，研究解决重大公共卫生、重点疾病防控、免疫规划等涉及市民健康的重大问题；统筹推进医养结合、健康养老等工作，鼓励社会资本进医疗和医养结合领域，推动健康产业发展。要深入实施健康促进行动，要结合国家卫生城市创建工作活动，认真实施以健康社区、健康单位、健康学校、健康村、健康家庭为重点的"健康细胞"建设工程。深入实施"健康

家庭、健康村"创建活动,大力开展健康教育,加强控烟工作,深入扎实开展爱国卫生运动,力争国家卫生城市实现"三连冠"目标。

(二)坚持着力建机制,全面推进深化医改工作

完善政府办医责任机制,全面推进医联体建设,重点以上林模式医疗服务"一体化"的"四个统一"标准推动县域医联体建设,实现全覆盖。年底力争建成1个由三级公立医院牵头有明显成效的医联体。积极协调健全医保体系,推进以按病种付费为主的多元复合式支付方式改革。一是发挥好公立医院管理委员会职责。从政府层面不断理顺公立医院财政投入、人事编制、岗位薪酬、价格调整、医保支付、综合监管等。二是持续深化公立医院内部改革。建立健全财务资产管理制度、加强重点学科建设和科技工作、提高信息化建设水平,改善医疗服务,优化就医流程,规范临床路径管理等,不断提高公立医院精细化、规范化管理水平,加快建立现代医院管理制度。三是加强医联体建设。县域重点参照上林模式,按照人、财、物、技术"四统一"的要求,深化以县级医院为龙头、乡镇卫生院为枢纽、村卫生室为基础的县乡村一体化管理。城区重点参照市八医院与西乡塘区模式,提升改革内涵,实现人员统一调配、业务统一管理、信息互联互通、设备资源共享、绩效统一考核。市级层面要重点推进城市医疗集团建设。四是做好家庭医生签约服务。通过就医、用药、医保支付等方面政策激励,逐步实现城乡居民由"被动签约"向"主动签约"转变。要进一步调动家庭医生积极性、主动性,合理制定"签约服务包",保证服务质量和"履约率"。

(三)全面做好重大疾病防控和公共卫生工作

全面做好重大疾病防控、卫生应急、艾滋病防治等公共卫生工作。进一步加强重大疾病防控能力建设,每年春夏季,是各种疾病易发、流行的季节,各县(市、区)要提高警惕,严格落实各项联防联控举措,确保全市不发生重大疫情。要加强卫生应急体系建设,完善应急预案体系,为及时有

效开展医疗应急救援和各类重大活动会议提供医疗保障。要切实做好国家基本公共卫生服务项目。国家基本公共卫生服务项目是促进基本公共卫生服务逐步均等化的重要内容。从2017年开始，国家卫计委和财政部就将该项工作考核完成情况与国家补助经费相挂钩。各县区、开发区要高度重视，加大工作力度，切实保障公共卫生服务质量和项目效果。基本公共卫生服务项目主要包括提高健康档案使用率、开展健康教育、巩固和加强预防接种工作、提高0~6岁儿童健康管理水平、加强孕产妇健康管理、做好老年人健康管理、提高慢性病管理率和控制率、加强严重精神障碍患者管理、加强结核病患者健康管理、推进中医药健康管理服务等14项任务。其中，艾滋病防治、贫困严重精神障碍患者救助、贫困结核病患者救治、城乡低收入家庭危重孕产妇救助等项目列入了政府为民办实事工程。同时，要做好卫生综合监督检查、饮用水卫生监测和食品风险监测等公共卫生工作。

（四）坚持精准施策，深入实施健康扶贫工程

深入落实"三个一批"行动措施，加大9种大病和白内障的贫困患者集中救治力度。全面深入推进健康扶贫工作，重点做好四个方面工作。一是做好精准识别工作。全面认真做好因病致贫因病返贫建档立卡贫困人口进入和退出的精准识别工作，完善因病致贫因病返贫建档立卡贫困人口数据库，并进行动态管理。二是做好患病贫困人口救治工作。为建档立卡贫困人口就医开通绿色通道，对建档立卡贫困人口患9种大病和白内障的，享受先诊疗后付费优惠政策，并切实落实好医保兜底政策。对建档立卡贫困人口家庭实现医生签约服务全覆盖，做好上门救治工作。三是做好防病控病工作。开展健康和疾病防控等知识宣传，做好贫困村公共卫生服务工作，抓好贫困人口的慢病管理。四是加强基层医疗卫生机构能力建设。认真落实对口帮扶措施，以健全对口帮扶、救治帮扶、保障帮扶、结对帮扶四大体系为重点，加强统筹协调和资源整合，促进优质医疗资源向贫困地区下沉，加大项目、资金、人才、技术的帮扶力度，有效提升贫困地区疾病防控和医疗卫生服务能力。

（五）坚持抓基层基础，全面加强服务能力建设

突出抓好社区卫生服务中心为民办实事项目建设。加快推进自治区60周年献礼工程市儿童医院等一批重大项目建设。加强卫生人才队伍建设；加强医学科研教育工作，鼓励支持各级各类医疗卫生机构设立院士工作站、名医工作室、重点学科专科。认真贯彻落实《南宁市医疗卫生机构能力建设行动计划（2016~2020年）》，统筹做好全市医疗卫生机构规划建设。市本级要强化资金投入及协调督查，确保智慧健康工程、乡镇卫生院和社区服务中心建设以及基层急救体系建设等全市卫生计生重大项目建设。市本级及各城区要加大投入，通过城区自建、与市级医院合作等方式，实现每个城区有1所二级综合医院、每个街道办至少有1所政府办的社区卫生服务中心等。各县区要组织实施好自治区及南宁市基层医疗卫生机构能力建设行动项目，加快建成一批基础设施达到国家标准要求的乡镇卫生院、县级医疗卫生机构和公共卫生机构。

（六）坚持抓质量安全，不断丰富提升服务内涵

持续抓好医疗服务质量安全工作，启动实施新一轮改善医疗服务3年行动计划。加快智慧健康（二期）为民办实事项目实施，实现全市乡镇卫生院、市县级二级以上公立医院影像及心电诊断互联互通、资源共享。

（七）坚持不懈惠民生，全力推进计生转型发展

深化计划生育服务管理改革，推进基层卫生计生机构、队伍、职能全面融合，促进卫生计生工作全面融合发展，切实抓好计划生育家庭奖励和扶助政策兑现和落实工作。要继续做好落实全面两孩政策服务，引导群众按政策生育，推行一站式服务等高效便捷服务。认真落实计生奖励扶助政策，特别是做好计划生育特殊困难家庭、独生子女伤残家庭的扶助工作，确保政策兑现率达100%。认真实施计生家庭爱心保险、幸福家庭创建等计生惠民项目。开展"生育关怀行动"，帮助计划生育困难户和育龄妇女解决生产、生

活、生育等困难。要提高妇女儿童健康水平，抓实抓好妇幼健康民生实事项目，扎实推进出生缺陷防治，全力保障母婴安全。要继续加强出生人口性别比综合治理，促进人口长期均衡发展。进一步巩固计生家庭养老照护试点工作，为计生特殊家庭提供优惠方便的医疗救助服务。

（八）坚持严格依法办事，提高卫生计生治理能力

整合乡镇、街道卫生计生行政执法力量，加强基层监督执法人员业务培训，提升依法行政能力。继续抓好出生人口性别比综合治理工作。认真实施新一轮改善医疗服务3年行动计划，努力在推进预约诊疗、远程医疗、临床路径管理、检查检验结果互认、医务社工和志愿者方面创新服务。加强医疗质量安全工作，持续改进临床专科质量控制，继续深化平安医院建设，做好医院感染控制管理。高度重视无偿献血宣传活动，保障血液安全。加强重点学科和特色专科建设，打造自身特色品牌和专科。积极推进中医药事业传承发展，深入实施基层中医药壮瑶医药服务能力提升工程，推动中医药参与"一带一路"建设。积极推进医疗卫生重大科技项目的立项和组织实施，提升科技项目质量和水平。

（九）全面加快推进健康惠民信息化建设

加快推进"智慧健康"工程二期项目实施，在"一期"基础上，全面推进区域影像及心电诊断中心应用平台建设，建立市级病理远程诊断中心平台和市级远程胎监诊断会诊系统，构建自治区、市、县、镇四级互联互通全民健康信息平台，实现全市范围乡镇卫生院、市县级二级以上公立医院影像及心电诊断互联互通、资源共享。同时，全面推进卫生计生、发改、公安、人社、民政、教育、统计等相关部门人口信息资源共享，切实提高信息便民、利民服务效率。该项工作需要多个县区、各部门配合协作，希望各县区、各单位密切协作，加快推进。统筹做好系统安全生产和社会稳定等工作。

（十）坚持以政治建设为统领，全面加强党的建设

全面加强卫计系统党建和意识形态工作。加强党建引领卫生计生工作，重点强化党组织主体责任、党组织书记第一责任人和班子成员"一岗双责"，深化基层党组织建设，突出党建工作与中心工作有机结合，推动党建责任落实，推动全面从严治党。坚持以习近平新时代中国特色社会主义思想为指引，全面加强卫计系统和行业思想政治建设，深入开展"不忘初心、牢记使命"主题教育，进一步深化"两学一做"学习教育常态化制度化，切实增强"四个意识"、坚定"四个自信"。开展以"实施健康中国战略"为主要内容的学习宣传党的十九大精神系列宣传活动，坚持讲好卫生与健康故事，深入挖掘培育宣传正面典型，做好首个中国医师节以及护士节的庆祝宣传活动，推动形成尊医重卫的氛围。持续治理医药购销领域商业贿赂，促进卫计系统风清气正。

B.13
"美丽南宁"建设发展状况及展望

联合调研组*

摘 要： "美丽南宁"建设主要围绕绿城品质升级，大力推进生态宜居城市建设和宜居乡村建设。本报告通过对2017年南宁市"整洁畅通有序大行动"和宜居乡村的建设发展状况的梳理，找出存在的问题，提出2018年"美丽南宁"建设展望及重点任务。

关键词： 美丽南宁　生态宜居　乡村建设

2017年，南宁市围绕绿城品质升级决策部署，加快推进生态宜居城市建设，坚决打赢"蓝天保卫战"，圆满完成东博会、自行车巡回赛等重大活动市容保障。以开展"三民"专项活动为重点，持续深化拓展清洁乡村和生态乡村活动，全市农村产业发展不断优化，公共服务水平不断提升，基础

---

* 南宁市"美丽南宁·整洁畅通有序大行动"指挥部办公室调研组：梁勇，市"大行动"办公室主任、市城管局局长；梁智忠，市"大行动"办公室常务副主任、市委政研室（改革办）副主任；李军，市"大行动"办公室副主任、市城管局副局长；梁笑飞，市"大行动"办公室综合组组长、市城市管理监督评价中心呼叫科科长；黄瑞卉，市"大行动"办公室材料组组长、市政府发展研究中心干部；罗少锋，材料组组员、横县马山乡组织委员；廖茜茜，材料组组员、市政处干部；陈袖干，材料组组员、武鸣区甘圩镇武装部长；陈昕暄，材料组组员、青秀山综合行政执法队队员。
南宁市"美丽南宁"乡村建设领导小组办公室调研组：杨增林，南宁市"美丽南宁"乡村建设领导小组办公室综合组材料信息组组长；罗展胡，南宁市"美丽南宁"乡村建设领导小组办公室综合组材料信息组副组长；农佳梅，南宁市"美丽南宁"乡村建设领导小组办公室综合组材料信息组工作人员。

设施不断完善，人居环境不断改善，农民群众生活幸福感和获得感日益提升。

一 2017年"美丽南宁"建设发展状况

（一）城市综合共治大格局初步形成

市委主要领导牵头抓城市综合治理，带动顶层设计、体系构建、队伍建设、资源整合等方面的整体联动，城市综合治理共建共治共享格局初步形成。全年共召开城市治理各类会议106场次，横向协调部门、单位130余次，研究城市治理重点难点问题、探讨对策措施，有效推动了扬尘治理、停车泊位管理、共享单车管理等热点难点问题的突破解决。启动巩固提升活动。结合迎接党的十九大召开和自治区成立六十周年大庆等重大活动，制定"大行动"巩固提升方案并印发实施，开展为期两年的"大行动"巩固提升活动，启动市容环境、交通秩序、文明程度、空气质量、管理工作的五大提升整治，推进城市综合治理全面深化。强化考评督查，持续强化考评结果运用和奖惩激励，倒逼城市治理工作落实落细。围绕扬尘治理、重大活动市容保障等中心工作，针对市民反映较为突出的扬尘污染等热点问题，加大专项督查频次。

（二）多措并举深化扬尘污染治理

一是强化源头治理。坚持严管重罚，狠抓工地、消纳场、搅拌站、采石场等污染源头的扬尘污染防控。制定《南宁市打赢蓝天保卫战建立长效治尘机制工作方案》，推动长效治尘工作开展。二是启用智慧治尘。成立扬尘治理监控管理信息中心，创新搭建市扬尘治理视频综合管理系统并于2018年1月投入使用，实现部分"两点一线"扬尘治理情况的在线实时查看。三是深化工程车辆治理。召开通报会，定期通报工程车辆违法违规信息，加强多部门联合惩戒。强化日常及卡点联合执法。组建启用城市工程运输车辆教育培训基地，创新推行工程车辆教育惩戒模式，获公安部交管局肯定和推广。四是强化预判应急应对。加强对污染天气的分析预判，密切关注每日空气质量实时监测数据，发现空气优良指数提升较快、临近污染临界的，及时发布通知，传导压力，要求属地城区和相关部门即刻启动应急措施，加强路面洒水降尘，加大执法巡查督查，确保工地、消纳场、搅拌站等源头污染防控措施落实到位。五是加强渣土运输管理。制定《关于做好全市渣土运输车辆运行管理的工作方案》。

（三）分类攻坚开展专项整治

一是规范施工围挡管理。提升并明确工地及道路施工围挡标准，完善围挡案件考评标准办法，采取施工单位围挡乱象3次以上的将列入黑名单措施办法，扎实推进标准化施工围挡，围挡乱象明显减少。

二是加强共享单车规范管理。制定非机动车停车位标识新样式，组织完成全市544条道路停放标识施划，发公开信呼吁市民按标识规范停放车辆；将共享单车停放案件纳入"大行动"考评范围，倒逼城区落实措施办法；将共享单车企业管理纳入数字城管，督促企业限时完成乱停放问题处置。

三是大力整治市容乱象。开展流动摊点、共享单车、停车泊位等多项市容环境集中整治专项行动，城市市容环境乱象得到有效遏制。全年共查处城市管理"五乱"案件95万件，较上年下降10.29%。城市生活垃圾无害化处理100%，路灯平均亮灯率达99.3%，城市示范道路达到"以克论净·深度清洁"的标准。

（四）疏堵并重解决交通痛点

一是强化路内停车泊位收费管理。着力解决"停车难"问题，进一步规范道路路内机动车停车泊位管理。优化设置停车位，设置白、蓝、黄三色停车泊位，并对每个泊位进行编码施划。二是实施电动自行车整治提升工程。三是强化交通组织保障。加强重大项目施工交通指挥疏导，确保地铁、高改快等项目施工期间交通通畅。

(五)持续深化打造文明城市特色品牌

一是助推创建"文明之城"。深入开展创建文明城市、文明村镇、文明单位、文明家庭、文明校园活动,全市公厕"三有"管理标准逐步推广落实。2017年11月,南宁市实现荣膺"全国文明城市"称号四连冠。

二是积极打造"礼让之城"。拓展和延伸"礼让斑马线"活动,深入推进"五个礼让"活动,充分发挥网络直播等新媒体优势,推动形成市民文明礼让常态。全市公交、出租车文明礼让率达99.7%,私家车文明礼让率达80%。

三是着力建设"志愿之城"。健全完善志愿服务制度体系和配套政策,积极打造"学雷锋·行善立德·志愿服务满绿城"志愿服务月、首府南宁"志愿者集体献血月"品牌。

(六)扎实推进农村生活水平和人居环境全面提升

一是实施产业富民,农业农村发展进一步加快。全市农村产业发展步伐明显加快,结构体系不断优化完善,农民群众增收致富的产业基础更加稳固。二是实施服务惠民,农村公共服务水平进一步提升。紧紧围绕农村基本公共服务全覆盖、农民群众办事不出村目标,扎实推进服务惠民专项活动。三是实施基础便民,农村生产生活条件进一步改善。紧紧围绕持续改善农村人居环境目标,以"三改"[①]为突破口,统筹推进"六提三增"[②]工程,基础便民专项活动稳步推进。四是推进农村人居环境全面改善。在开展宜居乡村建设的同时注重清洁乡村、生态乡村活动的深化拓展,持续推动"三化""三清洁"[③]长效治理,农村人居环境不断改善。以承办2017环广西公路自

---

① "三改"是指农村改厕、改厨、改圈工程。
② "六提"是指农村垃圾治理、道路通行、饮水安全、村屯特色、住房安全和能源利用水平提升。"三增"是指增强供电、通信和公共照明保障能力。
③ "三化"是指村屯绿化、道路硬化、饮水净化。"三清洁"是指清洁家园、清洁田园、清洁水源。

行车世界巡回赛（南宁站）为契机，切实抓好赛道沿线环境卫生综合整治和城乡风貌改造工作。

二 "美丽南宁"建设中存在的问题

（一）长效机制有待进一步健全

一是城市治理中体制机制设置不科学、运行不顺畅，"责、权、利"没有实现真正统一，多头执法、重复执法以及相互推诿扯皮的情况仍然时有发生。二是网格化管理有待深化。网格乱象突出，整治效果不明显。三是"大行动"工作和扬尘治理中探索的一些好经验好办法有待提炼升华为长效机制。四是城市治理总体上未适应城市现代化要求，重大保障活动仍然没有摆脱突击战、人海战、疲劳战。

（二）智慧化手段有待进一步强化

一是城市管理信息化手段有待进一步强化升级。"互联网+城管"模式推广进度较为缓慢，扬尘治理综合管理系统平台建设和应用亟待完善。二是城市管理相关信息缺乏有效利用。各部门信息平台建设各行其道，各类信息没有互通互享，使得信息统筹应用率较低，呈碎片化、分散化、多头化。

（三）城市交通乱象屡禁不止

一是城市工程车辆治理工作还不够彻底。源头治理的盲区死角还是比较多，超载和撒漏现象仍然多发，部分路段过往重型车辆多，路面坑洼破损严重。二是电动车亟须规范管理。电动自行车数量越来越多，缺乏有效管理手段，闯红灯、违规载人载物等交通乱象屡禁不止。三是城市道路通行压力大，治堵形势严峻。根据高德地图联合交通运输部科学研究院、阿里云重磅发布的《2017年度中国主要城市交通分析报告》，中国堵城排行榜南宁排在第11位，较2016年度的第21位上升了10位。

（四）一些难点重点领域的治理有待进一步深化

一是在扬尘治理方面缺乏更加科学有效的治理手段。对污染源的分析不足，针对性不强；工地等源头防控仍存在盲区死角，部分区域居民非法倾倒、焚烧垃圾行为时有发生，产生大量烟尘等对南宁市扬尘治理难度增加。二是施工围挡乱象等城市治理难点问题还是反复回潮、难以根治。三是对共享单车等新生事物的管理缺乏有效的管理办法，共享单车违法骑行、乱停放等乱象依然存在。

（五）市民参与的积极性不高

市民参与渠道有限、参与热情没有得到有效引导、参与积极性不够高等，使得市民和社会组织在城市治理方面的主体作用没有得到充分发挥。

（六）宜居乡村建设有待全面持续推进

一是"宜居乡村"专项活动开展还不够平衡；二是农村产业整体效益有待进一步提升；三是乡村服务质量有待进一步改善；四是农村基础设施长效管护有待进一步落实；五是部分地方和乡镇村屯"脏乱差"现象时有反弹。

三 "美丽南宁"建设展望及对策建议

2018年，南宁市将以开展制度建设年为主线，突出人本理念，强化智慧运用，推进城市治理长效化常态化，努力形成规范化、标准化、精细化、信息化的城市治理模式，促进市容环境、交通秩序、文明程度、空气质量、管理工作的全面提升，让良好生态环境成为人民生活质量的增长点，成为展现美丽形象的发力点，实现绿城南宁青山常在、清水长流、空气常新，市民共享更加优美、舒适、便捷、安全、文明的宜居环境。大力实施乡村振兴战略，以产业兴旺为重点、以生态宜居为关键、以乡风文明为保障、以治理有

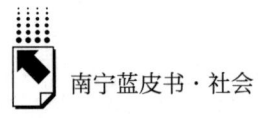

效为基础、以生活富裕为根本,持续深入推进宜居乡村活动,努力完成既定目标任务,让全市农业更现代、农村更繁荣、农民更富有。

(一)开展"制度建设年",夯实城市长效治理制度基础

开展2018年城市治理制度建设年活动,梳理固化近年来南宁市城市治理行之有效的做法。结合实际,对相关制度及规范性文件进行"废、改、立",健全完善制度体系,在扬尘治理、市容保障、交通治理、文明提升、管理水平、执行保障等六大方面建立一系列长效机制,推进城市治理水平和能力现代化。

(二)坚决打赢蓝天保卫战,健全扬尘污染治理长效机制

一是强化源头治理,切实减少本地污染源。严控建设工地、消纳场、搅拌站(车)、采石场、道路、堆场和裸露土地等源头扬尘污染。落实源头降尘控尘措施和视频设备安装标准,重点要求建设工地、消纳场等源头采用湿法作业控制扬尘。严厉打击黑消纳场和黑搅拌站(车),加大路面清扫保洁力度,加强道路洒水抑尘作业,尤其是针对指数异常区域和污染天气,提前采取洒水、喷雾等措施,最大限度降低路面扬尘。实行联防联控、联合惩戒,将扬尘管控措施落实不到位的单位纳入信用考评,与企业参与招投标挂钩,提高土方作业和运输招标门槛。严控各类燃烧污染,加强餐厨油烟污染治理,加大对焚烧秸秆、树叶、垃圾等行为的监管和处罚力度。

二是创新智慧治尘手段,提高扬尘治理效率。成立市智慧城管信息中心,加快污染源头视频监控及信息数据采集设备建设,重点突破工地、采石场等源头监控设备安装率的问题,提高市扬尘治理视频综合管理系统的覆盖率。加快建立完善市区两级联动监管平台,全面推进标准化建设和资源共享,充分发挥市扬尘治理视频综合管理系统监管、指挥、查处"三位一体"的作用,全面提升南宁市扬尘污染治理信息化水平。

三是强化工程车辆监管,遏制道路扬尘乱象。加大监管力度,严厉查处"泥头车"未密闭或密闭不严、遗撒泄漏、带泥上路、随意倾倒建筑垃圾、

不按规定时间路线行驶等违规行为。发挥联合执法卡点作用，增加卡点的治超卸货等职能，重点打击"百吨王"、超载农用车等违法车辆。健全完善多部门联动共管的工程车辆管理新模式，完善责任追溯机制，加强源头联动监管，形成联合惩戒态势。大力推广新型智能密闭化运输车辆。自2018年1月1日起，逐步放开并规范渣土白天运输，分批划定、逐步扩大新型智能密闭化车辆运输范围。继续完善工程车辆违法信息每月通报制度，强化违法信息运用。发挥行业协会监管作用，完善教育惩戒模式，建立健全运输企业、司机失信惩戒制度，促进行业健康有序发展。

四是发挥扬尘考评杠杆作用，倒逼治尘责任落实。完善扬尘污染治理专项考评机制，建设街道（乡镇）一级监测站点，将监测数据作为扬尘考评的重要依据，由市一级考核城区、开发区，城区、开发区考核街道（乡镇）。强化考评结果运用，将考评情况纳入相关单位绩效考评，实行考评问责制度。

五是建立健全网格化管理，实现扬尘治理无死角。健全网格管理机制，延伸网格管理范围，将各类扬尘污染情况巡查纳入基层网格员日常巡查内容，提高发现问题能力，形成部门—城区—街道（乡镇）—社区（村）四级联动的防治合力。建立污染源头重点监控清单，由属地和行业主管部门每日开展定点定时巡查，督促责任单位落实各项防尘治尘措施。

六是强化预判应对措施，确保不良天气有效治尘。针对不利于污染物扩散的气候条件，强化预判应对及应急响应机制落实，组建工地、搅拌站、"泥头车"、消纳场、烟尘排放、洒水降尘等6个联合执法专项行动组，分别对应相应污染源，以加大巡查执法力度、洒水降尘密度频次等方式，推动应急情况下点线面扬尘防控措施强有力落实。

七是鼓励全民参与，构建共建共治共享治尘格局。健全扬尘污染有奖举报机制，发动市民举报扬尘污染违法违规行为，给予有效案件举报人资金奖励，激励引导市民积极参与扬尘污染治理。

（三）实施精细化管理，实现管理水平大提升

一是实现管理对象精细化。针对城市管理盲区死角、真空地带、交叉区

域存在的难点问题，联合组建市城市治理精细化小分队，各城区、开发区相应成立精细化小分队。精细化小分队将日常执法工作与巡查工作相结合，及时发现、及时协调、及时处置，实现巡查管理常态化、寻找问题全覆盖，出精品、有质量，全力补齐城市管理短板。

二是实现社区管理规范化。在全市范围内全面铺开社区网格化治理模式。结合社区实际对现有网格进行合理细分，在优化整合社区各类协管员的基础上，培育发展基层专兼职网格员队伍，明确网格员的管理责任。通过细分网格、建章立制、量化标准、优化流程，探索建立城市治理标准体系，健全完善网格常态管理工作机制，压实管理责任，确保网格管理环环相扣、道道把关，实现"同网同责、同项同责"，不断提升社区管理的规范化水平。

三是实现队伍建设规范化。大力推进规范执法，树立全新城市执法形象。进一步完善考核标准，强化管理队伍教育培训，突出执法业务和法律法规学习两个重点，努力培育一批"站起来能讲、拿起笔能写、走出去能干、做起事能成"德才兼备的城市管理干部队伍。

四是实现管理手段智慧化。围绕建设"一朵云、五平台、多维应用"的智慧城市目标，加快互联网与城市管理服务体系的深度融合，高效整合和利用资源，最大限度拓展管理与服务功能。推进并延伸拓展智慧执法、智慧照明、智慧环卫、智慧市政建设，提升行业信息化程度。强化城市基础设施、环境卫生、园林绿化、城市建设等领域之间信息数据共享应用，推进全市性共享视频监控平台建设，加强对城市治理的动态监测管理，利用信息技术做好辅助决策服务。

（四）持续整治市容环境，实现市容市貌大提升

一是加强共享单车等新事物的管理，维护城市市容景观和公共秩序。加快制定《南宁市规范发展共享单车指导意见》，为规范管理共享单车提供依据。压实企业内部管理责任，大力整治共享单车停放乱象。摸索"共享单车信用体系"建设，加强企业与公共信用平台间信用信息的共享应用，约束共享单车企业规范经营。

二是抓好重点区域整治，实现区域整体品质升级。推进"城中村"和城乡接合部提档升级。加大老旧小区整治改造力度，逐步引导无物业老旧小区通过引进物业管理实现市场化。推进农贸市场长效管理。创新农贸市场社会管理方式，建立健全农贸市场分级管理模式，建立现代科技管理系统平台，不断提升农贸市场规范化、信息化管理水平，实现长效监管。推进工地乱象消除，加强工地文明施工管理，重点治理施工围挡乱象和施工现场噪声扰民。推进城市出入口周边环境综合整治，重点对进出城道路周边环境进行综合整治，达到道路平整，排水管道畅通，路名牌、广告等规范整洁，沿线无违法建设、无垃圾堆放、无乱停车、乱摆卖现象，塑造城市门户良好形象。推进公园、广场、绿地扩容提质。

三是深化环卫保洁工作，确保市容整洁干净。提高人机保洁配合频次，增加环卫保洁机械种类，提升环卫保洁工作精细化水平。加强城市桥梁隔音屏、防撞墙等附属设施的保洁工作，确保清洁、无污渍。严格执行《南宁市生活垃圾分类制度实施方案》，加快推进垃圾分类，提高垃圾处理水平。

四是提高市政基础设施管养水平，夯实管理基础。加大市政道路、桥梁及其附属设施的日常管养。加强对城市道路占道施工的统筹规划及审批管理，严格城市道路临时占用、挖掘的审批监管，严格执行限制挖掘措施，减少"马路拉链"现象；严格审查占道施工围挡范围和时限，规范施工围挡。建立市政设施养护管理信息平台，实现信息化数据采集、存储、查询、方案制定、控制、反馈和动态调整，更高效地为养护管理工作提供服务。

五是按照"美化亮化彩化"标准，扮靓城市形象。加强邕江两岸景观带美化绿化整治工作，持续推进道路绿化改造提升，打造面向东盟、流光溢彩、具有壮乡特色的城市亮化景观。

（五）优化城市交通组织，实现交通畅通大提升

一是深入开展交通秩序专项整治。大力整治行人、非机动车交通乱象。开展电动自行车交通管理大提升工程，抓好行人、非机动车（电动自行车）交通违法行为惩戒。集中整治机动车行车秩序，整治车辆乱停乱放行为，维

护良好的道路行车秩序。推动停车场建设,引导单位停车场向公众开放。开展"僵尸车"拉网排查清理整治工作。

二是规范交通运营管理。强力整治公交、出租汽车行业营运管理秩序,严格落实定期明察暗访制度、乘客有奖投诉制度、驾驶人经营行为考核评分制度及出租企业、网约车平台公司约谈制度;针对公交车不按规定线路行驶,不按规范进站停靠以及巡游出租汽车拒载、拼客、议价、绕道、中途甩客、乱停乱放等突出问题以及电动车兜客等非法营运行为开展集中整治,实行严管重罚,进一步规范市场经营秩序。

三是提高道路交通畅通水平。加强道路实时动态监控指挥。充分整合和深化应用交警、治安、交通运输和数字城管视频监控系统资源,实现拥堵等突发事件预警、大数据分析等功能的科学运用;实行逐级应急联动处置,提高快速反应能力和先期预处置、减缓拥堵的能力;探索建立快环信号等自动调节系统,实现快环和沿线交会路口信号灯根据视频检测数据实行整体联网控制。加大交通堵点、秩序乱点治理力度。推行轻微交通事故快处快赔,引导当事人依法处置轻微交通事故,主动及时撤离现场,避免造成交通拥堵。

四是加强交通组织管理。优化调整公交线网布局和公交站点设置,着力建设安全快捷、布局合理、换乘方便的城市公共交通网络,加强行车科学调度,加快推进公交专用道建设并加强管理。

(六)开展文明创建活动,实现文明程度大提升

一是深入开展国家卫生城市创建工作。高标准做好迎接2018年国家卫生城市第二轮复审工作,严格按照国家卫生城市标准,提升国家卫生城创建水平,全面发动群众参与创建国家卫生城市工作,针对薄弱环节,狠抓整改,实现国家卫生城市"三连冠"工作目标。全面提升市民对卫生城市创建工作的知晓率、获得感和满意度。

二是深耕厚植社会主义核心价值观。深入贯彻落实《关于培育和践行社会主义核心价值观的意见》,推进社会主义核心价值观宣传教育落细落小落实。健全多部门、跨地区、跨行业的守信联合激励和失信联合惩戒的联动

机制，开展诚信行业、诚信单位、诚信示范街区、诚信经营示范店等主题实践活动。

三是持续推进文明旅游工作。发挥文明旅游联席会作用，实施游客旅游不文明行为记录暂行办法和民航旅客信用信息记录制度。加强对旅行社、导游的监管，做好"行前教育、行中引导、行后总结"。抓好对不文明行为游客和领队、导游的责任追溯，以及对不良旅行社、导游、商家、游客的失信惩戒工作。在旅游景区的主要道路、主要景点，因地制宜地设置文明旅游提示语。设立文明志愿监督岗，组成文明旅游志愿劝导队伍，维护旅游景区秩序，对游客的不文明行为及时提醒和劝阻。

四是推进学雷锋志愿服务制度化。广泛开展"学雷锋·行善立德·志愿服务满绿城"活动。推进公共文化场所志愿服务站、社区志愿服务示范站建设。健全并落实志愿服务奖励和嘉许制度，支持和发展各类志愿服务组织，组织党员干部开展志愿服务，发挥示范带动作用。以志愿服务项目洽谈会为抓手，大力推进志愿服务项目化。

五是抓好社区文明建设。发挥市民主体作用，加强群众对文明创建工作的知晓率、获得感、参与度、满意度。做好街道、乡镇、社区、楼栋"图说我们价值观""讲文明树新风"公益广告、市民文明公约、村规民约的社会宣传工作。培育社区文化特色，打造文明院落，选树文明家庭、道德模范、身边好人，弘扬社会正能量。加强公共厕所建设管理和文明环境提升工作。

六是深化推进交通文明建设。推进实施文明交通行动计划，实现在市区主次干道、主要交通路口的车辆、行人各行其道，无闯红灯、乱穿马路现象，乘客排队候车、依次上下车。加强对违规驾驶员的惩戒和教育劝导，强化电动自行车管理，加大对不文明交通行为的曝光力度。开展"文明交通我承诺"宣传教育活动和"拒酒驾 行礼让 做安全出行文明市民"活动。强化"礼让斑马线"示范道路和示范点建设，加大对不礼让斑马线行为的惩戒和曝光力度。深化拓展"斑马线前讲礼让、行车会车讲礼让、有序排队讲礼让、乘坐公交讲礼让、乘坐电梯讲礼让"的"五个礼让"品牌活动，打造"礼让之城"。

（七）强化示范引领，带动整体推进美丽乡村建设

出台《关于进一步推进美丽乡村建设提档升级的实施意见》，围绕"环境优美、村庄秀美、产业富美、生活甜美、社会和美"的目标要求，在全市启动实施"十镇特色、百村示范、千村升级、万屯（坡）达标"创建工作，2018~2020年，建成市级生态宜居特色小城镇8~10个，市级特色田园综合示范村屯（含市级生态综合示范村，下同）20~25个，乡村人居环境和特色田园建设全区领先；市级美丽乡村提质升级村屯（含市级乡土特色、民俗民居、绿色示范村屯，下同）300个；30户以上的自然村建成美丽乡村达标村屯1200个左右。在此基础上，逐步扩大创建范围，持续推进美丽乡村建设提档升级，力争到2025年，累计建成市级生态宜居特色小城镇20~25个，市级特色田园综合示范村屯100个左右，市级美丽乡村提质升级村屯1000个左右，30户以上的自然村美丽乡村达标村屯10000个左右、覆盖率达到85%以上。

突出项目建设，打造特色亮点。积极争取上级财政资金支持，通过整合项目或自筹资金，大力建设一批产业发展特色小镇、全域旅游发展示范乡镇，实施废弃农资包装物回收和集中处理试点奖补项目等。

突出群众主体，激发内生动力。加强宣传引导，健全群众自治组织，创新群众参与平台，完善财政奖补政策，强化群众监督管理，充分倾听群众心声、遵循群众意愿、尊重群众首创，凝聚起推进宜居乡村活动的广泛力量。

（八）确保"美丽南宁·宜居乡村"建设各项目标任务如期完成，并顺利启动幸福乡村活动

一是抓好宣传引导，营造浓厚氛围。积极开展乡村建设融媒体宣传，通过组织开展宜居乡村活动主题宣传、乡村建设"十大"创新工作案例和"首府南宁十大最美乡村"评选活动、编印宣传画册和拍摄活动成效电视汇报片等，展示首府南宁宜居乡村活动的新进展、新变化、新成就。

二是抓好多元投入，整合各方资源。完善多元化资金投入保障机制，充

分利用好中央赋予的各类惠农政策，加大金融支农力度，运用市场机制撬动金融资本、社会资本参与乡村建设，采取财政奖补等政策措施带动群众投资投劳。同时，各县（区）足额分担资金，不折不扣，项目完工后要及时组织审计验收。

三是抓好履职尽责，提高服务水平。重视农业农村干部队伍建设，加强和改进大学生村干部工作，管理和使用好乡村建设（扶贫）工作队员、驻贫困村第一书记，及时组织开展有关"三农"政策和乡村建设专业知识学习培训，培养造就一支懂农业、爱农村、爱农民的"三农"工作队伍。

四是抓好机制建设，实现长效管护。坚持当前建设与长效管理相统一，建立健全乡村建设民主决策机制、活动资金投入奖补机制和政府投资项目管理制度与规则，完善行之有效的乡村环境卫生网格化管理、督查考评机制和工作会议制度，确保各项管理工作规范有序，不断促进美丽乡村建设可持续发展。

五是抓好监督检查，严格问责问效。继续以督查考评、问责问效作为推进活动常态化开展的重要抓手，进一步做好乡镇、村屯晋级核查验收工作，定期组织开展乡村建设专项督查和环境卫生整治暗访检查，及时发现曝光并通报存在的问题，严格落实督查整改和三级预警机制，层层压实责任。

六是抓好研究谋划，筹备好幸福乡村活动。以党的十九大和中央农村工作会议精神为指引，紧扣乡村振兴战略主题，紧密结合南宁市实际，及早制定完善相应的配套方案和政策文件，找准活动抓手，突出特色亮点，整合各方资源，筹措活动经费，确保幸福乡村活动与自治区同步启动，实现良好开局。

专题研究报告

Research-themed Report

B.14
加强南宁市公办幼儿园建设和管理问题研究

南宁市社会科学院课题组*

摘　要： 通过调查南宁市公办幼儿园的建设管理现状，以及对比分析南宁市公办幼儿园和民办幼儿园的发展状况，研究发现，近年来南宁市公办幼儿园的数量和质量都获得了较大提升，但仍然存在公办幼儿园占比较小、师资队伍薄弱、城乡发展不均衡等问题，建议扩大数量供给，优化公办幼儿园空

---

* 课题组组长：胡建华，南宁市社会科学院院长，主任记者。课题组成员：李君安，南宁市社会科学院《创新》编辑部主任，副研究员；陈展图，南宁市社会科学院《创新》编辑部副主任，副研究员；吴寿平，南宁市社会科学院《创新》编辑部副主任，助理研究员；杨彧，南宁市社会科学院《创新》编辑部编辑，助理研究员；周博，南宁市社会科学院农村发展研究所副所长，助理研究员；丁浩芮，南宁市社会科学院《创新》编辑部编辑，助理研究员；陈代弟，南宁市社会科学院办公室科员；颜娇，广西民政政策研究中心，助理研究员；冯畅，广西国际商务职业技术学院，讲师。

间布局；强化公办幼儿园质量建设；增加公办幼儿园要素投入；推进公办幼儿园体制机制改革；强化公办幼儿园人才队伍建设。

关键词： 公办幼儿园　学前教育　建设管理

公办幼儿园指直接或间接接受国家财政经费支持的幼儿园，包括教办园、集体园、部门园，也就是包含政府机关办园、教育部门办园、军队办园和其他企事业单位办园等。为推进学前教育发展，国家明确提出要基本普及学前教育，大力发展公办幼儿园。本研究重点分析南宁市公办幼儿园建设和管理中存在的问题，探索解决制约公办幼儿园发展的体制机制问题，为提高公办幼儿园占比、提升办园质量，促进公办幼儿园科学、可持续发展提供决策参考。

一　南宁市公办幼儿园建设和管理发展现状

（一）南宁市公办幼儿园总体情况

1. 办园数量与规模

2016～2017学年度，南宁市共有公办幼儿园114所，占全市幼儿园总数的6.98%；在园儿童85804人，占全市幼儿园在园儿童总数的28.14%；专任教师2300人，占全市幼儿园专任教师总数的17.69%（见表1）[①]。

---

① 本文使用的南宁市幼儿园相关数据如无特别说明，均由南宁市教育局提供。

表1　2016～2017学年度南宁市幼儿园基本情况

类别	幼儿园	公办幼儿园	公办幼儿园在全市幼儿园中占比(%)
园所数量(所)	1633	114	6.98
在园儿童(人)	304900	85804	28.14
专任教师(人)	13000	2300	17.69

资料来源：南宁市教育局。

根据公办幼儿园的性质可以将其分为教育部门办学和其他部门办学两类。2016～2017学年度南宁市的114所公办幼儿园中，教育部门办学84所，在园儿童数71780人，专任教师1291人；其他部门办学30所，在园儿童人数14024人，专任教师1009人（见表2）。由此可见，教育部门办学是公办幼儿园的主力军。

表2　按办学性质分类的2016～2017学年度南宁市公办幼儿园

类别	公办幼儿园总数	教育部门办学	其他部门办学
园所数量(所)	114	84	30
在园儿童(人)	85804	71780	14024
专任教师(人)	2300	1291	1009

资料来源：南宁市教育局。

2. 地域分布

2016年，青秀区、西乡塘区、横县、马山县、上林县的公办幼儿园数量都在10所以上，其中青秀区达到22所。青秀区和西乡塘区的公办幼儿园较多，主要得益于这两个城区的区直单位或部队、高校多，如青秀区的22所公办幼儿园中有14所是区直单位或部队举办的。上述5个区县之外的其他区县（开发区）其公办幼儿园数量均不超过4所（见表3）。从乡镇分布来看，全市102个乡镇中已有85个乡镇设置了公办中心幼儿园，其中兴宁区、邕宁区、良庆区、横县、马山县的乡镇已全部设置了公办乡镇中心幼儿园。

表3　2016年南宁市各区县（开发区）公办幼儿园基本情况

区县（开发区）	幼儿园数量		
	总数（所）	公办园（所）	公办园占比（%）
青秀区	111	22	19.82
西乡塘区	146	19	13.01
横县	142	18	12.68
马山县	120	15	12.50
上林县	97	11	11.34
广西—东盟经济开发区	14	1	7.14
兴宁区	61	4	6.56
南宁经开区	22	1	4.55
良庆区	68	3	4.41
南宁高新区	28	1	3.57
江南区	57	2	3.51
邕宁区	57	2	3.51
隆安县	172	3	1.74
宾阳县	325	3	0.92
武鸣区	190	1	0.53

资料来源：南宁市教育局。

（二）南宁市公办幼儿园建设和管理取得的成效

1. 扩大公办学前教育资源，城乡同步推进

南宁市第一期三年行动计划期间完成幼儿园新建、改扩建项目686个，新增学前教育学位约6.9万个。在第二期三年行动计划期间，南宁市进一步加大新建、改扩建公办幼儿园力度，截至2016年底，基本完成105所公办幼儿园的新建、改扩建，提供学位18380个。据统计，南宁市2016~2017学年度公办幼儿园数量较2011~2012学年度增加了34所（见图1）；2011~2015学年度，公办幼儿园入园人数从7.08万人增加到8.99万人，2016~2017学年度缓慢减少至8.58万人，但较2011~2012学年度仍然有所增加（见图2）。

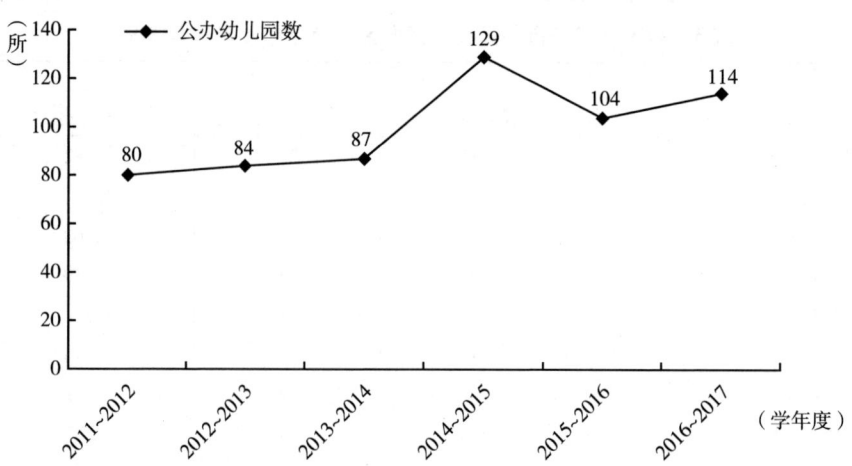

图 1　南宁市 2011～2017 年各学年度公办幼儿园数

资料来源：南宁市教育局。

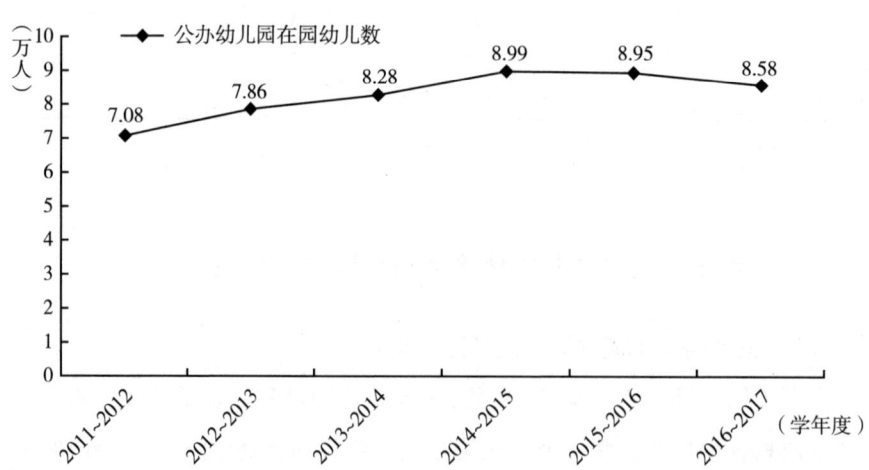

图 2　南宁市 2011～2017 年各学年度公办幼儿园在园幼儿数

资料来源：南宁市教育局。

多途径扩大优质学前教育资源覆盖面。目前南宁市共有市级及以上示范幼儿园 165 所，其中自治区示范幼儿园 47 所，居全区首位。开展集团化办园试点工作，全市学前教育集团化办园试点达到 37 个。农村基于人口数量及人口分布较散的情况,因地制宜,大部分采取撤并小学办独立幼儿园、利用中小学闲置校舍等方式改扩建幼儿园或者小学附设幼儿园,有效地扩大了乡村公办学前教育资源。

2. 公共财政投入大幅增长,加强建设经费保障

南宁市将学前教育经费预算足额纳入地方财政预算加以保障,并结合事权和财权相匹配的原则,切实做到逐年加大财政投入,财政性学前教育经费由2013年的1.44亿元提高到2016年的3.6亿元,占财政性教育经费的比例从2013年的2.06%提高到2016年的3.13%。

幼儿园方面。按"同建同补,以奖代补"的原则,对列入市、县幼儿园布局规划和自治区"双千计划"的新建公办幼儿园予以奖励补助。除了自治区给予的补助之外,市本级财政对新建项目按照中心城区110万元/班、非中心城区100万元/班的标准进行补助,对改扩建幼儿园按照每平方米1500元的标准给予一次性的定额补助,2014~2016年累计下达城区定额补助资金5767.6万元。此外,对财政投入规范使用,确保经费专款专用,使用到位。

幼儿方面。2016年城市、县镇公办幼儿园生均公用经费标准分别按照每生每年400元、200元拨付,2017年分别按照每生每年500元、300元拨付。针对多元普惠幼儿园设立生均补助经费①,补助经费可用于支付教职工购买社会保险、园舍租金、补充保教和生活设施设备、校舍维修改造等。至2017年春季学期,南宁市本级累计下达多元普惠幼儿园生均补助经费共2.336亿元。

教师方面。设立集团化办园补助经费,2016年,市本级下达学前教育集团化办园补助经费共185万元。为提高学前教育教师队伍整体素质,对多元普惠幼儿园的园长、骨干教师,以及各区县部分贫困村小学附设的幼儿园园长进行培训,仅2014~2015年全市幼儿教师培训经费投入达到571万元,培训教师34000多人次。同时,2016年4月出台了《南宁市乡村教师支持

---

① 因为多元普惠幼儿园含部分公办幼儿园,尤其是乡镇中心幼儿园,故在此列入公办幼儿园财政投入部分。

计划实施方案》，对乡村教师的工资待遇、生活补助、体检、社保、住房保障等进行了明确规定。

3. 完善内外能力建设，全面提升保教水平

外在强化考核及监管机制。一是教育基本建设项目业主及审批权下移，将前期工作刚启动、尚未开展的项目以及新增的项目业主下移至城区教育主管部门或学校。二是严格执行幼儿园准入制度，把好幼儿园审批关。将保护幼儿的生命安全和身心健康放在首位，建立健全安全、卫生保健制度。层层签订安全稳定工作目标管理责任书，加强校园安全管理。落实幼儿园年检制度，各县（区）教育局每年向社会公布辖区内有招生资质的幼儿园名单。三是将学前教育推进工作成效列入教育部门年度绩效考评，由市教育局制订年度绩效工作实施方案，建立责任体系。

内在强化保教质量多方提升。一是加强幼儿园教师队伍建设管理。2016年，对包括公办幼儿园在内的教育事业单位岗位设置进行重新核准。同时，切实做好教师公开招聘工作，2011～2016年，公办幼儿园专任教师数由1582人增加至2300人。在保障教师工资福利待遇方面，严格执行国家、自治区的工资政策。二是加强幼儿教师培训。2011年以来每年投入50万元以上用于市本级幼儿教师培训，并做好继续教育学分认定工作。依托南宁市第四职业技术学校设立"南宁市教师专业发展学前教育师资培训基地"，承担学前教育教师培训任务。三是推行教育精准扶贫。支持每个贫困县在县城建设1～2所公办幼儿园，支持贫困县具备条件的乡镇建设1所乡镇公办中心幼儿园，基本实现贫困地区公办乡镇中心幼儿园全覆盖。安排县城、城区公办幼儿园、优质民办幼儿园对口帮扶乡镇中心幼儿园，乡镇中心幼儿园对口帮扶所在乡镇村级幼儿园，在县域内建立"县—乡"和"乡—村"两层结对帮扶机制。

4. 学前教育体系逐步建立，学前教育制度日趋完善

南宁市初步构建了学前教育政策体系，大致分为三类：一是以"五年规划"或"三年行动计划"为主，如《南宁市教育事业发展"十三五"规划》《南宁市学前教育三年行动计划》（2011～2013年）、（2014～2016年）

等；二是针对"行动计划"实施中的特殊情况出台调节性政策，如《南宁市中小学幼儿园用地保护条例》《南宁市市区学前教育用地划拨土地使用权价款计收标准的通知》等；三是学前教育常规管理政策，如《南宁市多元普惠幼儿园管理办法（试行）》《南宁市多元普惠幼儿园生均补助专项资金管理暂行办法》等。

（三）南宁市公办幼儿园建设和管理存在的问题

1. 公办幼儿园占比过小

2016年我国公办幼儿园占比35.7%[1]。重要城市的公办幼儿园占比都达到了30%以上，如上海达到70.57%[2]，北京达61.4%[3]，广州市为30%[4]。2011~2017学年度，南宁市公办幼儿园占全市幼儿园的比重不到10%，2016~2017学年度甚至低于2011~2012学年度（见表4）。

表4　2011~2017学年度南宁市公办幼儿园占比

学年度	公办幼儿园数（所）	民办幼儿园数（所）	幼儿园总数（所）	公办幼儿园占比（%）
2011~2012	80	1000	1080	7.41
2012~2013	84	1116	1200	7.00
2013~2014	87	1122	1209	7.20
2014~2015	129	1255	1384	9.32
2015~2016	104	1379	1483	7.01
2016~2017	114	1519	1633	6.98

资料来源：南宁市教育局。

---

[1] 参见《2016年全国教育事业发展统计公报》，中华人民共和国教育部网，http://www.moe.edu.cn/jyb_sjzl/sjzl_fztjgb/201707/t20170710_309042.html，2017年7月10日。
[2] 参见《统计显示：上海八成孩子就读公办幼儿园》，中国上海网，http://www.shanghai.gov.cn/nw2/nw2314/nw2315/nw4411/u21aw456200.html，2010年11月5日。
[3] 参见《2016年北京幼儿园发展环境及幼儿教育市场规模统计》，中国产业信息网，http://www.chyxx.com/industry/201702/493642.html，2017年2月13日。
[4] 参见《评论：广州公办幼儿园数量与城市地位不相符》，中国新闻网，http://www.chinanews.com/edu/2014/07-01/6336940.shtml，2014年7月1日。

制约公办幼儿园建设的因素主要有二：一是建成区幼儿园预留用地严重偏少，幼儿园用地没有与中小学用地同步规划。二是城镇大部分住宅小区配套幼儿园没有能够按照要求移交给当地政府用于举办公办幼儿园或普惠性民办幼儿园，一些地产商并未按照教育部门的规划文件来进行小区配套幼儿园建设，不建、缓建、占地面积不足现象时有发生。

2. 师资队伍薄弱

一是教师数量偏少，主要体现在编制不足上。在师生比上，公办幼儿园一直不高，2011~2014学年度甚至逐年走低，直至第二期"行动计划"开始，师生比才逐步提高，但总体来说还是偏低。同时，编制缺乏，在编人员和聘用人员在工资待遇上存在同工不同酬的差别，也是公办幼儿园教师缺乏的重要原因（见表5）。二是专业教师力量薄弱，乡镇和农村地区尤为明显。首先，农村专任教师大部分不是学前教育专业毕业的，没有取得幼儿园教师资格证，学历层次明显低于城市专任教师。其次，农村幼儿园教师工资待遇不高，教师流动性大。最后，农村幼儿园专任教师老龄化问题明显，参加培训机会少，专业能力提升慢。

表5 2011~2017学年度南宁市幼师数和师生比变化

单位：人

学年度	公办园专任教师数	公办园在园人数	公办园师生比	民办园专任教师数	民办园在园人数	民办园师生比
2011~2012	1582	70814	1∶44.76	5502	127027	1∶23.09
2012~2013	1548	78583	1∶50.76	6497	138240	1∶21.28
2013~2014	1621	82790	1∶51.07	7147	161557	1∶22.60
2014~2015	1942	89856	1∶46.27	8836	183337	1∶20.75
2015~2016	2072	89475	1∶43.18	10035	206459	1∶20.57
2016~2017	2300	85804	1∶37.31	10681	219068	1∶20.51

资料来源：南宁市教育局。

3. 城乡发展不均衡

一是城乡办园条件不均衡。乡镇特别是农村受经济、人口等因素制约，多半开办的是小学的附设园，园内的园舍面积、教学设备、玩教具配备都比不上独立的幼儿园。二是公办幼儿园分布不均（见表6）。城区中，青秀区和西乡塘区公办幼儿园总数占城区公办幼儿园总数的75%，其余5个区亟须增加公办幼儿园数量。从5个县的情况来看，横县、上林县、马山县均有10所以上的公办幼儿园，而宾阳县和隆安县均仅有3所。因此，未来增加公办幼儿教育资源时应优先考虑兴宁区、江南区、良庆区、邕宁区、武鸣区、宾阳县和隆安县。三是保教质量不均衡，以小学附设园形式开办的乡镇或者农村公办幼儿园一定程度上存在"小学化"倾向。四是自主权利不均衡。小学附设园不能实现机构独立，在幼儿园的发展规范、人事和财政管理等方面受制于挂靠的小学，在自我管理和自主发展等诸多方面都受到较大制约。

表6 南宁市各区面积、人口数及公办幼儿园基本情况

地区名称		行政区划面积（平方公里）	年末常住人口数（万人）	公办幼儿园数量（所）	班级数（个）
市辖区	青秀区	865	76.68	22	260
	兴宁区	723	42.2	4	42
	江南区	1183	60.97	3	27
	西乡塘区	1076	120.27	20	222
	良庆区	1369	36.8	3	13
	邕宁区	1231	27.8	2	31
	武鸣区	3389	56.1	2	39
县	横县	3448	89.59	18	106
	宾阳县	2298	81.1	3	24
	上林县	1871	35.7	11	84
	隆安县	2306	31.01	3	31
	马山县	2341	40.39	15	87

注：江南区含经济技术开发区，西乡塘区含高新技术产业开发区，武鸣区含广西—东盟经济技术开发区。幼儿园统计数据不含附设园。行政区划面积和人口数据参见《南宁统计年鉴（2016）》，公办幼儿园数量、班级数据根据南宁市教育局2016年相关统计数据整理。

二 南宁市公办幼儿园与民办幼儿园对比分析

(一)办学规模

2016～2017学年度,南宁市有公办幼儿园114所,民办幼儿园1519所,两者数量比例为1∶13.3。园均拥有在园儿童数量方面,公办幼儿园是753人,民办幼儿园是144人,两者比例为5.2∶1,从单个幼儿园来看,公办幼儿园一般规模都比较大,民办幼儿园则比较小。

(二)师资力量

2016～2017学年度,全市公办幼儿园专任教师数量为2300人,民办幼儿园专任教师为10681人。从师生比来看,公办园是1∶37.3,民办园为1∶20.5。可见,民办园的师资力量比公办园充足。从2016年南宁市幼儿园专任教师学历情况统计数据来看,公办幼儿园以大学本科及大学专科学历的教师为主;民办幼儿园以大学专科学历的教师为主,其次为高中及以下学历教师。此外,公办幼儿园具有研究生学历的教师比例远高于民办幼儿园,因此,公办幼儿园专任教师平均学历水平高于民办幼儿园(见表7)。

表7 2016～2017学年度南宁市幼儿园专任教师学历情况

单位:人

幼儿园性质	专任教师数量	研究生		大学本科		大学专科		高中及以下	
		人数	比例(%)	人数	比例(%)	人数	比例(%)	人数	比例(%)
公办	2300	13	0.57	1027	44.65	1082	47.04	178	7.74
民办	10681	6	0.06	1070	10.02	6475	60.62	3130	29.30
合计	12981	19	0.15	2097	16.15	7557	58.22	3308	25.48

资料来源:南宁市教育局。

(三)经费投入

南宁市公共财政对学前教育的投入主要是工资福利支出、对个人和家庭的补助支出、商品和服务支出、其他资本性支出、基本建设支出五大类（见表8），其他部门、集体组织所办的公办幼儿园，其建设和运行经费主要靠举办者筹措。而民办幼儿园的建设和运行经费，则主要靠有关民间组织和企业筹措。从2014年起，市县两级财政开始对多元普惠幼儿园按学生数拨付补助经费，支持民办幼儿园发展。如2016年，市本级下达多元普惠幼儿园生均补助经费8800多万元，惠及幼儿园439所、幼儿20.48万人次。

表8 2015~2016年南宁市公共财政预算安排的幼儿园教育经费支出情况

单位：亿元

年 度	工资福利支出	对个人和家庭的补助支出	商品和服务支出	其他资本性支出	基本建设支出	合计
2015	0.65	0.46	0.99	1.1	0.42	3.63
2016	0.97	0.48	0.78	1.24	0.13	3.60

资料来源：南宁市教育局。

（四）空间分布

公办幼儿园由于数量较少，主要分布在重点行业和重点区域。农村地区则只有部分乡镇在乡镇政府所在地建有公办的中心幼儿园，其他地区几乎没有公办幼儿园。而民办幼儿园则立足于社会需求，哪里有需要就建在哪里，呈"点多面广"的分布格局。

（五）硬件配备和日常管理

公办幼儿园办学条件总体上明显优于多数民办幼儿园。同时，公办幼儿园的师资进入门槛较高，教师队伍较为稳定，各种管理制度比较健全，日常管理比较规范有效。民办幼儿园办学情况差距较大，办学质量良莠不齐，办学规模大小不一。除了少数贵族式幼儿园外，多数民办幼儿园临时租用各类民房办学，人均校舍面积较少，校园内外环境不甚理想，教学设备比较简陋，教师流动性大，各种制度落实不够到位，日常管理不够规范有序，部分园存在"小学化"倾向。但是,在管理灵活性、人性化方面,民办幼儿园又优于公办幼儿园。

(六)收费标准

公办幼儿园属于政府投入的公益性事业,其收费标准由政府统一制定,相对而言,其收费标准较低。而民办幼儿园属自负盈亏单位,收费根据保育教育和住宿成本合理确定,报当地价格主管部门、教育行政主管部门备案后执行,因此无统一收费标准,各个幼儿园收费各行其道,有些巧立名目收取其他费用。一般而言,办学条件相似的情况下,民办幼儿园的收费标准明显高于公办幼儿园。

(七)发展速度

从表9可知,2011~2012学年度至2016~2017学年度,在幼儿园数量方面,全市公办幼儿园增长了42.5%,民办幼儿园增长了51.9%;在在园儿童数量方面,全市公办幼儿园增长了21.2%,民办幼儿园增长了72.5%;在专任教师数量方面,全市公办幼儿园增长了45.4%,民办幼儿园增长了94.1%。可见,近年来,南宁市的民办幼儿园,无论是在幼儿园数量,还是在在园儿童数量和专任教师数量方面,其发展速度均明显快于公办幼儿园。

表9 2011~2012学年度至2016~2017学年度南宁市幼儿园发展情况

学年度	幼儿园数量(所)		在园儿童数(人)		专任教师数(人)	
	公办	民办	公办	民办	公办	民办
2011~2012	80	1000	70814	127027	1582	5502
2012~2013	84	1116	78583	138240	1548	6497
2013~2014	86	1122	82790	161557	1621	7147
2014~2015	129	1255	89856	183337	1942	8836
2015~2016	104	1379	89475	206459	2072	10035
2016~2017	114	1519	85804	219068	2300	10681

资料来源:南宁市教育局。

经过以上的对比分析可以发现，南宁市公办幼儿园办学条件较好，设备较为齐全，师资队伍素质较高，日常管理比较规范，收费比较低，因而性价比较高，成为许多市民送小孩上幼儿园的首要选择目标。但因其数量少，布局不全面，发展速度较慢，因而入学竞争激烈。民办幼儿园虽然办学水平参差不齐，多数幼儿园的办学条件也比较差，但其发展速度迅猛，办学个性化比较突出，收费标准也高低不同，能满足不同群体的幼儿入园所需，成为了适龄儿童入园的主要渠道。南宁市应尽量增加公办园数量，并借鉴一些优质民办幼儿园的建设与管理经验，提升自身办园水平，为南宁市民提供更好的学前教育服务。

三 加强南宁市公办幼儿园建设和管理的对策建议

（一）扩大公办幼儿园数量供给，优化公办幼儿园空间布局

1. 科学规划公办幼儿园建设

按照"因地制宜、就近入园"的原则，充分考虑"全面二孩"政策落地和城镇化进程的要求，根据新增人口趋势和流动趋势，研究制订公办幼儿园建设专项规划和行动方案。把公办幼儿园建设纳入国民经济和社会发展规划、城市总体规划、乡村发展规划、乡村振兴行动等规划中优先建设，并适当给予资金和土地倾斜。在组织编制相关控制性详细规划时，应当留够、留好公办幼儿园建设用地，且禁止任何单位和个人占用、转用、挪用。在旧城改造、新区开发和乡村建设过程中，应充分考虑进城务工人员随迁子女的入园需求设置幼儿园（点）。新增学前教育资源应向贫困地区、偏远地区、民族地区倾斜，促进教育公平。探索根据区域人口数量强制性设置公办幼儿园的可行机制，如在城市，每2万~3万人就强制性地设置1所公办幼儿园。全市以及各区县（开发区）要设定公办幼儿园建设时间表，如每年新增公办幼儿园的建筑面积在上一年的基础上增长10%，或新增公办幼儿园数量10%，提高公办幼儿园占比。

2. 强化城镇住宅小区配套

达到规定规模的城镇新建住宅小区必须按照同步规划、同步建设、同步验收、同步交付使用的要求配套建设小区幼儿园。城镇住宅小区配套幼儿园用地规模和建设规模必须适应小区未来规划极限人口的入园需求。建设单位应在工程竣工验收合格后一段时期内主动将园舍、场地和有关建设资料全部移交给所在区（县）教育行政部门。政府应通过补贴或协议方式给予建设单位土地成本和建设成本的补偿，激励建设单位建好配套幼儿园。对应建未建、延建、建设质量低下、擅自改变土地规划用途等消极行为，应责令建设单位限期整改，在整改结束前禁止开工建设其他项目。每年对当年竣工验收的住宅小区进行集中清查，对存在问题的发现一例查办一例。针对存量应建未建的老旧小区，应逐一消化存量、做足增量，分批次、有步骤完成补建任务，确保配建到位。

3. 补齐乡村公办幼儿园短板

加大乡镇农村中小学闲置校舍排查力度，充分利用中小学布局调整后的闲置校舍用于农村公办幼儿园建设，增加农村公办幼儿园数量。闲置校舍用于建设公办幼儿园的，要在防震防灾、质量安全、功能结构等方面达到国家相关标准。强化乡村公办幼儿园园舍质量管理，落实质量安全管理责任制，确保项目建设质量。经过3~5年乡村公办幼儿园强化建设工程的实施，实现每个县城不少于10所达标公办幼儿园，每个乡镇（街道）不少于3所公办中心幼儿园的目标，适龄儿童较多、经济条件较好、人口较为密集的社区，也应该设立社区公办幼儿园。农村小学附设的幼儿园应按照法人独立、财务独立、园舍独立、师资独立的要求，与小学剥离，办成规范化、优质化的公办幼儿园或分园。通过中心幼儿园建分园（班、点）、巡回支教等方式，建立起以公办为主的县、乡、村全覆盖的农村学前教育公共服务网络。

4. 促进公办幼儿园均衡发展

合理布局，促进区域、城乡公办幼儿园均衡化、融合化发展。在公办幼儿园园区建设、师资培养培训、人才岗位设置等方面应给予乡村地区、弱小园区支持，均衡配置公办幼儿园教育资源。积极扶持普惠性民办幼儿园，建立政府主导、社会参与、公民办并举的办园体制，弥补公办园缺口。涉及公办幼儿园拆除、搬迁和改制的，应符合市级学前教育改革和规划的要求，并经区（县）人民政府批准，不得影响适龄儿童接受正常的保育和教育，确保幼儿保育教育的连续性和完整性。

（二）强化公办幼儿园质量建设，提升公办园办学质量

1. 确保公办幼儿园建设质量

公办幼儿园的建设，必须严格执行国家、自治区的相关规定和标准，配齐配足教学设施设备，对偷工减料等行为予以严惩。科学选定公办幼儿园的建设地点，避开不利于幼儿身心健康的场所、设施。加强建设过程中的监管，严把建材采购关、施工规范关、质量监理关，不定时地开展监督检查，对在检查过程中发现的问题及时给予纠正，确保公办幼儿园建设的高要求、高标准。

2. 推进公办幼儿园集团化发展

在市级层面、区县层面组建若干公办幼儿园教育集团，实现抱团发展。幼儿园集团内统筹各类教育资源，在管理模式、教学科研、师资培训、文化建设和品牌塑造等方面取长补短、共建共享。鼓励公办幼儿园以联合办园、办分园等多种形式向乡镇设点，使乡镇可以享受到优质的学前教育资源。探索建立学前教育服务区制度，实现适龄幼儿就近入园、方便入园。

3. 争创优质公办示范幼儿园

加强对创建自治区级示范幼儿园工作的指导和支持，建立创建示范幼儿园奖补机制，鼓励通过创建示范园提升办园质量。完善市级公办示范幼儿园的遴选标准，对创建成功的公办幼儿园给予政策优惠和财政补助。各区县（开发区）也应制定相应标准，积极开展公办示范幼儿园创建工作。开展学前教育改革示范区建设，激发幼儿园主动提高办园质量的内在动力。

4. 发挥名优园示范辐射作用

建立形式多样的幼儿园互动交流平台，促进不同类型幼儿园之间的相互交流、资源共享。破除不同系统、不同层级、不同体制的边界障碍，公办幼

儿园应主动向知名的民办幼儿园"取经学习"。建立城镇公办幼儿园与乡村公办幼儿园结对共建机制，挑选城镇公办幼儿园骨干教师到乡镇公办幼儿园支教，为乡镇公办幼儿园的建设"输血"。鼓励"名园"合理举办"分园"，扩大优质教育资源供给。建立城市和乡村、名园和非名园优质学前教育资源共享的有效机制，形成幼儿园科学发展共同体。

（三）增加公办幼儿园要素投入，分担公办园建设成本

1. 降低公办园建设成本

全方位、多环节给予公办幼儿园建设支持。公办幼儿园建设用地的取得，应坚持划拨或协议的方式。对公办幼儿园建设项目建立绿色通道，实行公办园建设项目行政事业零收费、服务性收费优惠收取，最大限度降低建设成本。新建、改建、扩建公办幼儿园的，可参照义务教育阶段的相关规定减免有关费用。公办幼儿园的日常运营支出，如水、气、电等的价格，以及垃圾处理、污水排放等费用，应按照最低标准执行，或给予部分返还。

2. 强化财政资金的投入

应将公办幼儿园建设资金纳入地方公共财政予以保障，并在教育经费中更加合理地分配学前教育经费的比例。设定学前教育经费投入每年增长速度，应不低于地区生产总值和地区财政收入增速。增加公办幼儿园建设的"财源"，如在土地出让收益、彩票公益金等中，按照一定比例安排学前教育经费，用于公办幼儿园建设。有条件的区县（开发区）可以设立一定数额的公办幼儿园建设专项资金，缓解公办幼儿园建设资金缺口。

3. 鼓励社会力量的进入

可利用当前较为成熟的投融资模式，如BOT、BT等，重点发展PPP模式，破解财政资金困难的瓶颈。调动社会爱心力量，加强与慈善机构的合作，鼓励社会各界捐资、出资、集资举办公办幼儿园。重点支持企事业单位、高校、街道和社区集体举办公办幼儿园，在优先满足其适龄儿童入园的基础上，面向社会公开提供部分入园名额。通过采取购买服务、奖励补贴等方式，引导和鼓励社会力量举办普惠性幼儿园。

4. 完善公办园建设保障措施

市政府与市教育局、各区县（开发区）每年签订双线工作目标责任书，把公办幼儿园建设任务纳入工作目标责任书管理，要求各区县政府要对乡镇、社区如何抓好公办幼儿园建设工作有具体的工作保障措施。将公办幼儿园建设项目的部分重点项目学校列入市政府为民办实事和市政府工作报告要求建设的学校范围，向社会公开，接受社会监督。有条件的城区、乡镇街道、社区等应将义务教育阶段向学前教育延伸，提供有质量的学前教育公共服务。

（四）推进公办幼儿园体制机制改革，促进公办园良性发展

1. 建立多元化办园体制

一是政府出资，品牌化管理。通过政府出资、由现有公办中小学校利用国有资产举办的形式，开办公办幼儿园。并由当地教育部门通过公开招投标的形式，以政府购买服务的方式，引进具有资质的学前教育品牌机构，负责具体管理和运营。二是鼓励和支持社会资金进入公办幼儿园领域，可以采取捐资、合资等形式筹措办园资金，不改变公办幼儿园主体，不改变幼儿园性质。三是公办幼儿园特色化，探索开办寄宿制幼儿园、半日制幼儿园、季节制幼儿园等，满足多样化的需求。

2. 建立自主化办园管理机制

一是制定科学、合理的园长、教师的考核评价体系和资格审定制度，并引导、鼓励和支持公办幼儿园教师进行幼儿教育科学研究工作。从管理上紧缩"小学化""保姆式"存在的空间，让每一个幼儿都能得到最适合的教育。二是权力下放，管理端前移，扩大公办幼儿园的自主权。同时，建立教职工代表大会制度，强化民主监督和管理。三是全面加强监督管理和科学指导，明确各方责权利关系。四是从人事制度、分配制度改革等为切入点，推进公办幼儿园内部管理体制机制改革，实行"三定"原则（定编、定岗、定人员）和教职工聘任制、结构工资制、绩效考核制等，从根本上激发教职工的竞争力和创造性，提高教学和管理水平。

3. 建立公办幼儿园自我管理机制

逐步建立由过去权威式的集权管理向自我管理转变的公办幼儿园管理机制。一是开展自我诊断活动，集中培养幼教的自我分析、自我观察、自我判断和自我反应等方面的能力，通过自我分析—找出差距—客观评价—纠正不足，有效地提高幼教的学前教育和管理水平。二是构建园长助理机制、主教助教机制、教学长指导机制、三教共保机制、自我效能机制等管理机制，逐步促进公办幼儿园教师养成自我管理的能力，提高公办幼儿园的整体教育质量和服务水准，实现良性化发展。

（五）构建公办幼儿园量化管理体系，实现公办园科学管理

1. 科学实施目标管理

一是根据南宁市各公办幼儿园的教育目标和定位制定各自的管理目标。二是结合全市公办幼儿园实际情况，建立全面、统一的目标体系。目标体系内容包括周目标、月度目标、季度目标、学期目标、年度目标以及个人目标、班级目标、部门目标和全园目标等各方面工作的目标。三是建立目标管理实施监督评价小组，对整个目标进行指导、监督、组织、检查和评价。

2. 构建科学的教育评价体系

一是根据目标管理，对每项目标进行详细说明。对目标内容分步骤开展，确保目标逐一落实，并对目标体系设定不同的权重，凸显目标的轻重缓急，在目标实施过程中不断试验和修订目标体系，最后形成一个完善的全园目标体系。二是定性与定量评价相结合，对公办幼儿园的管理工作要将招生、教学、科研、人事、卫生、安全等评价要素纳入评价体系中，对幼儿园工作进行评价后，反馈给各部门和个人，并督导各部门和个人及时调整目标内容，不断优化目标体系，以高效、人性化的方法提高幼儿园管理工作效率和质量。

（六）强化公办幼儿园人才队伍建设，完善公办幼儿园人才管理

1. 完善教师人事管理制度

加大公办幼儿园教师队伍建设力度，对公办幼儿园教职工配备尽量达到

按需配给，根据南宁市公办幼儿园实际情况和编制数，逐步扩大公办幼儿园教职工编制数，加大对农村和边远地区学前教育的倾斜力度。建立多劳多得、优劳优酬的工资分配制度，聘用制的教师与编制内教师享受同等待遇。引进末位淘汰制，对教学水平差的教师进行岗位培训或降薪，激发公办幼儿园教师的能动性。

2. 提升师资队伍综合素质

依托学前教育培训机构，加大幼儿园教师的业务培训力度，定期和不定期地组织幼儿教师进行专题培训，提高教师专业知识和综合能力。如定期进行儿歌、童谣、幼儿游戏和幼儿教学理论等专题培训，提高幼儿教师的教学和理论水平。实施"名园名师"策略。采取竞争选拔、交流学习、重点培养等方式，培养一批学科带头人和市内外有名的幼儿教师，以此带动幼儿园的整体发展。加大男性幼儿教师的引进力度，引导其成为"双师"型教师。教育部门和公办幼儿园需要加大教师队伍结构调整力度，加快培养一批业务能力强的男性幼儿教师。引导幼儿教师制订自身的职业规划，树立良好的专业情感、职业价值观和职业信念。提升公办幼儿园管理者的能力与水平，打造素质团队的管理模式。

3. 营造宽松快乐的管理环境

营造人尽其才的幼儿园工作氛围，人人尊重幼儿教师，在强化竞争激励机制的同时，倡导教师互帮互助，构建和谐的人际关系。加强民主管理，提高幼儿园内各项工作的管理透明度，让每位教师都参与到幼儿园建设和管理中，提高教师的工作热情。根据公办幼儿园教师的学识、心理、特长等，为教师量身定制职业发展规划，为幼儿教师的发展提供平台，营造和谐、宽松、上进的工作环境。

参考文献

[1]《2016年全国教育事业发展统计公报》，中华人民共和国教育部网，http://www.moe.edu.cn/jyb_ sjzl/sjzl_ fztjgb/201707/t20170710_ 309042.html，2017年

7月10日。

[2]《统计显示：上海八成孩子就读公办幼儿园》，中国上海网，http://www.shanghai.gov.cn/nw2/nw2314/nw2315/nw4411/u21aw456200.html，2010年11月5日。

[3]《2016年北京幼儿园发展环境及幼儿教育市场规模统计》，中国产业信息网，http://www.chyxx.com/industry/201702/493642.html，2017年2月13日。

[4]《评论：广州公办幼儿园数量与城市地位不相符》，中国新闻网，http://www.chinanews.com/edu/2014/07-01/6336940.shtml，2014年7月1日。

[5]秦旭芳、王默：《普惠性幼儿园建设的桎梏与突破》，《早期教育·教科研》2013年第3期。

B.15 南宁市公共体育服务供给优化路径研究

南宁市社会科学院课题组*

摘　要： 公共体育服务是人民群众非常关心的基本公共服务之一。本报告以南宁市为例，通过分析公共体育服务供给现状，梳理公共体育服务供给存在的突出问题，提出优化公共体育服务供给的总体思路，指出应当从强化公共体育设施供给、提升公共体育服务质量、推进公共体育服务供给主体多元化、优化公共体育服务供给结构、探索公共体育场地设施建设多元化投资等方面入手，补齐公共体育服务供给"短板"，努力提升群众的获得感、公平感和幸福感。

关键词： 公共体育服务　全民健身　健康南宁

公共体育服务是指为满足公众体育需求、保障公众体育权益，由政府、企业、社会组织等提供的公共体育产品及服务，它是国家基本公共服务体系的重要组成部分。国家制订的《体育发展"十三五"规划》也明确提出："不断完善基本公共体育服务，加快建设水平较高、内容完备、惠及全民的

---

* 课题组组长：覃洁贞，南宁市社会科学院副院长、研究员；成员：王水莲，南宁市社会科学院经济发展研究所所长、副研究员；龙敏，南宁市社会科学院党支部专职副书记、副研究员；岑家峰，南宁市社会科学院社会发展研究所副所长、助理研究员；王瑶，南宁市社会科学院经济发展研究所副所长、助理研究员；申鹏辉，南宁市社会科学院办公室工作人员；甘品元，广西民族大学副教授；周萍，广西民办教育协会，一级教师。

基本公共体育服务体系，逐步推动基本公共体育服务在地域、城乡和人群间的均等化。"加快公共体育服务体系建设关系人民群众身体健康和生活质量，是保障和改善民生的重要途径，是推进全民健身战略和健康中国战略的重要内容。随着经济持续快速发展，人们生活水平提高和生活观念的转变，体育健身意识进一步增强，参与体育锻炼健身越来越成为人们重要生活方式，由此形成对体育服务需求快速增长的情况。如何进一步完善公共体育服务体系，有效回应公众日益多元的体育健身需求，是一项紧迫而重要的任务。课题组采用文献资料法、专家访谈法、问卷调查法等方法开展研究，共发放1218份问卷（包括1000份纸质问卷和218份网络问卷），纸质问卷回收850份，其中有效问卷816份，网络问卷回收218份，有效问卷218份，总共有效问卷为1034份，有效率为84.89%。通过对数据资料进行统计分析，梳理南宁市公共体育服务供给的现状、存在问题，提出思路和建议，为有关部门制定决策提供参考。

一 优化公共体育服务供给的重要意义

（一）有利于促进基本公共体育服务均等化

党的十九大报告指出："中国特色社会主义进入新时代，我国社会主义主要矛盾已经转化为人民日益增长的美好生活的需要和不平衡不充分的发展之间的矛盾。"体育健身是新时代人民日益增长的美好生活需要的重要内容，提高公共体育服务供给能力，以共享的发展理念切实做好体育惠民工作，努力改善公共体育发展不平衡不充分现状，促进公共体育均等化，实现全体人民共享公共体育服务建设成果，是新时期各级政府的重要工作。近年来，随着南宁市经济社会快速发展，广大人民群众生活水平不断提高，群众健康意识逐步增强，对体育健身需求不断增多，多措并举增加公共体育服务供给，补齐公共体育服务短板，促进公共体育资源均衡配置，对于保障群众基本体育权益，促进基本公共体育服务均等化具有重要意义。

（二）有利于推动落实全民健身国家战略

全民健身是全体人民增强体魄、健康生活的基础和保障，也是全面建成小康社会的重要保障。2014年，国务院将全民健身上升为国家战略，把增强人民体质、提高健康水平作为根本目标，充分体现了党和政府对发展体育事业、增强人民体质的重视。目前各地都在积极贯彻落实全民健身战略，广泛开展全民健身活动，积极扩大体育产品和服务供给，不断丰富和满足日益增长的多元化体育需求。对于南宁市而言，在建立公共体育服务体系过程中不断完善设施、健全体育组织、丰富体育健身活动、提高公共体育服务效率，对于贯彻落实全面健身国家战略具有重要意义。

（三）有利于推进健康南宁建设

健康是广大人民群众的共同追求，也是推动经济社会发展的基础条件。党的十八大以来，以习近平同志为核心的党中央高度重视维护人民健康，健康中国建设驶入"快车道"。2015年党的十八届五中全会首次提出健康中国战略部署。2016年8月召开的全国卫生与健康大会明确了健康中国的大政方针，同年10月发布实施了《"健康中国2030"规划纲要》。南宁市作为首府城市，通过科学指导公众体育健身，组织全民参与体育赛事和活动，发展运动休闲产业，对推动健康南宁建设具有重要的意义。

二 南宁市公共体育服务供给现状

近年来，南宁市大力实施全民健身战略，加强公共体育服务建设，逐步完善体育政策法规，改善公共体育设施条件，健全体育社会组织，广泛开展各类赛事活动，不断改进公共体育服务供给方式，不断扩大国民体质监测覆盖面，极大地满足了广大群众的多样化需求。

（一）体育政策法规逐步完善

近年来，南宁市相继出台了一些与公共体育服务相关的政策法规，主要包括两方面:一是与全民健身相关,如《南宁市全民健身实施计划(2016~2020年)》《南宁市全民健身和全民健康深度融合试点工作实施方案》等;二是与丰富体育赛事有关,如《南宁市体育局关于推进体育赛事审批制度改革的实施意见》,这些政策制度使公共体育服务供给有法可依,对完善全市公共体育服务体系具有重要作用。

(二)体育基础设施明显改善

体育基础设施投入建设力度不断加大,尤其是随着全市经济发展水平、财政实力的逐步提高,南宁市的体育事业经费投入不断扩大,2016年全市体育事业经费达9838.40万元,比2012年增加6103.48万元,增长了163.42%(见表1)。体育场地数量不断增多,随着体育投入的不断加大,全市体育场地的数量出现大的增长,全市各类体育场地的个数为12646个,场地面积为952万平方米,人均体育场地面积约为1.36平方米。

表1 2012~2016年南宁市体育事业经费规模

单位:万元

类别	2012年	2013年	2014年	2015年	2016年
财政经费	2541.32	1786.27	15777.27	4103.64	5905.35
用于体育事业的彩票公益金支出	1013.60	1297.82	1476.05	2034.07	2693.05
中央下达体育场馆类资金	180.00	0.00	1344.00	1592.00	1240.00
合计	3734.92	3084.09	18597.32	7729.71	9838.40

资料来源:南宁市体育局。

(三)体育公共服务需求不断增强

随着居民收入水平的提高,人们对通过参加锻炼增强健康更加重视,体育健身需求不断高涨。参加体育锻炼的人数众多。问卷调查结果显示,从不参加体育锻炼的人仅占5.61%,定时参加锻炼的人高达53.19%,不定时锻炼的人达41.2%(见图1)。

群众锻炼的自觉性和主动性很强。问卷调查显示,77%的人每次锻炼时间都超过了30分钟,其中在30分钟~2个小时之间的占了73%(见图2)。

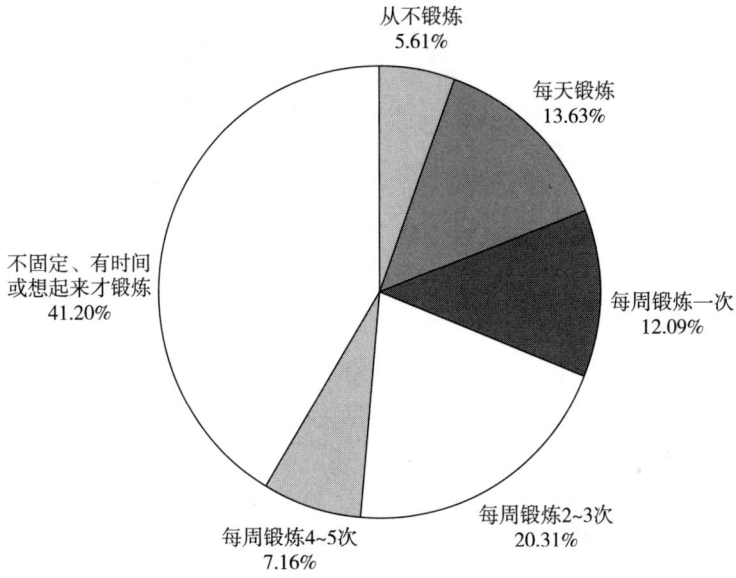

图1 南宁市民平时的锻炼习惯

资料来源：根据调研问卷统计整理得出。

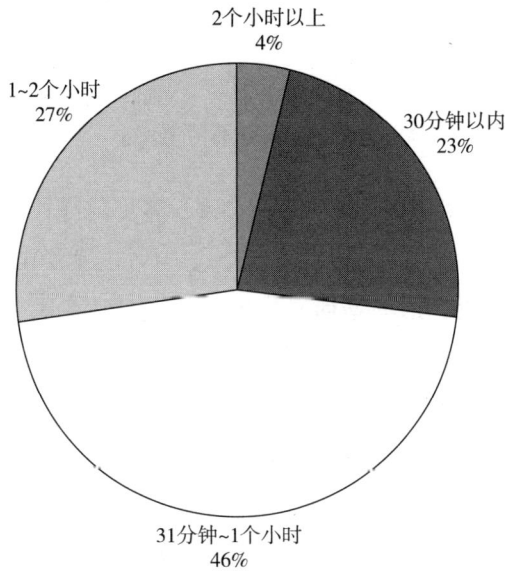

图2 南宁市民每次锻炼的时间占比

资料来源：根据调研问卷统计整理得出。

参加体育锻炼项目种类丰富。问卷调查结果表明,群众平时经常参加的体育锻炼项目主要有跑步、散步、健身器械、气排球、篮球、乒乓球、足球、羽毛球、广场舞、骑行等,其中跑步和散步是最受市民欢迎的锻炼方式,参与人数分别占到了36%和61.4%(见图3)。

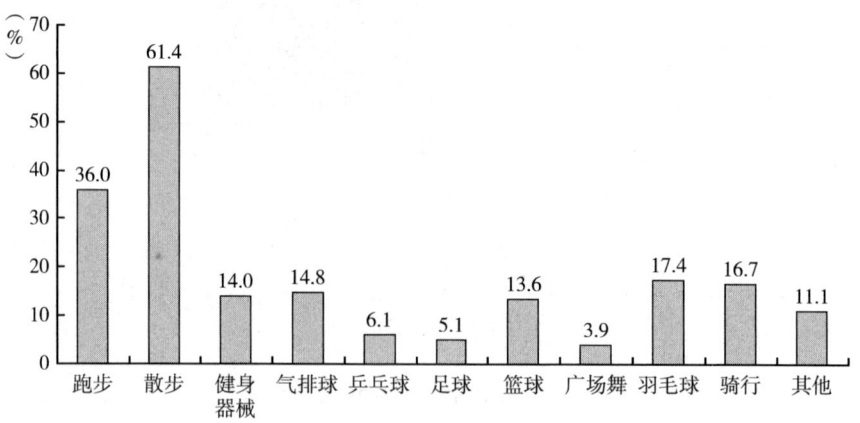

图3　南宁市民平时体育锻炼的项目占比

资料来源:根据调研问卷统计整理得出。

(四)体育服务供给社会化程度不断提高

随着人民群众体育健身需求的日益高涨,各类体育社会组织数量不断增加,截至2016年底,全市共有单项体育协会34个,比2012年增加了14个;体育俱乐部86个,比2012年增加了37个,市级、县(区)级、乡(镇)级及行政村、社区、居委会级老年体协1825个,比2012年增加了947个,是2012年的2.08倍。此外,社会体育指导员队伍不断壮大,截至2016年底,全市有各级各类社会体育指导23000多人,增长了34.78%。南宁积极推广政府购买公共服务模式,一方面政府积极利用大型体育场馆免费、低收费补助资金和一定比例的体彩公益金等财政资金;另一方面通过政府购买服务的形式,在全市范围内与已发展成熟、条件优越的健身场馆共同设立社区全民健身活动中心,免费或低收费向社会开放,2016年底确定的首批社区全民健身活动中心有广西拳天下健身服务有限公司、五健健身文体中心、山语城健身中心、马山县远航体育服务中心等，方便人民群众锻炼健身。

（五）国民体质监测覆盖面进一步扩大

为了进一步完善全民健身体系，科学监测市民的健康素质，南宁市积极开展国民体质监测，国民体质监测的覆盖面呈现逐年扩大趋势。2016年完成广西体育局下达的国民体质监测检测6415人的任务，检测人数较前两年出现大幅增长，并初步建立起国民体质大数据库（见表2）。并从2016年开始，南宁市国民体质监测中心每周二、四、六免费对公众开放，向市民免费提供国民体质监测和健身咨询服务，监测结果由体育科研人员进行综合分析，对监测对象参与体育运动种类、运动强度、运动时间及运动频率等提出科学合理建议。

表2　2014~2016年南宁市国民体质监测具体人数

年份	2014	2015	2016
监测人数（人）	3792	3300	6415

资料来源：南宁市体育局。

（六）体育赛事活动更加多元化和大型化

南宁市根据自身的人文特点、地理环境等因素，以元旦冬泳、端午节龙舟、气排球赛、解放日长跑等传统赛事为龙头，积极组织了一系列精彩纷呈的群众性体育赛事，广大群众踊跃参与。日益多元化的体育赛事极大地提高了群众的体育意识和健康水平，得到了社会各界的好评。在积极举办各类群众体育赛事活动的同时，南宁市充分利用区位优势，坚持面向东盟、面向世界，积极申办国际知名赛事，如第四十五届世界体操锦标赛、TIF国际女子网球巡回赛·南宁站比赛、2017环广西公路自行车世界巡回赛、南宁国际马拉松比赛等，这些赛事也成为对外宣传南宁的窗口，极大地提高了南宁的城市影响力。

三 南宁市公共体育服务供给存在的突出问题

随着居民生活水平不断提高,群众的健身意识不断增强,公共体育需求已经进入快速增长时期,而公共体育服务供给相对滞后,公共体育服务供需矛盾突出,其主要表现在以下几个方面:

(一)公共体育服务供给总量不足

一是体育场地设施十分匮乏。第六次全国体育场地普查数据显示,截至2013年12月31日,南宁市人均体育场地面积1.31平方米,低于同期全国1.46平方米的平均水平,也分别低于同期来宾市的2.46平方米、北海市的2.18平方米、桂林市的1.60平方米、崇左市的1.44平方米的水平。据体育部门统计,截至2016年末,南宁市人均体育场地面积已经提高到1.36平方米,但仍然低于2013年全国平均水平,要完成"十三五"规划提出的到2020年达到1.8平方米的要求有一定难度。通过对全市1218名市民问卷调查发现,体育场地限制和体育设施缺乏成为影响群众体育锻炼最重要原因,两者相加占比达58.5%(见图4)。

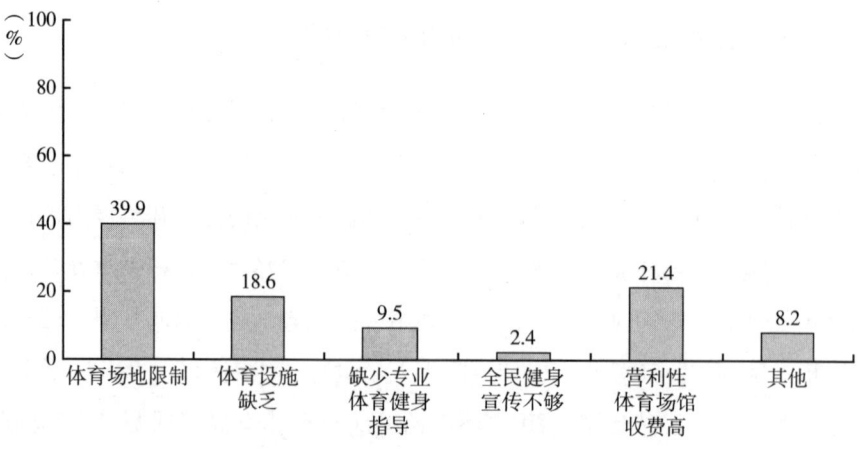

图4 影响体育锻炼的客观原因

资料来源:根据调研问卷统计整理得出。

二是体育场地设施对外开放程度低。第六次全国体育场地普查数据显示，南宁市体育场地全天开放的有 5605 个，仅占全市体育场地总数的 47.96%；部分时段开放的有 944 个，占总数的 8.08%；不开放的达 5138 个，占总数的 43.96%（见表3）。从这些数据中可以看到，全市所有体育场地中，不对外开放的场地数量占比接近一半，利用效率低。体育场地开放程度低，对于本来就紧缺的公共体育场地资源来说，更显不足，公共体育服务的供需矛盾更为突出。

表3 南宁市体育场地对外开放情况汇总

单位类型	不开放(个)	部分时段开放(个)	全天开放(个)
行政机关	166	129	156
事业单位	4497	455	1035
企　　业	292	229	450
其他单位	183	131	3964
合计	5138	944	5605

资料来源：2014 年南宁市第六次全国体育场地普查。

（二）公共体育服务供给质量有待提高

一是公共体育服务形式单一。虽然近年来南宁市通过实施体育惠民工程建设了大批体育基础设施，一定程度上缓解了公共体育资源紧张的局面，但总体来看公共体育服务产品和服务仍然不够丰富，供给内容单一、形式单一，健身指导培训、体育信息服务、体育医疗康复等方面的体育服务和产品并不多，体育赛事还不够丰富，体育产业发展滞后，社会体育指导员健身指导服务能力和水平有待加强，公共体育服务无论是数量还是质量都还有很多短板，不能满足群众日益增长的健身需要。问卷调查数据显示，只有 23% 的受访者对南宁市公共体育服务供给表示满意，47.4% 的受访者表示一般，另外 29.6% 的受访者表示不满意（见图5），由此说明南宁市公共体育服务供给质量上还有待提高。

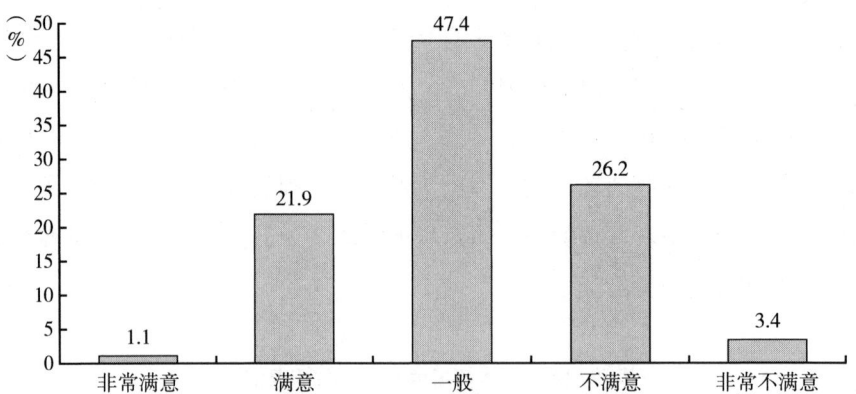

图5 南宁市民对南宁市公共体育服务供给总体评价

资料来源：根据调研问卷统计整理得出。

二是公共体育服务质量相对不高。调研发现一些地方公共体育服务质量相对不高，主要表现在两个方面：一是有些公园、小区、街边运动健身器材管理主体不明确、管理责任不落实、日常监管维护不到位，导致健身场地和器材陈旧老化，甚至被侵占，影响了正常使用。调查问卷显示：认为经常锻炼地方体育设施无人维护管理的达22.5%，体育设施损坏严重的占16.2%，体育设施质量差的占18.9%（见图6）。二是一些大型体育场馆使用功能单一，延伸的体育服务少，对外吸引力不足，在大型赛事结束后经常处于闲置状态，体育设施利用效率不高。

（三）公共体育服务供给方式滞后

第一，公共体育服务供给主体单一。目前政府以及各级体育行政部门依然是公共体育服务的提供主体，很多公共体育设施建设、群众性全民健身活动仍然是由政府组织和实施，其他公共体育服务供给模式仍处于起步摸索阶段。

第二，体育社会组织作用发挥不够。体育社会组织作为公共体育服务的重要供给主体，其作用尚未充分发挥，表现在两个方面：一方面是体育社会

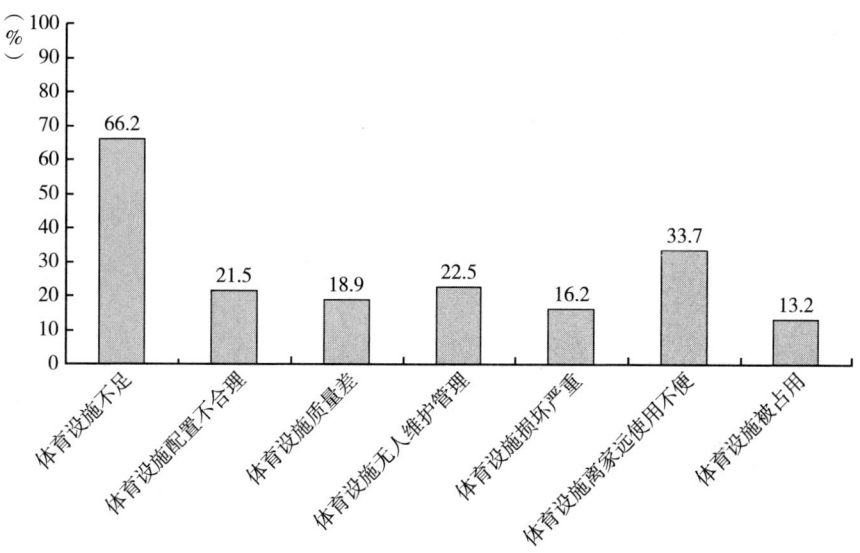

图6 南宁市民经常锻炼地方体育设施存在的问题及其占比

资料来源：根据调研问卷统计整理得出。

组织之间缺乏交流合作，体育资源没有得到有效整合，提供体育服务能力有限；另一方面是部分体育社会组织经费筹集能力不足、发展后劲不足、活动组织能力不足、实体化发展遇瓶颈，引导和带动公众参与体育健身活动能力有限。

（四）公共体育服务体系不均衡

公共体育服务体系建设的核心任务和目标，是要努力建设覆盖城乡、惠及全民的全民健身公共服务体系。目前南宁市公共体育服务发展不均衡问题突出，集中表现在以下几个方面：一是体育场地分布不均衡。南宁市城乡之间、地区之间的公共体育设施资源分布不均，南宁市第六次全国体育场地普查数据显示，城区当中西乡塘区和青秀区体育场地较丰富，其中良庆区数量最少，与最多的西乡塘区相差1261个；县域中横县和武鸣县场地较丰富，其中上林县数量最少，与最多的横县相差1064个（见图7）。总体上看，分布在县域的体育场地多于分布在城区的场地,其原因不仅与地域面积有关,还受到城市建设和规划等诸多因素的影响。

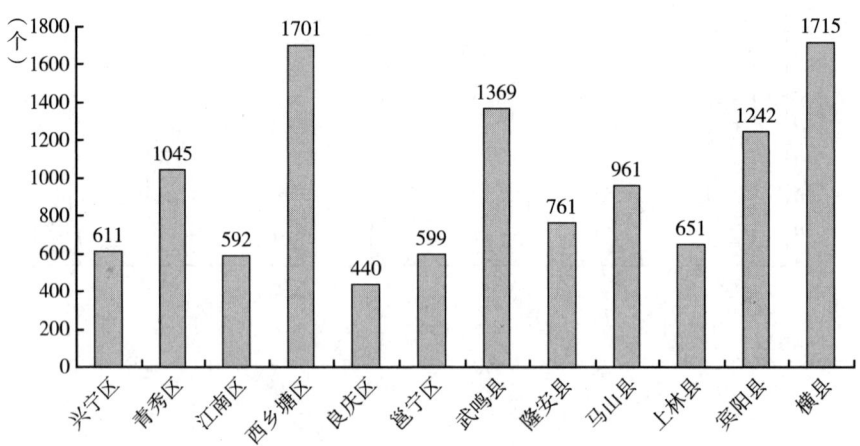

图7 南宁市体育场地分布情况

资料来源:2014年南宁市第六次体育场地普查。

二是体育场地设施布局不合理。目前南宁市一些公共体育设施在规模上和地点的选择上不够科学合理,未能充分体现其便民性,难以满足群众体育锻炼需求。市内一些对外开放体育场馆及锻炼健身场地主要分布在青秀区、兴宁区,其他城区如西乡塘区虽然有较多体育场地,但都是在学校内部,对外开放可供市民体育锻炼的群众性体育设施不多,给广大人民群众就近就地参加体育锻炼带来不便,一些市民为了跳广场舞只能在街边空地进行,由此造成的扰民问题时有发生。在农村区域,虽然有些村委新建了体育健身设施,但一般都是建在远离村民集中居住区的村委大院或村委办公楼周围,给村民使用带来不便。

(五)公共体育场地设施建设市场化不足

第六次全国体育场地普查数据显示,全市公共体育场地设施的建设资金主要还是来源于各级政府财政,由政府出资(含体彩公益金)的金额占总投资金额的42.93%（其中体彩公益金占比1.04%），单位自筹占比19.76%，社会捐赠占比1.54%，其他资金占比35.77%，政府出资建设体育场地金额占比过大，体育场地建设投入未能有效吸引社会资本和实现市场化，由此形成很大的财政压力。虽然财政每年不断增加体育场地设施建设资金，但相对日益增多的体育场地设施建设需求而言，建设经费缺口仍然较大。因此，亟须完善社会资本投资公共体育设施鼓励性政策措施，吸纳民间资本投资建设体育场地。

四 优化南宁市公共体育服务供给的总体思路

（一）指导思想

深入贯彻党的十九大精神和习近平总书记系列重要讲话精神，践行创新、协调、绿色、开放、共享的发展理念，以习近平新时代中国特色社会主义思想为统领，深入实施全民健身国家战略和健康中国战略，围绕建设"四个城市"的任务要求，扩大公共体育服务有效供给，不断满足人民群众多层次多样化的体育健身需求和体育消费，构建以政府主导、市场运作、社会力量多方参与，全体公民共享的公共体育服务体系，注重发挥南宁优势、突出南宁特色，创新公共体育服务供给模式和机制，丰富和优化公共体育服务供给内容，培育壮大各类市场主体，促进公共体育服务供给多元化，提升城乡公共体育服务供给均等化水平，力争打造全民健身全国示范区。

（二）基本原则

1. 坚持以人为本原则

公共体育服务供给应当坚持以满足人民群众日益增长的多元化多层次体育需求为出发点和落脚点，引导健康生活方式，提高生活质量。探寻南宁市公共体育服务供给与市民需求的关联度和契合性，优化供给内容，提升供给质量和效率，提高公共体育服务供给的针对性、实效性和人民群众满意度。

2. 坚持改革创新原则

充分认识创新在公共体育服务供给中的核心位置，以全面深化改革促发展，通过政府职能转变、服务方式转变、供给模式转变以完善相应的法治建设创新体制机制，推动新理念、新技术、新业态和新管理模式在公共体育服务供给体系中涌现。

3. 坚持统筹协调原则

立足全局，统筹兼顾，坚持推进公共体育服务供给均等化，促进城乡体育协调发展，让广大人民群众均等享有健身权利。正确把握公共体育服务供给侧和需求侧的内在规律，促进体育事业与体育产业的全面协调发展。推进公共体育服务供给体系内部协调发展，实现公共体育服务与经济社会协调发展。

4. 坚持开放合作原则

充分利用"一带一路"建设和中国与东盟各国联系日益紧密的国际环境，发挥体育在对外交往中的综合功能和独特作用，将场地设施服务、体质监测服务、健身指导服务、体育赛事活动服务、信息咨询服务、体育政策服务等供给内容融入南宁市体育发展战略中，建设面向国际的开放型体育发展格局。

5. 坚持绿色共享原则

加快构建全体公民共享的南宁市公共体育服务供给体系，大力传播绿色、积极、健康的体育健身文化，引导市民养成健康的健身理念和生活方式。优化公共体育服务供给，让更多的市民参与到体育活动中来，享受到更高质量的体育服务，享受到体育发展带来的福祉。

（三）基本目标

1. 全民健身迈上新台阶

全民健身公共服务体系进一步完善，城乡居民的体育健身意识普遍增强，爱健身、会锻炼、享健康成为良好的社会风尚，体育锻炼人数大幅增加，推动全民健身与全民健康融合发展，到2020年，全市经常锻炼体育人口达46%，全市国民体质监测合格率达90%以上。

2.体育赛事提高新效益

办赛资源实现合理化配置,体育赛事结构进一步优化,形成政府主导、各部门协同、社会力量共同参与的群众性体育赛事发展新格局,培养赛事的运作团队,提高群众体育赛事的运作效益。培育出一批自主品牌赛事,全面提升南宁市体育赛事的影响力,申办一批影响范围广、级别高、效益好的全区乃至全国体育赛事。

3.体育设施提升新层次

优化体育资源配置,推进南宁市基本公共体育服务均等化,保障市民基本体育需求,到2020年,全市人均体育场地面积力争达到1.8平方米以上,市、区(县)建成与经济社会发展相适应的体育公共基础设施,实现惠民体育健身设施全覆盖,公共体育设施和符合开放条件的企事业单位和学校体育设施开放率均达到80%以上。建成城市社区"10分钟健身圈"。

4.体制机制创新取得新突破

深化公共体育服务体制机制改革,加快转变政府职能,创新体育行政管理方式,逐步完善与经济社会协调发展的公共体育管理体制和服务运行机制。培育、扶持体育社会组织,促进体育社会组织能力建设,形成"3+N"(体育总会、社会体育指导员协会、老年人体育协会+若干单项或人群体育协会)体育社会组织发展模式。

5.体育文化影响实现新提升

发挥体育文化的独特价值和作用,培育运动项目文化,打造一批高质量的体育文化精品和体育文化品牌活动。力争到2020年,南宁市体育文化影响力进一步扩大,在培育社会主义核心价值观中的作用更加突出。拓展中国—东盟体育合作交流领域,搭建中国—东盟城市体育文化交流平台。

(四)重点任务

1.体育设施建设提升工程

盘活南宁市现有体育场馆资源。加快推动城乡各级各类公共体育服务设施向市民免费或低收费开放,提高大型场馆对外开放率和使用率,满足广大人民群众的健身消费需求。加大公共体育场馆、全民健身活动中心、户外多功能球场和健身步道建设力度。整合各方资源，鼓励社会力量建设小型化、多样化的活动场所和健身设施。优化健身设施、场馆的布局，提高体育设施供给的便利化程度。

2. 体育组织培育发展工程

重视对体育类社会组织的培育和发展，集中力量、整合资源、完善政策，规范管理，培育和扶持一批有实力、有特色、管理规范的体育类社会组织。适度向社会组织转移服务职能，鼓励体育类社会组织承办全民健身活动和各种体育赛事，使体育类社会组织逐渐成为开展群众体育活动的组织者和主力军。加快培养各级各类体育类社会组织的专业人员队伍，提升南宁市体育类社会组织的管理和服务水平。

3. 体育人才队伍培养工程

重视社会体育指导员、健身教练队伍培养，探索建立全民健身志愿服务机制，强化对全民健身的科学指导。加大对退役运动员职能培训和就业指导，鼓励他们结合自身运动项目和全民健身需求开展公共体育服务，充分发挥专业特长。联合卫生部门加快运动康复医生、健康指导师等相关人才培养，推动全民健身与全民健康深度融合。继续完善体育人才激励保障机制，为体育人才成长营造良好环境。

4. 公共体育服务信息化工程

加大南宁市公共体育服务信息化建设力度，借助大数据平台，运用"互联网+体育"技术，提升公共体育服务供给产品的多样化、高效化和便利化程度。打造层次丰富、渠道和媒介多样的公共体育服务综合平台，提升公共体育服务的智能化水平和供给效率，为市民提供便捷化的公共体育服务产品。充分运用信息化手段开展市民体质监测，让市民可随时随地预约体质监测服务，可便捷了解自身体质健康状况，为参与全民健身活动提供指导。

5. 体育健身惠民工程

转变政府职能，创新群众性体育赛事活动的内容和形式，降低社会力量参与举办体育赛事的门槛和条件。鼓励和支持社会力量参与组织全民健身活动。依托南宁市国民体质监测中心以及社会体育指导员队伍，继续完善国民体质监测制度，扩大监测对象和范围，为全民健身工作决策提供依据。

五 优化南宁市公共体育服务供给的对策建议

（一）不断完善公共体育服务设施

体育设施是构建公共体育服务体系的基础和前提。要以实施全民健身战略和推进健康南宁建设为契机，科学规划全民健身场地设施，借鉴外地经验制定出台南宁市公共体育服务标准指标体系，包括场地设施、健身指导、健身活动、体质监测、信息服务、组织机构、制度建设、经费投入等内容。盘活存量资源，将旧厂房、老旧商业设施、街边空地等闲置资源改造为全民健身场地，解决群众身边健身场所紧张问题。利用公园游园、广场绿地、滨水廊道等开敞空间，因地制宜配套设置与周边环境相协调的体育便民设施。补齐农村健身场地短板，丰富乡村体育设施供给。继续推进公共体育基础设施向基层农村山区和偏远落后地区延伸，切实开展南宁市体育扶贫工程，确保人人享有体育健身机会。加快推动学校体育设施向社会开放试点，制定南宁市学校体育场馆开放的实施细则，明确开放范围、开放时间、开放对象、开放项目、经费保障等，试点推进中小学校体育场地免费对社会开放，同时探索引入第三方体育服务机构加强场地管理服务，最大限度地发挥政府投入社会公共体育资源的效用，满足市民就近进行体育锻炼的基本需求。倡导机关企事业单位体育设施和体育场馆向社会开放，实现体育资源社会共享。

（二）提升公共体育服务质量和水平

提供高效优质的公共体育服务已然成为建设服务型政府的应有之义。稳步推进体育产业与文化、旅游、健康、养老等相关产业融合发展，充分发挥体育产业在公共体育服务中的重要作用。大力推动全民健身与全民健康深度融合，发挥全民科学健身在健康促进、慢性病预防和运动康复等方面的积极作用，发展运动康复医疗，为人民群众提供运动康复服务。健全完善国民体质监测网络，推行主动服务、个性服务、跟踪服务，不断提升体质监测服务水平，为广大市民科学健身提供依据。加强社会体育指导员队伍能力建设，出台具体激励措施，提高社会体育指导员组织和指导群众参与全民健身活动的积极性。坚持公共体育设施建设和运行管理并重，强化设施后期管理和维护，落实街道、社区的属地管理原则，加强对小区、公园、绿地、广场运动健身设施的日常巡查管理，及时纠正不文明健身行为，对健身器材定期检修、更新，提升现有公共体育设施使用效率。积极推进公共体育场馆运营管理机制创新，通过"市场化运作、企业化管理、社会化服务"，增强大型体育场馆经营能力，拓展场馆体育服务内容，提升公共体育场馆服务水平和服务质量，使场馆资源得到最大化的开发和利用。

（三）推动公共体育产品和服务供给多元化

公共体育服务供给主体多元化是社会发展的必然趋势。在社会公共体育服务需求多元化的背景下，满足供给侧结构性改革需求，提高产品及服务质量，满足人民群众多元化、多层次的体育需求需要引入多元主体竞争机制，实现协同发展、共同提升。因此，要大力发展多形式、多层次的体育社会组织，重点培育在基层开展体育活动的城乡社区服务类社会组织，为丰富公共体育产品和服务提供组织载体。推动体育社会组织自身建设，提高体育社会组织承担政府转移职能、参与社会治理、提供公共体育服务的能力。进一步创新政府购买公共体育服务方式，完善运行机制和绩效评价考核措施，根据广大市民健身实际需求情况，合理完善政府购买公共体育服务指导性目录，引导体育社会组织更加常态化、规模化承接政府公共体育服务项目，充分发挥体育社会组织在服务群众健身中的作用。形成政府科学引导、社会组织规范运作、全社会共同参与的多元化公共体育供给模式，弥补公共体育服务的"短板"。

（四）促进公共体育服务均等化覆盖

享有基本公共体育服务是公民的基本权利，保障人人享有基本公共体育服务是政府的重要职责。在推进全面建成小康社会过程中,必须保障全体公民都能公平可及地获得大致均等的公共体育服务,不断增强广大人民群众获得感、公平感和幸福感。要牢固树立"体育即民生"理念,把公共体育服务作为保障和改善民生的重要抓手,加大对公共体育的财政投入力度,着重补齐短板,将基本公共体育服务重心下移、资源下移、服务下移,推动城乡和区域基本公共体育服务实现均等化覆盖。要从人民群众最关心、最直接、最现实的体育诉求入手,优化公共体育服务供给,切实加强体育健身场地及体育设施建设、体育社会组织建设、健身服务体系建设等,构建日益完善的公共体育健身设施网络体系,促进人人享有体育服务基本权益。

(五)探索公共体育设施建设多元化投入机制

多元供给是公共体育服务发展的主流趋势,满足广大人民群众日益增长的健身需求需要引入多元主体竞争机制。进一步简政放权,降低社会资源进入公共体育设施供给的准入门槛,充分发挥市场和社会力量的作用,探索建立投资主体多元化、投资方式多样化、投资机制市场化的公共体育服务投融资体制,努力形成全社会共建体育设施的良好局面,减轻政府财政压力。加快出台具体举措吸引和支持社会力量投资建设健身场地设施,通过政府购买、减免税费、项目补助等措施,支持社会力量投资建设和运营管理小型化、多样化的全民健身体育场馆和健身设施,缓解南宁市全民健身场馆设施数量少与政府投入建设资金不足的矛盾,推动形成政府、社会合力的良好氛围,共同打造城市社区"10分钟健身圈"。

参考文献

[1] 肖林鹏:《公共体育服务概念及其理论分析》,《天津体育学院学报》2007年第22(2)期。

[2] 刘亮:《我国体育公共服务的概念溯源与再认识》,《体育学刊》2011年第18(3)期。

［3］汤际澜、谢正阳：《我国基本公共体育服务均等化评价指标体系构建研究》，《南京体育学院学报》（社会科学版）2014年第28（3）期。

［4］樊炳有、高军：《体育公共服务：内涵、目标及运行机制》，人民体育出版社，2010。

［5］孔德银：《我国政府购买体育公共服务模式研究——基于理论和经验的分析》，《云南行政学院学报》2017年第1期。

［6］吴卅：《政府购买公共体育服务绩效评估现状——基于上海市和常州市经验》，《北京体育大学学报》2017年第3期。

［7］上海市体育局：《2015年上海市全民健身发展公告》，2016年9月28日。

［8］王梦阳、梁晓龙、张林：《"体育强市"视域下上海市公共体育服务研究》，《山东体育学院学报》2013年第4期。

［9］金园春：《完善上海市社区体育公共服务供给机制的研究》，东华大学硕士学位论文，2014。

［10］谢正阳、汤际澜、刘红建：《政府购买体育公共服务模式的实践与探索——以常州为研究对象》，《成都体育学院学报》2015年第41（05）期。

［11］王家宏：《我国公共体育服务体系的内涵、特征与价值取向》，《成都体育学院学报》2014年第1期。

［12］王梦阳、张林：《上海市城区居民公共体育服务满意度研究》，《体育文化导刊》2014年第2期。

［13］汤际澜、谢正阳：《我国基本公共体育服务均等化评价指标体系构建研究》，《南京体育学院学报》（社会科学版）2014年第3期。

［14］田宝山、郭修金：《我国公共体育服务运行体系的要素构成及角色定位》，《上海体育学院学报》2016年第4期。

B.16 南宁市创建国家食品安全示范城市研究

南宁市社会科学院课题组*

摘 要： 2016年，南宁市正式启动"创建国家食品安全示范城市"工作（以下简称"创建工作"），取得了较大成效，但工作开展的过程中还面临一系列亟须解决的难题。本报告对当前全市及各城区创建工作过程中存在的问题进行了分析，并结合南宁市实际，提出了有针对性的对策建议。

关键词： 食品安全 国家食品安全示范城市 追溯体系

2017年，南宁市以开展"国家食品安全示范城市"创建工作为契机，在食品安全党政同责、基层能力提升、追溯体系建设、餐厨垃圾管理、"三小"整治和餐饮"明厨亮灶"等工作上取得了良好成效，全市食品安全状况总体稳定向好。但食品安全监管环节多，监管难度大，食品安全隐患尚未完全根除，南宁市应进一步加强对生产源头、食品加工、批发零售和流通等过程的全链条监管。

---

* 课题组成员：黄燕，南宁市社会科学院副调研员、高级讲师；蒋秋谨，南宁市社会科学院农村发展研究所所长、副研究员；梁瑜静，南宁市社会科学院科研所，助理研究员；谢振华，南宁市社会科学院农村发展研究所科研人员；周娟，南宁市社会科学院农村发展研究所，助理研究员。

一 南宁市创建国家食品安全示范城市的初步成效

（一）基层监管能力和基础设施建设得到进一步提升

一是基层监管机构"十个一"（即：一班工作人员、一处办公用房、一套规范标识标志、一辆执法车辆、一组基本装备、一套执法装备、一套快检装备、一套信息化监管软件、一系列工作制度、一套党建工作标准）建设进一步规范化。2017年，全市128个基层所落实办公场所面积8345.6平方米，平均办公场所面积65.2平方米；配备执法用车196辆，配备快检设备147套。

二是食品稽查办案工作卓有成效。充分发挥12331投诉举报热线作用，逐步完善微信、人民网、政府官网和门户网站等投诉咨询平台，提升市民参与食品安全监管工作的体验感和认同感，2016年全市共受理食品安全投诉举报3191件，同比增长31.3%，其中12331热线平台受理2889件，按时办结率达100%。"行刑衔接"工作机制运行有效，2016年共开展联合执法工作12次，向公安机关移送食品涉嫌犯罪案件20件，提供涉嫌犯罪案件线索6件。

三是食品检验检测能力不断提升。南宁市食品药品检验所检验资质计划由原来的208项增加至249项，新覆盖食用油、饮用水、酒类、肉类、蛋制品、方便食品等六大食品种类，检验能力不断提升。

（二）农贸市场食品安全监管得到进一步加强

南宁市在各主城区选取具有代表性的农贸市场集中区域，在其显著位置试点建立10个便于群众监督、咨询的食品安全监管服务站，确保每个站可辖管周边若干个农贸市场，对全市主城区170个农贸市场、5万个食用农产品销售摊店进行全天候广覆盖大监管，将群众咨询与投诉受理平台前移到市场。

（三）餐饮业质量安全得到进一步提升

——大型餐厅。通过"无水厨房"的实施，打造南宁肥仔饭店、大鸭梨、瑶王府、万达文华、桂景大酒店、红林大酒店等为无水厨房的示范店和以民族大学、广西大学为代表的驻邕高校示范食堂，确保学校食堂食品安全。

——小型餐饮。南宁市已经打造了白云路、农院路、中山路、平湖路等小餐饮示范街70条，特别是以西乡塘区"老水街新印象"为代表的"开放式"厨房获得大众欢迎。

——中央厨房。南宁市涌现出一批如三品王、粉之都、包司令、玲莉快餐、榜样快餐等连锁餐饮企业中央厨房总部，食品加工车间和流水生产线日益规范，冷链和配送系统不断完善，大众化餐饮供应能力和食品安全保障能力明显提高，均未发生食品安全事故。

——农村聚餐。针对农村50人聚餐问题，南宁市通过为民办实事项目，为各行政村配备农药残留快速检测仪和执法电动车，规范和促进乡村厨师队伍的建设，广泛宣传动员引导农户主动报备聚餐活动，并适时派出专业执法人员到村指导工作。

（四）多级网格监管模式初步建立

落实《南宁市基层食品药品监管能力建设与网格化监管工作实施方案》，实行"市级抓督查、县区抓查处、乡镇（街道办）抓核查、村（社区）抓巡查"的网格责任制，与广西壮族自治区食药监局探索建立了"自治区、市、城区、街道办"四级联动重大活动食品安全保障网。据统计，2016年完成274次市级以上重大保障，保障195528人次。

（五）餐厨垃圾监管平台体系得到进一步完善

作为全国首批33个餐厨废弃物资源化利用和无害化处理试点城市（区）之一，南宁市2012年就已经创全区之先，与相关公司就餐厨废弃物资源化利用和无害化处理厂BOT项目签订了特许经营协议，建设了"南宁市餐厨废弃物处理厂"，对餐厨垃圾进行回收再利用。并以此建设"南宁市餐厨垃圾智慧监管平台"，实现了餐厨垃圾产生源头至处置终端全过程多角度监管的功能，逐步形成全市居民餐厨垃圾监管、餐饮企业餐厨垃圾监管、地沟油监管、运输车辆监管、处置监管"五位一体"的餐厨垃圾监管平台体系。2016年，全市共处理餐厨垃圾累计81115.56吨，处理生活垃圾分类小区厨余垃圾累计1018.17吨，日均收运量已达224吨。2016年12月，南宁市参加广州国际城市创新奖评选，在59个国家和地区171个城市的301个项目中，南宁市餐厨废弃物资源化利用和无害化处理项目获专家推荐项目奖。

二 南宁市创建国家食品安全示范城市存在的问题

（一）综合协调机制尚不健全

南宁市食品安全面临问题多发期、职能调整期、机构磨合期三期交织情况，属地管理责任还未完全到位，食品安全监管还存在一些模糊区域，还没有真正做到无缝对接。部门间推诿扯皮、各自为政的现象时有发生，监管空白和盲区仍未完全消除。应对网络食品、外卖食品等新型监管问题较为被动。如食用农产品安全问题涉及农业部门和食药监管部门，在对食品安全监管过程中，涉及的链条过长，从农产品的生产到销售都是由不同的部门负责，而且各自为政，无法有效衔接，农产品环节由农业部门负责，农产品销售环节又由食药监部门负责，而农产品的流通环节的监管存在空缺。尽管南宁市已经将食药监、工商、质监等部门进行了全面整合，初步建立了市、县（区）、乡镇（街道）、村（社区）四级监管网络，但监管体系运转还不流畅，在食安办成员单位间的沟通协调、市场局与基层所的上下联动、基层所与所属街道园区的通力配合等方面，还需要通过磨合进一步理顺。

（二）食品安全检验检测体系有待进一步完善

由于经费不足，南宁市食品安全检验检测人员和相关仪器设备不足，无法满足市场需求。《国家食品安全示范城市标准（2017版）》明确要求，创建城市2017年的食品安全检验经费需要至少能够支持每千人4份（每份1000元）的检测样本量，南宁市食品检测机构饱和工作状态下，每千人不足3件。南宁市市级监测机构承接能力和监测经费缺口较大，难以满足新形势下南宁市食品安全检验检测的需要。

（三）食品安全信息化建设滞后

一是南宁市的食品安全信息化建设还没有统一的规划和布局。南宁市食品监管是由食药监、质监、工商等部门整合而成，但各监管局没有单独建立起自己的监管信息系统，县（区）的各级食品安全监管部门也没有专门的食品安全信息化机构，没有配备食品安全方面的技术人员。

二是经费投入不足。近年来，南宁市食品安全监管部门信息化建设投入不足，经费来源单一，到目前为止，还只是局限于自治区一级，市级、县（区）一级经费相当有限，这极大地阻碍了南宁食品安全监管信息化建设。

（四）食品安全源头治理难

从食品安全的监测情况来看，南宁市农药、兽药残留超标和非法添加等问题仍然存在，同时，食用农产品在运输、流通、销售过程中存在监管漏洞，南宁市食用农产品质量安全的追溯机制尚未建立，源头治理难。南宁市食药监局食品安全监督抽检信息公告（2017年第1～27期）显示，在抽检不合格的95批次样品中，蔬菜及蔬菜制品占42批次，水产品占8批次，禽畜肉及副产品占4批次（见表1）。蔬菜及蔬菜制品样品中检出镉含量超标达11批次，铅含量超标达9批次，毒死蜱残留超标达7批次；水产品样品中检出违法使用的氯霉素达5批次；禽畜肉及副产品样品中检出违法使用的氯霉素达3批次（见图1、图2）。可见，食品质量安全的关键在于农产品的源头控制，这不仅涉及生产主体，也涉及大气、水、土壤等自然环境，难以掌控和治理。

表1 南宁市食品药品监督管理局食品安全监督抽检信息统计
（2017年4月20日至10月20日）

抽检期数	信息公开发布时间	总检测批次样品（批次）	检验不合格样品（批次）	不合格样品分布（批次）							
				粮食加工品	禽畜肉及副产品	蔬菜及制品	水产品	糕点	水果制品	肉制品	饮料	调味品
2017年第1期	2017年4月20日	34	0									
2017年第2期	2017年4月27日	48	0									
2017年第3期	2017年5月18日	130	0									
2017年第4期	2017年5月25日	163	0									
2017年第5期	2017年6月8日	32	12	8				2	1	1		
2017年第6期	2017年6月29日	68	3	1	1	1						
2017年第7期	2017年7月6日	62	3		1	2						
2017年第8期	2017年7月6日	51	3		2	1						
2017年第9期	2017年7月6日	56	3		1	2						
2017年第10期	2017年7月13日	134	4		3	1						
2017年第11期	2017年7月13日	128	3		2	1						
2017年第12期	2017年7月20日	118	3		3							
2017年第13期	2017年7月27日	116	2		2							

续表

抽检期数	信息公开发布时间	总检测批次样品(批次)	检验不合格样品(批次)	粮食加工品	禽畜肉及副产品	蔬菜及制品	水产品	糕点	水果制品	肉制品	饮料	调味品
2017年第14期	2017年7月27日	105	2			2						
2017年第15期	2017年8月3日	113	8	5		1		1			1	
2017年第16期	2017年8月3日	113	8	5			1				1	1
2017年第17期	2017年8月10日	106	7	4				1		1	1	
2017年第18期	2017年8月10日	106	6	4		1		1				
2017年第19期	2017年8月17日	174	4		1	3						
2017年第20期	2017年8月17日	126	3			3						
2017年第21期	2017年8月24日	30	2	2								
2017年第22期	2017年8月31日	85	4			4						
2017年第23期	2017年9月14日	87	5			5						
2017年第24期	2017年9月21日	84	5			5						
2017年第25期	2017年9月28日	341	5		2	3						
2017年第26期	2017年10月12日	89	0									
2017年第27期	2017年10月19日	49	0									
小计		2747	95	28	4	42	8	6	1	2	3	1

注：2017年第1～27期抽检总合格率为96.6%，合格平均值为95.45%。
资料来源：根据南宁市食品药品监督管理局官网公布的数据统计。

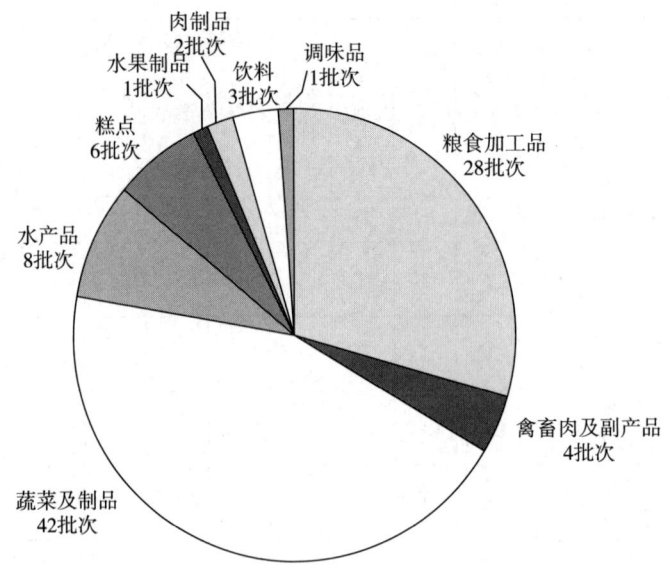

图 1　（2017 年第 1～27 期）食品安全监督抽检不合格样品分布

资料来源：根据南宁市食品药品监督管理局官网公布的数据统计。

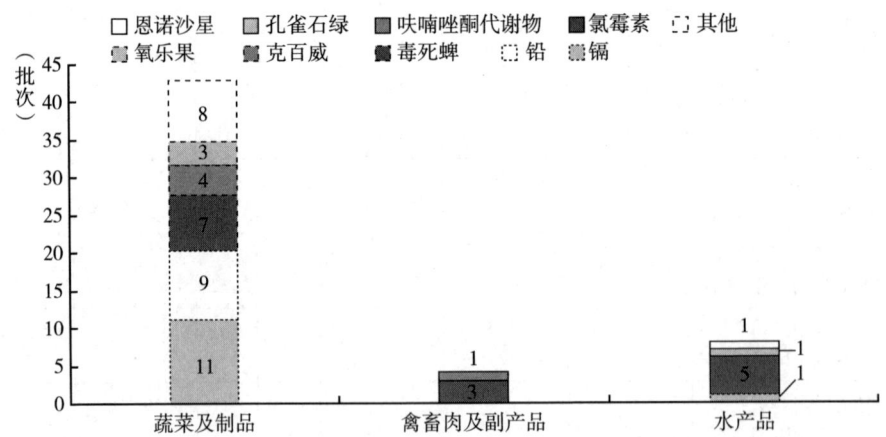

图 2　（2017 年第 1～27 期）食用农产品抽检不合格情况检出物分布

资料来源：根据南宁市食品药品监督管理局官网公布的数据统计。

（五）监管队伍有待加强

一是执法监管人员力量有待进一步加强。南宁市新成立的市场监管所已按照标准，全部配备了5人以上食品安全监管人员，但与承担的监管任务相比，人员力量仍显薄弱。按照国家食品安全示范城市标准，2017年，南宁市配备食药监队伍编制1378人左右，现配编1236人，有的一个基层食药监所往往才1人，远远满足不了食品安全监管的要求。

二是监管和执法人员素质还有待提高。南宁市食品安全监管、检验和检测等方面的专业人才严重不足，占人员构成比例非常低，加之目前尚未配备足够的执法装备和快速检测设备，食品安全监管缺乏强有力的技术支撑。监管重点多停留在证照齐全、操作规范等程序性内容方面，对非法添加和滥用食品添加剂等较为隐蔽的违法行为，很难进行现场调查取证。

（六）主体责任落实不到位

南宁市食品生产经营行业类别繁多、分布广泛，截至2016年底各类食品生产经营单位79000多家，其中食品生产4488家，食品流通单位47292家，餐饮服务单位27228家。除登记注册的以外，还有散种散养农户80万户，无证无照小作坊、小餐饮、小摊贩2.2万余家，生产经营者素质参差不齐，生产经营方式专业化水平不高，主体责任落实难度很大。

一是部分食品生产经营者文化程度不高，食品安全意识不强。部分餐饮、食品经营店和小作坊从业者存在缺乏索证索票意识、每日食品安全台账记录不全等问题，无法有效落实原料采购索证索票管理、产品销售台账管理等制度。

二是部分餐饮和小作坊经营者缺乏必备的卫生知识，实际操作不规范。有的经营户对从业人员健康证明把关不严；有的经营业主对员工个人卫生要求不严；有的经营户周围环境卫生差，没有设置密闭的废弃物容器；有的经营户场所设置与布局不合理，食品安全设施不健全，存在生熟食品混放、原料成品与半成品混放现象等。

（七）社会公众参与度有待提高

调查发现，南宁市市民的食品安全防范意识和参与食品安全管理的积极性不高，对食品安全监管的知晓度只有30%左右。新闻媒体和社会公众发掘问题、反馈信息的作用发挥得还不充分，专家学者、行业协会对企业主体的监督指导还不到位，南宁市食品安全监管的途径相对单一，缺乏有力的补充渠道。

三 加快推进南宁市创建国家食品安全示范城市的对策建议

（一）构建政府、企业、社会及市民共治共创工作模式

1. 建立党委政府"一把手"的领导责任工作机制

一是落实"党政同责"，坚持"一把手"齐抓共治。各城区、开发区，各部门各单位要落实食品安全属地管理责任，履行日常监管和监督抽检两个职责。二是用足"领导权力"，落实"一把手"领导责任。在市、城区（开发区）党委政府两个层面建立创建食品安全示范城市协调工作机制，强化"创建工作机构"的组织领导作用。在领导小组办公室增设"项目部"，专职负责协调新《标准》中"鼓励项"的工作推进。实行党政"一把手"定期召开工作例会，不定期召开工作协调会、现场推进会等制度。三是严格"考核评价"，监督"一把手"领导责任。尽快出台南宁市食品安全工作目标责任考核方案（或办法）并定期出具考核结果。

2. 建立部门单位"一起抓"的联动监管工作机制

一是弄通标准量化"责任清单"。重新调整修订《南宁市创建国家食品安全城市工作实施方案》及《南宁市创建国家食品安全示范城市实施细则》并及时印发。根据南宁市11个试点城区政府、开发区管委会和涉及的30个政府部门的差异化情况，制定各城区、开发区，各职能部门的差异化创建工

作责任清单，将创建工作指标项目逐项分类、对照梳理。二是实行成员单位例会制度。在全市创建工作"八大组"（资金保障组、督查组、宣传组、综合组、食品安全保障组、打击违法犯罪组、源头治理组、环境整治组）月度例会制度，例会由市食安办具体组织。三是开展部门联合专项整治。由市食安办统筹谋划全市性的联合专项整治活动，在市级和城区层面整合食药、商务、林园、农委、环保、卫生、公安、城管、工商等力量建立联合执法队伍，围绕创建工作的"关键项"指标和严重危害群众健康的食品安全问题开展联合专项整治。

3.建立企业社会"一同管"的参与共治工作机制

一是强化企业主体责任落实。加强对食品企业生产流程管理和工作运行管理情况的重点检查和风险排查，引导企业逐步建立完善食品安全追溯机制。二是细化食品安全管理网格。各城区、开发区将辖区细分为若干个管理网格并组建网格"工作群"，及时发现问题、上报问题、解决问题，构建起"一格多员、一员多责"的新型网格管理模式。

（二）构建涵盖管理、执法、追溯及奖惩的地方法治体系

1.完善食品安全治理法规规章体系

一是推进食品安全治理标准化体系建设。加快制定农产品生产质量安全管理标准、农贸市场建设管理标准、畜禽屠宰管理标准、餐厨废弃物管理标准、小作坊小摊贩管理标准及餐饮行业管理标准等。二是完善食品安全治理重点领域的规章条款。逐步探索完善《南宁市食品溯源信息管理办法》《南宁市食品生产经营主体责任办法》《南宁市"四小"食品安全管理办法》《南宁市大型餐饮食品安全管理办法》《南宁市食品生产经营企业诚信信息管理办法》《南宁市食品添加剂管理办法》等。三是广泛征集食品安全治理立法项目建议。结合食品安全治理工作重点和难点，在立法计划中安排涉及食品安全治理方面的立法项目。

2.加强食品安全治理执法机制建设

一是界定部门执法责任清单。重新梳理涉及食品安全监管的各部门职

责、界定权限范围，整合部门间重合、交叉的职能权限，明确管理真空地带的部门责任，编制并依法公布部门在食品安全监管问题上的权力清单、责任清单。二是建立食品安全执法联动与配合机制。建立跨部门、跨区域的案件协查、信息共享联动机制，进一步扩大食品安全综合行政执法范围，推进各部门在整治工作中的责任落实。三是加强食品安全行政执法监督。发挥媒体、群众对行政执法工作的监督作用，不定期开展行政执法专项监督活动。

3. 建立行业诚信管理及失信惩戒体系

一是建立食品安全信用信息征集机制。建立全市性的食品安全信用信息管理平台，联合征集市、县、乡各级食品安全监管部门的监管基础信息；各类行业协会的评价信息、各级媒体发表的舆论信息、信用调查机构公布的调查信息、信用认证机构发布的认证信息以及不同消费者群体的投诉反馈信息等。二是建立食品安全信用评价制度。坚持独立、公正和审慎的原则，依托食品安全信息管理平台，规范推进信用信息征集，逐步建立起政府评价、行业评价和社会评价三方融合的综合性信用评价体系。三是完善食品安全信用披露制度。建议在市食药监局官网上开设食品安全信用专栏，综合披露南宁市食品安全信用信息并实现动态更新。

（三）建立立体化源头治理、标准化安全追溯、快处式应急管理三大体系

1. 建立立体化的食品安全源头治理体系

一是实施水源、大气、土壤的联防联控，把好食用农产品生产的源头安全关。继续依托美丽南宁建设载体，引导群众养成科学的生产生活行为，加强专业技术的环保监测。明确规定与水源、大气、土壤保护相配套的监督监测的措施和要求。二是实施加工、流通、销售的联防联控，把好食用加工产品源头安全关。三是实施检验、准入、监测的联防联控，把好进出口产品的源头安全关。加快建立进出口食品质量安全风险信息收集、研判、管理、风险预警与快速反应等风险管理机制，加强对进出口食品企

业生产流程及内部管理体系运行情况的监管和对进出口食品产品质量安全指标的抽检。

2. 建立标准化的食品安全追溯体系

一是规范引导企业建立食品安全追溯体系。市食药监局要通过购买第三方服务为不同性质的食品企业制定行业食品安全追溯标准，引导企业定制完善符合企业生产流程特点的标准化追溯系统。根据食品生产经营、销售、餐饮等不同性质，指导企业做好追溯系统的各类信息记录。将企业是否建立食品安全追溯体系作为评定其食品安全信用等级的重要指标，鼓励企业主动建立食品安全追溯体系。二是适时调整完善食品安全追溯体系。企业在实施安全追溯过程中，针对已发生的食品安全问题或发现制度存在不适用、有缺环、难追溯的情况，要及时采取措施，调整完善。三是建设南宁市食品安全追溯信息平台。由独立第三方机构统筹负责系统运行，平台信息由政府、企业、消费者、第三方机构共享使用，实现信息共享，公开透明。

3. 建立快处式的食品安全应急管理体系

一是建立市、县（区）、乡镇（街道）、村屯四级食品安全应急管理体系。研究制定全市四级食品安全应急管理机构设置"三定"方案、实施意见文件等，市、县（区）独立设置食品安全应急管理机构，乡镇（街道）设置食品安全应急机构的派出机构，村屯一级则在村委加挂食品安全应急管理机构的牌子，指定综治管理负责人为责任人。根据机构人员配备情况，落实办公地点、办公设备以及通信交通等硬件设施，建立应急值班制度，构建起规范化、常态化的应急管理四级体系。二是重新修订完善《南宁市重大食品安全事件应急预案》。完善监测、预警、报告与评估工作机制，建立健全应对食品安全事故运行机制，明确信息发布、医疗救治、事件调查、善后处理及恢复生产和生活秩序等工作程序，快速做出处置反应。三是建立信息化的食品安全突发事件快速反应联动机制。研究开发南宁市食品安全应急指挥决策、应急监测预警、应急检测技术、应急队伍和物资保障系统，实现信息共享，快反联动，提升应急处置能力。

（四）打造南宁市食品安全放心品牌、榜样企业、示范园区

1. 挖掘产业发展特色优势，打造食品安全放心品牌

一是出台"食安南宁"放心品牌的创建标准。结合南宁市食用农产品和食品产业发展优势，突出"吃得放心"的品牌创建核心，对食用农产品生产的土壤环境、水源环境做出具体要求，并按照国际公认的绿色食品认定标准进行评定。二是打造一批食用农产品放心品牌。加快推进南宁市食用农产品标准化生产基地建设，重点提升南宁市特色食用农产品生产标准，力争"三品一标"产品产地认定面积比例提高到60%以上。

2. 提升行业管理有效经验，打造食品安全榜样企业

一是在加工领域创建一批食品生产加工榜样企业。通过依法履行生产许可、监督检查、监督抽检、专项治理等食品安全监管职能，推动示范企业创建工作。二是在流通领域打造一批食品流通榜样企业。建设改造一批农产品物流储备中心、集中批发市场、配送中心、农贸市场等食品储备、流通及交易平台。三是在餐饮服务领域打造一批餐饮榜样企业。发掘、保护和发展一批食品老字号和传统品牌、餐饮中华老字号和南宁地方风味名吃，培育一批具有南宁特色兼备优质食品安全服务的餐饮榜样企业。

3. 探索生产检测一体化模式，打造食品安全示范园区

一是建立全程监管食品安全保障机制。依托南宁市具有食品产业聚合优势的城区（开发区），构建起"可监测、可预警、可评价、可追溯"的安全食品监测网络和全方位监管、全领域监控、全过程检测的食品安全保障机制。二是拉长食品生产加工产业链条。引进更多食品生产经营企业，不断推进原料规范化、生产标准化、管理科学化、设备现代化、产品标识化。三是建设专业性食品产业公共服务平台。推进集安全食品公共检测、研发、孵化、展示教育、信息管理等功能于一体的融合服务。打造南宁首个食品安全示范园区，实现种养基地、产品研发、孵化、检测、培训、信息、舆情、物流等一二三产业高度融合。

（五）建立部门督查、第三方考评、社会监督相结合的监督管理机制

1. 建立食品安全督查工作机制

一是定期开展创建工作情况督查。市食安办和创建工作督查组要定期组织对各试点城区、开发区的创建工作开展重点督查。二是不定期开展食品安全专项督查。由市食安办组建南宁市食品安全督查团，成员包括市人大代表、政协委员、市民代表、媒体代表、食品生产经营从业人员、学校教师、法律工作者等，对食品生产、销售等环节的安全问题进行重点巡查。三是强化督查结果运用。对督查工作中发现问题整治工作推进不力的单位，第一次要全市通报，第二次要约谈单位主要领导，第三次要直接问责，对整治到位、成效突出的单位，要给予公开表彰。

2. 建立食品安全第三方考评工作机制

一是委托第三方机构独立开展考评。可委托专业的调查咨询公司作为独立第三方组织实施双月考评，研究制定《南宁市创建国家食品安全示范城市工作目标专项考评办法（试行）》，以属地责任和部门责任为依据，将创建工作主要成员单位及各试点城区、开发区党委（党工委）政府作为考评的对象，对照职责细化指标，量化评分标准，做到公平合理、客观标准。二是创新使用多样化的考评方式。考评可采取明察、暗访、社会监督、公众评议四种方式进行，确保考评数据来源的科学化和考评评价结果的公正性。三是注重考评结果的发布和运用。依据每个考评周期的考评成绩及排名实行考评问责制度和奖惩制度，并纳入年度绩效考评。同时将考评成绩通过《南宁日报》、南宁电视台等向社会公布，倒逼各试点城区、开发区，各成员单位主动查找问题。

3. 提升食品安全公众知晓率和参与度

一是创新传统媒体节目的互动式参与监督。结合创建工作进度，设置"食品安全，你点题我检验""食品安全，你举报我查处""食品安全，你宣传我推广"等直播互动式的专栏节目，引导公众通过电话、短信、街头采

访等方式，举报食品安全违法行为，宣传食品安全政策知识。二是创新新媒体平台的便捷式参与监督。通过微博、微信等公众平台开通市民参与食品安全治理的端口，引导公众通过食品安全问题"随手拍"等方式参与创建工作。三是创新信息化平台的共享式参与监督。结合食品安全监管需要，开发"食安通"软件系统，建立食品安全监管问题统一采集、检验、调查、处理的共享信息平台，实现管理部门之间的协同配合，资源共享。

（六）构建机构完善、人员齐全、科学投入的创建工作保障机制

1. 加大引进行业管理人才力度

一是合理设置食品安全监管机构。加强城区、开发区和乡镇（街道）食品安全监管机构建设，全面建立健全市、城区、开发区和镇食品质量安全监管体系，承担区域内食品监管和行政执法工作。二是配齐食品安全执法监管队伍。根据食品安全专业执法队伍的国家配备标准，公开招录有专业背景人员，完善基层监管队伍。三是加强高层食品安全管理人才引进。制订食品安全人才专项规划，加大对省市级首席专家和首席监督员、业务骨干、紧缺人才、一线专业技术人员四类人才的培养和引进力度。

2. 强化行业管理队伍培训

一是加强各级各部门对创建标准的学习培训。全面开展覆盖创建试点涉及的城区、开发区和部门的工作培训会，邀请国家、自治区相关领导、专家深入分析解读创建工作标准。二是加强监管单位领导干部的管理能力培训。市、城区、开发区两级食品安全成员单位每年组织领导干部食品安全管理综合培训至少2次，学习政策法规，掌握食品安全事件应急处置的基本方法，提高协同管理食品安全问题的工作水平。三是加强监管执法人员的业务能力培训。通过定期举办集中培训班，制作发放培训教材和课件等，开展各级监管执法人员的业务能力培训。四是加强企业负责人法律道德教育。重点对食品企业负责人和质量安全管理员开展包括食品安全知识、法律知识、食品质量管理流程、制度要求以及行业道德伦理的教育培训活动。

3. 建立行业监管经费投入机制

一是做好年度专项经费预算。根据南宁市创建工作安排，明确专项工作经费配备，做好相关经费调拨工作，保障财力、物力投入到位。二是加强监管执法装备投入。全面加强市、城区、开发区和乡镇（街道）监管队伍的办公业务用房、执法车辆、快速检测、执法取证、应急处置、通信交通等执法装备、设施配备的经费投入。三是加强检验检疫经费投入。进一步加强检验检疫实验室建设，增加检测设备经费投入，扩大检测项目。重点给予基层财政专项补助，将检验检疫向乡镇基层扩延。

参考文献

[1] 秦丽：《我国食品安全监管问题及对策研究》，《食品安全导刊》2016年第2期。

[2] 池蕊：《消费者眼中的食品安全问题》，《山东工业技术》2017年第8期。

[3] 黄丹丹：《当前食品安全监管的困境和出路》，《粮食流通技术》2017年第5期。

[4] 袁小农：《浅析在网络时代下食品安全面临的新困境及对策》，《法制与社会》2017年第9期。

[5] 叶蔚歆：《新时期的食品安全问题分析与对策研究》，《现代园艺》2017年第17期。

[6] 吴洪涛、高润国、马安宁等：《中国食品安全领域问题及问题系统研究》，《中国公共卫生》2016年第32（10）期。

B.17
建立完善南宁市分级诊疗制度对策研究

南宁市社会科学院课题组＊

摘　要： 南宁市分级诊疗存在医疗卫生资源供求矛盾较为突出，医疗服务体系不完善，医疗卫生资源布局结构不合理，卫生信息化建设滞后等问题。因此，建立完善医疗卫生投入机制，完善医疗卫生服务体系建设，加快全市医疗卫生信息化平台建设，完善相关配套措施，推进医联体建设与完善是今后努力的方向。

关键词： 医疗卫生　分级诊疗　信息化　医联体

南宁市分级诊疗制度建设的目标是到 2020 年，基本建成基层首诊、双向转诊、急慢分治、上下联动的分级诊疗制度。为进一步完善南宁市的分级诊疗制度，本课题组对南宁市分级诊疗制度实施情况进行实地调研，从中找出问题，总结经验，并在此基础上提出进一步完善南宁市分级诊疗制度的对策建议。

一　南宁市分级诊疗制度推行情况

2016 年 3 月，南宁市开始逐步建立分级诊疗制度。分别是：一级及以

＊ 课题组组长：龚维玲，南宁市社会科学院城市发展研究所所长，副研究员；课题组成员：刘娴，南宁市社会科学院城市发展研究所副所长，助理研究员；莫拓，原南宁市社会科学院城市发展研究所助理研究员。

上的综合医院、中医医院、专科医院、妇幼保健院，以及乡镇卫生院、社区卫生服务中心（以上含同等级的辖区内社会办医疗机构）；一级及以下的基层医疗机构，包括村卫生室、社区卫生服务站、社区卫生服务中心、乡镇卫生院（含辖区一级公立或社会办医疗机构）；市、县级（二级）医疗机构，包括各类别二级医疗机构；市级医院（三级）及专科医疗机构，包括市第一、第二人民医院，市中医医院、市妇幼保健院、市第三人民医院（三级专科）、市第四人民医院。省部级医疗机构：自治区（含区外）三级甲等综合医院及专科医院。以上医疗机构都实行了双向转诊制度。具体做法有以下几点。

一是规范各级医疗机构功能定位。市卫计委根据各级医疗机构的功能定位来规范诊疗业务范围。

二是通过抓好三个载体提升基层诊疗能力和服务水平。实施分级诊疗，前提和重点是提升基层诊疗能力，确保老百姓能就近看好病。为了提升基层医疗水平，市卫计委主要通过三个载体来提升基层医疗诊疗能力和服务水平。第一个载体全面放开县乡医疗服务一体化管理。在总结借鉴上林县先行改革试点经验的基础上，市政府印发实施了《南宁市县乡医疗服务一体化管理工作实施方案》，在全市各县区全面放开县乡医疗一体化管理，由县乡医疗机构统一管理县乡医疗机构人员、业务，通过县级医院派驻专家到基层驻点指导、基层选派医务人员到县级医院跟班学习等方式，进一步规范基层医疗管理、提升基层诊疗服务能力，实现基层首诊目标，夯实分级诊疗基础。第二个载体积极组建全市医疗联合体。由于南宁市大部分城区无本级医院，推行分级诊疗缺乏载体，为解决这个问题，市卫计委出台了《南宁市区域医疗联合体建设实施方案》，指导市第一、第二人民医院牵头组建全市综合医疗联合体，市中医、妇幼、第四人民医院牵头组建专科专病医联体，由医联体理事会整合各级医疗资源，统筹全市三级、二级医院和乡镇卫生院（社区卫生服务中心）医疗业务、设备人员等，在各医疗联合体内推动分级诊疗工作。第三个载体认真实施家庭医生签约服务。

二 南宁市开展分级诊疗制度的前期效果

（一）县乡医疗服务一体化深入开展

2016年全市参与一体化管理的乡镇卫生院有72家，县医院指导乡镇卫生院开展新技术76项，基层首诊能力提升，更多患者看病首选基层，全市参与改革的72家乡镇卫生院门急诊、出院量分别有215.54万人次、12.62万人次，同比分别增加5.18%、8.61%。

（二）全市医疗联合体组建进程加快

2016年12月，南宁市第一人民医院医联体、南宁市妇幼保健院医疗体已正式组建、挂牌运营，市中医医院医联体已签约组建，市第二人民医院已与二十多个二级、一级医疗机构签订成立医联体协议，并将正式挂牌运营，并由医联体理事会统筹管理各成员单位医疗资源及诊疗业务，全市分级诊疗模式得到建立。

（三）家庭医生签约服务进展顺利

县乡医疗服务一体化管理改革和医疗联合体的组建，促进了家庭医生签约服务工作的开展，截至2016年底，全市应签约5256596人（户），实际签约2259684人（户），签约率为42.99%。

三 南宁市分级诊疗制度面临的问题

（一）医疗卫生资源供求矛盾突出

南宁市医疗卫生资源总量相对不足。随着南宁市城市的发展和人口的增多，医疗卫生需求也随之增加，由此带来的医疗卫生资源总量相对不足、供需矛盾问题也越发突出。南宁市每千人口执业（助理）医师数、注册护士数、床位数相对较低。南宁市全科医生总数只有575名，每万常住人口仅有全科医生0.82人，低于每万常住人口拥有1~2名全科医生的要求。人才队伍结构不合理，高学历、高职称、高素质人才偏少，学科带头人少，妇产科、儿科、精神科、病理学科等专业人才紧缺。

造成医疗卫生资源供求矛盾突出的原因之一就是卫生总投入水平不足。长期以来，南宁市医疗卫生支出占财政总支出的比重不到10%，难以满足医疗卫生事业发展的需求。对基层医疗卫生机构的投入总体上依然偏少，无法对基层医疗卫生机构进行大的规划和建设，难以从根本上提升、改善其建筑布局及环境条件。

（二）医疗服务体系不完善

1. 城区级医院数量不足

南宁市大部分城区都没有城区级医院（除武鸣、邕宁，市第八人民医院加挂西乡塘区人民医院牌子）。城区级医院是分级诊疗中承上启下的连接点。缺少城区级医院，使得基层病人直接转诊至三级医院，逐级诊疗的效果没有充分发挥。尽管组建了医联体，但多层级的管理体系尚未理顺，市属医疗机构承担城区级医院职责的工作还需继续探索完善。

2. 基层医疗机构服务能力不强

一是乡镇卫生院标准化建设相对滞后。全市乡镇卫生院基础设施建设达标率仅为76%左右，30%的乡镇卫生院缺乏数字化摄像系统、彩超、全自动生化分析仪、全自动血球分析仪、全自动尿液分析仪等医疗基础设备。乡村医生配备仅为每千人口0.63人，60岁及以上占26.84%，中专以上学历仅占53.51%，取得执业或执业助理医师资格的仅占8.86%，普遍存在年龄老化、素质偏低的现象。全市尚有59个乡镇卫生院没有全科医生。

二是社区卫生服务机构不够健全、发展不平衡。南宁市社区卫生服务机构布局不够合理，新建小区基本上没有同步配套建设社区卫生服务机构。在现有的99家社区卫生服务机构中，举办主体不一，有政府举办、公立医疗机构举办，也有企业举办、社会力量举办，不利于卫生资源的整合与共享。这其中有56家为驻邕区直医院或社会资本举办，这些社区卫生服务机构必然会将患者直接推介转诊至区直医院，难以落实逐级转诊。2015年以前，有23家公立社区卫生服务机构采取租房运营、政府补贴的方式开展工作，但自2016年起，政府不再进行补贴，造成这部分社区卫生服务机构运行成本居高不下，只能靠业务收入维持，容易造成重经营轻服务现象，公益性受到一定的影响。多数社区卫生服务机构全科医生、精神科医生和社区护士配备均达不到国家规定的最低标准。

三是基层医疗卫生机构负担重。由于客观条件的限制，仅靠编制内人员难以完成日常生活医疗服务、公共卫生服务、疾病防控等医疗卫生任务，乡镇卫生院从社会上招了一批聘用人员。而聘用人员的工资、社保等费用均由所在卫生院从医疗收入中开支。但卫生院资金有限，运营成本居高不下，影响卫生院正常运转。

四是人才队伍建设滞后。基层医疗卫生机构人才总量不足、结构不合理、素质不高。全科医生、儿科医生、产科医生、精神科医生、公共卫生、影像、口腔等专业人才紧缺，执业医师数量不足，且多数未接受过规范化的住院医师培训。更为突出的问题是人才流失严重。由于薪酬制度缺乏弹性，无编制、晋升渠道不畅，导致人才招不到、留不住，造成人才大量流失，严重影响日常诊疗活动。

再加上基础建设、设施设备等硬件建设历史欠账多，导致基础医疗卫生机构诊疗能力低，群众的信任度低，甚至出现个别镇的个体诊所门诊诊疗量比镇卫生院的门诊诊疗量还大的现象，这也说明当前基层医疗卫生机构还难以承接基层首诊和下转接诊的重任。

（三）医疗卫生资源布局结构不合理

南宁市医疗卫生服务可及性、公平性有待提高。医疗卫生资源布局不够合理，总量不足，质量不高。专科医院发展慢，如江南区、上林县和隆安县还没有精神卫生专业机构。

（四）卫生信息化建设滞后

南宁市还没有建成一个统一的、能够全市共享的医疗卫生信息系统平台。各级监管部门之间、各级医疗机构之间未能实现信息互连共享，推进分级诊疗、规范双向转诊、监控医疗行为等比较困难，也难以为患者提供持续连贯、及时便捷的诊疗和医保支付服务。

从医院的信息化建设来看，部分医院对信息化建设的重视程度不够，缺乏深入认识，认为信息化建设无非是购进一些硬件设备，提高信息化弊大于利。或者存在重硬件轻软件、重技术轻服务的现象，导致信息化部门规模较小，人力资源缺乏、资金投入不到位，信息化建设滞后。

（五）各方利益博弈影响改革成效

分级诊疗制度涉及的主体主要有各级政府、卫计部门及医院、患者等。各方基于不同的立场，有着各自的诉求和利益，分级诊疗制度改革的过程就是各方利益博弈的过程。

1. 政府

县（区）政府作为一个相对独立的主体，一方面要服从上级政府的指导，执行上级政府关于建立完善分级诊疗制度的政策文件；另一方面其又具有一定的自由裁量权，会从自身实际情况出发，考虑人力、物力、财力等因素，对分级诊疗制度表现出不同的重视程度和投入力度，各县（区）分级诊疗制度建设的成效也会因此有所不同。

2. 医院

医院是医疗服务的提供者，专业门槛高，构成复杂，各医院是独立法人，互不隶属，独立运行。不同级别的医院的管理层级也不同，利益诉求也不一致。三级医院，尤其是三甲医院，拥有最好的医生、最先进的设备，处于强势地位。而公立医院，尤其是大医院改革一直以来也都是医改的重点和难点。

二级医院具有承上启下的功能，是分级诊疗制度中关键的一环。县级医院在县域范围内具有较强的垄断地位，但城区所属二级医院的服务空间容易受到大医院的挤压。

一级医院作为基层医疗机构，处于医疗机构体系的底层，同时也是医疗机构当中的"弱势群体"，人员流失严重、经费紧张、设备较为落后，处于被动地位。

由于利益关系，各级医疗机构之间存在某种程度上的不良竞争。尽管不同级别的医疗机构组成了医联体，但各医疗机构之间并没有行政上的隶属关系，尤其是南宁市辖区内较多的驻邕高校、机关开办的自治区级医院更加难以协调，不同层级的医院之间分工协作机制不健全，合作不够深入、协同性不强，各级医疗机构落实好功能定位比较困难，存在一定的相互截留患者现象，导致双向转诊不畅，不能合理分流患者的现象仍然存在。

3.患者

患者是医疗的直接受众，也是评价分级诊疗制度最具有发言权的群体。患者最大的诉求就是看病方便、花费在可承受范围内。但由于分级诊疗制度改革之前，大量优质医疗资源集中在少数医院。同时，受到传统医疗观念的影响，患者大都认为大医院有医术更精湛的医生和更先进的设备，因此，大量患者集中到少数医院看病，哪怕是普通的感冒发烧也要前往三甲医院，基层医疗机构无人问津。

这种现象也说明一个事实，每一位患者都是理性的，他们拥有"用脚投票"的权利，可以自由选择就诊机构。在建立分级诊疗制度之后，患者依然涌向三甲医院看病，那就说明分级诊疗制度改革的目的还没有充分实现。只有患者愿意就近到基层首诊，才能说明分级诊疗制度改革取得了成效。

综上所述，分级诊疗制度的建立完善是大势所趋，各相关主体也在共同努力，但由于立场不同、利益不同，对分级诊疗制度表现出的态度与具体行动也有所不同。改革的成效取决于如何找到各方主体的最大"公约数"。

四 完善南宁市分级诊疗制度的对策建议

(一)建立完善医疗卫生投入机制

完善政府医疗卫生投入机制。进一步明确政府在医疗卫生事业中的主导地位,形成政府主导、多元投入、逐年增长、可持续的医疗卫生投入机制。逐步提高医疗卫生支出占财政总支出的比重。细化各级政府的医疗卫生投入责任。科学合理划分市和区县政府的医疗卫生投入责任,形成职责明确、分级负担的政府卫生投入机制。各级政府分别承担所举办的卫生医疗机构的投入责任。

(二)完善医疗卫生服务体系建设

1. 提高基层医疗卫生服务能力

加强基层医疗卫生机构标准化建设。各级政府要大力支持基层医疗卫生机构改善基础设施和设备装备条件,提高标准化水平。

加大对基层医疗卫生机构的帮扶力度。落实好对口帮扶政策,派出的帮扶医生必须具备较高的专业水平和责任心,不走过场、不流于形式,要加大帮扶的监督、考核力度,不断提高基层医疗卫生机构服务能力。

2. 健全完善多渠道补偿机制

根据医疗卫生发展的规律,借鉴其他城市医疗卫生行业薪酬制度改革的做法,要按照多劳多得、优绩优酬的原则来完善激励分配机制。重点向基层岗位、关键岗位倾斜,适当拉开收入差距,避免"大锅饭"。

(三)加快全市医疗卫生信息化平台建设

以"智慧南宁"建设为契机,借助"互联网+"技术,运用大数据、云计算、移动医疗设备等新一代信息化技术手段,整合卫生计生信息资源,建立以居民健康档案为基础的信息平台,逐步推进全市各级医疗卫生机构互联互通、信息共享。医疗机构通过信息平台可以进行远程会诊、远程监护、远程手术指导等，从而优化医疗流程、改善就医体验、提高医疗质量，为广大市民提供规范诊疗、有序转诊服务，为患者提供持续连贯、及时便捷的医疗卫生服务。

（四）加强宣传工作

要顺利推进分级诊疗制度建设，必须取得各级医疗卫生机构的大力支持。可以将分级诊疗实施程度纳入医院的绩效考核之中。

加强对流动人口的宣传工作。南宁市作为首府城市，吸纳了大量区内流动人口。流动人口对分级诊疗制度不甚了解，在就医选择上有较大的盲目性。因此，要有针对性地加强对流动人口的宣传工作，提高这部分人群对就医程序和转诊政策的了解程度。

参考文献

[1] 陈睿莹：《我国分级诊疗制度的历史演进及发展路径探析》，《辽宁医学院学报》（社会科学版）2016年第3期。

[2] 付强：《促进分级诊疗模式建立的策略选择》，《中国卫生经济》2015年第2期。

[3] 张慧林、成昌慧、马效恩：《分级诊疗制度的现状分析及对策思考》，《中国医院管理》2015年第11期。

[4] 黄培：《基于分级诊疗的区域医联体实践与思考》，《中国卫生质量管理》2015年第4期。

[5] 何思长、赵大仁、张瑞华、孙渤星、陈瑜：《我国分级诊疗的实施现状与思考》，《现代医院管理》2015年第2期。

[6] 李艺钊、吴维民、蒋帅、范丽、庞家玲、谌晓勤：《广西推进分级诊疗存在的问题与对策》，《现代医院》2016年第2期。

[7] 邓仲春、陈英：《普及分级诊疗制度的现状、困境及建议》，《学习月刊》2016年第3期。

[8] 邢春利、彭明强：《我国实施分级诊疗制度的现状及其思考》，《中国医疗管理科学》2015年第2期。

［9］沈晓初：《上海市构建分级诊疗制度的改革与探索》，《中国卫生资源》2016年第1期。

［10］唐国宝、林民强、李卫华：《分级诊疗"厦门模式"的探索与评价》，《中国全科医生》2016年第22期。

B.18
南宁市特色小镇建设发展研究

南宁市社会科学院课题组*

摘　要： 当前，南宁市特色小镇发展方兴未艾，逐渐成为南宁市城镇化建设的重要组成部分。南宁市特色小镇建设在基础设施、产业聚集、地方经济基础、自然资源方面已经取得初步成效，为南宁市特色小镇进一步建设发展夯实了基础。但是，特色小镇建设依然存在产业基础薄弱、政策引导力度不够、文化附加值不高的问题。进一步发展特色小镇必须有的放矢，加强科学规划，优化小镇布局，塑造小镇品牌，创新建设方式，完善政策保障。

关键词： 特色小镇　品牌创建　产业聚集

一　南宁市特色小镇建设发展现状

广西从 2014 年开始实施扩权强镇试点，先后分三批组织实施，每批示范镇建设周期为 3 年。2016 年 10 月，住房和城乡建设部公布了第一批中国特色小镇名单，广西柳州市鹿寨县中渡镇、桂林市恭城瑶族自治县莲花镇、北海市铁山港区南康镇、贺州市八步区贺街镇 4 个小镇成功入选。同期，

---

* 课题组组长：文晴，南宁市社会科学院科研管理所所长、副研究员；陈展图，南宁市社会科学院《创新》编辑部副主任、副研究员；周博，南宁市社会科学院农村发展研究所副所长、助理研究员；杜富海，南宁市社会科学院科研管理所、研究实习员。

《广西百镇建设示范工程实施方案》出台,自治区将统筹推进100个经济强镇、特色名镇、特色小镇建设。南宁西乡塘区的金陵镇、马山县古零镇入选自治区第二批(2015~2017年)百镇建设实施名单(共30个),南宁入选第三批的是武鸣区罗波镇、横县六景镇、宾阳县古辣镇。南宁这5个入选广西百镇的小镇在基础设施、公共服务、资源环境、特色产业方面为特色小镇的建设奠定了基础。

(一)基础设施趋于完善

在道路交通方面,不仅在陆路上建立起完善的道路交通网络,而且利用河道兴建港口等基础设施,形成了覆盖较为全面的立体式交通网,拥有较好的交通条件。如国道、省道、二级公路和高速公路在马山县穿境而过,来宾至马山高速公路也已建成通车。湘桂铁路、南柳高铁、桂海高速公路、省道宾横二级公路形成覆盖全面的交通覆盖网,连通宾阳各乡镇。在文化教育方面,申报的小镇加快了教育资源整体规划,调整城乡中小学校布局,通过新建文化场馆和教学场所,不断完善教育和文化方面的基础设施。马山县古零镇筹建壮族三声部民歌展示馆,完善文化展示平台,提升了古零镇壮乡文化影响力,丰富了民众对于壮乡文化的认识。在卫生环境方面,通过河段整治、美化、绿化工程,水保项目和建设完成一批乡镇卫生服务站,提升了各小镇的卫生医疗水平。宾阳县古辣镇通过对城镇中心农贸市场排污系统进行升级改造和建设污水处理厂,改善了农贸市场的卫生环境状况与用水状况,美化了古辣镇自然坏境,同时通过扩、改建城镇中心卫生院,建设高水平的卫生医院,提高了城镇医疗保健水平。

(二)产业聚集日趋明显

特色产业发展成型和聚集,是特色小镇建设发展的关键。主要表现是产业聚集的速度持续加快。横县六景镇通过打造"一区凝聚,双核驱动,两带引领,多组团支撑"的产城融合新型城镇化试点空间布局体系,形成产城布局合理、生态屏障安全的产城一体化空间格局,产业聚集速度明显加快。随着各镇基础设施不断完善，产业聚集趋势日趋明显，特色产业规模化经营不断壮大。西乡塘区金陵镇农业支柱产业主要有香蕉等。近年来通过土地流转打造了万亩香蕉标准化生产示范园，打响了金陵香蕉品牌，金陵镇已成为广西有名的香蕉产地和集散地，香蕉种植产业规模不断扩大。产业聚集质量不断提高。各镇特色产业通过制定技术标准和规范，提高了产业聚集质量。宾阳县古辣镇积极打造南宁唯一在建的粮食产业示范基地——宾阳万顷香米产业示范基地，建立了产业聚集基地的生产体系标准化，制定了示范区农业生产体系相关制度，健全了水稻蔬菜种植技术规程，推广水稻优质品质和种植新技术，实现示范区农产品标准化率达100%。

（三）经济发展强劲

相比较来看，特色小镇经济发展强劲。如马山县古零镇"十二五"期间，全镇财政收入从2011年的133万元增长到2015年的765万元，年均增长118%，财政收入增长迅速。宾阳县古辣镇和西乡塘区金陵镇2015年的财政收入分别为1022.96万元和6400万元，同比增长明显。横县六景镇2015年财政收入达1.83亿元，同比增长248.19%。工业总产值和固定资产投资逐年增长。工业和固定资产是小镇建设发展的基础，所申报的小镇均具有相对较高的工业总产值和固定资产投资率。马山县古零镇的工业总产值从2011年的1529万元增加到2015年的2375万元，年均增长13.8%。宾阳县古辣镇全镇完成工业总产值96337万元，完成全社会固定资产投资102089万元。西乡塘区金陵镇全社会固定资产投资总额完成208400万元，全年工业总产值完成16960万元，其中规模以上工业总产值完成14200万元。西乡塘区金陵镇依靠香蕉种植产业，农民人均年收入达11000元；宾阳县古辣镇香米种植产业有了较快发展，农民年收入也达到8876元；马山县古零镇依托农业产业发展，实现农民人均纯收入从2011年的3277元增加到2015年的7452元，年均增长31.8%。

（四）自然生态资源优势明显

自然生态资源是特色小镇建设发展的重要资源。南宁在自然生态方面具有较大的优势。马山县古零镇全镇森林覆盖率达72%，其中弄拉景区森林覆盖率高达95%，负氧离子含量比一般城市高20倍。宾阳县古辣镇有耕地面积7.3万亩，其中水田3.8万亩，旱地3.5万亩，山林面积4.7万亩。在生态资源利用方面，宾阳县古辣镇大陆村依托生态乡村建设，以稻田艺术大力发展生态休闲旅游农业，2016年推出"美猴王"稻田图等，经过媒体的发酵，引来众多游客。2017年大陆村稻田艺术再换新花样，"美猴王"摇身一变成了"飞天仙女"，稻田面积扩大到了80亩，采用5种不同颜色叶子的水稻育秧。2013年南宁市首届乡村旅游节由马山县古零镇主办，弄拉被誉为中国石漠化治理和生态保护的标杆，被列为国家级药材保护基地、国家级生态重建示范区和国家级生态教学科研基地，并且计划融资2000万元，引石丰暗河到杨圩，结合观光休闲旅游，修建一条既能灌溉周边农田，又能坐船欣赏石丰到杨圩河段"十里画廊"美景的水渠，同时在水渠旁边修建自行车环道、休闲观光步道等，为环弄拉景区的建设助力添彩。

二 南宁市特色小镇建设存在的问题

（一）产业基础薄弱，发展动力不足

一是在横向上，产业项目之间难以聚集。部分特色小镇对产业项目和产业功能只是简单的堆积、重叠，没有将产业项目之间功能进行细分，形成各产业项目之间功能互补、耦合的发展形态。如马山县古零镇以生态休闲旅游业作为特色产业，建设了一批生态休闲产业项目，但是却没有区分它们之间的主题特色和明确它们各自的功能导向。二是在纵向上，产业项目之间并没有形成环环相扣的产业链。产业建设没有注重高端产业项目和低端产业项目之间的纵向关系和上下衔接，只是将各产业项目切割成为单独发展的领域，使得小镇的产业园区、旅游度假区、高新技术区建设发展没有形成纵向相互依托的产业联系，也就是说，上下产业之间并没有形成具体规范的产业链。

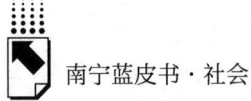

三是产业项目未能融合小镇当地特色。以块状存在的部分产业项目并没有融合小镇当地文化特色，而是与当地文化特色隔离开来，形成孤立单调的产业发展现状，导致产业项目在发展过程中只具有形式化的经济指标和数字，缺少当地文化价值的丰富内涵。

（二）缺乏政策引导，政策保障不足

创建特色小镇应当是在政府行政引导和支持的基本前提之下，以市场化为主导，以企业为营运主体，通过政策疏解的方式建设特色小镇。但是南宁市部分小镇在建设发展中缺乏足够的政策引导，并没有在政府和市场关系、市场资金如何参与建设、营造良好投资环境方面制定具体的政策，未能及时建立和规范引进市场参与的良好框架和投资环境，使得市场资源未能进入，最终导致小镇因缺乏政策引导而面临缺乏市场参与的挑战。

（三）文化附加值低，同质化现象突出

南宁市特色小镇建设发展面临缺乏文化价值与内涵的挑战主要表现在：一方面，特色小镇创建与当地的文化特色不相切合。从目前的实际情况来看，横县六景镇以工业产业为主要内容突出了经济效益，着重发展具有经济效益的项目和产业，但忽视了六景镇原生的农家气息和乡土文化，以现代工业为主要产业代替文化产业项目的发展，未能结合当地文化价值内涵形成具有旅游文化内涵附加值的产业项目。另一方面，小镇当地的文化特色杂糅。应该说，每一个地域都具有其本身独有的文化标签，若要使之得以发扬光大，关键在于能行之有效地挖掘与提炼。马山县古零镇未能对当地所蕴含的民族文化内涵进行有效的提炼，未能涵盖应有的文化高附加值，依然以农家乐、烧烤、采摘类低附加值的项目来吸引游客。

同时，文化内容同质化严重。各申报建设特色小镇出现部分小镇文化内涵趋同的现象，多个小镇建设皆以乡村生态旅游作为文化特色，缺乏自己发展的独特标志，导致小镇缺乏文化发展动力。

（四）产城关系疏离，产城融合度较低

南宁市创建特色小镇产城关系疏离、产业融合度低主要体现在两个方面：一是产业未能完全促进城镇发展。例如西乡塘区金陵镇通过土地流转打造了万亩香蕉标准化生产示范园，大力发展以香蕉为主的农业产业，虽然在一定程度上打响了金陵香蕉品牌，使金陵镇成为广西有名的香蕉产地和集散地，但是实际上却没有结合金陵当地文化，形成相应的旅游文化功能，也没有形成促进城镇化发展的商业和生活服务组团。宾阳县古辣镇凭借香米种植特色和优势，积极创建宾阳万顷香米产业示范基地，使香米种植产业成为古辣镇的支柱产业。然而，从整体上看，古辣镇香米种植产业规模还不够大，大部分种植仍然以分散种植的方式为主。二是城镇发展未能很好地带动产业进步。从金陵镇和古辣镇来看，虽然两镇近年来在道路交通、通信网络和居民生活配套设施建设方面取得一定的进步，对本地产业的发展也起到一定的带动作用，但是并没有针对两地所具有的特色产业形成集生产、加工、宣传和销售为一体的城镇功能，其因基础设施完善所拥有的城镇功能只是为本地产业的发展提供了便利，而实际上并没有实现城镇动能振兴产业发展的作用。

三 建设发展南宁市特色小镇的对策建议

（一）加强统筹谋划，科学规划设计

1. 加强组织领导，协同推进小镇建设

特色小镇的建设发展涉及城建、国土、城管、规划等众多部门，涉及产业、经济、民生、文化等许多问题，因此，要切实加强对南宁市特色小镇建设发展的组织领导。应在市级层面建立南宁市特色小镇建设发展工作联席会议制度，设立专门机构或领导小组，承担建设特色小镇的组织实施工作，如人员的调配、建设资金的筹集和投入、土地的征收、规划设计等，在全市层面进行统筹、协调。市级相关部门应提前谋划，根据职能做好特色小镇的业

务指导工作。县区要负责特色小镇规划建设项目的落地，确保小镇建设取得实效。特色小镇建设发展过程中会遇到各种各样的问题，需要提前做好研究和预判，制定相关的应对措施，完善相关政策，抓紧出台特色小镇建设发展工作意见或方案。要加强与自治区、国家相关部委的沟通协调，争取获得更多的上级支持。全市对特色小镇建设发展的路线图要有清晰的认识，统一思想，真正做到全市"一盘棋"，分批、分类、分阶段实施，防止一哄而上，盲目建设。

2.科学规划小镇建设，做好规划衔接

小镇的建设要遵循经济、集约原则，合理确定小镇规模，避免土地资源、人财物的浪费。经济、集约型特色小镇不仅有利于资源充分利用，而且便于管理，市场适应能力强。规划要做到产业、文化、旅游"三位一体"，生活、生态、生产"三生融合"，工业化、信息化、城镇化"三化驱动"，项目、资金、人才"三落实"，宜居、宜业、宜留"三宜结合"，要有要素、政策、机制保障。特色小镇的打造在南宁市是一个新鲜事物，取得市场的认同需要过程，加上市民消费水平、闲暇时间等限制，需要深入研究作为旅游资源的特色小镇的市场需求，合理规划小镇的有效供给，避免无效供给。

要与"十三五"规划和土地、交通、文化、旅游、产业、新型城镇化等专项规划相衔接，使小镇产业定位、发展重点符合创建要求。按照多规融合的要求，强化规划间项目载体、空间布局、要素保障的有机联系，为小镇发展预留空间。参照浙江省特色小镇的做法，编制重点中心镇、特色镇经济与社会发展规划，扩大"美丽乡村"村级规划编制范围，形成市、区（县）、乡（镇）、村四级较为完整的城镇规划体系。同时，要注重小镇内部建设与外部区域的联系，既要保持小镇的相对独立性，又要保证小镇作为区域一部分的系统性，将小镇作为一个生命有机体，一方面需要从外部输入发展要素；另一方面又要带动辐射区域发展。对于位于乡村地区的小镇，要注重城乡之间的无缝对接，促进城乡统筹发展；对于位于城镇地区的小镇，要注重产城的有机融合，互动发展。

3. 精心设计，强化特色引领

特色小镇的建设重点在于"特"字，只有突出特色，才有可能发挥比较优势，具有竞争力和吸引力。小镇的功能定位、产业发展、建筑风格、目标人群、产品服务等都要突出特色，精心设计，一镇一风格，确保特色的唯一性、独特性。南宁市特色小镇的建设一是要体现"绿城""水城"鲜明的地域特色，展现热带城市风情。二是注入生态特色，特色小镇的建设应符合生态文明建设的要求，在建筑设计、产业选择、资源利用等方面都要注入"生态"理念。三是突出产业特色。特色小镇必须由特色产业做支撑，特色产业的选择应依托当地的资源禀赋和产业基础。特色小镇的建设设计要与产业特色相匹配，如汽车小镇的设计就应该贯穿"汽车"概念，不论是硬件设施还是软件建设，在"吃、住、行、游、购、娱"方面处处突出"汽车"元素。四是挖掘历史人文特色，南宁市历史人文资源丰富多样，既有本土的民族文化，又有外来的东盟文化；既有深厚的历史文化，又有新潮的现代文化。应注重对这些文化资源的挖掘，既可以发展单一的文化，也可以对各种文化进行组合。

（二）细分小镇类别，优化小镇布局

1. 摸清家底，详细划分各类小镇

一是历史文化型小镇。历史文化型小镇要求小镇具有深厚的历史底蕴，历史脉络清晰，文化内涵突出，特色鲜明，如各种历史宅院、古镇、古村落，青瓦房古村落、杨美古镇、上林县巷贤镇长联村等，这些小镇的规划建设要延续历史文脉，尊重历史与传统。

二是城郊休闲型小镇。这些小镇位于城郊，与市中心距离较近，位于都市旅游圈之内，大约1小时车程，是都市上班族周末休闲的主要去处。如十里花卉长廊、嘉禾温泉城等，根据城市人群的需求进行针对性的开发，以休闲度假为主，小镇的基础设施建设与城市差距不大。

三是新型产业型小镇。这类小镇位于经济发展程度较高、创新活动比较活跃的区域，尤其是城市发展新区和产业园区，具备新兴产业发展基础，以高科技、电子信息等新兴产业为主,如电商小镇、地理信息小镇、互联网小镇等。

四是特色产业型小镇。特色产业与新兴产业有区别,它可以是传统产业,其特点是以精、美、奇、特为主,如瓜果小镇、陶瓷小镇、工艺小镇等,以当地特色产业为依托,分布较为分散。

五是交通区域性小镇。这类小镇数量少,要求具备良好的交通区位条件,属于城市对外联系的重要枢纽或者中转地区,如水运的港口小镇,道路运输的驿站小镇,航空运输的空港小镇,小镇的形成得益于交通运输的兴起。

六是资源禀赋型小镇。这类小镇资源得天独厚,优势突出,资源开发潜力大,市场前景好,资源丰富,类型多样,如养生小镇、长寿小镇、民族医药小镇、民族风情小镇等,关键是要对小镇的优势资源进行深入挖掘包装,推向市场。

七是生态旅游型小镇。南宁的生态环境较好,生态旅游型小镇具有广泛的发展基础,而且随着人们生活水平的提高,对生态服务产品的需求越来越多,越来越高,南宁应该抓住人们消费转型的机遇,发展各种氧吧小镇、森林小镇、田园小镇等。

八是高端制造型小镇。以先进装备制造业为基础,依托区域内高精尖产业业态,注重高级人才的引进,遵循产城融合理念,突出小镇的智能化建设,引领区域高端制造业的发展,如机器人小镇、智能汽车小镇、光谷小镇等。

九是金融创新型小镇。南宁市金融业方兴未艾,发展势头很好,应顺势而为,在金融机构集中区域(五象新区)打造金融创新型小镇,如基金小镇、金融小镇、财富小镇等。

十是时尚创意型小镇。南宁是一座开放、包容的城市,国际化程度越来越高,各种时尚创意元素得到充分尊重。这类小镇以时尚创意产业为主导,时刻保持与国际接轨,如创意小镇、影视小镇、艺术小镇、音乐小镇等。

2. 优化小镇空间布局

在市域范围内，依据各地资源禀赋、产业基础、特色优势，特色小镇要做到合理布局，分类明确，有机衔接，互补互促。小镇布局避免出现过密化倾向，尤其是同一种类型的小镇，坚决不能过度聚集，出现雷同，恶意竞争。围绕南宁市新型城镇体系建设，特色小镇的空间选择应与城镇体系的重构相统一，重点在区县建成区以外的中心镇布局，大力打造县域经济副中心，成为区域经济发展新的增长极。此外，小镇布局要注重辐射性，坚持城乡统筹整体推进，镇村联动，推动基础设施、公共服务、城镇产业向农村拓展。

（三）增强内生动力，塑造小镇品牌

1. 强化小镇产业支撑

寻求差异定位，发掘自身独特价值和优势，是特色小镇建设发展最为关键的一步。目前全世界发展较好的特色小镇都注重特色，强调唯一性，一旦雷同就失去了吸引力和生命力。应明确优势产业和发展定位，着力推动最有基础、最有优势、最有发展潜力的特色产业发展壮大，将其培育成小镇的主导产业，不断提高特色产业附加值。应在小镇的区域空间内聚集一个或多个优势产业和明星企业，占据区域产业价值链的顶端。应围绕新兴产业、朝阳产业、优势产业，有针对性地引进关联度高、创新能力强，具有较强辐射力和带动作用的企业，特别是那些具有较强活力、市场适应能力强的科技创新型中小企业。要用产业链的思维布局和引进特色小镇的特色产业，形成支撑小镇可持续发展的现代产业体系。同时，要把产业向餐饮、休闲、娱乐、旅游、文化等行业延伸，提高特色小镇的集聚、配套能力，促使小镇成为特色产业成长的乐土。通过"互联网+"等手段，推动休闲旅游、健康养生、康乐文化等原有产业优化升级。

2. 重视品牌建设

要认真总结和借鉴发达地区特色小镇建设发展的经验，重视品牌的培育，小镇建设发展要形成"一镇一业"和"一村一品"的品牌效应。在打

造特色小镇过程中，一定要依托当地原生态的自然资源、历史文化、民俗文化等资源禀赋，努力开发与之相适应的多元化的旅游产品和项目，打响旅游品牌，建设有独特魅力的小镇。要借助特色产业发展和产业优化升级的需要，着力优化小镇环境，把小镇建设成人才高地、资金洼地、产业聚集地，在吸引游客游玩的同时，也能吸引各类人才到小镇创新创业，使旅游业和其他产业融合发展，互相促进。

3. 迅速聚集人气

创新特色小镇建成后的招商引商机制，着力创新特色小镇的商业、服务业、文化事业及符合小镇特色发展的其他产业的招商机制和运作机制，确保在"筑好巢"的基础上顺利"引好凤"，吸引人口向小镇集中，使特色小镇尽快繁荣。为了留住本地村镇居民，宜采取宅基地置换和商品房运作方式，尽可能将本地村镇居民留在小镇，为游客提供服务产品。在优先满足本地居民入迁前提下，适当放宽户籍限制，接纳外地和外籍人员入迁。鼓励发展民宿产业，发展多种形式的房屋租赁，吸引"临时居"。鼓励具有特殊技能的农民工、高校毕业生到小镇创新创业。

（四）创新建设模式，推进先行先试

1. 创新建设模式（PPP）

特色小镇既要政府主抓引导，也要社会广泛参与，形成政府与社会共建共管的格局。由于地方财政能力有限，未来资金投入是小镇建设最大的约束。建议采取当前较为流行和有效的政府和社会合作模式，即PPP模式，其优点是既可以减轻政府财政压力，有效落实政府的规划和产业布局，又能拓宽融资渠道，弥补公共投入的不足，提高建设效率，实现政府和社会资本利益共享和风险共担。PPP主要用于小镇的配套基础设施、公共服务平台等的建设。根据建设项目的性质，如经营性的门面、停车场、游乐园等，可通过税收留成、收益分成返还等方式激励个人投资者；非经营性的绿地、公园、给排水等设施，政府可通过财政出资和发行债券来筹资，承诺归还期限。制定专门针对PPP的金融支持措施，构建与小镇PPP项目相符合的金融体系。政府财政可以对社会资本的贷款利息进行补贴,减轻社会资本的利息压力。

2. 创新特色小镇运行方式

要厘清政府、企业和市场的职能定位,创新政府引导、企业主体、市场化运作的特色小镇运作方式。政府的引导作用体现在规划编制、项目监管、基础设施配套、小镇文化内涵挖掘传承、生态环境保护、公共服务供给、政务环境等方面。凸显企业主体地位,让企业以更大的积极性、更高的自由度、更灵活多样的形式投入到小镇的创建当中。充分发挥市场在资源配置中的决定性作用,促进土地、资本、劳动力等生产要素价值的最大化,依靠市场的力量来推动特色小镇的建设发展。在特色小镇的建设主体上,建议以大企业、大集团为主,创新市场化运作、企业化运营模式,建立开发建设主体与行政管理主体相分离的管理体制。创新小镇商业、服务业、文化事业及符合小镇特色发展的其他产业的招商和运作机制。

3. 推进小镇试点创建

目前,南宁市已有西乡塘区金陵镇、马山县古零镇、武鸣区罗波镇、横县六景镇、宾阳县古辣镇入选广西百镇建设,西乡塘区忠良村、兴宁区围村分别入选 2015 年、2016 年中国最美休闲乡村,隆安县布泉河稻田被评为"2014 年中国美丽田园",这些村景的建设颇具成效,具有建设特色小镇的巨大潜力,应进行总结升级、推广普及。建议尽快开展特色小镇试点工作,相关部门应主动服务,推动创建,及早介入,科学指导,对照国家标准,明确创建方向,完善创建材料(创建申报书、创建方案、资源认定及服务质量相关证明资料等)。建议先在每个区县选择 2~3 个基础条件较好的镇开展试点,小镇规划面积一般控制在 3 平方公里左右(旅游小镇适当放宽),建设面积一般控制在 1 平方公里左右,并以 3A 级景区标准进行建设;旅游类特色小镇要求更高,要按照 4A 级景区标准建设,争取创建 4A 级景区;要选好建设单位,引进有实力的大企业、大集团参与建设。将建设发展特色小镇与新型城镇化、美丽乡村等工作有机结合起来,以点带面,发挥好引导和示范作用。对创建的特色小镇进行定期监测，实行季度通报和年度考核机制，制定年度考核办法，公布年度达标小镇。对创建的小镇和培育的小镇名单进行分类管理。

（五）完善政策保障，形成政策合力

1. 土地方面

小镇的用地，既要按照节约集约用地的原则确定小镇建设边界范围，也要做好未来发展的预判，为今后发展留足空间。对于确需新增建设用地的，对列入小镇建设的项目，所在区县国土部门给予适当的用地指标倾斜，重点保障小镇重点项目和基础设施用地指标，可从年度建设用地指标中优先落实。争取更多的低丘缓坡开发试点工作，尽量利用当地的自然条件，减少建设占用，充分发挥当地地形地貌的优势。加快小镇建设过程中农用地专用及供地手续的办理，结合农村土地综合整治、空心村治理、土地利用规划调整等工作，挖掘土地内部潜力，减少新增建设用地。用足用好建设用地增减挂钩政策，完善建设用地增减挂钩机制，统筹建设用地指标跨区县交易，将建设用地不是很紧张的区县通过增减挂钩产生的建设用地指标，有偿转让给特色小镇所在区县。

2. 资金方面

建议按照市级每年5000万元、区县每年500万元的规模，分别设立市和区县特色小镇发展引导基金，按照建设所需资金20%的比例给予小镇建设补助，用于小镇基础设施、公共事业、特色产业项目建设，连续设立5年。坚持政府引导、企业主体、市场化运作的模式，推动各类产业资金、可用闲置资金、可用国有资产等划入发展引导基金，形成多渠道、多元化的投资格局。加强与现有的城镇化建设、产业优化升级、国土整治开发、文化创意等专项资金的衔接，将小镇建设、产业发展、区域开发纳入上级规划，积极争取更多国家、自治区财政资金补助。鼓励金融机构出台支持特色小镇建设的相关金融政策，争取政策性银行、商业银行为小镇建设开辟绿色金融通道。鼓励金融机构率先在特色小镇设置分支机构或营业网点，增加小镇资金

流。推动金融创新,简化信贷程序,缩短信贷周期,提高信贷效率,探索特色小镇投贷联动业务。在全市层面,可以尝试将市级重点小镇项目进行集中打包,在条件成熟的情况下通过采取发行地方政府债券等方式吸引民间资金进入。

3. 财税方面

完善税收和财政支持政策,参照旅游项目、产业项目、文化项目的财税优惠政策,对符合条件的小镇建设项目提供信贷支持,对重大重点项目给予贷款贴息,重大重点项目所含的子项目也可以享受优惠政策。重点支持特色小镇的基础设施、创意设计、精品开发等建设。推动商业银行、投融资平台、信托公司为小镇提供中长期贷款,各级财政视项目情况给予利息补贴。给予小镇建成运营后一定时期内的税收减免或返还,如小镇规划范围内的新增财政收入上交财政部分,前3年全额返还、后2年减半返还。

4. 人才方面

加强特色小镇建设高级人才的引智工作。建议特色小镇引进的各类人才,应和产业人才、科研人才一样,同等享受相关规定的各项政策,对于急需的高端人才、特殊人才,应采取"特事特办、一事一议、一人一议"的政策。应注重小镇建设存量人才的交流和挖掘,加强与城建、规划、国土等行业人才资源的共建共享,进一步完善特色小镇高级人才交流借调工作制度。研究出台适合区县和乡镇引进特色人才的扶持政策,或下放人才政策相关权限,给予区县、乡镇更大的人才引进、使用自由度。加强与市外、区外高校和科研机构的合作交流,善于借助外地智力资源。

5. 宣传方面

加大对特色小镇创建的宣传力度,增强广大干部群众对特色小镇的认识,引导人民群众积极参与到特色小镇的建设当中。深入推进与主要客源市场的合作,尤其是珠三角和东盟国家,将南宁市的特色小镇建设与旅游业捆绑起来,共同开发精品旅游线路。完善营销网络体系,深入挖掘特色小镇文化底蕴和内涵,选好产业,讲好故事,做好包装,通过举办节庆活动、媒体宣传、境内外推介，不断提高特色小镇的知名度和影响力。

参考文献

[1] 吴伟权：《关于创建广西特色小镇的几点思考》，《广西城镇建设》2016年第10期。

[2] 闵学勤：《精准治理视角下的特色小镇及其创建路径》，《同济大学学报》（社会科学版）2016年第5期。

[3] 韦福雷：《特色小镇发展热潮中的冷思考》，《开放导报》2016年第6期。

[4] 《新型城镇化进程中特色小镇发展路径探析——以常州市武进区嘉泽镇为例》，《绿色环保建材》2016年第10期。

[5] 朱莹莹：《浙江省特色小镇建设的现状与对策研究——以嘉兴市为例》，《嘉兴学院学报》2016年第2期。

[6] 黄芳芳：《以PPP模式打造特色小镇》，《经济》2016年第35期。

[7] 詹杜颖：《品牌效应下的特色小镇构建研究》，浙江工业大学硕士学位论文，2016。

[8] 尚佐方：《旅游特色小镇电子商务应用研究》，广西师范大学硕士学位论文，2016。

[9] 刑思远：《云南省少数民族地区特色小镇体育旅游特点及SWOT分析》，云南师范大学硕士学位论文，2016。

[10] 黄毅、覃鉴淇：《特色小镇及其建设原则、方法研究综述》，《广西经济管理干部学院学报》，2017年第1期。

[11] 周鲁耀、周功满：《从开发区到特色小镇：区域开发模式的新变化》，《城市发展研究》2017年第1期。

[12] 曾江、慈锋：《新型城镇化背景下特色小镇建设》，《宏观经济管理》2016年第12期。

[13] 厉华笑：《基于目标导向的特色小镇规划创新思考——结合浙江省特色小镇规划实践》，《小城镇建设》2016年第3期。

[14] 葛欣萍等：《以创新推动特色小镇发展》，《中共青岛市委党校 青岛行政学院学报》2016年第2期。

[15] 朱其现：《贺州贺街"宗祠文脉"特色小镇发展路径研究》，《广西民族师范学院学报》2016年第6期。

B.19 南宁市加快推进历史文化街区保护利用对策研究

南宁市政协人口资源环境与城乡建设委员会调研组[*]

摘　要： 党的十九大强调要"加强文物保护利用和文化遗产保护传承"。历史文化街区是文物保护利用和历史文化遗产的重要载体，是一旦破坏就不可再生的珍贵资源。加快推进南宁市历史文化街区保护利用项目建设意义重大。本文在深入了解本地实际情况、学习考察外地经验做法的基础上，提出明确目标定位、加强顶层设计、完善法规政策、建立市场化运作机制、注重改善居民生活、加大宣传推介力度等促进历史文化街区保护利用的建议。

关键词： 文化遗产　历史文化街区　"三街两巷"

2017年4月，习近平总书记在广西视察时强调指出，"要加强文物保护和利用，加强历史研究和传承，使中华优秀传统文化不断发扬光大。要增强

---

[*] 调研组组长：魏凤君，南宁市政协副主席。调研组成员：张海元，南宁市政协人口资源环境与城乡建设委员会主任；赵伟波，南宁市政协人口资源环境与城乡建设委员会副主任；何广华，南宁市政协人口资源环境与城乡建设委员会办公室主任（执笔人）；甘英姿，南宁市政协副秘书长；黄箭屏，南宁市政协办公厅调研员；朱财斌，兴宁区人民政府区长；黄永久，南宁市旅发委主任；陈文胜，南宁市城乡建委副主任；林剑，南宁市规划局副局长；汪烈，南宁市建筑设计院总建筑师；林京森，西乡塘区人民政府副调研员；马莉，南宁市政协人口资源环境与城乡建设委员会办公室主任科员；郑立川，南宁市政协人口资源环境与城乡建设委员会办公室工作人员。

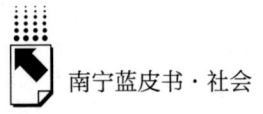

文化自信,在传承中华优秀传统文化基础上发展社会主义先进文化,加快建设社会主义文化强国"。作为广西首府的南宁,加快推进历史文化街区保护利用,是深入学习贯彻习近平总书记在广西视察时重要讲话精神的具体行动,是申报国家历史文化名城、加快建设"四个城市"的重要载体。

一 南宁市历史文化街区保护利用情况及存在的问题

"三街两巷"是指兴宁路、民生路、解放路以及金狮巷、银狮巷一带,历史上曾是南宁市最繁华的街道,是南宁市老城区的中心。"三街两巷"保存着众多比较完整的明清时期传统民居古建筑和具有岭南骑楼风格的老建筑。其中,已经定级为文物保护单位的有新会书院、两湖会馆、安徽会馆、粤东会馆、董达亭商住楼、广西高等法院旧址、水塔脚等一批老建筑,还有金狮巷、银狮巷、城隍庙等一些历史遗存。随着城市的发展,这里曾经的繁华已成为历史,保存下来的都是城市发展弥足珍贵的记忆,是历史发展文脉和城市发展的根。近年来,市委、市政府高度重视文化遗产的传承保护工作,在推进历史文化街区保护利用、历史文化名城申报等方面做了大量工作,取得了丰硕成果。

2005年,南宁市启动了申报历史文化名城相关规划研究和编制工作。2012年,南宁市委、市政府正式提出申报国家历史文化名城的工作目标和要求。2013年,《南宁市历史街区保护管理条例》公布,界定了"三街两巷"历史街区范围。2014年,开展《南宁市历史文化名城保护规划》的编制工作,对"三街两巷"区域内的传统建筑进行了筛选和逐一认定,并对拟新增历史文化街区的数量和范围进行研究,为保护和传承具有历史保护价值的建筑,以及项目设计与建设提供了基础材料。2015年,《南宁市历史文化名城保护规划》通过评审,划定了"三街两巷"、中山路和蒲庙老街三片历史文化街区。2016年,南宁市十二次党代会强调"努力创建国家历史文化名城",并为填补南宁市历史文化街区数量偏少的"短板",补充调研了多处历史建筑集中区域，拟将西乡塘区陈东村、隆安雁江古镇、宾阳宾州古镇几处历史建筑集中区域作为备选的三片历史文化街区。2017年，南宁市政府工作报告强调要"积极创建国家历史文化名城，加强历史文化街区、历史建筑、古镇、古村落等历史文化遗产以及非物质文化遗产的保护和开发，将文化资源转化为发展优势"。已做进一步修改完善的《南宁市历史文化名城保护规划》获得市城市规划委员会原则同意并通过评审。各级相关部门在优化提升"三街两巷"方案设计工作的基础上，按照市政府审定的关于加快推进"三街两巷"项目重点片区建设实施方案的要求，扎实有序开展历史文化街区各片区保护修缮改造工作，保护与利用策划、城市设计、建筑物分类及甄别、房屋征收、宣传发动等进展顺利，重点片区项目一期工程建设正有序开展。

通过对比申报国家历史文化名城的标准和要求，尤其是与已申报成功的城市相比较，南宁市历史文化街区保护利用工作还存在一些亟待解决的问题。

1. 历史文化遗存方面存在"短板"

一是中心城区历史格局不够清晰，文化特色不够突出。道路修建、城市建设等活动的开展，使得南宁市中心城区历史街区风貌遭到破坏，历史格局不够清晰，同时，缺乏对传统文化习俗的挖掘和传承又使得其在文化特色方面不够鲜明。二是已批历史街区数量少，面积有限，风貌价值不高。南宁市传统的历史街区位于解放路、水街、兴宁路、中山街及金狮巷等区域，但是这些传统街区的历史面貌遭到较大的破坏。目前，仅有"三街两巷"通过人大立法的保护。三是国家级的历史文化遗存数量偏少，美誉度高、影响力大的历史文化遗迹欠缺。

2 旧城历史风貌日益模糊

南宁旧城的原有规模不大，虽然历史街区的格局尚存，但是城墙、城门等重要历史建筑早已被拆除，现存的老街区普遍面临着年久失修、历史风貌破坏严重、开发利用方式不当、老建筑传统功能丧失等问题，尤其是近年来，旧城区改造力度越来越大，一些传统的街区容易受到旧城改造的影响，历史风貌遭到较大的破坏，且项目业主在旧改推进过程中，仍习惯按照传统旧改思维，对历史文化街区大拆大建较多，已经严重背离了有关历史文化街区保护法规的一些基本要求。

3. 保护挖掘力度不够

由于长期以来对历史文化遗产的价值和意义认识不足，以及受制于经济发展需要，南宁市对历史文化保护的重视程度不够，主要表现为：一些历史街区没有得到很好的保护，保存状况不佳；历史文物大多湮没于大街小巷间，未能得到有效保护与开发利用；征收范围内危旧建筑较多，市政环境紊乱，消防设施落后，存在较大安全隐患；有些文物因历史遗留问题，房屋权属存在纠纷，大多房屋"破""旧""老"，存在很多隐患，不利于文物保护；历史文化宣传力度不够，南宁的文化影响力相对较小。

4. 个别被征收人及单位配合不够积极

由于历史文化街区项目地处城市商业中心繁华区域，历史遗留问题复杂，涉及私人自建房产权继承人较多，在征收工作中，征收范围内个别被征收人和单位趁机提出超越政策的补偿诉求，甚至拒绝协商谈判，极大影响了已签约被征收人的征收利益。个别单位将其在本市其他项目的征收问题捆绑到此次征收工作中，给项目征收和建设工作带来困难。部分被征收人的滞后签约，影响了大部分已签约的被征收户实现尽早回迁的期望。

5. 宣传力度不够

"三街两巷"与当地宣传、文化、旅游部门沟通联系不够，媒体传播平台对南宁历史街区的宣传缺乏统一规划，没有深层次发掘其文化内涵，在打造集消费、观光、旅游、休闲于一体的商业街区方面缺乏有影响力和有分量的宣传措施，宣传力量薄弱、分散，资源整合能力有限。

二 国内先进城市的做法与经验

南京老城南历史城区保护范围位于长乐路、集庆路和明城墙围合的区域内，自中华门以东地区为门东；中华门以西地区为门西。门东地区是南京目前仅存的大体量、整体保护较好的历史风貌区，它的整体格局、街巷肌理基本没有发生变化，是南京历史之根，是最能代表南京历史文化的地区之一，自古就是商贾云集、人文荟萃之地。2006年初，南京市政府决定组织实施老城南保护复兴工程。2015年，向南京市民和海内外游客，呈现了一个以"逛街、观宅、登城、亲水"为鲜明特色，能同时满足年轻人口味时尚、老年人体验怀旧、外国人感知中国的城市历史人文休闲旅游街区。其主要做法是：一是从旧城改造转变为老城保护，以恢复历史风貌为工作重点；二是从单体修缮转变为全面保护，突出历史保护的整体性和系统性；三是从偏重建设转变为综合提升，努力实现历史文化保护利用、生态环境提升、民生改善相协调；四是从简单拆建转变为有机更新，努力避免老城区保护利用的同质化倾向；五是确立了文化保护与商业经营并举，传统与时尚和谐交融，业态功能主次分明、布局合理的招商原则。

济南明府城始建于明朝洪武四年（1371年），距今已有600余年历史，是济南历史文化名城的重要标志，也是最能集中展示老济南风貌特色的核心街区。周边有大明湖、趵突泉两大风景名胜区，芙蓉街、府学文庙、百花洲、题壁堂古建筑群等历史遗存，腾蛟泉、珍珠泉、芙蓉泉等80多处泉水水系串流分布，加上保护完整的46条古街巷，形成"家家泉水、户户垂杨"的泉城特色风貌。自1986年济南被列入国家级历史文化名城开始，济南市通过加强组织领导，坚持立法支撑；突出规划引领，明确保护要求；市区联合开展，加强政策扶持；坚持省市联动，将明府城保护上升为省级战略等措施推进历史文化街区保护利用项目建设，尤其是在明府城采取"修旧如故"和"渐进式"的推进方式，积极开发"泉水人家""步游泉城""历史记忆"等特色产品，持续打造和弘扬儒家文化、泉水文化、古城文化、大舜文化，让济南老城再现了一个具备文化中心地位和人文传承功能的济南府。

成都宽窄巷子历史文化街区，坐落在成都市城西，包括宽巷子、窄巷子和井巷子等老式街道，是成都三大历史文化保护区之一。整个宽窄巷子由45个清末民初风格的四合院落、兼具艺术与文化底蕴的花园洋楼、新建的宅院式精品酒店组成，院落以一层为主，局部二层，均带天井，全部是青砖黛瓦的仿古四合院落。成都市对宽窄巷子历史文化片区的保护利用始终坚持"修旧如旧、保护为主"的原则，坚持"原址原貌、落架重修"的方式，并提出"文态、生态、业态、形态"四态合一理念。宽窄巷子项目荣获国家颁发的"城市发展可持续活力奖"。目前，宽窄巷子逐渐成为汇聚了街面民俗生活体验、公益博览、高档餐饮、宅院酒店、娱乐休闲、特色策展、情景再现等业态的"院落式情景消费街区"和"成都城市怀旧旅游的人文游憩中心"，以及具有"老成都底片，新都市客厅"内涵的"老成都原真生活情景体验街区"。

桂林东西巷历史文化街区项目包含正阳街东巷、江南巷、兰井巷等桂林传统街巷，是桂林明清时代遗留下的唯一的历史街巷，体现了桂林的历史文脉。项目总投资近8亿元，总占地面积2.92万平方米，总建筑面积6万多平方米，分为传统文化街和时尚风情街两个部分，是桂林市打造"国际旅游胜地"的城市地标之作。项目采用政府主导、城区主体、市场运作的模式，引入市场运作模式，分类实施征地拆迁，注重多方位宣传，切实做好文物保护，建立工作联动机制加快项目推进，展示了较为完整的人文历史街区风貌并形成了集传统商业、文化体验、休闲旅游于一体的业态格局。

三 对南宁市加快推进历史文化街区保护利用的建议

历史文化街区的保护利用是一项长期而艰巨的工作，在不同时期有不同的工作内容。具备两个以上的历史文化街区，是申报国家历史文化名城的必备条件，同时也是南宁市申报国家历史文化名城的重点工作。我们必须以实际行动贯彻落实习近平总书记关于"历史文化是城市的灵魂，要像爱惜自己的生命一样保护好城市历史文化遗产"的指示精神，进一步加大工作力度，加强文化资源发掘与利用、生活环境与基础设施改造，实现保护与发展双融合，充分展现南宁历史文化精髓，传承南宁城市文脉。

1. 明确目标定位，实现保护性开发利用

一是在发展理念上，坚持寓保护于发展、以发展求保护、实现保护与发展并举的可持续发展，将历史文化街区保护利用融于整个城市的发展与现代化的进程之中，与城市经济政治文化社会生态相协调。通过保护、整治和改造，挖掘优秀历史建筑的文化内涵，传承城市珍贵的历史文脉，形成历史文化街区的特色亮点和品牌，提升老街区品味，提高广大市民和游客对南宁文化遗产的认知度，因时制宜促进城市的可持续发展。二是在发展定位上，建成广西一流的"千年古城，百年商埠"文化旅游目的地以及首府文化公园。围绕加强物质形态的文化遗产和非物质文化遗产的保护，充分展示南宁历史文化风貌，打造"老南宁特色标志区"；围绕"文化+旅游+商业+休闲"融合发展，打造集文化休闲、健康养生、创意艺术、时尚消费于一体的"老南宁休闲区"；围绕邕江综合整治和壮乡首府人文挖掘，策划实施中华优秀传统文化传承和活态利用工程，打造"老南宁旅游标志区"；围绕加快绿城品质升级工程，突出浓郁壮乡特色和亚热带风情的生态宜居城市特色，突出好山好水好人文、宜居宜业休闲生态型城市特色，把历史文化街区保护利用项目与中国绿城"升级版"紧密结合起来进行精心打造。当前，要紧紧围绕国家历史文化名城的工作目标，切实把"三街两巷"项目重点片区建设作为重点工程抓紧抓好。

2. 加强顶层设计，打牢保护与开发利用基础

一是编制完善规划。借助外地成功经验，在完善《南宁市历史文化名城保护规划》《南宁市历史建筑保护总体规划》等规划的基础上，科学制订和完善南宁历史文化街区保护专项规划，切实加强历史文化街区保护利用规划与历史文化名城总体规划的相互衔接与统一，并按照"历史文化遗存不能丢、基础设施与功能配套要超前、注重文化产业功能"的原则，使规划建设更具科学性、前瞻性，为历史文化街区的保护利用提供基本依据和科学遵循。二是抓好保留改造建筑概念方案设计。在基于对历史城市肌理、传统建筑的研究基础上，提出对"三街两巷"历史街区内建筑的控制导则，并遵循建筑控制导则提出保留建筑的改造设计方案。为保护"三街两巷"历

史街区风貌，规范街区的改造和建造行为，保证各类改造和新建建筑风貌符合规划要求，需要制定好《建筑保护、改造与新建控制导则》。如对骑楼可分别从女儿墙、墙身、柱廊三部分进行控制，民居应主要从平面布局、立面、屋顶三部分进行控制。三是建立完善协调推进机制。在落实申报历史文化名城工作领导小组及办公室的同时，成立市委、市政府主要领导任组长的历史文化街区保护开发领导小组，统筹协调历史文化街区保护管理工作，形成"政府主导，市场运作，公司经营，原居民参与"的管理模式；加强与国家相关部委、自治区、名城保护专家的联络交流，主动邀请他们到南宁考察、指导名城申报工作；建立稳定的专家组制度，成立由城市规划、建筑设计、文物、考古界专家组成的名城保护管理专家咨询委员会，指导相关规划的编制与实施，参与项目监督，协助解决现场问题，保障历史文化街区保护利用工作的指导思想明确、思路连贯、方法科学、成效经得起历史检验。施工组织采取创新性的"五位一体"（街道、居民、施工、监理、审计）形式进行共同参与实施，确保项目建设进度和质量。四是在历史文化街区的保护管理和规划建设中，积极争取自治区党委、政府和区直、中直有关部门的关心和支持，形成自治区、市、城区共保共建的工作格局。

3. 完善法规政策，实现依法管理运营

一是加快完成《南宁市不可移动文物保护条例（草案）》，研究出台《历史文化街区保护管理办法》和《历史文化街区房屋处置工作试行办法》，明确推进历史街区建设要做好历史文化保护与传承，保留城乡记忆，延续历史文脉，突出地域和历史文化特色，为明确历史文物保护、历史文化街区保护管理及其有机更新提供法规政策依据。二是制定特殊招商和人才政策。探索建立历史建筑保护专项资金等多种历史文化街区保护和历史建筑保护的经费投入与财税补偿机制；对符合历史文化街区业态定位和招商需要的文化项目、旅游休闲项目出台入驻补贴、公共展示及活动场所补贴等政策；对入住历史文化街区的特殊人才出台相关补贴政策；鼓励和邀请历史名家团队运作老南宁老照片老物件征集活动，充分挖掘老南宁历史文化，再现老南宁历史风貌；采取各种优惠措施，鼓励各种经营主体围绕历史街区的保护利用兴办服务业，吸引更多的外来人口选择定居，促进历史街区社会经济稳定繁荣。三是研究消防、建审等方面的特殊标准，解决特色民居建筑无法满足现代建筑审批标准、历史建筑无法办理房产手续等问题。四是落实《南宁市历史文化名城保护规划》的要求，在历史街区保护范围内，依法依规严格控制高层建筑的数量、体量、高度、色彩、风貌等要素。

4. 建立市场化运作机制，促进街区产业良性发展

一是拓宽资金来源渠道。采取由政府出一点、居民拿一点、社会捐一点的方式，积极引导居民自建或委托有资质的施工单位根据规划设计方案自助改造；切实加大财政投入力度，设立创建国家历史文化名城专项基金，争取危旧房基金、旧城改造基金、旅游开发基金、文管基金等用于历史文化街区的保护利用。二是做大国有运营平台。在政府起主导作用的基础上，搭建好市场化运营平台，形成适宜的管理架构和资金筹措方式。通过做大做强若干国有企业，以其为主体，负责对"三街两巷"区域实施资源整合、业态调整、商务运营和整体开发，以资产运作方式实现"三街两巷"保护开发的良性循环。三是创新老街区更新模式。借鉴外地先进经验，针对不同区域功能和开发周期，采取"政府主导全部资源、原住居民迁出—政府掌握主要资源与保留原住居民并行—保留原住居民"三步走的模式有序更新，努力促进原住居民与新业态的融合发展，最大限度地保障历史街区的原真性和多样性形态，实现历史文化街区永续发展。四是积极推进资源整合。重新整合组建"三街两巷"核心区旅游营销联合体，广泛发动企业参与，设计包装都市休闲旅游线路产品；加快"三街两巷"核心区主要旅游景区周边旅游线路及沿线的旅游道路、景区及停车场、游客服务中心、旅游安全设施、旅游标识、旅游厕所等旅游基础设施建设，提升公共服务水平；加强部门联动共同推进"三街两巷"核心区旅游文化基地建设，谋划建设旅游景区交通，提高各主要旅游景区的交通互动能力，实现"三街两巷"与景区、重点景区之间高标准、无障碍连通；加强与周边的商业连通，结合民族大道七岔路口交通设计优化，完善地下停车场等旅游基础设施，加强旅游服务管理和市场营销，提升旅游服务水平和档次。

5. 注重改善居民生活，发挥街区市民群众参与作用

一是激活城市功能综合发展。疏解历史街区外围的过境交通，整合岔路交通及地铁接驳，在不影响保护保留建筑的前提下，尽可能安排地下停车，缓解"老区停车难"的问题；利用步行街、空中步道、景观步道、地下通道等方式，将水街—金银狮巷—中山路三大商业片区联系在一起，创造不受干扰的滨江步行体系；整合现有可用资源，升级基础教育、餐饮、医疗服务等服务设施；因地制宜改善基础设施，提出历史街区消防解决对策，引入综合智能管控理念，保障传统建筑及居民的安全；按照无障碍环境设计的要求，既为健康成年人群提供方便，又为老幼病残弱着想，在建筑出入口、街区商店、娱乐场所、公共服务设施设置无障碍通道，体现现代化城市文明。二是完善居民参与决策的机制。历史文化街区的居民不仅应享有充分的发言权、表决权，也应享有更多的就业和商业机会。要广泛听取居民公众的意见，变单纯的政府行为为社会行为。在土地征收方面严格履行法定公示程序，紧密对接城区注重听取被征收户意见。三是协调好各方利益关系。积极组织和引导历史街区居民参与相关项目建设和经营管理，比如老屋的修缮、传统小食的经营、手工艺的开发等，逐步改善街区居民的生活水平。居民除了通过直接提供劳动力、参与经营获取收入外，在街区文化商贸旅游经营利益分配方面，也应通过利益分配机制的建立健全，为居民权益提供必要的保障。

6. 加大宣传推介力度，打造有特色的文化商业旅游街区

一是加强深度挖掘。各级宣传、文化、旅游部门要通过对历史文化内涵的深度挖掘，形成配套的文化宣传题材，结合深入开展"讲好南宁故事，传承历史文化"活动，将历史文化街区作为壮乡首府特色文化和国际文化旅游休闲区的新旅游景点对外宣传推介。二是注重打造文化品牌，凸显历史文化街区的主题。在建筑空间布局及风貌设计方面应充分考虑文化要素的体现，通过色彩、格调的设置，与街区周边景色形成强烈的对比，使之成为吸引游客的亮点和让游客回味的主线。注重抓好城隍庙修建，弘扬民族英雄苏缄的爱国主义精神，提升历史街区的文化价值。组织精英力量，创作具有强烈感染力、震撼力的描写邓颖超、苏缄等名人故事,反映爱国主义精神的电视剧或电影,争取获得好的传播效果,来大大提高南宁历史文化街区的知名度和美誉度。三是尽快建立"老南宁·历史文化街区"国际网站。网站应包含历史文化街区全部信息,并保持更新,形成一个网络宣传平台;针对历史文化街区的特性,网站还应具有网络销售平台功能,为街区内商家提供一个展示平台,并且可预约商贸旅游服务,可网上浏览商品,这样可为商家提供增值服务,提升历史文化街区商业吸引力,引领未来城市文化商业步入新的发展方向。

参考文献

[1] 张国萍:《浦江县历史街区的保护与开发利用初探》,《中华民居》(下旬刊) 2014年第3期。

[2] 罗观:《重庆历史文化街区保护研究》,《新西部》2012.02-03合期。

[3] 周仕兴:《文化自信的广西阔步走来》,《光明日报》2017年11月24日。

[4] 南京市人大代表秦淮区三组:《关于老城南改造保护的调查与思考》,《改革与开放》2014年第15期。

[5] 孙宇坤:《浅析中美历史街区保护思想和方法的异同》,《城市地理》2016年第20期。

B.20
南宁园博园展后开发利用对策研究

中共南宁市委政研室（改革办）课题组*

摘　要： 本报告深入分析了南宁园博园规划建设的情况以及存在的问题，学习借鉴国内历届园博会举办地园博园展后开发利用的经验做法，提出了明确展后转型发展的定位、完善展后开发利用规划、超前谋划展后的建设经营、提前谋划展后运营管理机制、加强人才队伍建设、保持展后宣传推介力度等园博园展后开发利用的对策建议。

关键词： 园博园　展后　开发利用

南宁园博园将于2018年12月全面建成运营，届时将成为第十二届中国国际园林博览会的举办地。自治区党委、政府和市委、市政府对此高度重视，明确要把园博园建成集示范性、观赏性、科普教育性、互动体验性于一体的城市新地标。作为一个短暂会期展览的场所，也将是永久保留的景区，如何把园博园的一次性集中展示和可持续发展有机结合起来，推动南宁绿城品质升级，成为南宁市当前亟须研究的一个重要课题。

---

* 课题组成员：梁国禄，南宁市委副秘书长、市委政研室（改革办）主任；赵雄鹰，市委政研室（改革办）副主任；李耿民，市委政研室（改革办）副主任；韦忠，市委政研室（改革办）城建科科长；李锦，市委政研室（改革办）城建科副科长；李果壮，南宁园博会指挥部综合协调部工作人员。

一 园博园规划建设为展后开发利用奠定了良好基础

南宁市以"生态、文化、共享"的理念为核心引领，结合园博园园址的山水格局和周边区域发展情况，对建筑场馆、公共配套设施等进行了总体规划布局，对商业、旅游及休闲生态等业态进行了总体策划，并初步建立了园博园管理架构，着力打造特色园博园，为园博园的建设以及展后开发利用打下了良好的基础。

（一）园博园功能布局基本明确

南宁园博园位于南宁市中心东南方向约12公里的顶蛳山地块，东邻城市主干路蒲兴大道，西靠龙岗大道，南连仲龙路，北接城市快速路玉洞大道。园博园规划范围总面积约645公顷，其中主园区用地276公顷（包括围合管理区258.54公顷、开放管理区2.46公顷和顶蛳山遗址公园15公顷）、配套服务区49公顷、田园风光320公顷。规划范围内地块为典型的岭南丘陵地貌，具有"三湖十八岭"的山水格局，既具有山、水、林、泉、湖等优越的造园条件，又有典型的内河流域淡水性贝丘遗址国家文物保护单位。

1. 明确了九大功能区

规划了主入口景区、玲珑湖景区、滨水画廊景区、展园景区、清泉湖景区、七彩湖景区、遗址公园景区、配套服务区、田园风光区九大景观功能区。

2. 规划建设特色景观风貌

根据功能分区，园区内实行"一轴四带"的景观风貌控制导则，"一轴"即从园区东入口广场沿园博大道至园博广场、音乐喷泉、清泉湖、风雨廊的景观序列；"四带"自东向西依次为城市景观带、园林展园带、自然山水带、田园风光带。其中，园林展园带规划建设"一轴托两翼"展园空间，即"一轴"由中华园、丝路园及设计师园组成的南北向景观布局；"两翼"分别为中华园东西两侧延伸展出的东盟园和广西园。整个园区通过本土建筑、民族符号、民族活动、地域植物、遗址展示等，体现壮乡广西、南宁、东南亚以及丝路沿线国家的文化特色。

3. 规划建设特色场馆

主要有"四馆一阁两中心",即园林艺术馆、东盟馆、体验馆、顶蛳山遗址博物馆、清泉阁及游客服务中心和演艺中心,建筑面积约6.1万平方米,规划景观桥梁6座。矿坑修复重点对6个现状条件较好的矿坑进行专项设计,形成具有生态修复示范意义的矿坑花园。

4. 规划完善交通体系

主园区规划"三主、三次、三备用"的出入口体系,设置步行交通系统和电瓶车游线系统;周边规划建设停车位1200个,基本可以满足展后游客的停车需求。2018年园博园周边将同步建成"环形"道路和"三横四纵"的路网骨架,规划建设的地铁2号线延长线、快速公交2号线等多条交通线路将直通园博园,同时利用邕江和八尺江开设水上交通,初步构建起便捷高效的连接通道。

(二)管理架构初步建立

2019年5月底园博会结束前,园博园规划建设和运营由园博会指挥部统筹,其中田园风光区由邕宁区具体负责。园博会结束后,园博园分为三部分由不同的部门进行管理:一是围合管理区、开放管理区即南宁园博园,由具有事业单位性质的南宁园博园管理中心(已于2016年5月成立)负责管理,园林绿化、环卫保洁、保安等工作通过向社会购买服务的方式予以解决;二是顶蛳山遗址公园展后移交市文新广局负责管理,将向公众免费开放;三是田园风光区由邕宁区具体管理。

(三)展后运营设想初步形成

园博会结束后,园博园围合管理区将以门票收入为主,开放管理区将集中建设经营项目;田园风光区大力发展休闲观光农业,提升建设"农旅+文旅+乡旅"三旅一体的南宁"壮乡原野"田园综合体,将与南宁园博园共建国家5A级景区。

1. 公共空间的展后利用

主要有文化街区、玲珑湖景区、清泉湖景区、七彩湖景区、滨水画廊景区等,展后可按照凸显特色的理念,打造成为民俗文化街、酒吧区、科普教育区、室外剧场、水上秀场等。

2. 建筑场馆的展后利用

建筑场馆主要包含园林艺术馆、体验馆、东盟馆等主场馆建筑,以及游客服务中心、商业街、演艺中心等服务建筑。主场馆建筑展后将作为展览、科普、会议及接待活动的场所,负责承接相应等级活动。服务建筑将根据所在位置及分区的不同,改造成为商业街、餐饮、租赁、住宿、酒吧、体验馆等场所,形成绿色生态环境中一处集吃、住、行、游、购、娱于一体的都市生活区。

3. 河湖水系的展后利用

园博园河湖水系发达,其中主园区内的水体面积就达55.6公顷。河湖水系主要包括三类:八尺江水系、湖面水系及坑塘湿地。八尺江水系展后可设置游江游线,并结合滨水画廊景区的夜景构建,形成夜游八尺江项目。湖面水系主要位于园区内部,作为观景、水上活动及水上表演区域。坑塘湿地结合具体位置,主要作为生态恢复展示及生态科技科普区域。

4. 道路体系的展后利用

展后主要引入马拉松、自行车赛等赛事活动,丰富园区活动内容,促进展后人气积累。

二 展后开发利用存在的困难和问题

虽然园博园的各项功能布局有了初步的规划,但是展后的运营策划尚未实质性启动,仍存在许多亟待解决的问题,主要有以下几点。

(一)展后开发利用规划有待完善

一是园博园展后的开发利用规划需进一步深化。南宁园博园总体规划对展后提出了"集生态科普、文化旅游、配套餐饮、运动休闲、商务会展等为一体的永久性城市绿地"的发展定位。组织专业策划公司开展了园博园商旅及公建配套定位策划、旅游及休闲业态规划研究，但规划的科学性、可操作性有待进一步论证，运营项目有待进一步完善、筛选和提升。二是园博园周边区域总体规划与园博园发展仍不相适应。当前，即将完成的邕宁区蒲庙镇总体规划更多是从镇域角度出发，对园博园周边规划的定位层次不高，主要规划为传统的商业区、居住区，与园博园拟作为5A级旅游景区发展的要求不够协调、衔接不够紧密。

（二）周边配套服务不足

由于蒲庙镇土地利用总体规划仍未进行调整，土地成为制约园博园周边配套服务设施建设的瓶颈问题，预计配套设施项目用地指标缺口超过600公顷，导致周边交通、饮食、住宿、休闲、娱乐等配套服务设施建设滞后，短期内还难以齐备。而且园博园距离城市中心区较远，距离较为成熟的蒲庙镇片区、仙葫片区及万达茂等还有一段距离，将会影响游客的旅游体验和便利度，对吸引客源、增强人气造成不利影响。

（三）展后运营管理策划准备不足

一是当前园博会筹办的重点是考虑园博会期间的招商招展工作，对展后运营招商考虑还不够深入全面，未能将两个阶段的运营有效衔接、紧密统筹起来，将影响展后运营的延续性。二是人才缺乏，目前园博园管理中心配备了领导班子成员，但相关科室人员未落实到位，尤其是从事园博园开发利用的经营管理人才仍未配备，策划运营团队也未组建，将在一定程度上影响展后开发利用的顺利开展。

（四）展后影响力可能减弱

园博会结束后，各种展陈撤出，活动大幅减少，宣传力度也将相应减弱，游客量也将会有一定幅度的减少。同时，国内各种级别的展会繁多，如中国花卉协会主办的花博会、国家林业局举办的林博会以及各省区举办的各类博览会等，2019年北京还将举办世园会，容易造成游客审美疲劳，园博园对游客的吸引力将明显减弱。这些很可能造成园博园消费及活力下降，影响园博园展后收益和可持续发展。

三　国内城市园博园展后开发利用的经验启示

我国城市园博园大多数展后转型为主题公园，运行维护主要依靠财政投入，自身内生动力不足，可持续发展的能力不强，仅有个别城市园博园成功实现市场化转型，取得经济效益和社会效益双丰收。这些先例都给我们提供了很好的经验启示。

（一）规划建设要考虑展后运营

上海世博园先期规划综合考虑了相关建筑和土地的功能，展后开发利用灵活，较好地适应展后运营的需要，2010年之后即保留了世博轴、中国国家馆、世博会主题馆、世博中心和世博会文化中心五个永久建筑，其周围建筑和土地多为商业开发，形成了上海新的标志性公共活动中心。而重庆园博园在规划建设时期，没有考虑后续利用，场馆设计空间小而难以进行经营运用，导致要花较大力气进行改造，并且每一个项目改造需要政府报批，效率较低；由于在设计阶段未进行较好的排水设施规划，三级水泵进行污水排污导致餐饮发展较困难。由此可见，园博园要保持展后良性运营，必须在前期规划建设中超前谋划、统筹考虑，形成发展的良好基础。

（二）展后要更加注重增强内生发展动力

园博园管理、绿化养护等运维成本都比较高，昆明世博园经过展后的一段艰难运营后，意识到如果仅靠财政补贴，世博园运维难以为继，必须通过市场化手段来激发其内生动力，才能实现世博园的可持续发展。为此，昆明世博园强化市场经济理念，2006年昆明世博园股份有限公司云南世博集团有限公司作为主发起人，联合云南红塔集团有限公司、云南铜业集团有限公司共同注资，将昆明世博园股份有限公司打包成为上市公司，产生规模经济效应，当年景区亏损额大幅下降；2010年通过开展土地出让和场馆功能改造，将园区建筑场馆等经营性物业资产全面盘活，同时提升景区观光产品的质量，不断吸纳各类旅游资源，之后盈利水平逐年提高，最终发展成为到目前为止展后唯一实现盈利的园区。而国内多数园博园展后开发利用定位为公益性质，对市场开发的考虑不足，盈利模式单一，经营收入抵不上运营成本，每年都需要政府大量的财政补贴，比如深圳、厦门、济南、重庆、北京等城市的园区，每年财政投入少则1000多万元，高则达到8000万元，其中与南宁园博园面积大小接近的重庆园，展后每年需投入8000万元。由此可见，园博园要保持展后良性运营，必须遵循市场经济规律，更加注重发挥其展后经济效益，形成自身发展的内生动力，从而实现可持续发展。

（三）展后要更加注重以园区特色聚集人气

北京园博园结合自身优势，展后运营项目有酒店、会务中心、婚纱摄影、电瓶车、小火车和自行车等特色项目，并通过举办国际铁人三项赛、5公里彩色跑、大黄鸭中国首秀等大型体育赛事和活动，提升了人气，入园人数及经营收入较平日有了很大提升。而国内多数园博园地处偏远，且以展示各地景点景观为主，缺少游乐设施、特色小吃、特色文化等，普通游客更多地将其当作一个公园来看待，导致客源大幅减少，收入也随之减少，如唐山世博园因展后基本定位为休闲公园，展馆等主要建筑空置情况严重，游客服务区也大面积空置，园区除观光车和零售外基本没有其他经营项目，游客很少。由此可见，园博园要保持展后良性运营，必须通过开展各种特色活动来提高对游客的吸引力，以集聚人气增加收入促发展。

四 南宁园博园展后开发利用的重要意义

（一）有利于推动园博园可持续发展

纵观国内外城市举办园博会的经历，作为一个短暂会期展览的场所，由于前期建设投入成本大，在展会结束后都面临共同的难题，即园区设施设备逐年老化、陈旧，如果不加以开发利用，规划好后续经营，将会造成很大的浪费，难以保障后期的维护管理。为此，南宁园博园要实现可持续发展，必须充分考虑后续利用和运营，让园博园带来更多的经济效益与社会效益，从而减轻政府在展期结束后背负巨大的运维包袱，努力实现永不落幕的南宁园博园和永葆生机的南宁园博园。

（二）有利于让园博园城市新名片更加靓丽

把园博园建成集示范性、观赏性、科普教育性、互动体验性于一体的城市新地标，是自治区给予南宁园博园的定位。推动园博园展后开发利用，既是实现这一目标定位的必然要求，也是进一步提升其作为城市新名片影响力的重要措施。园博园建成后将具备良好的生态、特色的景观以及国内外文化元素，园博园开发利用将进一步丰富和拓展其内容，使其作为城市新名片更加光彩照人，也为"中国绿城"品质的提升增添新的内涵、提供新的载体，将南宁城市形象推向新高度，让"中国绿城"的大名片更加熠熠生辉。

（三）有利于带动周边区域发展

推动园博园开发利用，将进一步发挥其辐射带动作用，推动周边区域加快发展，催生一个服务高端、品貌现代、功能齐全的新区域。一是将推动周边道路、商业街区等城市基础设施进一步完善，拉开城市框架，加快五象新区和蒲庙片区的新型城镇化发展进程，提升城市现代化水平。二是将进一步提升周边产业发展质量，特别是促进周边土地增值和房地产开发，加速周边住宿、交通、旅游、休闲娱乐、婚纱摄影、会展、体育等服务产业发展，不断提升城市服务功能，促进产城融合。

五　南宁园博园展后开发利用的对策建议

2019年5月份园博会结束后，南宁园博园将作为景区永久保留。为此，要超前谋划园博园展后的开发利用，以打造南宁市休闲旅游新高地为目标，秉持"生态、文化、共享"的理念，坚持规划引领，健全配套设施，突出市场导向，完善运营管理机制，增强园区发展内生动力，确保园区良性运行发展，使园博园这张城市新名片更加靓丽多姿。

（一）明确展后转型发展的定位

园博园面积大、设施多，且要打造成为5A级景区，运营维护和管理成本必然很高，因此在园博园规划建设阶段就要做好园博园长久发展的总体定位，这关系到展后"管园""养园"问题。按照《中国国际园林博览会管理办法》关于"园博会闭幕后，承办城市应将园博园纳入城市公园管理体系"的规定，在保持园博园作为公益性公园性质不变的同时，适当兼顾营利性功能，明确将园博园展后定位为以社会效益、生态效益为主，经济效益为辅的综合性公园。为此建议，一方面加强园博园管理；另一方面推进公园从会展观赏型向展后旅游经营型转变，走好市场化的经营路线，着力打造南宁市高端旅游产品和区域发展的新引擎。

（二）进一步完善展后开发利用规划

充分吸取重庆和上海的经验教训，在规划建设阶段综合考虑园博会与展后的园博园运营，以规划引领园博园的可持续发展。一是提前做好展后运营规划。紧扣园博园定位，根据园博会试运营及长期运营实际需要，及时组织拟定园博园展后建设、管理、服务及运营综合规划方案，为园博园展后开发利用提供指导。二是统筹园博园周边规划。注重系统思维，将园博园周边规划与园博园规划作为一个整体进行统筹考虑，做好交通规划、周边商业规划、居住区规划，以及相关的其他配套设施规划。结合"丝路经济"概念，在园博园周边建设集游、居、购、娱为一体的高端时尚国际城市综合体，推动区域转型升级，加快实现园博园与城市区域融合发展。三是完善以园博园为核心的区域旅游发展规划。坚持全域旅游理念，将园博园作为重要节点纳入南宁市旅游发展线路，统筹规划建设田园风光区二期、八尺江湿地公园、那莲古圩、蒲津公园改造等项目，加大区域城乡风貌改造力度，提升生态园林、国际园博文化、顶蛳山史前文明、特色农业等景观的品质，形成以园博园为核心的"众星拱月"区域旅游新格局。

（三）超前谋划园博园展后的建设经营

园博园建设发展不是一朝一夕的事情，要借鉴上海市、昆明市等的经验，树立以市场为导向的经营理念，加大投资力度，加快推进园博园建设和经营提档升级，聚集更多人气。一是探索建立园博园多渠道投资建设的机制，积极探索股份制、特许经营、PPP等多种形式，吸引和鼓励更多社会资本投入建设经营园博园。二是大力推动经营场地的展后商业性开发，推进园博园展后的场馆等设施的改造利用，全面盘活园博园固定资产，推进多种经营，实现经济价值。三是引进投资开发游览观光、休闲娱乐、体育赛事等经营性旅游活动项目，充分发挥园博园综合效益。四是进一步丰富园博园文化内涵，既要在园林绿化、设施改造上增加文化内容，又要通过市场化手段，将群众喜闻乐见、丰富多彩的文化活动引进园博园景区，使园博园保持较强的吸引力和群众关注度。

（四）提前谋划展后运营管理机制

运营管理机制是园博园展后建设运营的依托和实现可持续发展的关键。展会期间园博园以政府为主导，即园博会指挥部为主导的管理模式，有利于各项工作高效开展。园博园展后，根据园区功能定位侧重点的转变，园博园的运营管理体制有公益性和营利性两类，其中公益性体制保留园博园管理中心的事业单位性质，有管理中心＋综合运营公司、管理中心＋纯运营公司、管委会＋综合运营公司3种模式可供选择；营利性体制实施公司化、市场化运作，有国有独资公司、股份公司2种模式可供选择（详见附表：园博园展后运营管理模式比较）。经过综合分析，展后运营建议采用"管理中心＋综合运营公司"模式，在保留园博园管理中心履行管理职能的同时，引进实力雄厚、景区开发经营经验丰富、信誉良好的企业从事市场开发经营活动。

（五）加强园博园人才队伍建设

园博园运营、管理和维护的专业性比较强，必须有专门团队、专门人才支撑。建议目前要加快配齐配强园博园管理中心人员，发挥职能作用。超前谋划组建园博园展后运营团队，在建设和招商中提前参与，提前策划展后运营工作，展后充实到南宁园博园有关专业公司。同时，引进植物研究高层次人才，利用好园博园植物资源优势，发挥亚热带植物研究、育种、推广及科普的职能作用。

（六）保持园博园展后宣传推介力度

打造城市新名片不是一朝一夕的事情，必须在展后持续强化园博园的宣传推介，不断提升知名度和美誉度。保持面上宣传不减弱，加强与新闻媒体、网络名人、广告公司等合作，结合举办各种活动，向国内外广泛展示园博园形象。结合园博园新项目，利用招商引资等时机，积极宣传推介园博园。及早探索推行旅游区域协作，协调旅行社将园博园纳入南宁市重点旅游点或开辟旅游专线进行宣传推介。加快打造南宁园博园商标，开展园博园旅游纪念品、工艺品、绿色特色食品等商品开发，以特有商品提升园博园品牌效应。

参考文献

[1] 高翔、陈炜：《浅析"后园博"时代园博园的转型发展——以桂林园博园为例》，《广西广播电视大学学报》2016年第3期。

[2] 张超：《互动式体验景观在园博园展园中的研究与运用——以第十届中国（武汉）国际园林博览会为例》，北京林业大学硕士学位论文，2016。

[3] 尹海明：《园博园规划设计建设工作有序推进》，《南宁日报》2017年6月14日。

［4］吴晓梅等：《昆明世博园　转型发展的鲜活样本》，《中国旅游报》2017年3月9日。

［5］《园博会招商招展工作全面启动　12个城市已明确参展》，新华网，2017年2月4日。

［6］《关于加强崇左园博园后期运营管理的建议》，崇左市住建委网站，http：//www.czzjw.gov.cn/hdjl/jyxc/455677.shtml，2016年3月31日。

附表 园博园展后运营管理模式比较

性质	模式	基本做法	优点	缺点	备注
侧重于公益性、保留园博园事业单位的行政管理中心的性质	管理中心＋综合运营公司	由园博园管理中心履行园博园管理职能。引进大型企业从事园博园市场开发、园容养护、安保保洁等运营执行工作。利润分成等方式兜底、场地经营及门票分成等方式维护和激励综合运营公司的工作积极性	可以从运营公司内部统筹考虑园博园的市场开发、园容养护、安保保洁等各项工作，减少园博园市场开发与园容养护、安保保洁等工作的协调难度，平衡园博园的经济效益和社会效益、生态效益的关系，也有利于减轻园博园管理中心方的园区管理难度	可能难以选取一家良好的大型运营公司，如运营公司运营不佳负面影响较大	采取类似模式的有：北京园博园
	管理中心＋纯运营公司	由园博园管理中心履行园博园管理职能。通过政府招标平台招标分别招取绿化养护、安保、保洁和市场运营开发方面的公司。市场运营开发公司专门负责市场运营开发工作	有利于发挥各专业公司尤其是市场运营开发公司的专业性能	多个市场主体在园内作业，各运营公司的管理冲突，如市场开发公司吸引游客越多，园容养护、安保保洁、设施维护等工作难度越大，园博园社会和生态效益兼顾的力度弱化	采取类似模式的有：南湖公园、金花茶公园、人民公园等，以及重庆园博园
	管委会＋综合运营公司	成立管委会或升格园博园管理中心为园博园片区管委会，统筹园博园及周边区域的管理、运营和开发	可以更有力地加强园博园片区开发利用的组织领导工作	园博园周边片区成立有五象新区管委会、新兴管委会等机构，容易造成组织机构过多	采取类似模式的有：青秀山风景区
侧重于营利性、实施公司化、市场化运作	国有独资公司	成立国有园博园运营公司，或由园博园管理中心转型为园博园运营公司（国有独资企业），直接从事园博园运营管理、运营公司直接对主管政府部门负责	有利于激发国有资产的资本属性，减少中间管理层级，减轻政府财政负担，符合未来改革方向		采取类似模式的有：青岛世博园、郑州园博园
	股份公司	引入有经济实力运营能力强的战略投资者（专业运营者），以现有园博园资产作为股本，成立股份公司，共同对园博园进行旅游市场开发经营	可以破除事业单位、国有企业管理体制对资产经营的制度障碍		采取类似模式的有：昆明世博园、唐山世山博园

B.21
南宁市农业耕地现状分析及保护对策研究

国家统计局南宁调查队课题组*

摘　要： 耕地是最基本的自然资源，也是农业生产的基础和地区可持续发展的重要保障。本文系统分析了南宁市2010～2015年耕地数量与质量状况，并对2010～2015年南宁市耕地集约利用水平进行了综合评价，从人地矛盾突出、种粮经济效益低和农田撂荒、耕地利用限制因素多、耕地占补平衡困难等方面分析了耕地质量降低的原因，并提出了严格控制耕地流失，保质保量补充耕地，用地与养地相结合，科学用肥用地，加强高标准基本农田建设，完善农田基础条件，科学规划耕地资源，合理引导农业结构调整等措施，以提高南宁市农业耕地质量，保障耕地资源的可持续利用。

关键词： 耕地数量　耕地质量　集约利用

一　引言

耕地是最宝贵的农业资源、最重要的生产要素。耕地保护工作历来受到党中央、国务院高度重视，中央多次强调要守住十八亿亩耕地保护红线，确

---

* 课题组组长：谢智，国家统计局南宁调查队党组书记、高级统计师；课题组成员：王雪梅，国家统计局南宁调查队副队长、高级统计师；方文焕，国家统计局南宁调查队农业调查科科长；梁秉波，国家统计局南宁调查队农业调查科副科长；骆玲，国家统计局南宁调查队主任科员。

保实有耕地面积基本稳定,维护国家粮食安全。《广西壮族自治区土地利用总体规划(2006~2020年)》《南宁市土地利用总体规划(2006~2020年)》《广西壮族自治区土地整治规划(2016~2020年)》等各类规划都明确了耕地保护、土地整治的方针和目标。

南宁市作为广西首府城市,近年来通过强化空间管控、盘活存量土地、开展土地整治、优化国土空间开发格局、加强土地用地监管等举措有效促进耕地保护。但是伴随人口增长和工业化、城镇化快速发展,用地需求持续增长,土地资源约束压力加大,土地利用和整治问题日益受到关注。如何在用地需求持续增长和土地资源约束双重压力下落实好耕地保护制度和节约用地制度是一项重要课题。本文立足于南宁市耕地资源现状,系统分析南宁市耕地资源保有、开发和利用过程中存在的主要问题,提出实现南宁市耕地资源可持续利用的对策建议,为提高粮食综合生产能力,促进城乡统筹发展,增强地区可持续发展能力提供参考。

二 研究内容及方法

(一)研究内容

以南宁市国土资源和农业经济运行的公开数据为基础,围绕着农业耕地资源的现状与发展趋势,从以下四个方面开展研究:首先,总体分析南宁市历年耕地保有状况和耕地质量;其次,对南宁市耕地集约利用水平进行横向和纵向的综合评价;再次,结合以上发展现状和综合比较的结果,剖析限制南宁市耕地综合生产能力的原因;最后,根据分析结果提出促进南宁市耕地开发和保护的对策建议。

(二)研究方法

1. 对比分析法

对比分析法是在同一指标下,对两个或者多个研究对象进行比较,从数量上展示研究对象在规模、水平、速度等方面的差异大小以及各种关系是否协调。本文将对南宁市耕地数量和质量指标与全区、全国的平均水平进行比较分析，发现南宁市与全区、全国的差距，对南宁市耕地数量和质量进行全面评估。

2. 综合评价法

综合评价法是结合研究目标对研究对象建立一个统计指标体系，该体系通常是由反映现象不同侧面的多个指标构成，之后利用相关统计方法和模型，对研究对象的总体水平、各侧面与总体的关联程度做出定量的综合评价。本文将运用综合评价法，全面评估南宁市耕地集约利用水平，以获得南宁市耕地状况的整体判断。

三 南宁市耕地数量及质量现状

（一）耕地保有量情况

南宁市辖5县7城区，共102个乡镇，1378个行政村。2015年全市常用耕地面积68.26万公顷，占全区耕地面积的15%，其中基本农田面积58.02万公顷。南宁市耕地面积相对其他区内城市较大，但水田和水浇地比重较低，分别占34.89%、0.14%，而旱地占比为64.97%。人均耕地面积1.38亩，比全国平均水平少0.1亩。

2010~2015年，南宁市耕地面积由68.84万公顷减少至68.26万公顷，虽然2013年、2014年有明显增加，但总体呈现下降趋势。所辖区县中，武鸣、横县、宾阳、隆安的耕地占全市比重分别为17%、16%、13%、9%，江南、西乡塘、良庆、邕宁、马山、上林的耕地占比均在5%~7%，兴宁、青秀的耕地占比在3%左右（见图1）。

（二）耕地质量现状

从质量等级来看，南宁市耕地质量较差。虽然土地坡度大多数在6°以

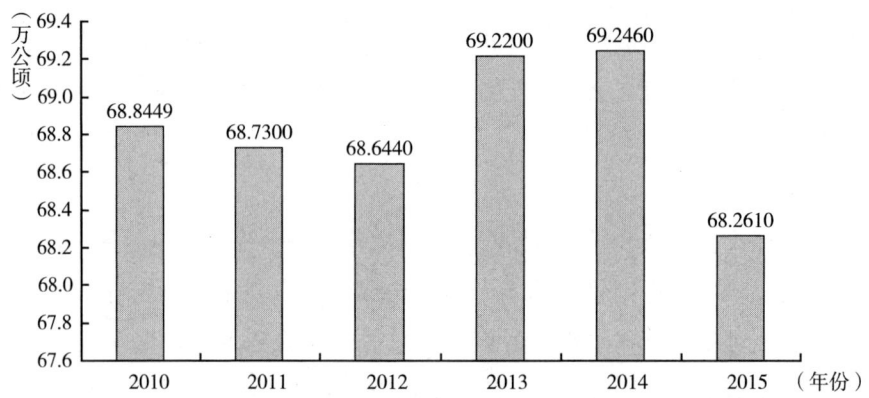

图1　2010～2015年南宁市常用耕地面积

资料来源：2011～2016年《南宁统计年鉴》。

下，但耕地质量等别却以中、低等地为主，高等地面积较少。根据广西耕地质量等级成果补充完善工作统计数据，全区耕地利用等别集中在4～12等，将耕地利用等别划分为高利用等（4～6等）、中利用等（7～9等）、低利用等（10～12等）三个级别，南宁市耕地中中等地占48%，低等地占47%，高等地仅占5%，全市耕地的平均质量等别（按面积加权）约为9.27等，而全区的平均等为8.48等，略低于全区平均水平。

从耕地产出来看，南宁市粮食作物单产水平较低。2015年，南宁市粮食产量为225.42万吨，单位面积产量340.1公斤/亩，与2014年基本持平，比全国平均水平少25.4公斤/亩；其中谷物单位面积产量为369.6公斤/亩，比全国平均水平少29.2公斤/亩。2010～2015年，南宁市粮食作物单位面积产量由310.3公斤/亩增加至340.1公斤/亩，增长了9.60%，但与全国平均水平的缺口还未得到明显改善（见图2）。

得益于粮食单产水平的提高，南宁市粮食人均占有量由2010年的299公斤增加至2015年的324公斤，而全国同期的人均水平为453公斤。在南宁市的七个粮食大县中，横县、邕宁、武鸣、宾阳的粮食单产水平相对较高，上林、马山、隆安的粮食单产水平较低（见表1）。

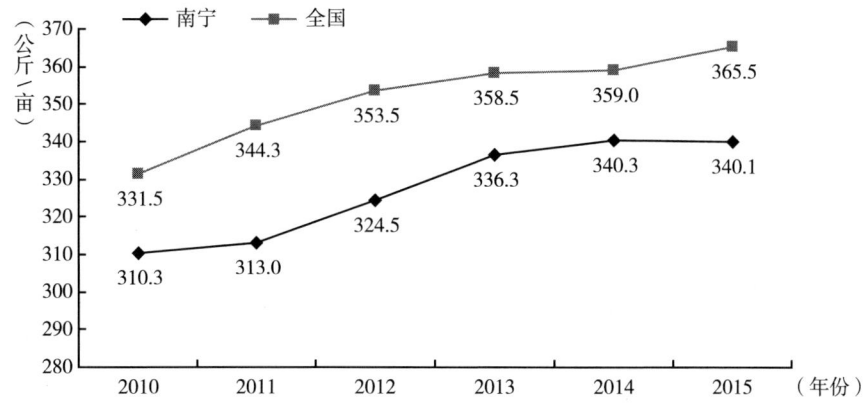

图 2　2010～2015 年南宁市粮食单产水平与全国对比

资料来源：2011～2016 年《南宁调查年鉴》。

表 1　2015 年南宁市粮食大县/区粮食作物产量状况

区县	粮食作物（公斤/公顷）	谷物（公斤/公顷）	区县	粮食作物（公斤/公顷）	谷物（公斤/公顷）
武鸣区	5190.69	5768.37	邕宁区	5327.30	5556.55
隆安县	4487.28	5068.54	马山县	4573.28	4964.58
宾阳县	5231.15	5445.20	上林县	4798.78	5122.63
横县	5345.31	5503.15			

资料来源：2016 年《南宁调查年鉴》。

农业基础设施逐年改善。2015 年，全市农业机械总动力为 514.22 万千瓦，比 2010 年增长 31%，有效灌溉面积为 25.88 万公顷，比 2010 年增长 19%，农田基础设施薄弱的状况有所改善，但是与全国相比仍有较大差距。2015 年南宁市单位面积耕地的农机总动力为 7.53 千瓦/公顷，全国平均水平为 8.28 千瓦/公顷；2015 年南宁市耕地有效灌溉面积占比为 37.91%，而全国同期水平为 48.79%。另外，农业生产技术如播种、收割、田间管理也有所提高，农村土地流转进程加快，公司加农户的农业经营方式逐步推进，有效提高了南宁市耕地单产能力。

所辖区县中，上林、宾阳的农业机械化、农田灌溉状况较好，横县、马山、隆安、邕宁等产量大县（区）的农机状况较差，西乡塘、良庆的灌溉面积占比显著偏低（见图 3）。

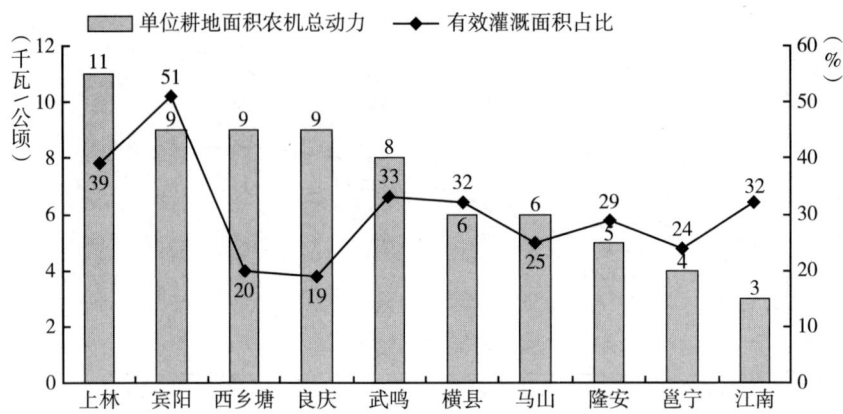

图3　2015年南宁市部分区县单位耕地农机总动力和有效灌溉面积占比

资料来源：《2016年南宁统计年鉴》。

四　南宁市耕地集约利用评价

耕地集约利用是指在一定面积的耕地上科学合理地增加相关生产要素投入，包括生产资料、生产劳动、生产技术、管理方法等，最大限度地提高耕地利用的综合效益。本文以南宁市耕地集约利用为对象，采用统计综合评价方法对2012~2015年南宁市耕地集约利用状况进行评价和分析。[1]

（一）评价指标体系

评价指标体系是由一系列相互联系、相互补充、具有层次性和结构性的评价指标构成。耕地集约利用指标体系是评价耕地集约利用水平的基础和依据。在遵循科学性、系统性和可操作性原则的基础上，本文以耕地集约利用综合水平为评价目标，依据投入产出思想，结合耕地利用过程，设立了投入强度、利用程度、产出效果和持续状况等4个一级指标，在此基础上筛选出对应的10个二级指标，形成最终的耕地集约利用评价指标体系。

投入强度，反映耕地利用过程中投入的人力物力，是耕地集约利用的基

---

[1]　注：由于2010年、2011年数据不全，难以进行对比分析，因此采用了2012~2015年的统计数据。

础保障，包含单位面积劳动力投入量、单位面积化肥投入量、单位面积机械动力投入量三个二级指标。

利用程度，反映耕地利用的密集程度，是耕地集约利用的集中体现，包括复种指数、灌溉指数两个二级指标。

产出效果，反映耕地利用的产出水平，是耕地集约利用的最终目标，包括地均产出、劳均产出、安全系数三个二级指标。

持续状况，反映耕地利用的可持续性，是耕地集约利用长期发展的核心要素，包括平衡指数、人均指数两个二级指标。

表2 耕地集约利用评价指标体系

总目标	一级指标	二级指标	计算公式
耕地集约利用状况	投入强度	单位面积劳动力投入量	农林牧渔业人口[①]/耕地面积
		单位面积化肥投入量	化肥使用量/耕地面积
		单位面积机械动力投入量	农业机械总动力/耕地面积
	利用程度	复种指数	农作物总播种面积/耕地面积
		灌溉指数	有效灌溉面积/耕地面积
	产出效果	地均产出	种植业总产值/耕地面积
		劳均产出	种植业总产值/农林牧渔业人口
		安全系数	人均粮食占有量/400kg
	持续状况	平衡指数	当年耕地面积/上一年度耕地面积
		人均指数	耕地面积/人口总数[②]

（二）评价方法

1. 数据标准化

设指标 $X = \begin{pmatrix} x11, x12, \cdots, x1n \\ x21, x22, \cdots, x2n \\ \vdots \\ xm1, xm2, \cdots, xmn \end{pmatrix}$，$m$ 为指标个数，n 为比较的单位数。其

[①] 全市农林牧渔业从业人员数从2012年开始计算。
[②] 按户籍人数统计。

中 x_{ij} 表示第 j 年的第 i 个指标取值。

由于各指标的单位不一致，数据量级差异大，首先要对数据进行标准化处理，即将不同计量单位的指标数值，变换为可以直接汇总的同度量化值。常用的标准化方法包括极值标准化、正态标准化、指数标准化等，本文采用的是指数型变换。原因在于：首先，采用正态变换要求数据服从正态分布，本课题样本量过少，做此假设不适合，而采用0～1变换所得的数据不适用于后面采用的熵值法，因此前两种方法不适用；其次，指数型变换的功效函数随着自变量增大，自变量的单位变动引起的因变量变动值是减少的，类似于经济学中的边际收益递减规律，而耕地集约利用指标体系中的许多指标实际值的等量变化在不同的阶段有着不同的意义，而且当指标达到一定程度后，再要变化就越来越困难了，这与指数型变换的特点是符合的。

指数标准化的表达式为：

$$x' = A\exp\{(x - x_{\min})/(x_{\max} - x_{\min})B\}$$

其中 A、B 为正的待定参数。本文欲将单项指标得分设置于 [60，100] 区间，即当 $x = x_{\min}$，设定此种情形下的评价指标为60，得到 $A = 60$；当 $x = x_{\max}$，设评价指标为100，得到 $B = -\ln 0.6$。则

正指标 $x' = 60\exp\{-(x - x_{\min})/(x_{\max} - x_{\min})\ln 0.6\}$

逆指标 $x' = 60\exp\{-(x_{\max} - x)/(x_{\max} - x_{\min})\ln 0.6\}$

2. 指标权重确定

本文采用信息熵值法确定权重。熵值法，属于客观赋权法的范畴，借用了信息论中信息熵的概念，其原理是根据指标的信息量大小确定权数。某项指标的取值变异程度越大，表明该指标提供的信息量越多，其权重也应越大；反之，指标取值变异程度越小，则权重也应越小。因此，利用信息熵来反映指标变异程度，计算出各指标的权重，作为多指标综合评价的加权依据。具体算法如下：

先计算各样本的指标比重 $p_{ij} = \dfrac{x'_{ij}}{\sum\limits_{j=1}^{n} x'_{ij}}$

然后计算各个指标的信息熵值 $e_i = -k\sum_{j=1}^{n} p_{ij}\ln p_{ij}$，其中 $k = \dfrac{1}{\ln n}$

则各指标的信息效用值为 $d_i = 1 - e_i$

最后各指标的权重为 $w_i = \dfrac{d_i}{\sum_{i=1}^{m} d_i}$

3. 计算得分

经过以上熵值法获得了各个指标的权重，最后根据权重对标准化后的指标值进行加权平均

$$I_l = \frac{\sum x_i' w_i}{\sum w_i}$$

每个一级指标得分由二级的指标值与相应权重的加权求和得到，总得分由各一级指标得分与相应权重的加权求和得到。

（三）评价结果及分析

1. 数据来源

原始数据均来自2016年《广西统计年鉴》、2013~2016年《南宁统计年鉴》，在此基础上进行相应处理。权重计算结果如表3所示。

表3 南宁市耕地集约利用指标体系权重

一级指标	权重	二级指标	权重
投入强度	0.3049	单位面积劳动力投入量	0.1001
		单位面积化肥投入量	0.1077
		单位面积机械动力投入量	0.0971
利用程度	0.2122	复种指数	0.1163
		灌溉指数	0.0959
产出效果	0.3071	地均产出	0.1014
		劳均产出	0.1049
		安全系数	0.1008
持续状况	0.1759	平衡指数	0.0855
		人均指数	0.0904

2. 纵向比较

2012~2015年,南宁市耕地集约利用评价综合得分分别为72.53分、76.93分、82.75分、87.36分,呈现持续上升态势,显示耕地集约利用水平逐年提高(见图4)。

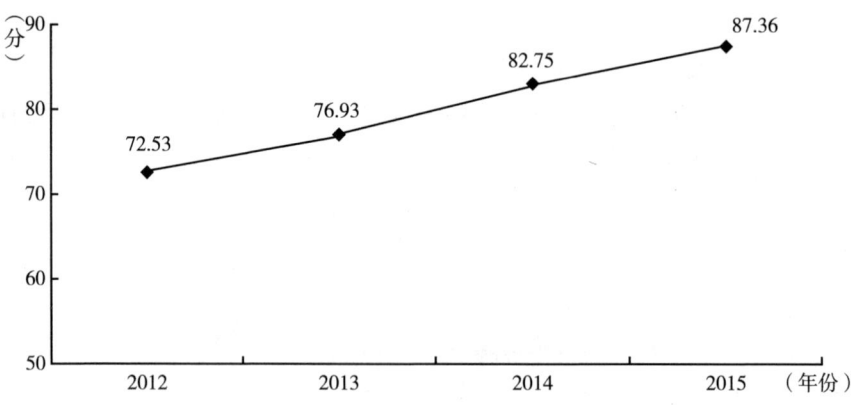

图4 2012~2015年南宁市耕地集约利用评价综合得分

从各一级指标来看,投入强度方面得分稳步提升,主要得益于单位耕地面积机械动力和化肥投入连年增加。利用程度方面,前几年得分较低,而2015年的复种指数和灌溉指数达到历年最高值从而得到满分。产出效果方面的得分也是持续提高,主要是单位耕地面积的产出和劳动力人均产出均得到提升,但按全市人口统计的人均粮食占有量却略有下降。持续状况方面呈现较为严峻的下跌趋势,这主要是由于耕地总面积环比下降和人均耕地面积持续减少。

表4 2012~2015年南宁市耕地集约利用评价一级指标得分

单位:分

年份	投入强度	利用程度	产出效果	持续状况
2012	73.13	74.91	60.00	90.49
2013	76.14	60.00	78.58	95.86
2014	83.12	77.01	85.60	84.04
2015	86.87	100.00	94.80	60.00

从以上对比分析可以看出，南宁市耕地集约利用状况持续改善，主要是近几年在农田水利、农业科技方面的举措成效显著，但是人与地的矛盾依然突出，城市人口快速聚集，耕地总面积不增反降，粮食单产增速赶不上人口增加的速度，优质耕地补充不及时，改种撂荒现象时有发生，土地负担持续加重，这将成为保障地区粮食安全、实现可持续发展的制约因素。

3. 横向比较

利用以上评价模型，对全区13个地级市（贺州数据不全不列入比较）2015年耕地利用情况进行横向比较。由于缺乏农林牧渔业从业人员数，也缺乏相应的替代指标，相关的指标从评价模型中删除，最后形成4个一级指标8个二级指标构成的评价模型。评价得分见表5。

表5 2015年各地级市耕地集约利用水平得分

单位：分

区域	城市	集约水平	投入强度	利用程度	产出效果	持续状况
北部湾	南宁	75.36	72.57	73.35	80.57	74.39
	北海	73.43	75.92	75.31	70.11	72.19
	防城港	69.72	74.42	70.37	61.49	75.52
	钦州	84.87	100.00	82.15	84.14	74.52
桂中	柳州	69.28	69.20	64.75	71.16	74.86
	来宾	73.40	69.14	62.90	82.46	83.87
桂东	梧州	79.65	77.60	93.62	76.69	60.73
	贵港	77.24	69.02	71.34	90.04	78.11
	玉林	86.20	84.69	94.30	89.41	68.31
桂北	桂林	88.15	75.19	100.00	94.89	70.66
桂西	百色	69.81	68.15	62.89	74.60	77.19
	河池	69.11	70.77	66.63	67.34	74.45
	崇左	68.84	64.95	60.00	65.90	93.51

在全区13个地级市中，南宁市耕地集约利用水平总得分75.36分，排名第六，处于中游水平，四个一级指标得分都较为均衡但不突出。耕地面积在全区处于前列的五个地级市，包括南宁、百色、河池、来宾、崇左，其面积总和占全区的比重超过五成，但耕地集约利用水平得分集中在68.8～

75.4分之间,整体处于中下游水平,显示广西区耕地综合生产能力的提升空间仍然较大。

五 南宁市耕地数量和耕地质量下降原因分析

(一)人口增长迅速,人均耕地面积持续减少

2010~2015年,南宁市年末户籍人口数由686.84万人增加至740.23万人,六年间人口净增53.39万人,由此导致人均耕地面积由1.50亩降至1.38亩,比全国同期水平略少,不足世界平均水平的一半。另外,南宁市作为广西首府,近年来经济社会快速发展,城市吸引力持续增强,人口大规模净流入成为常态,人均耕地减少的状况一时难以扭转,土地载荷持续加重,耕地综合生产能力提升压力加大,此外,由于一些地方有限耕地的超负荷生产,也可能导致耕地质量降低(见图5)。

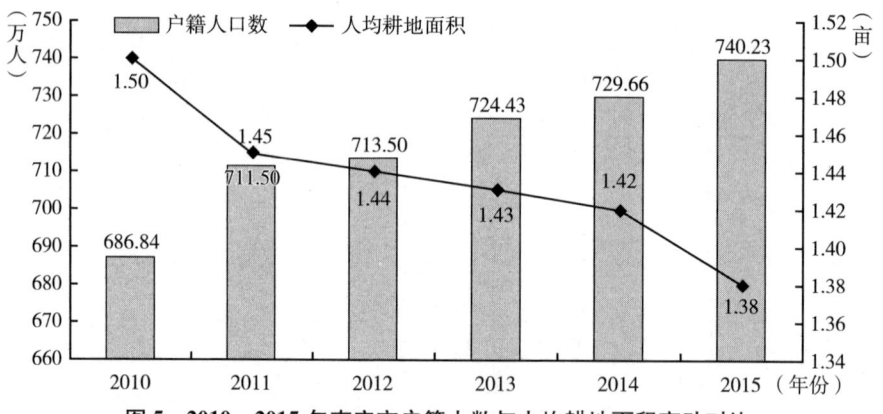

图5 2010~2015年南宁市户籍人数与人均耕地面积变动对比

资料来源:2011~2016年《南宁统计年鉴》。

(二)种粮经济效益偏低,改种撂荒现象突出

2010年以来,种植业生产价格指数连续走低,2014年、2015年分别为98.4%、98.8%,农民从各种农产品中增加收益的渠道缩小,从农业生产中

获得的利润下降，从事农业生产并采取措施提升耕地质量的动力不足。于是出现了将耕地改种果树等经济作物，甚至改种速生桉等速生丰产林的现象，不仅减少了粮食种植面积，还严重影响了耕地质量。虽然政府接连出台各项支农惠农政策，加大了粮食综合补贴力度，但化肥、种子等生产资料价格以及人工、燃油、机械、运输费用的持续上升，造成农产品生产成本不断攀升，削弱了国家各种惠农补贴和减负政策给农民带来的实惠，同时抵消了因农产品价格上涨所带来的部分效益。生产成本的加大，降低了农民对农业生产投入的热情。与发展林果业相比，粮食的种植效益较低，根据市场需求为增加收入而自发地进行产业结构调整，农民不愿意恢复粮食生产，出现把双季稻改为单季稻、只种农户自家"口粮田"甚至丢荒、弃粮而改种其他作物的现象，导致耕地流失，耕地质量下降。

另外，由于农作物经济收益低，还有部分农村家庭主要劳动力选择外出务工，通过务工获得家庭收入，家里只剩下老人和小孩，由于家庭缺乏劳动力造成耕种丢荒无人耕种，加剧了耕地撂荒现象。

（三）耕地利用限制因素较多且未得到有效改善

首先，农业基础设施较薄弱导致农田抗御自然灾害能力不强。虽然各级各部门通过加大投入力度，使得全市农业基础设施有了明显改善，但仍难以满足现代农业生产要求，农业生产性基础设施短板问题依然存在，农业抗御自然灾害能力不强。由于近年来异常气候增多，强风、强降雨等恶劣天气造成旱涝灾害频发、突发，农田抗灾保丰收压力大。其次，受自然条件的限制和农田基本建设薄弱等多种因素的制约，中低产田比重高，耕地综合生产能力提高面临较大压力。部分县区耕地地块形态破碎、户均规模较小，土地整治步伐慢，使得土地规模化、集约化和机械化经营进程受阻，限制了土地生产效率的进一步提高。另外，很多地方耕地重用轻养现象也较为严重。全市耕地复种指数较高，土壤肥力消耗大，一些农户为了获得农产品高产量，过于依赖使用农药化肥，较少使用或者不用有机肥，绿肥作物种植面积迅速减少，农业环境中农药残留量日益增加，农田环境质量堪忧、农业面污染源加重，最终导致耕地有机质含量迅速下降，土壤有机质含量在1.0%~3.0%（中下水平）的面积占比大，土壤酸化较为严重，养分供应不协调。

近年来，南宁市通过开展高标准基本农田建设、"小块并大块"耕地整治、耕地提质改造（旱改水）等举措加快耕地质量提升。2015年实际实施"小块并大块"耕地整治项目共3386.33公顷；2014~2015年全市批复立项耕地提质改造项目共58个，实施总面积为1800.46公顷，预计建成水田面积1664.95公顷。以上措施将对完善农田设施配套，提高农田耕作效率，提升耕地质量等级起到积极的示范带动作用。然而由于实施面积有限，预计建成水田面积占已有水田面积的比重不到1%，目前耕地质量建设项目对于全面提高南宁市耕地质量的效果还不明显。

（四）耕地占补平衡工作难度日益加大

2015年自治区国土厅给南宁市下达的耕地保有量任务为67.76万公顷，基本农田保护任务为54.22万公顷，而同期南宁市的耕地保有量为68.26万公顷，保护任务较为严峻。

针对补充耕地，中央提出了"积极推进土地整理，加大土地复垦力度，适度开发未利用地"的方针政策。但由于近年来随着南宁市新型城镇化步伐加快，建设用地需求大增，同时生态保护对土地开发的约束力也不断加大，因此补充耕地的来源问题十分棘手。虽然也可以通过土地整治补充耕地，但南宁市易整治的土地后备资源较少，整治成本逐步提高，补充难度明显增大。

在补充耕地方面，南宁市国土局资料显示，2013~2015年南宁市建设用地占用耕地面积共计4723.10公顷，其中占用水田1574.55公顷，实际补充耕地总面积4723.10公顷，补充水田1574.55公顷，建设占用的耕地均落实了占一补一，但未严格落实"占优补优"，补充的耕地中低等地占比大。在城市建设过程中优质耕地被建设用地项目占用增多，中高等地减少多，耕地质量总体呈下降的趋势。

在土地开发整理复垦方面，2013~2015年南宁市土地开发项目规模为15581.29公顷，新增耕地规模为14724.03公顷；土地整理项目规模为4192.06公顷，新增耕地面积为107.24公顷。可见，土地整理净增加耕地面积占整理土地面积不到5%，占全部新增耕地面积不到1%，整理复垦率较低，且资金成本高，而采取土地开发方式补充耕地，过于依赖有限的后备土地资源，不仅造成了耕地质量的降低，也容易引发新的生态环境问题。

"十三五"期间是广西工业化、城镇化的关键时期，南宁市相对全区其他城市承担的自治区级重大项目多，伴随城市建设规模的快速发展，建设用地需求量大，补充耕地任务重，然而南宁市现存可用的9225.37公顷补充耕地指标中，旱地8924.66公顷，以10等为主；水田283.87公顷，以8等为主；水浇地仅16.83公顷，以8等为主。水田和水浇地指标合计仅占现存可用补充耕地指标总量的3.26%，优质补充耕地指标不足的现象日趋凸显。并且地块小零星分散，补充耕地项目实施难度大。

六 南宁市耕地保护的对策建议

（一）严格控制耕地流失，保质保量补充耕地

2017年南宁市完成了全域永久基本农田划定，共划定永久基本农田542588.45公顷，比自治区下达南宁市到2020年基本农田保护目标多398.45公顷。划定后城市周边基本农田质量和集中连片度有所提高，对坚守南宁市耕地红线、保障粮食安全具有重要意义。今后要继续强化新增建设用地指标管理，规范产业项目用地，严格控制新增建设占用耕地规模和开发强度，促进土地节约集约利用。加强对农业结构调整占用耕地的管理和引导，对灾毁的耕地行为适当采取措施，及时进行复垦利用，努力减少非建设性占用耕地。

在耕地占补平衡方面，重视土地整理复垦，全面推进以耕地整理和农村建设用地整理为主要内容的土地整理工作，促进土地整理复垦开发

工作由土地开发为主向土地整理和复垦为主转变,保质保量补充耕地。进一步挖潜盘活存量废弃土地,加快推进工矿废弃土地复垦利用,对因矿产资源开采破坏、工程建设挖损、压占以及自然灾害损毁的土地,通过土地复垦修复工艺尽可能恢复或改善土地的生产、生态功能,保障土地可持续利用。

(二)用地与养地相结合,科学用肥用地

耕地质量事关农业可持续发展、人民群众身体健康,在开展农业生产过程中必须将用地与养地相结合,多措并举全面提高耕地地力水平。养地方面,针对耕地土壤退化严重,土壤肥力差的问题,启动土壤修复系统工程,针对不同类型的土质从改良土壤、培肥地力、保水保肥、控污修复等不同层面进行土壤修复,逐步提高土壤综合生产能力。鼓励有条件地方开展保护性耕作栽培、间套种等高效农业耕作模式,提高单位耕地面积的利用率和产出率,通过不同作物的循环轮作,逐步改善耕地土壤质量。

施肥方面,针对肥料施用过量、施用方式不合理等问题,应当推广科学用肥用地,防治耕地质量持续恶化。大力推广配方施肥、水肥一体化灌溉,提倡施用沤制堆肥及猪、牛栏粪等农家肥,增强土壤表层腐殖化物质的含量,改善土壤肥力。鼓励农民合理使用化肥、农药,推广高效、低毒、低残留农药,推广生物防虫防害方法,防止和减少面源污染,保护耕地生态环境,促进农业生产可持续发展。

(三)加强高标准基本农田建设,完善农田基础条件

建设高标准基本农田是增强农业抗灾能力、提高耕地质量、提升粮食产量、加快推进农业现代化的有效途径。2014年以来南宁市依托整县推进土地整治、"双高"基地土地整治、"小块并大块"耕地整治等措施推进高标准农田建设,取得较好效果,因此需要深入推进高标准基本农田建设。

继续加大重要农产品生产基地和粮食主产区的基本农田建设力度,加

大农业基本建设投资力度,完善田间道路、排灌沟渠等农田基础设施,确保农业基建投资保持在较高水平,持续提高基本农田质量。将基本农田保护区以外符合基本农田划定条件的耕地集中分布区域划定为基本农田整备区,加大对区内土地整治的资金投入,建设具有良好水利和水土保持设施的、高产稳产的优质耕地,逐步实现耕地由增加数量向数量、质量、生态并重转变。

(四)科学规划耕地资源,合理引导农业结构调整

依据农业经济发展目标及土地资源条件指标,合理布局各类经济生产,积极探索耕地保护与农业增收的新路子。对优质农田要优先划入粮食生产保护区,在坚守耕地数量和质量保有任务的前提下,因地制宜地安排农、林、牧、副、渔各种用地,加强对非耕地资源的利用,发挥地区优势,放活经营,提高农业产业比较利益,增加农民收入,促进农业结构调整的有序发展。

在有效落实政府部门惠农补贴和减负政策基础上,通过提高农业生产技术提高耕地单产水平;加快农村土地流转进程,大力推进公司加农户的农业经营方式,促进农业规模化经营,防止耕地抛荒撂荒,提高农民的种粮积极性以及保护耕地的自觉性。

参考文献

[1] 麦启帆、贺斐:《新常态下广西耕地质量等别提升途径研究》,《建筑节能》2017年第7期。

[2] 陆耀邦等:《广西壮族自治区耕地利用现状与粮食安全问题研究》,《中国农业资源与区划》2014年第10期。

[3] 周艳梅、周兴:《基于熵值法的广西耕地集约利用评价》,《江西农业学报》2009年第21(4)期。

[4] 刘永贤:《广西耕地质量现状分析及保护对策》,《广西农业科学》2010年第

41（6）期。
［5］广西壮族自治区统计局：《广西统计年鉴（2016）》，中国统计出版社，2016。
［6］梅旭荣主编《中国农业环境》，科学出版社，2011。
［7］李雨婷：《基于能值分析的广西耕地系统利用效益研究》，广西师范学院硕士学位论文，2015。

社会科学文献出版社　　　**皮书系列**

❖ 皮书起源 ❖

"皮书"起源于十七、十八世纪的英国,主要指官方或社会组织正式发表的重要文件或报告,多以"白皮书"命名。在中国,"皮书"这一概念被社会广泛接受,并被成功运作、发展成为一种全新的出版形态,则源于中国社会科学院社会科学文献出版社。

❖ 皮书定义 ❖

皮书是对中国与世界发展状况和热点问题进行年度监测,以专业的角度、专家的视野和实证研究方法,针对某一领域或区域现状与发展态势展开分析和预测,具备原创性、实证性、专业性、连续性、前沿性、时效性等特点的公开出版物,由一系列权威研究报告组成。

❖ 皮书作者 ❖

皮书系列的作者以中国社会科学院、著名高校、地方社会科学院的研究人员为主,多为国内一流研究机构的权威专家学者,他们的看法和观点代表了学界对中国与世界的现实和未来最高水平的解读与分析。

❖ 皮书荣誉 ❖

皮书系列已成为社会科学文献出版社的著名图书品牌和中国社会科学院的知名学术品牌。2016年,皮书系列正式列入"十三五"国家重点出版规划项目;2013~2018年,重点皮书列入中国社会科学院承担的国家哲学社会科学创新工程项目;2018年,59种院外皮书使用"中国社会科学院创新工程学术出版项目"标识。

权威报告·一手数据·特色资源

皮书数据库
ANNUAL REPORT(YEARBOOK) DATABASE

当代中国经济与社会发展高端智库平台

所获荣誉

- 2016年，入选"'十三五'国家重点电子出版物出版规划骨干工程"
- 2015年，荣获"搜索中国正能量 点赞2015" "创新中国科技创新奖"
- 2013年，荣获"中国出版政府奖·网络出版物奖"提名奖
- 连续多年荣获中国数字出版博览会"数字出版·优秀品牌"奖

成为会员

通过网址www.pishu.com.cn访问皮书数据库网站或下载皮书数据库APP，进行手机号码验证或邮箱验证即可成为皮书数据库会员。

会员福利

- 使用手机号码首次注册的会员，账号自动充值100元体验金，可直接购买和查看数据库内容（仅限PC端）。
- 已注册用户购书后可免费获赠100元皮书数据库充值卡。刮开充值卡涂层获取充值密码，登录并进入"会员中心"—"在线充值"—"充值卡充值"，充值成功后即可购买和查看数据库内容（仅限PC端）。
- 会员福利最终解释权归社会科学文献出版社所有。

卡号: 621818739397
密码:

数据库服务热线: 400-008-6695
数据库服务QQ: 2475522410
数据库服务邮箱: database@ssap.cn
图书销售热线: 010-59367070/7028
图书服务QQ: 1265056568
图书服务邮箱: duzhe@ssap.cn

基本子库
SUB DATABASE

中国社会发展数据库（下设 12 个子库）

全面整合国内外中国社会发展研究成果，汇聚独家统计数据、深度分析报告，涉及社会、人口、政治、教育、法律等 12 个领域，为了解中国社会发展动态、跟踪社会核心热点、分析社会发展趋势提供一站式资源搜索和数据分析与挖掘服务。

中国经济发展数据库（下设 12 个子库）

基于"皮书系列"中涉及中国经济发展的研究资料构建，内容涵盖宏观经济、农业经济、工业经济、产业经济等 12 个重点经济领域，为实时掌控经济运行态势、把握经济发展规律、洞察经济形势、进行经济决策提供参考和依据。

中国行业发展数据库（下设 17 个子库）

以中国国民经济行业分类为依据，覆盖金融业、旅游、医疗卫生、交通运输、能源矿产等 100 多个行业，跟踪分析国民经济相关行业市场运行状况和政策导向，汇集行业发展前沿资讯，为投资、从业及各种经济决策提供理论基础和实践指导。

中国区域发展数据库（下设 6 个子库）

对中国特定区域内的经济、社会、文化等领域现状与发展情况进行深度分析和预测，研究层级至县及县以下行政区，涉及地区、区域经济体、城市、农村等不同维度。为地方经济社会宏观态势研究、发展经验研究、案例分析提供数据服务。

中国文化传媒数据库（下设 18 个子库）

汇聚文化传媒领域专家观点、热点资讯，梳理国内外中国文化发展相关学术研究成果、一手统计数据，涵盖文化产业、新闻传播、电影娱乐、文学艺术、群众文化等 18 个重点研究领域。为文化传媒研究提供相关数据、研究报告和综合分析服务。

世界经济与国际关系数据库（下设 6 个子库）

立足"皮书系列"世界经济、国际关系相关学术资源，整合世界经济、国际政治、世界文化与科技、全球性问题、国际组织与国际法、区域研究 6 大领域研究成果，为世界经济与国际关系研究提供全方位数据分析，为决策和形势研判提供参考。

法律声明

"皮书系列"（含蓝皮书、绿皮书、黄皮书）之品牌由社会科学文献出版社最早使用并持续至今，现已被中国图书市场所熟知。"皮书系列"的相关商标已在中华人民共和国国家工商行政管理总局商标局注册，如LOGO（ ）、皮书、Pishu、经济蓝皮书、社会蓝皮书等。"皮书系列"图书的注册商标专用权及封面设计、版式设计的著作权均为社会科学文献出版社所有。未经社会科学文献出版社书面授权许可，任何使用与"皮书系列"图书注册商标、封面设计、版式设计相同或者近似的文字、图形或其组合的行为均系侵权行为。

经作者授权，本书的专有出版权及信息网络传播权等为社会科学文献出版社享有。未经社会科学文献出版社书面授权许可，任何就本书内容的复制、发行或以数字形式进行网络传播的行为均系侵权行为。

社会科学文献出版社将通过法律途径追究上述侵权行为的法律责任，维护自身合法权益。

欢迎社会各界人士对侵犯社会科学文献出版社上述权利的侵权行为进行举报。电话：010-59367121，电子邮箱：fawubu@ssap.cn。

社会科学文献出版社

社长致辞

蓦然回首，皮书的专业化历程已经走过了二十年。20年来从一个出版社的学术产品名称到媒体热词再到智库成果研创及传播平台，皮书以专业化为主线，进行了系列化、市场化、品牌化、数字化、国际化、平台化的运作，实现了跨越式的发展。特别是在党的十八大以后，以习近平总书记为核心的党中央高度重视新型智库建设，皮书也迎来了长足的发展，总品种达到600余种，经过专业评审机制、淘汰机制遴选，目前，每年稳定出版近400个品种。"皮书"已经成为中国新型智库建设的抓手，成为国际国内社会各界快捷、便捷地了解真实中国的最佳窗口。

20年孜孜以求，"皮书"始终将自己的研究视野与经济社会发展中的前沿热点问题紧密相连。600个研究领域，3万多位分布于800余个研究机构的专家学者参与了研创写作。皮书数据库中共收录了15万篇专业报告，50余万张数据图表，合计30亿字，每年报告下载量近80万次。皮书为中国学术与社会发展实践的结合提供了一个激荡思力、传播思想的入口，皮书作者们用学术的话语、客观翔实的数据谱写出了中国故事壮丽的篇章。

20年跬步千里，"皮书"始终将自己的发展与时代赋予的使命与责任紧紧相连。每年百余场新闻发布会，10万余次中外媒体报道，中、英、俄、日、韩等12个语种共同出版。皮书所具有的凝聚力正在形成一种无形的力量，吸引着社会各界关注中国的发展，参与中国的发展，它是我们向世界传递中国声音、总结中国经验、争取中国国际话语权最主要的平台。

皮书这一系列成就的取得，得益于中国改革开放的伟大时代，离不开来自中国社会科学院、新闻出版广电总局、全国哲学社会科学规划办公室等主管部门的大力支持和帮助，也离不开皮书研创者和出版者的共同努力。他们与皮书的故事创造了皮书的历史，他们对皮书的拳拳之心将继续谱写皮书的未来！

现在，"皮书"品牌已经进入了快速成长的青壮年时期。全方位进行规范化管理，树立中国的学术出版标准；不断提升皮书的内容质量和影响力，搭建起中国智库产品和智库建设的交流服务平台和国际传播平台；发布各类皮书指数，并使之成为中国指数，让中国智库的声音响彻世界舞台，为人类的发展做出中国的贡献——这是皮书未来发展的图景。作为"皮书"这个概念的提出者，"皮书"从一般图书到系列图书和品牌图书，最终成为智库研究和社会科学应用对策研究的知识服务和成果推广平台这整个过程的掌盘者，我相信，这也是每一位皮书人执着追求的目标。

"当代中国正经历着我国历史上最为广泛而深刻的社会变革，也正在进行着人类历史上最为宏大而独特的实践创新。这种前无古人的伟大实践，必将给理论创造、学术繁荣提供强大动力和广阔空间。"

在这个需要思想而且一定能够产生思想的时代，皮书的研创出版一定能创造出新的更大的辉煌！

社会科学文献出版社社长
中国社会学会秘书长

2017年11月

社会科学文献出版社简介

社会科学文献出版社（以下简称"社科文献出版社"）成立于1985年，是直属于中国社会科学院的人文社会科学学术出版机构。成立至今，社科文献出版社始终依托中国社会科学院和国内外人文社会科学界丰厚的学术出版和专家学者资源，坚持"创社科经典，出传世文献"的出版理念、"权威、前沿、原创"的产品定位以及学术成果和智库成果出版的专业化、数字化、国际化、市场化的经营道路。

社科文献出版社是中国新闻出版业转型与文化体制改革的先行者。积极探索文化体制改革的先进方向和现代企业经营决策机制，社科文献出版社先后荣获"全国文化体制改革工作先进单位"、中国出版政府奖·先进出版单位奖、中国社会科学院先进集体、全国科普工作先进集体等荣誉称号。多人次荣获"第十届韬奋出版奖""全国新闻出版行业领军人才""数字出版先进人物""北京市新闻出版广电行业领军人才"等称号。

社科文献出版社是中国人文社会科学学术出版的大社名社，也是以皮书为代表的智库成果出版的专业强社。年出版图书2000余种，其中皮书400余种，出版新书字数5.5亿字，承印与发行中国社科院院属期刊72种，先后创立了皮书系列、列国志、中国史话、社科文献学术译库、社科文献学术文库、甲骨文书系等一大批既有学术影响又有市场价值的品牌，确立了在社会学、近代史、苏东问题研究等专业学科及领域出版的领先地位。图书多次荣获中国出版政府奖、"三个一百"原创图书出版工程、"五个'一'工程奖"、"大众喜爱的50种图书"等奖项，在中央国家机关"强素质·做表率"读书活动中，入选图书品种数位居各大出版社之首。

社科文献出版社是中国学术出版规范与标准的倡议者与制定者，代表全国50多家出版社发起实施学术著作出版规范的倡议，承担学术著作规范国家标准的起草工作，率先编撰完成《皮书手册》对皮书品牌进行规范化管理，并在此基础上推出中国版芝加哥手册——《社科文献出版社学术出版手册》。

社科文献出版社是中国数字出版的引领者，拥有皮书数据库、列国志数据库、"一带一路"数据库、减贫数据库、集刊数据库等4大产品线11个数据库产品，机构用户达1300余家，海外用户百余家，荣获"数字出版转型示范单位""新闻出版标准化先进单位""专业数字内容资源知识服务模式试点企业标准化示范单位"等称号。

社科文献出版社是中国学术出版走出去的践行者。社科文献出版社海外图书出版与学术合作业务遍及全球40余个国家和地区，并于2016年成立俄罗斯分社，累计输出图书500余种，涉及近20个语种，累计获得国家社科基金中华学术外译项目资助76种、"丝路书香工程"项目资助60种、中国图书对外推广计划项目资助71种以及经典中国国际出版工程资助28种，被五部委联合认定为"2015-2016年度国家文化出口重点企业"。

如今，社科文献出版社完全靠自身积累拥有固定资产3.6亿元，年收入3亿元，设置了七大出版分社、六大专业部门，成立了皮书研究院和博士后科研工作站，培养了一支近400人的高素质与高效率的编辑、出版、营销和国际推广队伍，为未来成为学术出版的大社、名社、强社，成为文化体制改革与文化企业转型发展的排头兵奠定了坚实的基础。

 宏观经济类

宏观经济类

经济蓝皮书
2018年中国经济形势分析与预测
李平 / 主编　2017年12月出版　定价：89.00元

◆ 本书为总理基金项目，由著名经济学家李扬领衔，联合中国社会科学院等数十家科研机构、国家部委和高等院校的专家共同撰写，系统分析了2017年的中国经济形势并预测2018年中国经济运行情况。

城市蓝皮书
中国城市发展报告No.11
潘家华　单菁菁 / 主编　2018年9月出版　估价：99.00元

◆ 本书是由中国社会科学院城市发展与环境研究中心编著的，多角度、全方位地立体展示了中国城市的发展状况，并对中国城市的未来发展提出了许多建议。该书有强烈的时代感，对中国城市发展实践有重要的参考价值。

人口与劳动绿皮书
中国人口与劳动问题报告No.19
张车伟 / 主编　2018年10月出版　估价：99.00元

◆ 本书为中国社会科学院人口与劳动经济研究所主编的年度报告，对当前中国人口与劳动形势做了比较全面和系统的深入讨论，为研究中国人口与劳动问题提供了一个专业性的视角。

宏观经济类 · 区域经济类

中国省域竞争力蓝皮书

中国省域经济综合竞争力发展报告（2017～2018）

李建平　李闽榕　高燕京 / 主编　2018年5月出版　估价：198.00元

◆ 本书融多学科的理论为一体，深入追踪研究了省域经济发展与中国国家竞争力的内在关系，为提升中国省域经济综合竞争力提供有价值的决策依据。

金融蓝皮书

中国金融发展报告（2018）

王国刚 / 主编　2018年6月出版　估价：99.00元

◆ 本书由中国社会科学院金融研究所组织编写，概括和分析了2017年中国金融发展和运行中的各方面情况，研讨和评论了2017年发生的主要金融事件，有利于读者了解掌握2017年中国的金融状况，把握2018年中国金融的走势。

区域经济类

京津冀蓝皮书

京津冀发展报告（2018）

祝合良　叶堂林　张贵祥 / 等著　2018年6月出版　估价：99.00元

◆ 本书遵循问题导向与目标导向相结合、统计数据分析与大数据分析相结合、纵向分析和长期监测与结构分析和综合监测相结合等原则，对京津冀协同发展新形势与新进展进行测度与评价。

 皮书系列 重点推荐

社会政法类

社会蓝皮书
2018年中国社会形势分析与预测

李培林　陈光金　张翼/主编　2017年12月出版　定价：89.00元

◆ 本书由中国社会科学院社会学研究所组织研究机构专家、高校学者和政府研究人员撰写，聚焦当下社会热点，对2017年中国社会发展的各个方面内容进行了权威解读，同时对2018年社会形势发展趋势进行了预测。

法治蓝皮书
中国法治发展报告No.16（2018）

李林　田禾/主编　2018年3月出版　定价：128.00元

◆ 本年度法治蓝皮书回顾总结了2017年度中国法治发展取得的成就和存在的不足，对中国政府、司法、检务透明度进行了跟踪调研，并对2018年中国法治发展形势进行了预测和展望。

教育蓝皮书
中国教育发展报告（2018）

杨东平/主编　2018年3月出版　定价：89.00元

◆ 本书重点关注了2017年教育领域的热点，资料翔实，分析有据，既有专题研究，又有实践案例，从多角度对2017年教育改革和实践进行了分析和研究。

皮书系列
重点推荐

社会政法类

社会体制蓝皮书
中国社会体制改革报告 No.6（2018）

龚维斌 / 主编　2018年3月出版　定价：98.00元

◆ 本书由国家行政学院社会治理研究中心和北京师范大学中国社会管理研究院共同组织编写，主要对2017年社会体制改革情况进行回顾和总结，对2018年的改革走向进行分析，提出相关政策建议。

社会心态蓝皮书
中国社会心态研究报告（2018）

王俊秀　杨宜音 / 主编　2018年12月出版　估价：99.00元

◆ 本书是中国社会科学院社会学研究所社会心理研究中心"社会心态蓝皮书课题组"的年度研究成果，运用社会心理学、社会学、经济学、传播学等多种学科的方法进行了调查和研究，对于目前中国社会心态状况有较广泛和深入的揭示。

华侨华人蓝皮书
华侨华人研究报告（2018）

贾益民 / 主编　2017年12月出版　估价：139.00元

◆ 本书关注华侨华人生产与生活的方方面面。华侨华人是中国建设21世纪海上丝绸之路的重要中介者、推动者和参与者。本书旨在全面调研华侨华人，提供最新涉侨动态、理论研究成果和政策建议。

民族发展蓝皮书
中国民族发展报告（2018）

王延中 / 主编　2018年10月出版　估价：188.00元

◆ 本书从民族学人类学视角，研究近年来少数民族和民族地区的发展情况，展示民族地区经济、政治、文化、社会和生态文明"五位一体"建设取得的辉煌成就和面临的困难挑战，为深刻理解中央民族工作会议精神、加快民族地区全面建成小康社会进程提供了实证材料。

产业经济类·行业及其他类　　皮书系列重点推荐

产业经济类

房地产蓝皮书

中国房地产发展报告 No.15（2018）

李春华　王业强/主编　2018年5月出版　估价：99.00元

◆ 2018年《房地产蓝皮书》持续追踪中国房地产市场最新动态，深度剖析市场热点，展望2018年发展趋势，积极谋划应对策略。对2017年房地产市场的发展态势进行全面、综合的分析。

新能源汽车蓝皮书

中国新能源汽车产业发展报告（2018）

中国汽车技术研究中心　日产（中国）投资有限公司

东风汽车有限公司/编著　2018年8月出版　估价：99.00元

◆ 本书对中国2017年新能源汽车产业发展进行了全面系统的分析，并介绍了国外的发展经验。有助于相关机构、行业和社会公众等了解中国新能源汽车产业发展的最新动态，为政府部门出台新能源汽车产业相关政策法规、企业制定相关战略规划，提供必要的借鉴和参考。

行业及其他类

旅游绿皮书

2017~2018年中国旅游发展分析与预测

中国社会科学院旅游研究中心/编　2018年1月出版　定价：99.00元

◆ 本书从政策、产业、市场、社会等多个角度勾画出2017年中国旅游发展全貌，剖析了其中的热点和核心问题，并就未来发展作出预测。

皮书系列重点推荐

行业及其他类

民营医院蓝皮书
中国民营医院发展报告（2018）

薛晓林 / 主编　2018 年 11 月出版　估价：99.00 元

◆ 本书在梳理国家对社会办医的各种利好政策的前提下，对我国民营医疗发展现状、我国民营医院竞争力进行了分析，并结合我国医疗体制改革对民营医院的发展趋势、发展策略、战略规划等方面进行了预估。

会展蓝皮书
中外会展业动态评估研究报告（2018）

张敏 / 主编　2018 年 12 月出版　估价：99.00 元

◆ 本书回顾了 2017 年的会展业发展动态，结合"供给侧改革"、"互联网＋"、"绿色经济"的新形势分析了我国展会的行业现状，并介绍了国外的发展经验，有助于行业和社会了解最新的展会业动态。

中国上市公司蓝皮书
中国上市公司发展报告（2018）

张平　王宏淼 / 主编　2018 年 9 月出版　估价：99.00 元

◆ 本书由中国社会科学院上市公司研究中心组织编写的，着力于全面、真实、客观反映当前中国上市公司财务状况和价值评估的综合性年度报告。本书详尽分析了 2017 年中国上市公司情况，特别是现实中暴露出的制度性、基础性问题，并对资本市场改革进行了探讨。

工业和信息化蓝皮书
人工智能发展报告（2017～2018）

尹丽波 / 主编　2018 年 6 月出版　估价：99.00 元

◆ 本书国家工业信息安全发展研究中心在对 2017 年全球人工智能技术和产业进行全面跟踪研究基础上形成的研究报告。该报告内容翔实、视角独特，具有较强的产业发展前瞻性和预测性，可为相关主管部门、行业协会、企业等全面了解人工智能发展形势以及进行科学决策提供参考。

国际问题与全球治理类

世界经济黄皮书
2018年世界经济形势分析与预测

张宇燕 / 主编　2018年1月出版　定价：99.00元

◆ 本书由中国社会科学院世界经济与政治研究所的研究团队撰写，分总论、国别与地区、专题、热点、世界经济统计与预测等五个部分，对2018年世界经济形势进行了分析。

国际城市蓝皮书
国际城市发展报告（2018）

屠启宇 / 主编　2018年2月出版　定价：89.00元

◆ 本书作者以上海社会科学院从事国际城市研究的学者团队为核心，汇集同济大学、华东师范大学、复旦大学、上海交通大学、南京大学、浙江大学相关城市研究专业学者。立足动态跟踪介绍国际城市发展时间中，最新出现的重大战略、重大理念、重大项目、重大报告和最佳案例。

非洲黄皮书
非洲发展报告 No.20（2017～2018）

张宏明 / 主编　2018年7月出版　估价：99.00元

◆ 本书是由中国社会科学院西亚非洲研究所组织编撰的非洲形势年度报告，比较全面、系统地分析了2017年非洲政治形势和热点问题，探讨了非洲经济形势和市场走向，剖析了大国对非洲关系的新动向；此外，还介绍了国内非洲研究的新成果。

国别类

美国蓝皮书

美国研究报告（2018）

郑秉文 黄平／主编　2018年5月出版　估价：99.00元

◆ 本书是由中国社会科学院美国研究所主持完成的研究成果，它回顾了美国2017年的经济、政治形势与外交战略，对美国内政外交发生的重大事件及重要政策进行了较为全面的回顾和梳理。

德国蓝皮书

德国发展报告（2018）

郑春荣／主编　2018年6月出版　估价：99.00元

◆ 本报告由同济大学德国研究所组织编撰，由该领域的专家学者对德国的政治、经济、社会文化、外交等方面的形势发展情况，进行全面的阐述与分析。

俄罗斯黄皮书

俄罗斯发展报告（2018）

李永全／编著　2018年6月出版　估价：99.00元

◆ 本书系统介绍了2017年俄罗斯经济政治情况，并对2016年该地区发生的焦点、热点问题进行了分析与回顾；在此基础上，对该地区2018年的发展前景进行了预测。

文化传媒类

新媒体蓝皮书
中国新媒体发展报告No.9（2018）

唐绪军/主编　2018年6月出版　估价：99.00元

◆ 本书是由中国社会科学院新闻与传播研究所组织编写的关于新媒体发展的最新年度报告，旨在全面分析中国新媒体的发展现状，解读新媒体的发展趋势，探析新媒体的深刻影响。

移动互联网蓝皮书
中国移动互联网发展报告（2018）

余清楚/主编　2018年6月出版　估价：99.00元

◆ 本书着眼于对2017年度中国移动互联网的发展情况做深入解析，对未来发展趋势进行预测，力求从不同视角、不同层面全面剖析中国移动互联网发展的现状、年度突破及热点趋势等。

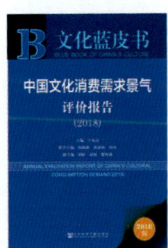

文化蓝皮书
中国文化消费需求景气评价报告（2018）

王亚南/主编　2018年3月出版　定价：99.00元

◆ 本书首创全国文化发展量化检测评价体系，也是至今全国唯一的文化民生量化检测评价体系，对于检验全国及各地"以人民为中心"的文化发展具有首创意义。

皮书系列
重点推荐　地方发展类

地方发展类

北京蓝皮书

北京经济发展报告（2017～2018）

杨松/主编　2018年6月出版　估价：99.00元

◆ 本书对2017年北京市经济发展的整体形势进行了系统性的分析与回顾，并对2018年经济形势走势进行了预测与研判，聚焦北京市经济社会发展中的全局性、战略性和关键领域的重点问题，运用定量和定性分析相结合的方法，对北京市经济社会发展的现状、问题、成因进行了深入分析，提出了可操作性的对策建议。

温州蓝皮书

2018年温州经济社会形势分析与预测

蒋儒标　王春光　金浩/主编　2018年6月出版　估价：99.00元

◆ 本书是中共温州市委党校和中国社会科学院社会学研究所合作推出的第十一本温州蓝皮书，由来自党校、政府部门、科研机构、高校的专家、学者共同撰写的2017年温州区域发展形势的最新研究成果。

黑龙江蓝皮书

黑龙江社会发展报告（2018）

王爱丽/主编　2018年1月出版　定价：89.00元

◆ 本书以千份随机抽样问卷调查和专题研究为依据，运用社会学理论框架和分析方法，从专家和学者的独特视角，对2017年黑龙江省关系民生的问题进行广泛的调研与分析，并对2017年黑龙江省诸多社会热点和焦点问题进行了有益的探索。这些研究不仅可以为政府部门更加全面深入了解省情、科学制定决策提供智力支持，同时也可以为广大读者认识、了解、关注黑龙江社会发展提供理性思考。

宏观经济类

城市蓝皮书
中国城市发展报告（No.11）
著（编）者：潘家华 单菁菁
2018年9月出版 / 估价：99.00元
PSN B-2007-091-1/1

城乡一体化蓝皮书
中国城乡一体化发展报告（2018）
著（编）者：付崇兰
2018年9月出版 / 估价：99.00元
PSN B-2011-226-1/2

城镇化蓝皮书
中国新型城镇化健康发展报告（2018）
著（编）者：张占斌
2018年8月出版 / 估价：99.00元
PSN B-2014-396-1/1

创新蓝皮书
创新型国家建设报告（2018～2019）
著（编）者：詹正茂
2018年12月出版 / 估价：99.00元
PSN B-2009-140-1/1

低碳发展蓝皮书
中国低碳发展报告（2018）
著（编）者：张希良 齐晔
2018年6月出版 / 估价：99.00元
PSN B-2011-223-1/1

低碳经济蓝皮书
中国低碳经济发展报告（2018）
著（编）者：薛进军 赵忠秀
2018年11月出版 / 估价：99.00元
PSN B-2011-194-1/1

发展和改革蓝皮书
中国经济发展和体制改革报告No.9
著（编）者：邹东涛 王再文
2018年1月出版 / 估价：99.00元
PSN B-2008-122-1/1

国家创新蓝皮书
中国创新发展报告（2017）
著（编）者：陈劲 2018年5月出版 / 估价：99.00元
PSN B-2014-370-1/1

金融蓝皮书
中国金融发展报告（2018）
著（编）者：王国刚
2018年6月出版 / 估价：99.00元
PSN B-2004-031-1/7

经济蓝皮书
2018年中国经济形势分析与预测
著（编）者：李平 2017年12月出版 / 定价：89.00元
PSN B-1996-001-1/1

经济蓝皮书春季号
2018年中国经济前景分析
著（编）者：李扬 2018年5月出版 / 估价：99.00元
PSN B-1999-008-1/1

经济蓝皮书夏季号
中国经济增长报告（2017～2018）
著（编）者：李扬 2018年9月出版 / 估价：99.00元
PSN B-2010-176-1/1

农村绿皮书
中国农村经济形势分析与预测（2017～2018）
著（编）者：魏后凯 黄秉信
2018年4月出版 / 定价：99.00元
PSN G-1998-003-1/1

人口与劳动绿皮书
中国人口与劳动问题报告No.19
著（编）者：张车伟 2018年11月出版 / 估价：99.00元
PSN G-2000-012-1/1

新型城镇化蓝皮书
新型城镇化发展报告（2017）
著（编）者：李伟 宋敏
2018年3月出版 / 定价：98.00元
PSN B-2005-038-1/1

中国省域竞争力蓝皮书
中国省域经济综合竞争力发展报告（2016～2017）
著（编）者：李建平 李闽榕
2018年2月出版 / 定价：198.00元
PSN B-2007-088-1/1

中小城市绿皮书
中国中小城市发展报告（2018）
著（编）者：中国城市经济学会中小城市经济发展委员会
中国城镇化促进会中小城市发展委员会
《中国中小城市发展报告》编纂委员会
中小城市发展战略研究院
2018年11月出版 / 估价：128.00元
PSN G-2010-161-1/1

区域经济类

东北蓝皮书
中国东北地区发展报告（2018）
著(编)者：姜晓秋　2018年11月出版／估价：99.00元
PSN B-2006-067-1/1

金融蓝皮书
中国金融中心发展报告（2017~2018）
著(编)者：王力　黄育华　2018年11月出版／估价：99.00元
PSN B-2011-186-6/7

京津冀蓝皮书
京津冀发展报告（2018）
著(编)者：祝合良　叶堂林　张贵祥
2018年6月出版／估价：99.00元
PSN B-2012-262-1/1

西北蓝皮书
中国西北发展报告（2018）
著(编)者：王福生　马廷旭　董秋生
2018年1月出版／定价：99.00元
PSN B-2012-261-1/1

西部蓝皮书
中国西部发展报告（2018）
著(编)者：璋勇　任保平　2018年8月出版／估价：99.00元
PSN B-2005-039-1/1

长江经济带产业蓝皮书
长江经济带产业发展报告（2018）
著(编)者：吴传清　2018年11月出版／估价：128.00元
PSN B-2017-666-1/1

长江经济带蓝皮书
长江经济带发展报告（2017~2018）
著(编)者：王振　2018年11月出版／估价：99.00元
PSN B-2016-575-1/1

长江中游城市群蓝皮书
长江中游城市群新型城镇化与产业协同发展报告（2018）
著(编)者：杨刚强　2018年11月出版／估价：99.00元
PSN B-2016-578-1/1

长三角蓝皮书
2017年创新融合发展的长三角
著(编)者：刘飞跃　2018年5月出版／估价：99.00元
PSN B-2005-038-1/1

长株潭城市群蓝皮书
长株潭城市群发展报告（2017）
著(编)者：张萍　朱有志　2018年6月出版／估价：99.00元
PSN B-2008-109-1/1

特色小镇蓝皮书
特色小镇智慧运营报告（2018）：顶层设计与智慧架构标
著(编)者：陈劲　2018年1月出版／定价：79.00元
PSN B-2018-692-1/1

中部竞争力蓝皮书
中国中部经济社会竞争力报告（2018）
著(编)者：教育部人文社会科学重点研究基地南昌大学中国中部经济社会发展研究中心
2018年12月出版／估价：99.00元
PSN B-2012-276-1/1

中部蓝皮书
中国中部地区发展报告（2018）
著(编)者：宋亚平　2018年12月出版／估价：99.00元
PSN B-2007-089-1/1

区域蓝皮书
中国区域经济发展报告（2017~2018）
著(编)者：赵弘　2018年5月出版／估价：99.00元
PSN B-2004-034-1/1

中三角蓝皮书
长江中游城市群发展报告（2018）
著(编)者：秦尊文　2018年9月出版／估价：99.00元
PSN B-2014-417-1/1

中原蓝皮书
中原经济区发展报告（2018）
著(编)者：李英杰　2018年6月出版／估价：99.00元
PSN B-2011-192-1/1

珠三角流通蓝皮书
珠三角商圈发展研究报告（2018）
著(编)者：王先庆　林至颖　2018年7月出版／估价：99.00元
PSN B-2012-292-1/1

社会政法类

北京蓝皮书
中国社区发展报告（2017~2018）
著(编)者：于燕燕　2018年9月出版／估价：99.00元
PSN B-2007-083-5/8

殡葬绿皮书
中国殡葬事业发展报告（2017~2018）
著(编)者：李伯森　2018年6月出版／估价：158.00元
PSN G-2010-180-1/1

城市管理蓝皮书
中国城市管理报告（2017-2018）
著(编)者：刘林　刘承水　2018年5月出版／估价：158.00元
PSN B-2013-336-1/1

城市生活质量蓝皮书
中国城市生活质量报告（2017）
著(编)者：张连城　张平　杨春学　郎丽华
2017年12月出版／定价：89.00元
PSN B-2013-326-1/1

社会政法类

皮书系列 2018全品种

城市政府能力蓝皮书
中国城市政府公共服务能力评估报告（2018）
著(编)者：何艳玲　2018年5月出版 / 估价：99.00元
PSN B-2013-338-1/1

创业蓝皮书
中国创业发展研究报告（2017~2018）
著(编)者：黄群慧　赵卫星　钟宏武
2018年11月出版 / 估价：99.00元
PSN B-2016-577-1/1

慈善蓝皮书
中国慈善发展报告（2018）
著(编)者：杨团　2018年6月出版 / 估价：99.00元
PSN B-2009-142-1/1

党建蓝皮书
党的建设研究报告No.2（2018）
著(编)者：崔建民　陈东平　2018年6月出版 / 估价：99.00元
PSN B-2016-523-1/1

地方法治蓝皮书
中国地方法治发展报告No.3（2018）
著(编)者：李林　田禾　2018年6月出版 / 估价：118.00元
PSN B-2015-442-1/1

电子政务蓝皮书
中国电子政务发展报告（2018）
著(编)者：李季　2018年8月出版 / 估价：99.00元
PSN B-2003-022-1/1

儿童蓝皮书
中国儿童参与状况报告（2017）
著(编)者：苑立新　2017年12月出版 / 定价：89.00元
PSN B-2017-682-1/1

法治蓝皮书
中国法治发展报告No.16（2018）
著(编)者：李林　田禾　2018年3月出版 / 定价：128.00元
PSN B-2004-027-1/3

法治蓝皮书
中国法院信息化发展报告No.2（2018）
著(编)者：李林　田禾　2018年2月出版 / 估价：118.00元
PSN B-2017-604-3/3

法治政府蓝皮书
中国法治政府发展报告（2017）
著(编)者：中国政法大学法治政府研究院
2018年3月出版 / 定价：158.00元
PSN B-2015-502-1/2

法治政府蓝皮书
中国法治政府评估报告（2018）
著(编)者：中国政法大学法治政府研究院
2018年9月出版 / 估价：168.00元
PSN B-2016-576-2/2

反腐倡廉蓝皮书
中国反腐倡廉建设报告No.8
著(编)者：张英伟　2018年12月出版 / 估价：99.00元
PSN B-2012-259-1/1

扶贫蓝皮书
中国扶贫开发报告（2018）
著(编)者：李培林　魏后凯　2018年12月出版 / 估价：128.00元
PSN B-2016-599-1/1

妇女发展蓝皮书
中国妇女发展报告No.6
著(编)者：王金玲　2018年9月出版 / 估价：158.00元
PSN B-2006-069-1/1

妇女教育蓝皮书
中国妇女教育发展报告No.3
著(编)者：张李玺　2018年10月出版 / 估价：99.00元
PSN B-2008-121-1/1

妇女绿皮书
2018年：中国性别平等与妇女发展报告
著(编)者：谭琳　2018年12月出版 / 估价：99.00元
PSN G-2006-073-1/1

公共安全蓝皮书
中国城市公共安全发展报告（2017~2018）
著(编)者：黄育华　杨文明　赵建辉
2018年6月出版 / 估价：99.00元
PSN B-2017-628-1/1

公共服务蓝皮书
中国城市基本公共服务力评价（2018）
著(编)者：钟君　刘志昌　吴正杲
2018年12月出版 / 估价：99.00元
PSN B-2011-214-1/1

公民科学素质蓝皮书
中国公民科学素质报告（2017~2018）
著(编)者：李群　陈雄　马宗文
2017年12月出版 / 定价：89.00元
PSN B-2014-379-1/1

公益蓝皮书
中国公益慈善发展报告（2016）
著(编)者：朱健刚　胡小军　2018年6月出版 / 估价：99.00元
PSN B-2012-283-1/1

国际人才蓝皮书
中国国际移民报告（2018）
著(编)者：王辉耀　2018年6月出版 / 估价：99.00元
PSN B-2012-304-3/4

国际人才蓝皮书
中国留学发展报告（2018）No.7
著(编)者：王辉耀　苗绿　2018年12月出版 / 估价：99.00元
PSN B-2012-244-2/4

海洋社会蓝皮书
中国海洋社会发展报告（2017）
著(编)者：崔凤　宋宁而　2018年3月出版 / 定价：99.00元
PSN B-2015-478-1/1

行政改革蓝皮书
中国行政体制改革报告No.7（2018）
著(编)者：魏礼群　2018年6月出版 / 估价：99.00元
PSN B-2011-231-1/1

皮书系列 2018全品种 — 社会政法类

华侨华人蓝皮书
华侨华人研究报告（2017）
著(编)者：张禹东 庄国土　2017年12月出版 / 定价：148.00元
PSN B-2011-204-1/1

互联网与国家治理蓝皮书
互联网与国家治理发展报告（2017）
著(编)者：张志安　2018年1月出版 / 定价：98.00元
PSN B-2017-671-1/1

环境管理蓝皮书
中国环境管理发展报告（2017）
著(编)者：李金惠　2017年12月出版 / 定价：98.00元
PSN B-2017-678-1/1

环境竞争力绿皮书
中国省域环境竞争力发展报告（2018）
著(编)者：李建平 李闽榕 王金南
2018年11月出版 / 估价：198.00元
PSN G-2010-165-1/1

环境绿皮书
中国环境发展报告（2017~2018）
著(编)者：李波　2018年6月出版 / 估价：99.00元
PSN G-2006-048-1/1

家庭蓝皮书
中国"创建幸福家庭活动"评估报告（2018）
著(编)者：国务院发展研究中心"创建幸福家庭活动评估"课题组
2018年12月出版 / 估价：99.00元
PSN B-2015-508-1/1

健康城市蓝皮书
中国健康城市建设研究报告（2018）
著(编)者：王鸿春 盛继洪　2018年12月出版 / 估价：99.00元
PSN B-2016-564-2/2

健康中国蓝皮书
社区首诊与健康中国分析报告（2018）
著(编)者：高和荣 杨叔禹 姜杰
2018年6月出版 / 估价：99.00元
PSN B-2017-611-1/1

教师蓝皮书
中国中小学教师发展报告（2017）
著(编)者：曾晓东 鱼霞
2018年6月出版 / 估价：99.00元
PSN B-2012-289-1/1

教育扶贫蓝皮书
中国教育扶贫报告（2018）
著(编)者：司树杰 王文静 李兴洲
2018年12月出版 / 估价：99.00元
PSN B-2016-590-1/1

教育蓝皮书
中国教育发展报告（2018）
著(编)者：杨东平　2018年3月出版 / 定价：89.00元
PSN B-2006-047-1/1

金融法治建设蓝皮书
中国金融法治建设年度报告（2015~2016）
著(编)者：朱小黄　2018年6月出版 / 估价：99.00元
PSN B-2017-633-1/1

京津冀教育蓝皮书
京津冀教育发展研究报告（2017~2018）
著(编)者：方中雄　2018年6月出版 / 估价：99.00元
PSN B-2017-608-1/1

就业蓝皮书
2018年中国本科生就业报告
著(编)者：麦可思研究院　2018年6月出版 / 估价：99.00元
PSN B-2009-146-1/2

就业蓝皮书
2018年中国高职高专生就业报告
著(编)者：麦可思研究院　2018年6月出版 / 估价：99.00元
PSN B-2015-472-2/2

科学教育蓝皮书
中国科学教育发展报告（2018）
著(编)者：王康友　2018年10月出版 / 估价：99.00元
PSN B-2015-487-1/1

劳动保障蓝皮书
中国劳动保障发展报告（2018）
著(编)者：刘燕斌　2018年9月出版 / 估价：158.00元
PSN B-2014-415-1/1

老龄蓝皮书
中国老年宜居环境发展报告（2017）
著(编)者：党俊武 周燕珉　2018年6月出版 / 估价：99.00元
PSN B-2013-320-1/1

连片特困区蓝皮书
中国连片特困区发展报告（2017~2018）
著(编)者：游俊 冷志明 丁建军
2018年6月出版 / 估价：99.00元
PSN B-2013-321-1/1

流动儿童蓝皮书
中国流动儿童教育发展报告（2017）
著(编)者：杨东平　2018年6月出版 / 估价：99.00元
PSN B-2017-600-1/1

民调蓝皮书
中国民生调查报告（2018）
著(编)者：谢耘耕　2018年12月出版 / 估价：99.00元
PSN B-2014-398-1/1

民族发展蓝皮书
中国民族发展报告（2018）
著(编)者：王延中　2018年10月出版 / 估价：188.00元
PSN B-2006-070-1/1

女性生活蓝皮书
中国女性生活状况报告No.12（2018）
著(编)者：高博燕　2018年7月出版 / 估价：99.00元
PSN B-2006-071-1/1

社会政法类　　皮书系列 2018全品种

汽车社会蓝皮书
中国汽车社会发展报告（2017~2018）
著(编)者：王俊秀　2018年6月出版 / 估价：99.00元
PSN B-2011-224-1/1

青年蓝皮书
中国青年发展报告（2018）No.3
著(编)者：廉思　2018年6月出版 / 估价：99.00元
PSN B-2013-333-1/1

青少年蓝皮书
中国未成年人互联网运用报告（2017~2018）
著(编)者：季为民　李文革　沈杰
2018年11月出版 / 估价：99.00元
PSN B-2010-156-1/1

人权蓝皮书
中国人权事业发展报告No.8（2018）
著(编)者：李君如　2018年9月出版 / 估价：99.00元
PSN B-2011-215-1/1

社会保障绿皮书
中国社会保障发展报告No.9（2018）
著(编)者：王延中　2018年6月出版 / 估价：99.00元
PSN G-2001-014-1/1

社会风险评估蓝皮书
风险评估与危机预警报告（2017~2018）
著(编)者：唐钧　2018年8月出版 / 估价：99.00元
PSN B-2012-293-1/1

社会工作蓝皮书
中国社会工作发展报告（2016~2017）
著(编)者：民政部社会工作研究中心
2018年8月出版 / 估价：99.00元
PSN B-2009-141-1/1

社会管理蓝皮书
中国社会管理创新报告No.6
著(编)者：连玉明　2018年11月出版 / 估价：99.00元
PSN B-2012-300-1/1

社会蓝皮书
2018年中国社会形势分析与预测
著(编)者：李培林　陈光金　张翼
2017年12月出版 / 定价：89.00元
PSN B-1998-002-1/1

社会体制蓝皮书
中国社会体制改革报告No.6（2018）
著(编)者：龚维斌　2018年3月出版 / 定价：98.00元
PSN B-2013-330-1/1

社会心态蓝皮书
中国社会心态研究报告（2018）
著(编)者：王俊秀　2018年12月出版 / 估价：99.00元
PSN B-2011-199-1/1

社会组织蓝皮书
中国社会组织报告（2017-2018）
著(编)者：黄晓勇　2018年6月出版 / 估价：99.00元
PSN B-2008-118-1/2

社会组织蓝皮书
中国社会组织评估发展报告（2018）
著(编)者：徐家良　2018年12月出版 / 估价：99.00元
PSN B-2013-366-2/2

生态城市绿皮书
中国生态城市建设发展报告（2018）
著(编)者：刘举科　孙伟平　胡文臻
2018年9月出版 / 估价：158.00元
PSN G-2012-269-1/1

生态文明绿皮书
中国省域生态文明建设评价报告（ECI 2018）
著(编)者：严耕　2018年12月出版 / 估价：99.00元
PSN G-2010-170-1/1

退休生活蓝皮书
中国城市居民退休生活质量指数报告（2017）
著(编)者：杨一帆　2018年6月出版 / 估价：99.00元
PSN B-2017-618-1/1

危机管理蓝皮书
中国危机管理报告（2018）
著(编)者：文学国　范正青
2018年8月出版 / 估价：99.00元
PSN B-2010-171-1/1

学会蓝皮书
2018年中国学会发展报告
著(编)者：麦可思研究院　2018年12月出版 / 估价：99.00元
PSN B-2016-597-1/1

医改蓝皮书
中国医药卫生体制改革报告（2017~2018）
著(编)者：文学国　房志武
2018年11月出版 / 估价：99.00元
PSN B-2014-432-1/1

应急管理蓝皮书
中国应急管理报告（2018）
著(编)者：宋英华　2018年9月出版 / 估价：99.00元
PSN B-2016-562-1/1

政府绩效评估蓝皮书
中国地方政府绩效评估报告 No.2
著(编)者：贠杰　2018年12月出版 / 估价：99.00元
PSN B-2017-672-1/1

政治参与蓝皮书
中国政治参与报告（2018）
著(编)者：房宁　2018年8月出版 / 估价：128.00元
PSN B-2011-200-1/1

政治文化蓝皮书
中国政治文化报告（2018）
著(编)者：邢乐敏　魏大鹏　龚克
2018年8月出版 / 估价：128.00元
PSN B-2017-615-1/1

中国传统村落蓝皮书
中国传统村落保护现状报告（2018）
著(编)者：胡彬彬　李向军　王晓波
2018年12月出版 / 估价：99.00元
PSN B-2017-663-1/1

中国农村妇女发展蓝皮书
农村流动女性城市生活发展报告（2018）
著(编)者：谢丽华　2018年12月出版 / 估价：99.00元
PSN B-2014-434-1/1

宗教蓝皮书
中国宗教报告（2017）
著(编)者：邱永辉　2018年8月出版 / 估价：99.00元
PSN B-2008-117-1/1

产业经济类

保健蓝皮书
中国保健服务产业发展报告 No.2
著(编)者：中国保健协会　中共中央党校
2018年7月出版 / 估价：198.00元
PSN B-2012-272-3/3

保健蓝皮书
中国保健食品产业发展报告 No.2
著(编)者：中国保健协会
　　　　中国社会科学院食品药品产业发展与监管研究中心
2018年8月出版 / 估价：198.00元
PSN B-2012-271-2/3

保健蓝皮书
中国保健用品产业发展报告 No.2
著(编)者：中国保健协会
　　　　国务院国有资产监督管理委员会研究中心
2018年6月出版 / 估价：198.00元
PSN B-2012-270-1/3

保险蓝皮书
中国保险业竞争力报告（2018）
著(编)者：保监会　2018年12月出版 / 估价：99.00元
PSN B-2013-311-1/1

冰雪蓝皮书
中国冰上运动产业发展报告（2018）
著(编)者：孙承华　杨占武　刘戈　张鸿俊
2018年9月出版 / 估价：99.00元
PSN B-2017-648-3/3

冰雪蓝皮书
中国滑雪产业发展报告（2018）
著(编)者：孙承华　伍斌　魏庆华　张鸿俊
2018年9月出版 / 估价：99.00元
PSN B-2016-559-1/3

餐饮产业蓝皮书
中国餐饮产业发展报告（2018）
著(编)者：邢颖
2018年6月出版 / 估价：99.00元
PSN B-2009-151-1/1

茶业蓝皮书
中国茶产业发展报告（2018）
著(编)者：杨江帆　李闽榕
2018年10月出版 / 估价：99.00元
PSN B-2010-164-1/1

产业安全蓝皮书
中国文化产业安全报告（2018）
著(编)者：北京印刷学院文化产业安全研究院
2018年12月出版 / 估价：99.00元
PSN B-2014-378-12/14

产业安全蓝皮书
中国新媒体产业安全报告（2016~2017）
著(编)者：肖丽　2018年6月出版 / 估价：99.00元
PSN B-2015-500-14/14

产业安全蓝皮书
中国出版传媒产业安全报告（2017~2018）
著(编)者：北京印刷学院文化产业安全研究院
2018年6月出版 / 估价：99.00元
PSN B-2014-384-13/14

产业蓝皮书
中国产业竞争力报告（2018）No.8
著(编)者：张其仔　2018年12月出版 / 估价：168.00元
PSN B-2010-175-1/1

动力电池蓝皮书
中国新能源汽车动力电池产业发展报告（2018）
著(编)者：中国汽车技术研究中心
2018年8月出版 / 估价：99.00元
PSN B-2017-639-1/1

杜仲产业绿皮书
中国杜仲橡胶资源与产业发展报告（2017~2018）
著(编)者：杜红岩　胡文臻　俞锐
2018年6月出版 / 估价：99.00元
PSN G-2013-350-1/1

房地产蓝皮书
中国房地产发展报告No.15（2018）
著(编)者：李春华　王业强
2018年5月出版 / 估价：99.00元
PSN B-2004-028-1/1

服务外包蓝皮书
中国服务外包产业发展报告（2017~2018）
著(编)者：王晓红　刘德军
2018年6月出版 / 估价：99.00元
PSN B-2013-331-2/2

服务外包蓝皮书
中国服务外包竞争力报告（2017~2018）
著(编)者：刘春生　王力　黄育华
2018年12月出版 / 估价：99.00元
PSN B-2011-216-1/2

产业经济类 — 皮书系列 2018全品种

工业和信息化蓝皮书
世界信息技术产业发展报告（2017~2018）
著（编）者：尹丽波　2018年6月出版 / 估价：99.00元
PSN B-2015-449-2/6

工业和信息化蓝皮书
战略性新兴产业发展报告（2017~2018）
著（编）者：尹丽波　2018年6月出版 / 估价：99.00元
PSN B-2015-450-3/6

海洋经济蓝皮书
中国海洋经济发展报告（2015~2018）
著（编）者：殷克东　高金田　方胜民
2018年3月出版 / 定价：128.00元
PSN B-2018-697-1/1

康养蓝皮书
中国康养产业发展报告（2017）
著（编）者：何莽　2017年12月出版 / 定价：88.00元
PSN B-2017-685-1/1

客车蓝皮书
中国客车产业发展报告（2017~2018）
著（编）者：姚蔚　2018年10月出版 / 估价：99.00元
PSN B-2013-361-1/1

流通蓝皮书
中国商业发展报告（2018~2019）
著（编）者：王雪峰　林诗慧
2018年7月出版 / 估价：99.00元
PSN B-2009-152-1/2

能源蓝皮书
中国能源发展报告（2018）
著（编）者：崔民选　王军生　陈义和
2018年12月出版 / 估价：99.00元
PSN B-2006-049-1/1

农产品流通蓝皮书
中国农产品流通产业发展报告（2017）
著（编）者：贾敬敦　张东科　张玉玺　张鹏毅　周伟
2018年6月出版 / 估价：99.00元
PSN B-2012-288-1/1

汽车工业蓝皮书
中国汽车工业发展年度报告（2018）
著（编）者：中国汽车工业协会
　　　　　　中国汽车技术研究中心
　　　　　　丰田汽车公司
2018年5月出版 / 估价：168.00元
PSN B-2015-463-1/2

汽车工业蓝皮书
中国汽车零部件产业发展报告（2017~2018）
著（编）者：中国汽车工业协会
　　　　　　中国汽车工程研究院深圳市沃特玛电池有限公司
2018年9月出版 / 估价：99.00元
PSN B-2016-515-2/2

汽车蓝皮书
中国汽车产业发展报告（2018）
著（编）者：中国汽车工程学会
　　　　　　大众汽车集团（中国）
2018年11月出版 / 估价：99.00元
PSN B-2008-124-1/1

世界茶业蓝皮书
世界茶业发展报告（2018）
著（编）者：李闽榕　冯廷佺
2018年5月出版 / 估价：168.00元
PSN B-2017-619-1/1

世界能源蓝皮书
世界能源发展报告（2018）
著（编）者：黄晓勇　2018年6月出版 / 估价：168.00元
PSN B-2013-349-1/1

石油蓝皮书
中国石油产业发展报告（2018）
著（编）者：中国石油化工集团公司经济技术研究院
　　　　　　中国国际石油化工联合有限责任公司
　　　　　　中国社会科学院数量经济与技术经济研究所
2018年2月出版 / 定价：98.00元
PSN B-2018-690-1/1

体育蓝皮书
国家体育产业基地发展报告（2016~2017）
著（编）者：李颖川　2018年6月出版 / 估价：168.00元
PSN B-2017-609-5/5

体育蓝皮书
中国体育产业发展报告（2018）
著（编）者：阮伟　钟秉枢
2018年12月出版 / 估价：99.00元
PSN B-2010-179-1/5

文化金融蓝皮书
中国文化金融发展报告（2018）
著（编）者：杨涛　金巍
2018年6月出版 / 估价：99.00元
PSN B-2017-610-1/1

新能源汽车蓝皮书
中国新能源汽车产业发展报告（2018）
著（编）者：中国汽车技术研究中心
　　　　　　日产（中国）投资有限公司
　　　　　　东风汽车有限公司
2018年8月出版 / 估价：99.00元
PSN B-2013-347-1/1

薏仁米产业蓝皮书
中国薏仁米产业发展报告No.2（2018）
著（编）者：李发耀　石明　秦礼康
2018年8月出版 / 估价：99.00元
PSN B-2017-645-1/1

邮轮绿皮书
中国邮轮产业发展报告（2018）
著（编）者：汪泓　2018年10月出版 / 估价：99.00元
PSN G-2014-419-1/1

智能养老蓝皮书
中国智能养老产业发展报告（2018）
著（编）者：朱勇　2018年10月出版 / 估价：99.00元
PSN B-2015-488-1/1

中国节能汽车蓝皮书
中国节能汽车发展报告（2017~2018）
著（编）者：中国汽车工程研究院股份有限公司
2018年9月出版 / 估价：99.00元
PSN B-2016-565-1/1

产业经济类·行业及其他类

中国陶瓷产业蓝皮书
中国陶瓷产业发展报告（2018）
著(编)者：左和平 黄速建
2018年10月出版 / 估价：99.00元
PSN B-2016-573-1/1

装备制造业蓝皮书
中国装备制造业发展报告（2018）
著(编)者：徐东华
2018年12月出版 / 估价：118.00元
PSN B-2015-505-1/1

行业及其他类

"三农"互联网金融蓝皮书
中国"三农"互联网金融发展报告（2018）
著(编)者：李勇坚 王弢
2018年8月出版 / 估价：99.00元
PSN B-2016-560-1/1

SUV蓝皮书
中国SUV市场发展报告（2017~2018）
著(编)者：靳军 2018年9月出版 / 估价：99.00元
PSN B-2016-571-1/1

冰雪蓝皮书
中国冬季奥运会发展报告（2018）
著(编)者：孙承华 伍斌 魏庆华 张鸿俊
2018年9月出版 / 估价：99.00元
PSN B-2017-647-2/3

彩票蓝皮书
中国彩票发展报告（2018）
著(编)者：益彩基金 2018年6月出版 / 估价：99.00元
PSN B-2015-462-1/1

测绘地理信息蓝皮书
测绘地理信息供给侧结构性改革研究报告（2018）
著(编)者：库热西·买合苏提
2018年12月出版 / 估价：168.00元
PSN B-2009-145-1/1

产权市场蓝皮书
中国产权市场发展报告（2017）
著(编)者：曹和平
2018年5月出版 / 估价：99.00元
PSN B-2009-147-1/1

城投蓝皮书
中国城投行业发展报告（2018）
著(编)者：华景斌
2018年11月出版 / 估价：300.00元
PSN B-2016-514-1/1

城市轨道交通蓝皮书
中国城市轨道交通运营发展报告（2017~2018）
著(编)者：崔学忠 贾文峥
2018年3月出版 / 定价：89.00元
PSN B-2018-694-1/1

大数据蓝皮书
中国大数据发展报告（No.2）
著(编)者：连玉明 2018年5月出版 / 估价：99.00元
PSN B-2017-620-1/1

大数据应用蓝皮书
中国大数据应用发展报告No.2（2018）
著(编)者：陈军君 2018年8月出版 / 估价：99.00元
PSN B-2017-644-1/1

对外投资与风险蓝皮书
中国对外直接投资与国家风险报告（2018）
著(编)者：中债资信评估有限责任公司
　　　　　中国社会科学院世界经济与政治研究所
2018年6月出版 / 估价：189.00元
PSN B-2017-606-1/1

工业和信息化蓝皮书
人工智能发展报告（2017~2018）
著(编)者：尹丽波 2018年6月出版 / 估价：99.00元
PSN B-2015-448-1/6

工业和信息化蓝皮书
世界智慧城市发展报告（2017~2018）
著(编)者：尹丽波 2018年6月出版 / 估价：99.00元
PSN B-2017-624-6/6

工业和信息化蓝皮书
世界网络安全发展报告（2017~2018）
著(编)者：尹丽波 2018年6月出版 / 估价：99.00元
PSN B-2015-452-5/6

工业和信息化蓝皮书
世界信息化发展报告（2017~2018）
著(编)者：尹丽波 2018年6月出版 / 估价：99.00元
PSN B-2015-451-4/6

工业设计蓝皮书
中国工业设计发展报告（2018）
著(编)者：王晓红 于炜 张立群 2018年9月出版 / 估价：168.00元
PSN B-2014-420-1/1

公共关系蓝皮书
中国公共关系发展报告（2017）
著(编)者：柳斌杰 2018年1月出版 / 定价：89.00元
PSN B-2016-579-1/1

行业及其他类

皮书系列
2018全品种

公共关系蓝皮书
中国公共关系发展报告（2018）
著(编)者：柳斌杰　2018年11月出版／估价：99.00元
PSN B-2016-579-1/1

管理蓝皮书
中国管理发展报告（2018）
著(编)者：张晓东　2018年10月出版／估价：99.00元
PSN B-2014-416-1/1

轨道交通蓝皮书
中国轨道交通行业发展报告（2017）
著(编)者：仲建华　李闽榕
2017年12月出版／定价：98.00元
PSN B-2017-674-1/1

海关发展蓝皮书
中国海关发展前沿报告（2018）
著(编)者：干春晖　2018年6月出版／估价：99.00元
PSN B-2017-616-1/1

互联网医疗蓝皮书
中国互联网健康医疗发展报告（2018）
著(编)者：芮晓武　2018年6月出版／估价：99.00元
PSN B-2016-567-1/1

黄金市场蓝皮书
中国商业银行黄金业务发展报告（2017～2018）
著(编)者：平安银行　2018年6月出版／估价：99.00元
PSN B-2016-524-1/1

会展蓝皮书
中外会展业动态评估研究报告（2018）
著(编)者：张敏　任中峰　聂鑫焱　牛盼强
2018年12月出版／估价：99.00元
PSN B-2013-327-1/1

基金会蓝皮书
中国基金会发展报告（2017~2018）
著(编)者：中国基金会发展报告课题组
2018年6月出版／估价：99.00元
PSN B-2013-368-1/1

基金会绿皮书
中国基金会发展独立研究报告（2018）
著(编)者：基金会中心网　中央民族大学基金会研究中心
2018年6月出版／估价：99.00元
PSN G-2011-213-1/1

基金会透明度蓝皮书
中国基金会透明度发展研究报告（2018）
著(编)者：基金会中心网
　　　　　清华大学廉政与治理研究中心
2018年9月出版／估价：99.00元
PSN B-2013-339-1/1

建筑装饰蓝皮书
中国建筑装饰行业发展报告（2018）
著(编)者：葛道顺　刘晓一
2018年10月出版／估价：198.00元
PSN B-2016-553-1/1

金融监管蓝皮书
中国金融监管报告（2018）
著(编)者：胡滨　2018年3月出版／定价：98.00元
PSN B-2012-281-1/1

金融蓝皮书
中国互联网金融行业分析与评估（2018～2019）
著(编)者：黄国平　伍旭川　2018年12月出版／估价：99.00元
PSN B-2016-585-7/7

金融科技蓝皮书
中国金融科技发展报告（2018）
著(编)者：李扬　孙国峰　2018年10月出版／估价：99.00元
PSN B-2014-374-1/1

金融信息服务蓝皮书
中国金融信息服务发展报告（2018）
著(编)者：李平　2018年5月出版／估价：99.00元
PSN B-2017-621-1/1

金蜜蜂企业社会责任蓝皮书
金蜜蜂中国企业社会责任报告研究（2017）
著(编)者：殷格非　于志宏　管竹笋
2018年1月出版／定价：99.00元
PSN B-2018-693-1/1

京津冀金融蓝皮书
京津冀金融发展报告（2018）
著(编)者：王爱俭　王璟怡　2018年10月出版／估价：99.00元
PSN B-2016-527-1/1

科普蓝皮书
国家科普能力发展报告（2018）
著(编)者：王康友　2018年5月出版／估价：138.00元
PSN B-2017-632-4/4

科普蓝皮书
中国基层科普发展报告（2017～2018）
著(编)者：赵立新　陈玲　2018年9月出版／估价：99.00元
PSN B-2016-568-3/4

科普蓝皮书
中国科普基础设施发展报告（2017～2018）
著(编)者：任福君　2018年6月出版／估价：99.00元
PSN B-2010-174-1/3

科普蓝皮书
中国科普人才发展报告（2017～2018）
著(编)者：郑念　任嵘嵘　2018年7月出版／估价：99.00元
PSN B-2016-512-2/4

科普能力蓝皮书
中国科普能力评价报告（2018～2019）
著(编)者：李富强　李群　2018年8月出版／估价：99.00元
PSN B-2016-555-1/1

临空经济蓝皮书
中国临空经济发展报告（2018）
著(编)者：连玉明　2018年9月出版／估价：99.00元
PSN B-2014-421-1/1

旅游安全蓝皮书
中国旅游安全报告（2018）
著（编）者：郑向敏 谢朝武　2018年5月出版 / 估价：158.00元
PSN B-2012-280-1/1

旅游绿皮书
2017~2018年中国旅游发展分析与预测
著（编）者：宋瑞　2018年1月出版 / 定价：99.00元
PSN G-2002-018-1/1

煤炭蓝皮书
中国煤炭工业发展报告（2018）
著（编）者：岳福斌　2018年12月出版 / 估价：99.00元
PSN B-2008-123-1/1

民营企业社会责任蓝皮书
中国民营企业社会责任报告（2018）
著（编）者：中华全国工商业联合会
2018年12月出版 / 估价：99.00元
PSN B-2015-510-1/1

民营医院蓝皮书
中国民营医院发展报告（2017）
著（编）者：薛晓林　2017年12月出版 / 定价：89.00元
PSN B-2012-299-1/1

闽商蓝皮书
闽商发展报告（2018）
著（编）者：李闽榕 王日根 林琛
2018年12月出版 / 估价：99.00元
PSN B-2012-298-1/1

农业应对气候变化蓝皮书
中国农业气象灾害及其灾损评估报告（No.3）
著（编）者：矫梅燕　2018年6月出版 / 估价：118.00元
PSN B-2014-413-1/1

品牌蓝皮书
中国品牌战略发展报告（2018）
著（编）者：汪同三　2018年10月出版 / 估价：99.00元
PSN B-2016-580-1/1

企业扶贫蓝皮书
中国企业扶贫研究报告（2018）
著（编）者：钟宏武　2018年12月出版 / 估价：99.00元
PSN B-2016-593-1/1

企业公益蓝皮书
中国企业公益研究报告（2018）
著（编）者：钟宏武 汪杰 黄晓娟
2018年12月出版 / 估价：99.00元
PSN B-2015-501-1/1

企业国际化蓝皮书
中国企业全球化报告（2018）
著（编）者：王辉耀 苗绿　2018年11月出版 / 估价：99.00元
PSN B-2014-427-1/1

企业蓝皮书
中国企业绿色发展报告No.2（2018）
著（编）者：李红玉 朱光辉
2018年8月出版 / 估价：99.00元
PSN B-2015-481-2/2

企业社会责任蓝皮书
中资企业海外社会责任研究报告（2017~2018）
著（编）者：钟宏武 叶柳红 张蒽
2018年6月出版 / 估价：99.00元
PSN B-2017-603-2/2

企业社会责任蓝皮书
中国企业社会责任研究报告（2018）
著（编）者：黄群慧 钟宏武 张蒽 汪杰
2018年11月出版 / 估价：99.00元
PSN B-2009-149-1/2

汽车安全蓝皮书
中国汽车安全发展报告（2018）
著（编）者：中国汽车技术研究中心
2018年8月出版 / 估价：99.00元
PSN B-2014-385-1/1

汽车电子商务蓝皮书
中国汽车电子商务发展报告（2018）
著（编）者：中华全国工商业联合会汽车经销商商会
　　　　　北方工业大学
　　　　　北京易观智库网络科技有限公司
2018年10月出版 / 估价：158.00元
PSN B-2015-485-1/1

汽车知识产权蓝皮书
中国汽车产业知识产权发展报告（2018）
著（编）者：中国汽车工程研究院股份有限公司
　　　　　中国汽车工程学会
　　　　　重庆长安汽车股份有限公司
2018年12月出版 / 估价：99.00元
PSN B-2016-594-1/1

青少年体育蓝皮书
中国青少年体育发展报告（2017）
著（编）者：刘扶民 杨桦　2018年6月出版 / 估价：99.00元
PSN B-2015-482-1/1

区块链蓝皮书
中国区块链发展报告（2018）
著（编）者：李伟　2018年9月出版 / 估价：99.00元
PSN B-2017-649-1/1

群众体育蓝皮书
中国群众体育发展报告（2017）
著（编）者：刘国永 戴健　2018年5月出版 / 估价：99.00元
PSN B-2014-411-1/3

群众体育蓝皮书
中国社会体育指导员发展报告（2018）
著（编）者：刘国永 王欢　2018年6月出版 / 估价：99.00元
PSN B-2016-520-3/3

人力资源蓝皮书
中国人力资源发展报告（2018）
著（编）者：余兴安　2018年11月出版 / 估价：99.00元
PSN B-2012-287-1/1

融资租赁蓝皮书
中国融资租赁业发展报告（2017~2018）
著（编）者：李光荣 王力　2018年8月出版 / 估价：99.00元
PSN B-2015-443-1/1

行业及其他类

皮书系列 2018全品种

商会蓝皮书
中国商会发展报告No.5（2017）
著(编)者：王钦敏　　2018年7月出版 / 估价：99.00元
PSN B-2008-125-1/1

商务中心区蓝皮书
中国商务中心区发展报告No.4（2017~2018）
著(编)者：李国红　单菁菁　　2018年9月出版 / 估价：99.00元
PSN B-2015-444-1/1

设计产业蓝皮书
中国创新设计发展报告（2018）
著(编)者：王晓红　张立群　于炜
2018年11月出版 / 估价：99.00元
PSN B-2016-581-2/2

社会责任管理蓝皮书
中国上市公司社会责任能力成熟度报告No.4（2018）
著(编)者：肖红军　王晓光　李伟阳
2018年12月出版 / 估价：99.00元
PSN B-2015-507-2/2

社会责任管理蓝皮书
中国企业公众透明度报告No.4（2017~2018）
著(编)者：黄速建　熊梦　王晓光　肖红军
2018年6月出版 / 估价：99.00元
PSN B-2015-440-1/2

食品药品蓝皮书
食品药品安全与监管政策研究报告（2016~2017）
著(编)者：唐民皓　　2018年6月出版 / 估价：99.00元
PSN B-2009-129-1/1

输血服务蓝皮书
中国输血行业发展报告（2018）
著(编)者：孙俊　　2018年12月出版 / 估价：99.00元
PSN B-2016-582-1/1

水利风景区蓝皮书
中国水利风景区发展报告（2018）
著(编)者：董建文　兰思仁
2018年10月出版 / 估价：99.00元
PSN B-2015-480-1/1

数字经济蓝皮书
全球数字经济竞争力发展报告（2017）
著(编)者：王振　　2017年12月出版 / 定价：79.00元
PSN B-2017-673-1/1

私募市场蓝皮书
中国私募股权市场发展报告（2017~2018）
著(编)者：曹和平　　2010年12月出版 / 估价：00.00元
PSN B-2010-162-1/1

碳排放权交易蓝皮书
中国碳排放权交易报告（2018）
著(编)者：孙永平　　2018年11月出版 / 估价：99.00元
PSN B-2017-652-1/1

碳市场蓝皮书
中国碳市场报告（2018）
著(编)者：定金彪　　2018年11月出版 / 估价：99.00元
PSN B-2014-430-1/1

体育蓝皮书
中国公共体育服务发展报告（2018）
著(编)者：戴健　　2018年12月出版 / 估价：99.00元
PSN B-2013-367-2/5

土地市场蓝皮书
中国农村土地市场发展报告（2017~2018）
著(编)者：李光荣　　2018年6月出版 / 估价：99.00元
PSN B-2016-526-1/1

土地整治蓝皮书
中国土地整治发展研究报告（No.5）
著(编)者：国土资源部土地整治中心
2018年7月出版 / 估价：99.00元
PSN B-2014-401-1/1

土地政策蓝皮书
中国土地政策研究报告（2018）
著(编)者：高延利　张建平　吴次芳
2018年1月出版 / 估价：98.00元
PSN B-2015-506-1/1

网络空间安全蓝皮书
中国网络空间安全发展报告（2018）
著(编)者：惠志斌　覃庆玲
2018年11月出版 / 估价：99.00元
PSN B-2015-466-1/1

文化志愿服务蓝皮书
中国文化志愿服务发展报告（2018）
著(编)者：张永新　良警宇　　2018年11月出版 / 估价：128.00元
PSN B-2016-596-1/1

西部金融蓝皮书
中国西部金融发展报告（2017~2018）
著(编)者：李忠民　　2018年8月出版 / 估价：99.00元
PSN B-2010-160-1/1

协会商会蓝皮书
中国行业协会商会发展报告（2017）
著(编)者：景朝阳　李勇　　2018年6月出版 / 估价：99.00元
PSN B-2015-461-1/1

新三板蓝皮书
中国新三板市场发展报告（2018）
著(编)者：王力　　2018年8月出版 / 估价：99.00元
PSN B-2016-533-1/1

信托市场蓝皮书
中国信托业市场报告（2017~2018）
著(编)者：用益金融信托研究院
2018年6月出版 / 估价：198.00元
PSN B-2014-371-1/1

信息化蓝皮书
中国信息化形势分析与预测（2017~2018）
著(编)者：周宏仁　　2018年8月出版 / 估价：99.00元
PSN B-2010-168-1/1

信用蓝皮书
中国信用发展报告（2017~2018）
著(编)者：章政　田侃　　2018年6月出版 / 估价：99.00元
PSN B-2013-328-1/1

行业及其他类

休闲绿皮书
2017~2018年中国休闲发展报告
著(编)者：宋瑞　2018年7月出版　估价：99.00元
PSN G-2010-158-1/1

休闲体育蓝皮书
中国休闲体育发展报告（2017~2018）
著(编)者：李相如　钟秉枢
2018年10月出版　估价：99.00元
PSN B-2016-516-1/1

养老金融蓝皮书
中国养老金融发展报告（2018）
著(编)者：董克用　姚余栋
2018年9月出版　估价：99.00元
PSN B-2016-583-1/1

遥感监测绿皮书
中国可持续发展遥感监测报告（2017）
著(编)者：顾行发　汪克强　潘教峰　李闽榕　徐东华　王琦安
2018年6月出版　估价：298.00元
PSN B-2017-629-1/1

药品流通蓝皮书
中国药品流通行业发展报告（2018）
著(编)者：佘鲁林　温再兴
2018年7月出版　估价：198.00元
PSN B-2014-429-1/1

医疗器械蓝皮书
中国医疗器械行业发展报告（2018）
著(编)者：王宝亭　耿鸿武
2018年10月出版　估价：99.00元
PSN B-2017-661-1/1

医院蓝皮书
中国医院竞争力报告（2017~2018）
著(编)者：庄一强　2018年3月出版　定价：108.00元
PSN B-2016-528-1/1

瑜伽蓝皮书
中国瑜伽业发展报告（2017~2018）
著(编)者：张永建　徐华锋　朱泰余
2018年6月出版　估价：198.00元
PSN B-2017-625-1/1

债券市场蓝皮书
中国债券市场发展报告（2017~2018）
著(编)者：杨农　2018年10月出版　估价：99.00元
PSN B-2016-572-1/1

志愿服务蓝皮书
中国志愿服务发展报告（2018）
著(编)者：中国志愿服务联合会
2018年11月出版　估价：99.00元
PSN B-2017-664-1/1

中国上市公司蓝皮书
中国上市公司发展报告（2018）
著(编)者：张鹏　张平　黄胤英
2018年9月出版　估价：99.00元
PSN B-2014-414-1/1

中国新三板蓝皮书
中国新三板创新与发展报告（2018）
著(编)者：刘平安　闻召林
2018年8月出版　估价：158.00元
PSN B-2017-638-1/1

中国汽车品牌蓝皮书
中国乘用车品牌发展报告（2017）
著(编)者：《中国汽车报》社有限公司
　　　　　博世（中国）投资有限公司
　　　　　中国汽车技术研究中心数据资源中心
2018年1月出版　定价：89.00元
PSN B-2017-679-1/1

中医文化蓝皮书
北京中医药文化传播发展报告（2018）
著(编)者：毛嘉陵　2018年6月出版　估价：99.00元
PSN B-2015-468-1/2

中医文化蓝皮书
中国中医药文化传播发展报告（2018）
著(编)者：毛嘉陵　2018年7月出版　估价：99.00元
PSN B-2016-584-2/2

中医药蓝皮书
北京中医药知识产权发展报告No.2
著(编)者：汪洪　屠志涛　2018年6月出版　估价：168.00元
PSN B-2017-602-1/1

资本市场蓝皮书
中国场外交易市场发展报告（2016~2017）
著(编)者：高峦　2018年6月出版　估价：99.00元
PSN B-2009-153-1/1

资产管理蓝皮书
中国资产管理行业发展报告（2018）
著(编)者：郑智　2018年7月出版　估价：99.00元
PSN B-2014-407-2/2

资产证券化蓝皮书
中国资产证券化发展报告（2018）
著(编)者：沈炳熙　曹彤　李哲平
2018年4月出版　定价：98.00元
PSN B-2017-660-1/1

自贸区蓝皮书
中国自贸区发展报告（2018）
著(编)者：王力　黄育华
2018年6月出版　估价：99.00元
PSN B-2016-558-1/1

国际问题与全球治理类

"一带一路"跨境通道蓝皮书
"一带一路"跨境通道建设研究报（2017~2018）
著（编）者：余鑫 张秋生 2018年1月出版 / 定价：89.00元
PSN B-2016-557-1/1

"一带一路"蓝皮书
"一带一路"建设发展报告（2018）
著（编）者：李永全 2018年3月出版 / 定价：98.00元
PSN B-2016-552-1/1

"一带一路"投资安全蓝皮书
中国"一带一路"投资与安全研究报告（2018）
著（编）者：邹statefully轩 梁昊光 2018年4月出版 / 定价：98.00元
PSN B-2017-612-1/1

"一带一路"文化交流蓝皮书
中阿文化交流发展报告（2017）
著（编）者：王辉 2017年12月出版 / 定价：89.00元
PSN B-2017-655-1/1

G20国家创新竞争力黄皮书
二十国集团（G20）国家创新竞争力发展报告（2017~2018）
著（编）者：李建平 李闽榕 赵新力 周天勇
2018年7月出版 / 定价：168.00元
PSN Y-2011-229-1/1

阿拉伯黄皮书
阿拉伯发展报告（2016~2017）
著（编）者：罗林 2018年6月出版 / 估价：99.00元
PSN Y-2014-381-1/1

北部湾蓝皮书
泛北部湾合作发展报告（2017~2018）
著（编）者：吕余生 2018年12月出版 / 估价：99.00元
PSN B-2008-114-1/1

北极蓝皮书
北极地区发展报告（2017）
著（编）者：刘惠荣 2018年7月出版 / 估价：99.00元
PSN B-2017-634-1/1

大洋洲蓝皮书
大洋洲发展报告（2017~2018）
著（编）者：喻常森 2018年10月出版 / 估价：99.00元
PSN B-2013-341-1/1

东北亚区域合作蓝皮书
2017年"一带一路"倡议与东北亚区域合作
著（编）者：刘亚政 金美花
2018年5月出版 / 估价：99.00元
PSN B-2017-631-1/1

东盟黄皮书
东盟发展报告（2017）
著（编）者：杨静林 庄国土 2018年6月出版 / 估价：99.00元
PSN Y-2012-303-1/1

东南亚蓝皮书
东南亚地区发展报告（2017~2018）
著（编）者：王勤 2018年12月出版 / 估价：99.00元
PSN B-2012-240-1/1

非洲黄皮书
非洲发展报告No.20（2017~2018）
著（编）者：张宏明 2018年7月出版 / 估价：99.00元
PSN Y-2012-239-1/1

非传统安全蓝皮书
中国非传统安全研究报告（2017~2018）
著（编）者：潇枫 罗中枢 2018年8月出版 / 估价：99.00元
PSN B-2012-273-1/1

国际安全蓝皮书
中国国际安全研究报告（2018）
著（编）者：刘慧 2018年7月出版 / 估价：99.00元
PSN B-2016-521-1/1

国际城市蓝皮书
国际城市发展报告（2018）
著（编）者：屠启宇 2018年2月出版 / 定价：89.00元
PSN B-2012-260-1/1

国际形势黄皮书
全球政治与安全报告（2018）
著（编）者：张宇燕 2018年1月出版 / 定价：89.00元
PSN Y-2001-016-1/1

公共外交蓝皮书
中国公共外交发展报告（2018）
著（编）者：赵启正 雷蔚真 2018年6月出版 / 估价：99.00元
PSN B-2015-457-1/1

海丝蓝皮书
21世纪海上丝绸之路研究报告（2017）
著（编）者：华侨大学海上丝绸之路研究院
2017年12月出版 / 定价：89.00元
PSN B-2017-684-1/1

金砖国家黄皮书
金砖国家综合创新竞争力发展报告（2018）
著（编）者：赵新力 李闽榕 黄茂兴
2018年8月出版 / 定价：128.00元
PSN Y-2017-643-1/1

拉美黄皮书
拉丁美洲和加勒比发展报告（2017~2018）
著（编）者：袁东振 2018年6月出版 / 估价：99.00元
PSN Y-1999-007-1/1

澜湄合作蓝皮书
澜沧江-湄公河合作发展报告（2018）
著（编）者：刘稚 2018年9月出版 / 估价：99.00元
PSN B-2011-196-1/1

国际问题与全球治理类

欧洲蓝皮书
欧洲发展报告（2017~2018）
著(编)者：黄平　周弘　程卫东
2018年6月出版 / 估价：99.00元
PSN B-1999-009-1/1

葡语国家蓝皮书
葡语国家发展报告（2016~2017）
著(编)者：王成安　张敏　刘金兰
2018年6月出版 / 估价：99.00元
PSN B-2015-503-1/2

葡语国家蓝皮书
中国与葡语国家关系发展报告·巴西（2016）
著(编)者：张曙光
2018年8月出版 / 估价：99.00元
PSN B-2016-563-2/2

气候变化绿皮书
应对气候变化报告（2018）
著(编)者：王伟光　郑国光
2018年11月出版 / 估价：99.00元
PSN G-2009-144-1/1

全球环境竞争力绿皮书
全球环境竞争力报告（2018）
著(编)者：李建平　李闽榕　王金南
2018年12月出版 / 估价：198.00元
PSN G-2013-363-1/1

全球信息社会蓝皮书
全球信息社会发展报告（2018）
著(编)者：丁波涛　唐涛　2018年10月出版 / 估价：99.00元
PSN B-2017-665-1/1

日本经济蓝皮书
日本经济与中日经贸关系研究报告（2018）
著(编)者：张季风　2018年6月出版 / 估价：99.00元
PSN B-2008-102-1/1

上海合作组织黄皮书
上海合作组织发展报告（2018）
著(编)者：李进峰　2018年6月出版 / 估价：99.00元
PSN Y-2009-130-1/1

世界创新竞争力黄皮书
世界创新竞争力发展报告（2017）
著(编)者：李建平　李闽榕　赵新力
2018年6月出版 / 估价：168.00元
PSN Y-2013-318-1/1

世界经济黄皮书
2018年世界经济形势分析与预测
著(编)者：张宇燕　2018年1月出版 / 定价：99.00元
PSN Y-1999-006-1/1

世界能源互联互通蓝皮书
世界能源清洁发展与互联互通评估报告（2017）：欧洲篇
著(编)者：国网能源研究院
2018年1月出版 / 定价：128.00元
PSN B-2018-695-1/1

丝绸之路蓝皮书
丝绸之路经济带发展报告（2018）
著(编)者：任宗哲　白宽犁　谷孟宾
2018年1月出版 / 估价：89.00元
PSN B-2014-410-1/1

新兴经济体蓝皮书
金砖国家发展报告（2018）
著(编)者：林跃勤　周文
2018年8月出版 / 估价：99.00元
PSN B-2011-195-1/1

亚太蓝皮书
亚太地区发展报告（2018）
著(编)者：李向阳　2018年5月出版 / 估价：99.00元
PSN B-2001-015-1/1

印度洋地区蓝皮书
印度洋地区发展报告（2018）
著(编)者：汪戎　2018年6月出版 / 估价：99.00元
PSN B-2013-334-1/1

印度尼西亚经济蓝皮书
印度尼西亚经济发展报告（2017）：增长与机会
著(编)者：左志刚　2017年11月出版 / 定价：89.00元
PSN B-2017-675-1/1

渝新欧蓝皮书
渝新欧沿线国家发展报告（2018）
著(编)者：杨柏　黄森
2018年6月出版 / 估价：99.00元
PSN B-2017-626-1/1

中阿蓝皮书
中国·阿拉伯国家经贸发展报告（2018）
著(编)者：张廉　段庆林　王林聪　杨巧红
2018年12月出版 / 估价：99.00元
PSN B-2016-598-1/1

中东黄皮书
中东发展报告No.20（2017~2018）
著(编)者：杨光　2018年10月出版 / 估价：99.00元
PSN Y-1998-004-1/1

中亚黄皮书
中亚国家发展报告（2018）
著(编)者：孙力
2018年3月出版 / 估价：98.00元
PSN Y-2012-238-1/1

国别类·文化传媒类

皮书系列 2018全品种

国别类

澳大利亚蓝皮书
澳大利亚发展报告（2017-2018）
著(编)者：孙有中 韩锋　2018年12月出版／估价：99.00元
PSN B-2016-587-1/1

巴西黄皮书
巴西发展报告（2017）
著(编)者：刘国枝　2018年5月出版／估价：99.00元
PSN Y-2017-614-1/1

德国蓝皮书
德国发展报告（2018）
著(编)者：郑春荣　2018年6月出版／估价：99.00元
PSN B-2012-278-1/1

俄罗斯黄皮书
俄罗斯发展报告（2018）
著(编)者：李永全　2018年6月出版／估价：99.00元
PSN Y-2006-061-1/1

韩国蓝皮书
韩国发展报告（2017）
著(编)者：牛林杰 刘宝全　2018年6月出版／估价：99.00元
PSN B-2010-155-1/1

加拿大蓝皮书
加拿大发展报告（2018）
著(编)者：唐小松　2018年9月出版／估价：99.00元
PSN B-2014-389-1/1

美国蓝皮书
美国研究报告（2018）
著(编)者：郑秉文 黄平　2018年5月出版／估价：99.00元
PSN B-2011-210-1/1

缅甸蓝皮书
缅甸国情报告（2017）
著(编)者：祝湘辉
2017年11月出版／定价：98.00元
PSN B-2013-343-1/1

日本蓝皮书
日本研究报告（2018）
著(编)者：杨伯江　2018年4月出版／定价：99.00元
PSN B-2002-020-1/1

土耳其蓝皮书
土耳其发展报告（2018）
著(编)者：郭长刚 刘义　2018年9月出版／估价：99.00元
PSN B-2014-412-1/1

伊朗蓝皮书
伊朗发展报告（2017~2018）
著(编)者：冀开运　2018年10月／估价：99.00元
PSN B-2016-574-1/1

以色列蓝皮书
以色列发展报告（2018）
著(编)者：张倩红　2018年8月出版／估价：99.00元
PSN B-2015-483-1/1

印度蓝皮书
印度国情报告（2017）
著(编)者：吕昭义　2018年6月出版／估价：99.00元
PSN B-2012-241-1/1

英国蓝皮书
英国发展报告（2017~2018）
著(编)者：王展鹏　2018年12月出版／估价：99.00元
PSN B-2015-486-1/1

越南蓝皮书
越南国情报告（2018）
著(编)者：谢林城　2018年11月出版／估价：99.00元
PSN B-2006-056-1/1

泰国蓝皮书
泰国研究报告（2018）
著(编)者：庄国土 张禹东 刘文正
2018年10月出版／估价：99.00元
PSN B-2016-556-1/1

文化传媒类

"三农"舆情蓝皮书
中国"三农"网络舆情报告（2017~2018）
著(编)者：农业部信息中心
2018年6月出版／估价：99.00元
PSN B-2017-640-1/1

传媒竞争力蓝皮书
中国传媒国际竞争力研究报告（2018）
著(编)者：李本乾 刘强 王大可
2018年8月出版／估价：99.00元
PSN B-2013-356-1/1

传媒蓝皮书
中国传媒产业发展报告（2018）
著(编)者：崔保国
2018年5月出版／估价：99.00元
PSN B-2005-035-1/1

传媒投资蓝皮书
中国传媒投资发展报告（2018）
著(编)者：张向东 谭云明
2018年6月出版／估价：148.00元
PSN B-2015-474-1/1

文化传媒类

非物质文化遗产蓝皮书
中国非物质文化遗产发展报告（2018）
著(编)者：陈平　　2018年6月出版／估价：128.00元
PSN B-2015-469-1/2

非物质文化遗产蓝皮书
中国非物质文化遗产保护发展报告（2018）
著(编)者：宋俊华　　2018年10月出版／估价：128.00元
PSN B-2016-586-2/2

广电蓝皮书
中国广播电影电视发展报告（2018）
著(编)者：国家新闻出版广电总局发展研究中心
2018年7月出版／估价：99.00元
PSN B-2006-072-1/1

广告主蓝皮书
中国广告主营销传播趋势报告No.9
著(编)者：黄升民　杜国清　邵华冬　等
2018年10月出版／估价：158.00元
PSN B-2005-041-1/1

国际传播蓝皮书
中国国际传播发展报告（2018）
著(编)者：胡正荣　李继东　姬德强
2018年12月出版／估价：99.00元
PSN B-2014-408-1/1

国家形象蓝皮书
中国国家形象传播报告（2017）
著(编)者：张昆　　2018年6月出版／估价：128.00元
PSN B-2017-605-1/1

互联网治理蓝皮书
中国网络社会治理研究报告（2018）
著(编)者：罗昕　支庭荣
2018年9月出版／估价：118.00元
PSN B-2017-653-1/1

纪录片蓝皮书
中国纪录片发展报告（2018）
著(编)者：何苏六　　2018年10月出版／估价：99.00元
PSN B-2011-222-1/1

科学传播蓝皮书
中国科学传播报告（2016~2017）
著(编)者：詹正茂　　2018年6月出版／估价：99.00元
PSN B-2008-120-1/1

两岸创意经济蓝皮书
两岸创意经济研究报告（2018）
著(编)者：罗昌智　董泽平
2018年10月出版／估价：99.00元
PSN B-2014-437-1/1

媒介与女性蓝皮书
中国媒介与女性发展报告（2017~2018）
著(编)者：刘利群　　2018年5月出版／估价：99.00元
PSN B-2013-345-1/1

媒体融合蓝皮书
中国媒体融合发展报告（2017~2018）
著(编)者：梅宁华　支庭荣
2017年12月出版／定价：99.00元
PSN B-2015-479-1/1

全球传媒蓝皮书
全球传媒发展报告（2017~2018）
著(编)者：胡正荣　李继东　　2018年6月出版／估价：99.00元
PSN B-2012-237-1/1

少数民族非遗蓝皮书
中国少数民族非物质文化遗产发展报告（2018）
著(编)者：肖远平（彝）柴立（满）
2018年10月出版／估价：118.00元
PSN B-2015-467-1/1

视听新媒体蓝皮书
中国视听新媒体发展报告（2018）
著(编)者：国家新闻出版广电总局发展研究中心
2018年7月出版／估价：118.00元
PSN B-2011-184-1/1

数字娱乐产业蓝皮书
中国动画产业发展报告（2018）
著(编)者：孙立军　孙平　牛兴侦
2018年10月出版／估价：99.00元
PSN B-2011-198-1/2

数字娱乐产业蓝皮书
中国游戏产业发展报告（2018）
著(编)者：孙立军　刘跃军　　2018年10月出版／估价：99.00元
PSN B-2017-662-2/2

网络视听蓝皮书
中国互联网视听行业发展报告（2018）
著(编)者：陈鹏　　2018年2月出版／定价：148.00元
PSN B-2018-688-1/1

文化创新蓝皮书
中国文化创新报告（2017·No.8）
著(编)者：傅才武　　2018年6月出版／估价：99.00元
PSN B-2009-143-1/1

文化建设蓝皮书
中国文化发展报告（2018）
著(编)者：江畅　孙伟平　戴茂堂
2018年5月出版／估价：99.00元
PSN B-2014-392-1/1

文化科技蓝皮书
文化科技创新发展报告（2018）
著(编)者：于平　李凤亮　　2018年10月出版／估价：99.00元
PSN B-2013-342-1/1

文化蓝皮书
中国公共文化服务发展报告（2017~2018）
著(编)者：刘新成　张永新　张旭
2018年12月出版／估价：99.00元
PSN B-2007-093-2/10

文化蓝皮书
中国少数民族文化发展报告（2017~2018）
著(编)者：武翠英　张晓明　任昌晶
2018年9月出版／估价：99.00元
PSN B-2013-369-9/10

文化蓝皮书
中国文化产业供需协调检测报告（2018）
著(编)者：王亚南　　2018年3月出版／定价：99.00元
PSN B-2013-323-8/10

文化传媒类 · 地方发展类-经济

皮书系列 2018全品种

文化蓝皮书
中国文化消费需求景气评价报告（2018）
著（编）者：王亚南　2018年3月出版 / 定价：99.00元
PSN B-2011-236-4/10

文化蓝皮书
中国公共文化投入增长测评报告（2018）
著（编）者：王亚南　2018年3月出版 / 定价：99.00元
PSN B-2014-435-10/10

文化品牌蓝皮书
中国文化品牌发展报告（2018）
著（编）者：欧阳友权　2018年5月出版 / 估价：99.00元
PSN B-2012-277-1/1

文化遗产蓝皮书
中国文化遗产事业发展报告（2017~2018）
著（编）者：苏杨　张颖岚　卓杰　白海峰　陈晨　陈叙图
2018年8月出版 / 估价：99.00元
PSN B-2008-119-1/1

文学蓝皮书
中国文情报告（2017~2018）
著（编）者：白烨　2018年5月出版 / 估价：99.00元
PSN B-2011-221-1/1

新媒体蓝皮书
中国新媒体发展报告No.9（2018）
著（编）者：唐绪军　2018年7月出版 / 估价：99.00元
PSN B-2010-169-1/1

新媒体社会责任蓝皮书
中国新媒体社会责任研究报告（2018）
著（编）者：钟瑛　2018年12月出版 / 估价：99.00元
PSN B-2014-423-1/1

移动互联网蓝皮书
中国移动互联网发展报告（2018）
著（编）者：余清楚　2018年6月出版 / 估价：99.00元
PSN B-2012-282-1/1

影视蓝皮书
中国影视产业发展报告（2018）
著（编）者：司若　陈鹏　陈锐
2018年6月出版 / 估价：99.00元
PSN B-2016-529-1/1

舆情蓝皮书
中国社会舆情与危机管理报告（2018）
著（编）者：谢耘耕
2018年9月出版 / 估价：138.00元
PSN B-2011-235-1/1

中国大运河蓝皮书
中国大运河发展报告（2018）
著（编）者：吴欣　2018年2月出版 / 估价：128.00元
PSN B-2018-691-1/1

地方发展类-经济

澳门蓝皮书
澳门经济社会发展报告（2017~2018）
著（编）者：吴志良　郝雨凡
2018年7月出版 / 估价：99.00元
PSN B-2009-138-1/1

澳门绿皮书
澳门旅游休闲发展报告（2017~2018）
著（编）者：黄茜　郝雨凡　林广志
2018年5月出版 / 估价：99.00元
PSN G-2017-617-1/1

北京蓝皮书
北京经济发展报告（2017~2018）
著（编）者：杨松　2018年6月出版 / 估价：99.00元
PSN B-2006-054-2/8

北京旅游绿皮书
北京旅游发展报告（2018）
著（编）者：北京旅游学会
2018年7月出版 / 估价：99.00元
PSN G-2012-301-1/1

北京体育蓝皮书
北京体育产业发展报告（2017~2018）
著（编）者：钟秉枢　陈杰　杨铁黎
2018年9月出版 / 估价：99.00元
PSN B-2015-475-1/1

滨海金融蓝皮书
滨海新区金融发展报告（2017）
著（编）者：王爱俭　李向前　2018年4月出版 / 估价：99.00元
PSN B-2014-424-1/1

城乡一体化蓝皮书
北京城乡一体化发展报告（2017~2018）
著（编）者：吴宝新　张宝秀　黄序
2018年5月出版 / 估价：99.00元
PSN B-2012-258-2/2

非公有制企业社会责任蓝皮书
北京非公有制企业社会责任报告（2018）
著（编）者：宋贵伦　冯培
2018年6月出版 / 估价：99.00元
PSN B-2017-613-1/1

福建旅游蓝皮书
福建省旅游产业发展现状研究（2017~2018）
著(编)者：陈敏华 黄远水　　2018年12月出版 / 估价：128.00元
PSN B-2016-591-1/1

福建自贸区蓝皮书
中国（福建）自由贸易试验区发展报告(2017~2018)
著(编)者：黄茂兴　　2018年6月出版 / 估价：118.00元
PSN B-2016-531-1/1

甘肃蓝皮书
甘肃经济发展分析与预测（2018）
著(编)者：安文华 罗哲　　2018年1月出版 / 定价：99.00元
PSN B-2013-312-1/6

甘肃蓝皮书
甘肃商贸流通发展报告（2018）
著(编)者：张应华 王福生 王晓芳
2018年1月出版 / 定价：99.00元
PSN B-2016-522-6/6

甘肃蓝皮书
甘肃县域和农村发展报告（2018）
著(编)者：包东红 朱智文 王建兵
2018年1月出版 / 定价：99.00元
PSN B-2013-316-5/6

甘肃农业科技绿皮书
甘肃农业科技发展研究报告（2018）
著(编)者：魏胜文 乔德华 张东伟
2018年12月出版 / 估价：198.00元
PSN B-2016-592-1/1

甘肃气象保障蓝皮书
甘肃农业对气候变化的适应与风险评估报告（No.1）
著(编)者：鲍文中 周广胜
2017年12月出版 / 定价：108.00元
PSN B-2017-677-1/1

巩义蓝皮书
巩义经济社会发展报告（2018）
著(编)者：丁同民 朱军　　2018年6月出版 / 估价：99.00元
PSN B-2016-532-1/1

广东外经贸蓝皮书
广东对外经济贸易发展研究报告（2017～2018）
著(编)者：陈万灵　　2018年6月出版 / 估价：99.00元
PSN B-2012-286-1/1

广西北部湾经济区蓝皮书
广西北部湾经济区开放开发报告（2017～2018）
著(编)者：广西壮族自治区北部湾经济区和东盟开放合作办公室
　　　　　广西社会科学院
　　　　　广西北部湾发展研究院
2018年5月出版 / 估价：99.00元
PSN B-2010-181-1/1

广州蓝皮书
广州城市国际化发展报告（2018）
著(编)者：张跃国　　2018年8月出版 / 估价：99.00元
PSN B-2012-246-11/14

广州蓝皮书
中国广州城市建设与管理发展报告（2018）
著(编)者：张其学 陈小钢 王宏伟　　2018年8月出版 / 估价：99.00元
PSN B-2007-087-4/14

广州蓝皮书
广州创新型城市发展报告（2018）
著(编)者：尹涛　　2018年6月出版 / 估价：99.00元
PSN B-2012-247-12/14

广州蓝皮书
广州经济发展报告（2018）
著(编)者：张跃国 尹涛　　2018年7月出版 / 估价：99.00元
PSN B-2005-040-1/14

广州蓝皮书
2018年中国广州经济形势分析与预测
著(编)者：魏明海 谢博能 李华
2018年6月出版 / 估价：99.00元
PSN B-2011-185-9/14

广州蓝皮书
中国广州科技创新发展报告（2018）
著(编)者：于欣伟 陈爽 邓佑满　　2018年8月出版 / 估价：99.00元
PSN B-2006-065-2/14

广州蓝皮书
广州农村发展报告（2018）
著(编)者：朱名宏　　2018年7月出版 / 估价：99.00元
PSN B-2010-167-8/14

广州蓝皮书
广州汽车产业发展报告（2018）
著(编)者：杨再高 冯兴亚　　2018年7月出版 / 估价：99.00元
PSN B-2006-066-3/14

广州蓝皮书
广州商贸业发展报告（2018）
著(编)者：张跃国 陈杰 荀振英
2018年7月出版 / 估价：99.00元
PSN B-2012-245-10/14

贵阳蓝皮书
贵阳城市创新发展报告No.3（白云篇）
著(编)者：连玉明　　2018年5月出版 / 估价：99.00元
PSN B-2015-491-3/10

贵阳蓝皮书
贵阳城市创新发展报告No.3（观山湖篇）
著(编)者：连玉明　　2018年5月出版 / 估价：99.00元
PSN B-2015-497-9/10

贵阳蓝皮书
贵阳城市创新发展报告No.3（花溪篇）
著(编)者：连玉明　　2018年5月出版 / 估价：99.00元
PSN B-2015-490-2/10

贵阳蓝皮书
贵阳城市创新发展报告No.3（开阳篇）
著(编)者：连玉明　　2018年5月出版 / 估价：99.00元
PSN B-2015-492-4/10

贵阳蓝皮书
贵阳城市创新发展报告No.3（南明篇）
著(编)者：连玉明　　2018年5月出版 / 估价：99.00元
PSN B-2015-496-8/10

贵阳蓝皮书
贵阳城市创新发展报告No.3（清镇篇）
著(编)者：连玉明　　2018年5月出版 / 估价：99.00元
PSN B-2015-489-1/10

地方发展类-经济

皮书系列
2018全品种

贵阳蓝皮书
贵阳城市创新发展报告No.3（乌当篇）
著(编)者：连玉明　2018年5月出版／估价：99.00元
PSN B-2015-495-7/10

贵阳蓝皮书
贵阳城市创新发展报告No.3（息烽篇）
著(编)者：连玉明　2018年5月出版／估价：99.00元
PSN B-2015-493-5/10

贵阳蓝皮书
贵阳城市创新发展报告No.3（修文篇）
著(编)者：连玉明　2018年5月出版／估价：99.00元
PSN B-2015-494-6/10

贵阳蓝皮书
贵阳城市创新发展报告No.3（云岩篇）
著(编)者：连玉明　2018年5月出版／估价：99.00元
PSN B-2015-498-10/10

贵州房地产蓝皮书
贵州房地产发展报告No.5（2018）
著(编)者：武廷方　2018年7月出版／估价：99.00元
PSN B-2014-426-1/1

贵州蓝皮书
贵州册亨经济社会发展报告（2018）
著(编)者：黄德林　2018年6月出版／估价：99.00元
PSN B-2016-525-8/9

贵州蓝皮书
贵州地理标志产业发展报告（2018）
著(编)者：李发耀 黄其松　2018年8月出版／估价：99.00元
PSN B-2017-646-10/10

贵州蓝皮书
贵安新区发展报告（2017~2018）
著(编)者：马长青 吴大华　2018年6月出版／估价：99.00元
PSN B-2015-459-4/10

贵州蓝皮书
贵州国家级开放创新平台发展报告（2017~2018）
著(编)者：申晓庆 吴大华 季泓
2018年11月出版／估价：99.00元
PSN R-2016-518-7/10

贵州蓝皮书
贵州国有企业社会责任发展报告（2017~2018）
著(编)者：郭丽　2018年12月出版／估价：99.00元
PSN B-2015-511-6/10

贵州蓝皮书
贵州民航业发展报告（2017）
著(编)者：申振东 吴大华　2018年6月出版／估价：99.00元
PSN B-2015-471-5/10

贵州蓝皮书
贵州民营经济发展报告（2017）
著(编)者：杨静 吴大华　2018年6月出版／估价：99.00元
PSN B-2016-530-9/9

杭州都市圈蓝皮书
杭州都市圈发展报告（2018）
著(编)者：洪庆华 沈翔　2018年4月出版／估价：98.00元
PSN B-2012-302-1/1

河北经济蓝皮书
河北省经济发展报告（2018）
著(编)者：马树强 金浩 张贵　2018年6月出版／估价：99.00元
PSN B-2014-380-1/1

河北蓝皮书
河北经济社会发展报告（2018）
著(编)者：康振海　2018年1月出版／定价：99.00元
PSN B-2014-372-1/3

河北蓝皮书
京津冀协同发展报告（2018）
著(编)者：陈璐　2017年12月出版／定价：79.00元
PSN B-2017-601-2/3

河南经济蓝皮书
2018年河南经济形势分析与预测
著(编)者：王世炎　2018年3月出版／定价：89.00元
PSN B-2007-086-1/1

河南蓝皮书
河南城市发展报告（2018）
著(编)者：张占仓 王建国　2018年5月出版／估价：99.00元
PSN B-2009-131-3/9

河南蓝皮书
河南工业发展报告（2018）
著(编)者：张占仓　2018年5月出版／估价：99.00元
PSN B-2013-317-5/9

河南蓝皮书
河南金融发展报告（2018）
著(编)者：喻新安 谷建全
2018年6月出版／估价：99.00元
PSN B-2014-390-7/9

河南蓝皮书
河南经济发展报告（2018）
著(编)者：张占仓 完世伟
2018年6月出版／估价：99.00元
PSN B-2010-157-4/9

河南蓝皮书
河南能源发展报告（2018）
著(编)者：国网河南省电力公司经济技术研究院
　　　　　河南省社会科学院
2018年6月出版／估价：99.00元
PSN B-2017-607-9/9

河南商务蓝皮书
河南商务发展报告（2018）
著(编)者：焦锦淼 穆荣国　2018年5月出版／估价：99.00元
PSN B-2014-399-1/1

河南双创蓝皮书
河南创新创业发展报告（2018）
著(编)者：喻新安 杨雪梅
2018年8月出版／估价：99.00元
PSN B-2017-641-1/1

黑龙江蓝皮书
黑龙江经济发展报告（2018）
著(编)者：朱宇　2018年1月出版／定价：89.00元
PSN B-2011-190-2/2

31

皮书系列 2018全品种
地方发展类–经济

湖南城市蓝皮书
区域城市群整合
著（编）者：童中贤 韩未名　　2018年12月出版 / 估价：99.00元
PSN B-2006-064-1/1

湖南蓝皮书
湖南城乡一体化发展报告（2018）
著（编）者：陈文胜 王文强 陆福兴
2018年8月出版 / 估价：99.00元
PSN B-2015-477-8/8

湖南蓝皮书
2018年湖南电子政务发展报告
著（编）者：梁志峰　　2018年5月出版 / 估价：128.00元
PSN B-2014-394-6/8

湖南蓝皮书
2018年湖南经济发展报告
著（编）者：卞鹰　　2018年5月出版 / 估价：128.00元
PSN B-2011-207-2/8

湖南蓝皮书
2016年湖南经济展望
著（编）者：梁志峰　　2018年5月出版 / 估价：128.00元
PSN B-2011-206-1/8

湖南蓝皮书
2018年湖南县域经济社会发展报告
著（编）者：梁志峰　　2018年5月出版 / 估价：128.00元
PSN B-2014-395-7/8

湖南县域绿皮书
湖南县域发展报告（No.5）
著（编）者：袁准 周小毛 黎仁寅
2018年6月出版 / 估价：99.00元
PSN G-2012-274-1/1

沪港蓝皮书
沪港发展报告（2018）
著（编）者：尤安山　　2018年9月出版 / 估价：99.00元
PSN B-2013-362-1/1

吉林蓝皮书
2018年吉林经济社会形势分析与预测
著（编）者：邵汉明　　2017年12月出版 / 定价：89.00元
PSN B-2013-319-1/1

吉林省城市竞争力蓝皮书
吉林省城市竞争力报告（2017~2018）
著（编）者：崔岳春 张磊
2018年3月出版 / 定价：89.00元
PSN B-2016-513-1/1

济源蓝皮书
济源经济社会发展报告（2018）
著（编）者：喻新安　　2018年6月出版 / 估价：99.00元
PSN B-2014-387-1/1

江苏蓝皮书
2018年江苏经济发展分析与展望
著（编）者：王庆五 吴先满
2018年7月出版 / 估价：128.00元
PSN B-2017-635-1/3

江西蓝皮书
江西经济社会发展报告（2018）
著（编）者：陈石俊 龚建文　　2018年10月出版 / 估价：128.00元
PSN B-2015-484-1/2

江西蓝皮书
江西设区市发展报告（2018）
著（编）者：姜玮 梁勇
2018年10月出版 / 估价：99.00元
PSN B-2016-517-2/2

经济特区蓝皮书
中国经济特区发展报告（2017）
著（编）者：陶一桃　　2018年1月出版 / 估价：99.00元
PSN B-2009-139-1/1

辽宁蓝皮书
2018年辽宁经济社会形势分析与预测
著（编）者：梁启东 魏红江　　2018年6月出版 / 估价：99.00元
PSN B-2006-053-1/1

民族经济蓝皮书
中国民族地区经济发展报告（2018）
著（编）者：李曦辉　　2018年7月出版 / 估价：99.00元
PSN B-2017-630-1/1

南宁蓝皮书
南宁经济发展报告（2018）
著（编）者：胡建华　　2018年9月出版 / 估价：99.00元
PSN B-2016-569-2/3

内蒙古蓝皮书
内蒙古精准扶贫研究报告（2018）
著（编）者：张志华　　2018年1月出版 / 定价：89.00元
PSN B-2017-681-2/2

浦东新区蓝皮书
上海浦东经济发展报告（2018）
著（编）者：周小平 徐美芳
2018年1月出版 / 定价：89.00元
PSN B-2011-225-1/1

青海蓝皮书
2018年青海经济社会形势分析与预测
著（编）者：陈玮　　2018年1月出版 / 定价：98.00元
PSN B-2012-275-1/2

青海科技绿皮书
青海科技发展报告（2017）
著（编）者：青海省科学技术信息研究所
2018年3月出版 / 定价：98.00元
PSN G-2018-701-1/1

山东蓝皮书
山东经济形势分析与预测（2018）
著（编）者：李广杰　　2018年7月出版 / 估价：99.00元
PSN B-2014-404-1/5

山东蓝皮书
山东省普惠金融发展报告（2018）
著（编）者：齐鲁财富网
2018年9月出版 / 估价：99.00元
PSN B2017-676-5/5

地方发展类-经济

皮书系列 2018全品种

山西蓝皮书
山西资源型经济转型发展报告（2018）
著(编)者：李志强　　2018年7月出版 / 估价：99.00元
PSN B-2011-197-1/1

陕西蓝皮书
陕西经济发展报告（2018）
著(编)者：任宗哲　白宽犁　裴成荣
2018年1月出版 / 定价：89.00元
PSN B-2009-135-1/6

陕西蓝皮书
陕西精准脱贫研究报告（2018）
著(编)者：任宗哲　白宽犁　王建康
2018年4月出版 / 定价：89.00元
PSN B-2017-623-6/6

上海蓝皮书
上海经济发展报告（2018）
著(编)者：沈开艳　　2018年2月出版 / 定价：89.00元
PSN B-2006-057-1/7

上海蓝皮书
上海资源环境发展报告（2018）
著(编)者：周冯琦　胡静　2018年2月出版 / 定价：89.00元
PSN B-2006-060-4/7

上海蓝皮书
上海奉贤经济发展分析与研判（2017~2018）
著(编)者：张兆安　朱平芳　　2018年3月出版 / 定价：99.00元
PSN B-2018-698-8/8

上饶蓝皮书
上饶发展报告（2016~2017）
著(编)者：廖其志　　2018年6月出版 / 估价：128.00元
PSN B-2014-377-1/1

深圳蓝皮书
深圳经济发展报告（2018）
著(编)者：张骁儒　　2018年6月出版 / 估价：99.00元
PSN B-2008-112-3/7

四川蓝皮书
四川城镇化发展报告（2018）
著(编)者：侯水平　陈炜　2018年6月出版 / 估价：99.00元
PSN B-2015-456-7/7

四川蓝皮书
2018年四川经济形势分析与预测
著(编)者：杨钢　　2018年1月出版 / 定价：158.00元
PSN B-2007-098-2/7

四川蓝皮书
四川企业社会责任研究报告（2017　2018）
著(编)者：侯水平　盛毅　2018年5月出版 / 估价：99.00元
PSN B-2014-386-4/7

四川蓝皮书
四川生态建设报告（2018）
著(编)者：李晟之　　2018年5月出版 / 估价：99.00元
PSN B-2015-455-6/7

四川蓝皮书
四川特色小镇发展报告（2017）
著(编)者：吴志强　　2017年11月出版 / 定价：89.00元
PSN B-2017-670-8/8

体育蓝皮书
上海体育产业发展报告（2017~2018）
著(编)者：张林　黄海燕
2018年10月出版 / 估价：99.00元
PSN B-2015-454-4/5

体育蓝皮书
长三角地区体育产业发展报（2017~2018）
著(编)者：张林　　2018年6月出版 / 估价：99.00元
PSN B-2015-453-3/5

天津金融蓝皮书
天津金融发展报告（2018）
著(编)者：王爱俭　孔德昌
2018年5月出版 / 估价：99.00元
PSN B-2014-418-1/1

图们江区域合作蓝皮书
图们江区域合作发展报告（2018）
著(编)者：李铁　　2018年6月出版 / 估价：99.00元
PSN B-2015-464-1/1

温州蓝皮书
2018年温州经济社会形势分析与预测
著(编)者：蒋儒标　王春光　金浩
2018年6月出版 / 估价：99.00元
PSN B-2008-105-1/1

西咸新区蓝皮书
西咸新区发展报告（2018）
著(编)者：李扬　王军
2018年6月出版 / 估价：99.00元
PSN B-2016-534-1/1

修武蓝皮书
修武经济社会发展报告（2018）
著(编)者：张占仓　袁凯声
2018年10月出版 / 估价：99.00元
PSN B-2017-651-1/1

偃师蓝皮书
偃师经济社会发展报告（2018）
著(编)者：张占仓　袁凯声　何武周
2018年7月出版 / 估价：99.00元
PSN B-2017-627-1/1

扬州蓝皮书
扬州经济社会发展报告（2018）
著(编)者：陈扬
2018年12月出版 / 估价：108.00元
PSN B-2011-191-1/1

长垣蓝皮书
长垣经济社会发展报告（2018）
著(编)者：张占仓　袁凯声　秦保建
2018年10月出版 / 估价：99.00元
PSN B-2017-654-1/1

遵义蓝皮书
遵义发展报告（2018）
著(编)者：邓彦　曾征　龚永育
2018年9月出版 / 估价：99.00元
PSN B-2014-433-1/1

地方发展类-社会

安徽蓝皮书
安徽社会发展报告（2018）
著(编)者：程桦　2018年6月出版 / 估价：99.00元
PSN B-2013-325-1/1

安徽社会建设蓝皮书
安徽社会建设分析报告（2017~2018）
著(编)者：黄家海　蔡宪
2018年11月出版 / 估价：99.00元
PSN B-2013-322-1/1

北京蓝皮书
北京公共服务发展报告（2017~2018）
著(编)者：施昌奎　2018年6月出版 / 估价：99.00元
PSN B-2008-103-7/8

北京蓝皮书
北京社会发展报告（2017~2018）
著(编)者：李伟东
2018年7月出版 / 估价：99.00元
PSN B-2006-055-3/8

北京蓝皮书
北京社会治理发展报告（2017~2018）
著(编)者：殷星辰　2018年7月出版 / 估价：99.00元
PSN B-2014-391-8/8

北京律师蓝皮书
北京律师发展报告No.4（2018）
著(编)者：王隽　2018年12月出版 / 估价：99.00元
PSN B-2011-217-1/1

北京人才蓝皮书
北京人才发展报告（2018）
著(编)者：敏华　2018年12月出版 / 估价：128.00元
PSN B-2011-201-1/1

北京社会心态蓝皮书
北京社会心态分析报告（2017~2018）
北京市社会心理服务促进中心
2018年10月出版 / 估价：99.00元
PSN B-2014-422-1/1

北京社会组织管理蓝皮书
北京社会组织发展与管理（2018）
著(编)者：黄江松
2018年6月出版 / 估价：99.00元
PSN B-2015-446-1/1

北京养老产业蓝皮书
北京居家养老发展报告（2018）
著(编)者：陆杰华　周明明
2018年8月出版 / 估价：99.00元
PSN B-2015-465-1/1

法治蓝皮书
四川依法治省年度报告No.4（2018）
著(编)者：李林　杨天宗　田禾
2018年3月出版 / 定价：118.00元
PSN B-2015-447-2/3

福建妇女发展蓝皮书
福建省妇女发展报告（2018）
著(编)者：刘群英　2018年11月出版 / 估价：99.00元
PSN B-2011-220-1/1

甘肃蓝皮书
甘肃社会发展分析与预测（2018）
著(编)者：安文华　谢增虎　包晓霞
2018年1月出版 / 定价：99.00元
PSN B-2013-313-2/6

广东蓝皮书
广东全面深化改革研究报告（2018）
著(编)者：周林生　涂成林
2018年12月出版 / 估价：99.00元
PSN B-2015-504-3/3

广东蓝皮书
广东社会工作发展报告（2018）
著(编)者：罗观翠　2018年6月出版 / 估价：99.00元
PSN B-2014-402-2/3

广州蓝皮书
广州青年发展报告（2018）
著(编)者：徐柳　张强
2018年8月出版 / 估价：99.00元
PSN B-2013-352-13/14

广州蓝皮书
广州社会保障发展报告（2018）
著(编)者：张跃国　2018年8月出版 / 估价：99.00元
PSN B-2014-425-14/14

广州蓝皮书
2018年中国广州社会形势分析与预测
著(编)者：张强　郭志勇　何镜清
2018年6月出版 / 估价：99.00元
PSN B-2008-110-5/14

贵州蓝皮书
贵州法治发展报告（2018）
著(编)者：吴大华　2018年5月出版 / 估价：99.00元
PSN B-2012-254-2/10

贵州蓝皮书
贵州人才发展报告（2017）
著(编)者：于杰　吴大华
2018年9月出版 / 估价：99.00元
PSN B-2014-382-3/10

贵州蓝皮书
贵州社会发展报告（2018）
著(编)者：王兴骥　2018年6月出版 / 估价：99.00元
PSN B-2010-166-1/10

杭州蓝皮书
杭州妇女发展报告（2018）
著(编)者：魏颖
2018年10月出版 / 估价：99.00元
PSN B-2014-403-1/1

地方发展类-社会

皮书系列 2018全品种

河北蓝皮书
河北法治发展报告（2018）
著(编)者：康振海　2018年6月出版 / 估价：99.00元
PSN B-2017-622-3/3

河北食品药品安全蓝皮书
河北食品药品安全研究报告（2018）
著(编)者：丁锦霞
2018年10月出版 / 估价：99.00元
PSN B-2015-473-1/1

河南蓝皮书
河南法治发展报告（2018）
著(编)者：张林海　2018年7月出版 / 估价：99.00元
PSN B-2014-376-6/9

河南蓝皮书
2018年河南社会形势分析与预测
著(编)者：牛苏林　2018年5月出版 / 估价：99.00元
PSN B-2005-043-1/9

河南民办教育蓝皮书
河南民办教育发展报告（2018）
著(编)者：胡大白　2018年9月出版 / 估价：99.00元
PSN B-2017-642-1/1

黑龙江蓝皮书
黑龙江社会发展报告（2018）
著(编)者：王爱丽　2018年1月出版 / 定价：89.00元
PSN B-2011-189-1/2

湖南蓝皮书
2018年湖南两型社会与生态文明建设报告
著(编)者：卞鹰　2018年5月出版 / 估价：128.00元
PSN B-2011-208-3/8

湖南蓝皮书
2018年湖南社会发展报告
著(编)者：卞鹰　2018年5月出版 / 估价：128.00元
PSN B-2014-393-5/8

健康城市蓝皮书
北京健康城市建设研究报告（2018）
著(编)者：王鸿春　盛继洪
2018年9月出版 / 估价：99.00元
PSN B-2015-460-1/2

江苏法治蓝皮书
江苏法治发展报告No.6（2017）
著(编)者：蔡道通　龚廷泰
2018年8月出版 / 估价：99.00元
PSN B-2012-290-1/1

江苏蓝皮书
2018年江苏社会发展分析与展望
著(编)者：王庆五　刘旺洪
2018年8月出版 / 估价：128.00元
PSN B-2017-636-2/3

民族教育蓝皮书
中国民族教育发展报告（2017·内蒙古卷）
著(编)者：陈中永
2017年12月出版 / 定价：198.00元
PSN B-2017-669-1/1

南宁蓝皮书
南宁法治发展报告（2018）
著(编)者：杨维超　2018年12月出版 / 估价：99.00元
PSN B-2015-509-1/3

南宁蓝皮书
南宁社会发展报告（2018）
著(编)者：胡建华　2018年10月出版 / 估价：99.00元
PSN B-2016-570-3/3

内蒙古蓝皮书
内蒙古反腐倡廉建设报告No.2
著(编)者：张志华　2018年6月出版 / 估价：99.00元
PSN B-2013-365-1/1

青海蓝皮书
2018年青海人才发展报告
著(编)者：王宇燕　2018年9月出版 / 估价：99.00元
PSN B-2017-650-2/2

青海生态文明建设蓝皮书
青海生态文明建设报告（2018）
著(编)者：张西明　高华　2018年12月出版 / 估价：99.00元
PSN B-2016-595-1/1

人口与健康蓝皮书
深圳人口与健康发展报告（2018）
著(编)者：陆杰华　傅崇辉
2018年11月出版 / 估价：99.00元
PSN B-2011-228-1/1

山东蓝皮书
山东社会形势分析与预测（2018）
著(编)者：李善峰　2018年6月出版 / 估价：99.00元
PSN R-2014-405-2/5

陕西蓝皮书
陕西社会发展报告（2018）
著(编)者：任宗哲　白宽犁　牛昉
2018年1月出版 / 定价：89.00元
PSN B-2009-136-2/6

上海蓝皮书
上海法治发展报告（2018）
著(编)者：叶必丰　2018年9月出版 / 估价：99.00元
PSN B-2012-296-6/7

上海蓝皮书
上海社会发展报告（2018）
著(编)者：杨雄　周海旺
2018年2月出版 / 定价：89.00元
PSN B-2006-058-2/7

社会建设蓝皮书
2018年北京社会建设分析报告
著(编)者：宋贵伦 冯虹　2018年9月出版 / 估价：99.00元
PSN B-2010-173-1/1

深圳蓝皮书
深圳法治发展报告（2018）
著(编)者：张骁儒　2018年6月出版 / 估价：99.00元
PSN B-2015-470-6/7

深圳蓝皮书
深圳劳动关系发展报告（2018）
著(编)者：汤庭芬　2018年8月出版 / 估价：99.00元
PSN B-2007-097-2/7

深圳蓝皮书
深圳社会治理与发展报告（2018）
著(编)者：张骁儒　2018年6月出版 / 估价：99.00元
PSN B-2008-113-4/7

生态安全绿皮书
甘肃国家生态安全屏障建设发展报告（2018）
著(编)者：刘举科 喜文华
2018年10月出版 / 估价：99.00元
PSN G-2017-659-1/1

顺义社会建设蓝皮书
北京市顺义区社会建设发展报告（2018）
著(编)者：王学武　2018年9月出版 / 估价：99.00元
PSN B-2017-658-1/1

四川蓝皮书
四川法治发展报告（2018）
著(编)者：郑泰安　2018年6月出版 / 估价：99.00元
PSN B-2015-441-5/7

四川蓝皮书
四川社会发展报告（2018）
著(编)者：李羚　2018年6月出版 / 估价：99.00元
PSN B-2008-127-3/7

四川社会工作与管理蓝皮书
四川省社会工作人力资源发展报告（2017）
著(编)者：边慧敏　2017年12月出版 / 定价：89.00元
PSN B-2017-683-1/1

云南社会治理蓝皮书
云南社会治理年度报告（2017）
著(编)者：晏雄 韩全芳
2018年5月出版 / 估价：99.00元
PSN B-2017-667-1/1

地方发展类-文化

北京传媒蓝皮书
北京新闻出版广电发展报告（2017~2018）
著(编)者：王志　2018年11月出版 / 估价：99.00元
PSN B-2016-588-1/1

北京蓝皮书
北京文化发展报告（2017~2018）
著(编)者：李建盛　2018年5月出版 / 估价：99.00元
PSN B-2007-082-4/8

创意城市蓝皮书
北京文化创意产业发展报告（2018）
著(编)者：郭万超 张京成　2018年12月出版 / 估价：99.00元
PSN B-2012-263-1/7

创意城市蓝皮书
天津文化创意产业发展报告（2017~2018）
著(编)者：谢思全　2018年6月出版 / 估价：99.00元
PSN B-2016-536-7/7

创意城市蓝皮书
武汉文化创意产业发展报告（2018）
著(编)者：黄永林 陈汉桥　2018年12月出版 / 估价：99.00元
PSN B-2013-354-4/7

创意上海蓝皮书
上海文化创意产业发展报告（2017~2018）
著(编)者：王慧敏 王兴全　2018年8月出版 / 估价：99.00元
PSN B-2016-561-1/1

非物质文化遗产蓝皮书
广州市非物质文化遗产保护发展报告（2018）
著(编)者：宋俊华　2018年12月出版 / 估价：99.00元
PSN B-2016-589-1/1

甘肃蓝皮书
甘肃文化发展分析与预测（2018）
著(编)者：马廷旭 戚晓萍　2018年1月出版 / 定价：99.00元
PSN B-2013-314-3/6

甘肃蓝皮书
甘肃舆情分析与预测（2018）
著(编)者：王俊莲 张谦元　2018年1月出版 / 定价：99.00元
PSN B-2013-315-4/6

广州蓝皮书
中国广州文化发展报告（2018）
著(编)者：屈哨兵 陆志强　2018年6月出版 / 估价：99.00元
PSN B-2009-134-7/14

广州蓝皮书
广州文化创意产业发展报告（2018）
著(编)者：徐咏虹　2018年7月出版 / 估价：99.00元
PSN B-2008-111-6/14

海淀蓝皮书
海淀区文化和科技融合发展报告（2018）
著(编)者：陈名杰 孟景伟　2018年5月出版 / 估价：99.00元
PSN B-2013-329-1/1

地方发展类-文化

皮书系列
2018全品种

河南蓝皮书
河南文化发展报告（2018）
著(编)者：卫绍生　2018年7月出版 / 估价：99.00元
PSN B-2008-106-2/9

湖北文化产业蓝皮书
湖北省文化产业发展报告（2018）
著(编)者：黄晓华　2018年9月出版 / 估价：99.00元
PSN B-2017-656-1/1

湖北文化蓝皮书
湖北文化发展报告（2017~2018）
著(编)者：湖北大学高等人文研究院
　　　　　中华文化发展湖北省协同创新中心
2018年10月出版 / 估价：99.00元
PSN B-2016-566-1/1

江苏蓝皮书
2018年江苏文化发展分析与展望
著(编)者：王庆五　樊和平　2018年9月出版 / 估价：128.00元
PSN B-2017-637-3/3

江西文化蓝皮书
江西非物质文化遗产发展报告（2018）
著(编)者：张圣才　傅安平　2018年12月出版 / 估价：128.00元
PSN B-2015-499-1/1

洛阳蓝皮书
洛阳文化发展报告（2018）
著(编)者：刘福兴　陈启明　2018年7月出版 / 估价：99.00元
PSN B-2015-476-1/1

南京蓝皮书
南京文化发展报告（2018）
著(编)者：中共南京市委宣传部
2018年12月出版 / 估价：99.00元
PSN B-2014-439-1/1

宁波文化蓝皮书
宁波"一人一艺"全民艺术普及发展报告（2017）
著(编)者：张爱琴　2018年11月出版 / 估价：128.00元
PSN B-2017-668-1/1

山东蓝皮书
山东文化发展报告（2018）
著(编)者：涂可国　2018年5月出版 / 估价：99.00元
PSN B-2014-406-3/5

陕西蓝皮书
陕西文化发展报告（2018）
著(编)者：任宗哲　白宽犁　王长寿
2018年1月出版 / 定价：89.00元
PSN B-2009-137-3/6

上海蓝皮书
上海传媒发展报告（2018）
著(编)者：强荧　焦雨虹　2018年2月出版 / 定价：89.00元
PSN B-2012-295-5/7

上海蓝皮书
上海文学发展报告（2018）
著(编)者：陈圣来　2018年6月出版 / 估价：99.00元
PSN B-2012-297-7/7

上海蓝皮书
上海文化发展报告（2018）
著(编)者：荣跃明　2018年6月出版 / 估价：99.00元
PSN B-2006-059-3/7

深圳蓝皮书
深圳文化发展报告（2018）
著(编)者：张骁儒　2018年7月出版 / 估价：99.00元
PSN B-2016-554-7/7

四川蓝皮书
四川文化产业发展报告（2018）
著(编)者：向宝云　张立伟　2018年6月出版 / 估价：99.00元
PSN B-2006-074-1/7

郑州蓝皮书
2018年郑州文化发展报告
著(编)者：王哲　2018年9月出版 / 估价：99.00元
PSN B-2008-107-1/1

社会科学文献出版社　　　　　　　　　　　　**皮书系列**

❖ 皮书起源 ❖

"皮书"起源于十七、十八世纪的英国，主要指官方或社会组织正式发表的重要文件或报告，多以"白皮书"命名。在中国，"皮书"这一概念被社会广泛接受，并被成功运作、发展成为一种全新的出版形态，则源于中国社会科学院社会科学文献出版社。

❖ 皮书定义 ❖

皮书是对中国与世界发展状况和热点问题进行年度监测，以专业的角度、专家的视野和实证研究方法，针对某一领域或区域现状与发展态势展开分析和预测，具备原创性、实证性、专业性、连续性、前沿性、时效性等特点的公开出版物，由一系列权威研究报告组成。

❖ 皮书作者 ❖

皮书系列的作者以中国社会科学院、著名高校、地方社会科学院的研究人员为主，多为国内一流研究机构的权威专家学者，他们的看法和观点代表了学界对中国与世界的现实和未来最高水平的解读与分析。

❖ 皮书荣誉 ❖

皮书系列已成为社会科学文献出版社的著名图书品牌和中国社会科学院的知名学术品牌。2016年，皮书系列正式列入"十三五"国家重点出版规划项目；2013~2018年，重点皮书列入中国社会科学院承担的国家哲学社会科学创新工程项目；2018年，59种院外皮书使用"中国社会科学院创新工程学术出版项目"标识。

中国皮书网

（网址：www.pishu.cn）

发布皮书研创资讯，传播皮书精彩内容
引领皮书出版潮流，打造皮书服务平台

栏目设置

关于皮书：何谓皮书、皮书分类、皮书大事记、皮书荣誉、
皮书出版第一人、皮书编辑部

最新资讯：通知公告、新闻动态、媒体聚焦、网站专题、视频直播、下载专区

皮书研创：皮书规范、皮书选题、皮书出版、皮书研究、研创团队

皮书评奖评价：指标体系、皮书评价、皮书评奖

互动专区：皮书说、社科数托邦、皮书微博、留言板

所获荣誉

2008年、2011年，中国皮书网均在全国新闻出版业网站荣誉评选中获得"最具商业价值网站"称号；

2012年，获得"出版业网站百强"称号。

网库合一

2014年，中国皮书网与皮书数据库端口合一，实现资源共享。

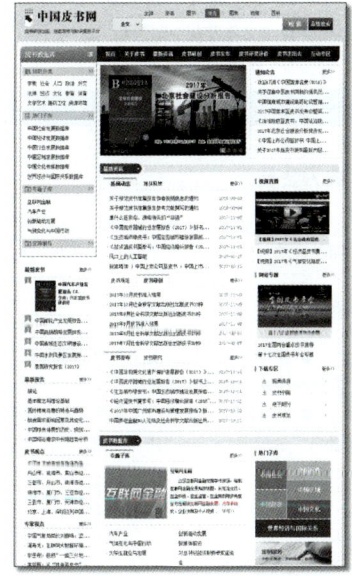

权威报告·一手数据·特色资源

皮书数据库
ANNUAL REPORT(YEARBOOK) DATABASE

当代中国经济与社会发展高端智库平台

所获荣誉

- 2016年，入选"'十三五'国家重点电子出版物出版规划骨干工程"
- 2015年，荣获"搜索中国正能量 点赞2015""创新中国科技创新奖"
- 2013年，荣获"中国出版政府奖·网络出版物奖"提名奖
- 连续多年荣获中国数字出版博览会"数字出版·优秀品牌"奖

成为会员

通过网址www.pishu.com.cn或使用手机扫描二维码进入皮书数据库网站，进行手机号码验证或邮箱验证即可成为皮书数据库会员（建议通过手机号码快速验证注册）。

会员福利

- 使用手机号码首次注册的会员，账号自动充值100元体验金，可直接购买和查看数据库内容（仅限使用手机号码快速注册）。
- 已注册用户购书后可免费获赠100元皮书数据库充值卡。刮开充值卡涂层获取充值密码，登录并进入"会员中心"—"在线充值"—"充值卡充值"，充值成功后即可购买和查看数据库内容。

数据库服务热线：400-008-6695
数据库服务QQ：2475522410
数据库服务邮箱：database@ssap.cn

图书销售热线：010-59367070/7028
图书服务QQ：1265056568
图书服务邮箱：duzhe@ssap.cn